UN PARLEMENT SANS LÉGITIMITÉ ?

*Visions et pratiques du Parlement européen
par les socialistes français de 1957 à 2008*

© L'Harmattan, 2010
5-7, rue de l'Ecole polytechnique ; 75005 Paris

http://www.librairieharmattan.com
diffusion.harmattan@wanadoo.fr
harmattan1@wanadoo.fr

ISBN : 978-2-296-12609-1
EAN : 9782296126091

Salomé BENHAMOU

UN PARLEMENT SANS LÉGITIMITÉ ?

Visions et pratiques du Parlement européen par les socialistes français de 1957 à 2008

Préface de Hubert Védrine
Préambule d'Éric Bussière

Prix Master
Institut François Mitterrand
Sous la direction d'Éric Bussière – Paris IV
Juin 2008

L'Harmattan

À Arthur et Anatole

L'Europe, c'est la grande espérance.

André
Chandernagor

Remerciements

Je tiens à remercier Éric Bussière qui m'a soutenue avec enthousiasme dans mon entreprise et mes recherches. Ses relectures et corrections m'ont permis de recadrer et affiner ma pensée.

Je remercie aussi Georges Saunier dont les relectures et conseils ont été précieux.

Sans la Fondation Jean Jaurès et l'OURS, où j'ai effectué la plupart de mes recherches, ce travail n'aurait pu aboutir. Je remercie tout particulièrement Frédéric Cépède qui m'a aidée dans le choix de sources, et qui, toujours attentif, m'a signalé la parution d'ouvrages en rapport avec mon sujet, m'aiguillant ainsi dans la façon de penser mes recherches et de mener mes entretiens.

Je tiens aussi à remercier toutes les personnes qui ont accepté de me rencontrer et m'ont fait part de leur expérience vécue du parti socialiste, de l'Europe et du Parlement européen. Leurs témoignages ont nourri ma réflexion et enrichi ce travail. Chaque rencontre fut, pour moi, passionnante. Je remercie Pervenche Berès, Maurice Braud, André Chandernagor, Philip Cordery, Jean-Pierre Cot, Jacques Delors, Catherine Lalumière, Pierre Moscovici, Bernard Poignant, Arielle Rouby et Catherine Tasca.

Je remercie Élisabeth Benhamou, Lucas Demurger, Magdalena Lataillade, Claire Meunier-Thouret et Mickaël Tauvel pour leur soutien, leurs conseils, leurs relectures et aides pratiques. Sans eux, je n'aurais pu mener à bien ces recherches.

Enfin, je remercie vivement l'Institut François Mitterrand pour le soutien apporté à ce travail.

Sommaire

Remerciements — 11

Sommaire — 13

Liste des sigles — 15

Préface — 17

Préambule — 19

Introduction — 21

De 1957 à 1979 : les socialistes et l'élection du Parlement européen au suffrage universel — 27

De 1979 à 1992 : les socialistes et les pouvoirs croissants de l'institution parlementaire — 61

De 1992 à 2008 : les socialistes face à de nouveaux enjeux institutionnels — 101

Conclusion — 183

Entretiens — 187

Sources — 291

Bibliographie — 301

Table des matières — 305

Liste des sigles

AGIRS	À gauche pour l'initiative, la responsabilité, la solidarité
CECA	Communauté européenne du charbon et de l'acier
CEE	Communauté économique européenne
CERES	Centre d'étude, de recherche et d'éducation socialiste
DSF	Délégation socialiste française
DUE	Délégation à l'Union européenne
JEF	Jeunes européens France
MEF	Mouvement européen France
MJS	Mouvement des jeunes socialistes
MOC	Méthode ouverte de coordination
OGM	Organisme génétiquement modifié
ONG	Organisation non gouvernementale
ONU	Organisation des nations unies
PAC	Politique agricole commune
PE	Parlement européen
PPE	Parti populaire européen
PS	Parti socialiste
PSE	Parti socialiste européen
UE	Union européenne
UPSCE	Union des partis socialistes de la CEE
URSS	Union des républiques socialistes soviétiques
SPD	Parti social démocrate d'Allemagne
UE	Union européenne

Préface

En septembre 2008, le Conseil scientifique de l'Institut François Mitterrand décidait la création d'un prix master. L'idée motivant ce prix était la suivante : encourager les travaux de jeunes chercheurs, avant leur doctorat. Chaque année, un jury examine un certain nombre de mémoires de recherche traitant « directement ou indirectement de l'action politique de François Mitterrand depuis les années de la Seconde guerre mondiale jusqu'à la fin du second septennat ». Les travaux les plus intéressants sont récompensés et, si l'un se distingue par sa qualité et que le jury estime intéressant de le porter à la connaissance du plus grand nombre, notre Institut en assure la publication.

C'est le cas avec ce travail que nous a adressé Mademoiselle Salomé Benhamou traitant des rapports et de la vision du Parti socialiste français à l'égard du Parlement européen. La période couverte va des années Cinquante – date de la création de l'institution – jusqu'en 2008 et traite ainsi de la période où François Mitterrand a été premier secrétaire du parti et président de la République. Toutefois, il ne s'agit pas d'une étude spécifique sur l'ancien Président. La chronologie retenue débordant largement en amont et en aval. En effet, en décidant de retenir les mémoires traitant « directement ou indirectement » de l'action de François Mitterrand, le Conseil scientifique souhaitait ne pas se limiter aux seuls travaux biographiques ou monographiques sur ce dernier mais bien récompenser l'ensemble des recherches permettant de mieux connaître les cinquante ans de vie politique, sociale, économique ou diplomatique qui ont été le terreau de son action.

Comme nous le rappelle Mademoiselle Benhamou, les socialistes français, et leur premier secrétaire, ont accompagné et soutenu l'élection au suffrage universel du Parlement européen ; une décision pourtant prise par Valéry Giscard d'Estaing – et Helmut Schmidt. Ils étaient en cela en accord avec eux-mêmes. Devenu président de la République, François Mitterrand ne manquera aucun rendez-vous avec le Parlement de Bruxelles. Il recevait régulièrement son président et à chaque présidence française de la Communauté puis de l'Union, il s'adressait à ses représentants. Je me souviens d'ailleurs de l'émotion créée dans l'hémicycle lors du dernier discours prononcé par le Président français, en janvier 1995. Affaibli par la maladie, François Mitterrand rappelait l'espoir qu'il plaçait dans le Parlement européen : « plus il y aura d'Europe, plus cette Europe doit être démocratique, plus elle doit être parlementaire. »

À travers cette publication, c'est donc à une réflexion plus large sur le rôle qu'a pu jouer cette institution européenne à laquelle nous invite Mademoiselle Benhamou et sur la façon dont il use des pouvoirs qui lui ont été conférés. Au moment où se mettent en place, difficilement, les nouvelles institutions issues du traité de Lisbonne, c'est un travail particulièrement éclairant.

Hubert Védrine, mai 2010

Préambule

Il faut lire l'ouvrage que nous propose aujourd'hui Salomé Benhamou. Il est de ceux qui facilitent et encouragent la réflexion. Il la facilite en ce qu'il trace fermement la route des débats d'un passé très proche et pose les jalons d'une réflexion pour demain.

Depuis le traité de Rome, les socialistes français ont encouragé la démocratisation des institutions européennes en faisant porter leur effort sur la promotion du rôle du Parlement européen. La chronologie est sans ambiguïté : jusqu'en 1979, la démocratisation des institutions européennes passe par l'élection du Parlement au suffrage universel. Entre cette première élection et la ratification du traité de Maastricht, la priorité est à l'élargissement des pouvoirs de cette institution dotée d'une nouvelle légitimité sortie des urnes. Depuis 1992, la question posée est celle de la naissance d'un véritable débat politique au sein de ce parlement qu'il convient de positionner au cœur d'un espace public européen à construire.

C'est sans concession que Salomé Benhamou nous montre un parti socialiste longtemps prudent sur la question. *Le traité, rien que le traité* est le mot d'ordre jusqu'en 1979. Il constitue un compromis commode pour un parti socialiste encore hésitant sur ses choix et dont le principal partenaire politique, le Parti communiste, est réservé sur l'engagement européen de la France. L'évolution du parti au cours des années 1980 est confortée par la nouvelle dynamique donnée par François Mitterrand à la politique européenne Le PS se retrouve en quelque sorte en plein accord avec sa tradition démocratique. Sans toutefois que cette démarche en faveur d'un Parlement européen aux pouvoirs élargis ne distingue vraiment sur ce plan les socialistes français et européens de leurs concurrents et partenaires du Parti populaire européen.

La démocratisation des institutions suffit-elle, dès lors, à alimenter un débat démocratique ? C'est la question fondamentale posée depuis les années 1990. Au-delà du débat spécifiquement institutionnel, la question se complexifie. Salomé Benhamou montre que le PS a joué pleinement son rôle dans la création du Parti socialiste européen. On pense alors que la politisation des débats associée aux responsabilités élargies du Parlement est la condition de mise en œuvre d'une véritable démocratie à l'échelle de l'Union européenne. Mais ce débat tarde à s'installer et les élections européennes ne mobilisent qu'une faible partie des citoyens. Crise du politique en général ? Crise de l'Europe ? La question est posée et reste ouverte. Car si l'existence de l'Union européenne n'est plus guère discutée, sa réalité en tant que cadre du débat politique reste à construire. Les instruments en sont posés. Comment dès lors conduire les Européens à s'en servir ?

Éric Bussière

Professeur des universités de Paris

Introduction

Parmi les nombreux ouvrages portant d'une part sur le parti socialiste et d'autre part sur le Parlement européen, les interactions entre ces deux entités n'ont été que très peu étudiées. Par là-même, ce travail a vocation à mettre lumière cette problématique néanmoins primordiale. En préalable, nous nous pencherons d'abord sur l'histoire du Parlement européen.

Le Parlement européen apparaît pour la première fois en 1952 sous le nom d'Assemblée commune au sein de la Communauté européenne du charbon et de l'acier, la CECA. Six pays continentaux, la France, la République fédérale d'Allemagne, l'Italie, la Belgique, les Pays-Bas et le Luxembourg participent à ce projet inédit : c'est donc une petite Europe des Six qui voit le jour le 18 janvier 1951 suite à la signature du traité de Paris instituant officiellement la CECA.

C'est la CECA qui crée les institutions européennes : la Haute Autorité, le Conseil des ministres, la cour de Justice et l'Assemblée commune. Cette Assemblée compte alors soixante-dix-huit membres issus des parlements nationaux. Elle tient une session par an – la première ayant lieu le 7 août 1952 – et peut être convoquée en session extraordinaire. Alors dépourvue de tout pouvoir législatif ou budgétaire, elle détient essentiellement un pouvoir de contrôle et peut adopter, à certaines conditions relativement contraignantes, une motion de censure obligeant les membres de la Haute Autorité à démissionner. Jean Monnet, dont le fédéralisme fonctionnel se veut réaliste, entend limiter les pouvoirs de l'Assemblée, mais il n'en demeure pas moins que son objectif est clair : il s'agit progressivement de se rapprocher de l'idéal fédéral.

Après l'échec du traité de Communauté européenne de défense (CED) et du projet de Communauté politique européenne (CPE), la conférence de Messine réunie en juin 1955 permet la relance de l'intégration européenne. Le 25 mars 1957, le traité de Rome instaure la Communauté économique européenne (CEE). Ce traité organise de façon très détaillée la mise en place de l'union douanière, à partir du 1er juillet 1959, en plusieurs étapes au cours de la période transitoire. Sur les autres points, il reste beaucoup plus général. Il précise par ailleurs le fonctionnement du système institutionnel. L'Assemblée commune devra notamment mettre au point un texte prévoyant son élection au suffrage universel :

> « L'Assemblée élaborera des projets en vue de permettre l'élection au suffrage universel direct selon une procédure uniforme dans tous les États membres. Le Conseil statuant à l'unanimité arrêtera les dispositions dont il recommandera l'adoption par les États membres, conformément à leurs règles constitutionnelles respectives »[1].

---

[1] Article 138, *Le traité de Rome,* signé le 25 mars 1957, disponible sur *www.ena.lu*

Lors de la signature du traité, la France est représentée par Christian Pineau (1904-1984), ministre des Affaires étrangères du gouvernement socialiste de Guy Mollet (1905-1975). C'est donc un gouvernement SFIO qui entérine la relance de la construction européenne. En 1957, les socialistes français soutiennent la création d'une Assemblée commune, Parlement européen en puissance. Ses députés, représentants du peuple, seront élus par lui. Le traité de Rome prévoit ainsi de donner à l'Assemblée commune une légitimité et d'en faire, à terme, le lieu européen d'expression démocratique.

Aussi, nous nous proposons d'étudier l'évolution de la position des socialistes français à l'égard du Parlement européen de 1957 à 2008 : quelle place et quel rôle lui attribuent-ils au sein des institutions européennes ? Quels pouvoirs veulent-ils lui donner ? Quelle conception en ont-ils ?

Cette étude revêt un enjeu important à l'heure actuelle. En effet, c'est un travail de genèse qui permet de comprendre pourquoi les socialistes rencontrent aujourd'hui des difficultés à se définir face à l'Union européenne et ses évolutions.

Jusqu'en 1979, date à laquelle le Parlement européen est élu au suffrage universel direct, les socialistes souhaitent la mise en application totale du traité de Rome, ce que François Mitterrand résume par la formule concise mais explicite : « tout le traité de Rome, rien que le traité »[1]. L'un des buts poursuivis est donc l'élection au suffrage universel direct du Parlement européen. Une fois obtenue, les socialistes approfondissent leur réflexion européenne et promeuvent une poursuite de l'élargissement de ses compétences et de sa démocratisation. À partir du moment où le Parlement européen gagne en légitimité, le débat se déplace. Jusqu'ici purement institutionnel, il change de nature avec le traité de Maastricht et porte sur la démocratisation de l'ensemble de la structure européenne. Il devient alors de plus en plus partisan, se généralise et se démultiplie en touchant, au fur et à mesure, non plus seulement les délégations de pouvoirs au Parlement européen mais les finalités politiques de l'Europe. Parallèlement, le discours socialiste s'adapte aux évolutions que connaît la CEE.

On peut aussi constater la coexistence voire la confrontation de deux dynamiques : d'une part, les débats internes au parti socialiste liés à l'évolution et la situation de celui-ci par rapport au pouvoir en France et d'autre part, celle des débats et influences extérieures au parti socialiste. Il faudra alors voir comment les intérêts propres au parti socialiste et la volonté de renforcer le rôle du Parlement européen s'articulent. Par ailleurs, les lieux de débat et d'influence retiendront

---

[1] F. Mitterrand, « L'Europe sera socialiste ou ne sera pas », *La Nouvelle revue socialiste*, décembre 1978, n°36, p.13, cité par L. Chauvin, *L'idée européenne chez François Mitterrand de chef de parti à chef de l'État (1971-1988)*, mémoire de DEA sous la dir. de P. Milza, Institut d'Études Politiques, Paris, 1989

notre attention. Ainsi, la position du Parti socialiste français vis-à-vis du Parlement européen ne peut être pensée *in abstracto*.

D'un point du vue politique, les idées du parti socialiste vis-à-vis de l'Europe et plus précisément du Parlement européen se définissent en fonction de considérations internes au parti : débats, enjeux nationaux, jeux de pouvoirs au sein du parti et en France, etc. On ne peut donc prétendre mettre en avant la position du parti à l'égard du Parlement européen sans se pencher sur les évolutions internes du parti socialiste. De même, il s'agira de nous tourner vers les autres partis socialistes en Europe, ainsi que vers les autres partis composant l'échiquier politique national par rapport auxquels les socialistes français définissent leur programme. Les luttes d'influence et les questions de stratégie politique doivent par là-même être considérées.

D'un point de vue institutionnel, les idées socialistes dépendent de l'institution parlementaire elle-même, de son fonctionnement, de sa place dans la technostructure européenne et de ses propres évolutions. Ce n'est qu'en maîtrisant les mécanismes du Parlement européen que nous pourrons alors comprendre le choix et les positionnements des socialistes en matière européenne.

Par ailleurs, cet engagement se pose aussi à l'échelle du Parlement lui-même. Des interrogations peuvent être soulevées : la question institutionnelle fait-elle l'objet de débat au sein du Parlement ? À quelles occasions, à quels sujets et dans quels cadres les discussions concernant le Parlement sont-elles abordées ?

Les députés socialistes français au Parlement européen sont réunis dans une délégation socialiste française, la DSF. Quel est son rôle ? Quelle est la position des députés socialistes français au Parlement européen au sujet même du Parlement européen ?

En outre, cette prise de position, afin de l'appréhender dans son ensemble, doit être envisagée au sein du groupe socialiste au Parlement européen. Les députés socialistes français s'insèrent en effet dans un groupe rassemblant les différents partis socialistes, travaillistes et sociaux-démocrates des pays membres. C'est au sein de ce groupe que se prennent les décisions et que les socialistes français doivent faire valoir leurs vues.

Les engagements des socialistes français doivent aussi être plus globalement pensés au niveau européen, au sein des structures d'alliance entre les partis socialistes européens : le Bureau de liaison des partis socialistes, puis l'Union des partis socialistes de la Communauté européenne (UPSCE) et aujourd'hui le Parti socialiste européen (PSE). Dans le cadre de ces structures proprement européennes, y a-t-il un débat institutionnel concernant plus précisément le Parlement européen ? Y a-t-il convergence ou divergence sur la question ? Les partis s'influencent-ils les uns les autres ?

Dans ces conditions, il s'agira donc de comprendre les relations, parfois complexes, qu'entretiennent le Parti socialiste français au niveau national, les socialistes français au Parlement européen, le groupe socialiste et l'UPSCE/ PSE.

Notre étude articulera trois niveaux : celui du Parti socialiste français en France, celui des socialistes français au Parlement européen et celui du Parti socialiste français dans la confrontation d'idées avec les autres partis socialistes européens.

Les élections européennes sont précisément ce qui permet de relier ces trois niveaux : campagnes nationales, campagnes européennes et institution parlementaire. À partir de 1979, elles rythment tous les cinq ans la vie politique nationale de chacun des États membres, mais aussi par conséquent l'activité du Parlement européen lui-même. Ces élections concernent les structures de regroupement des partis socialistes européens : ces dernières années, le PSE a manifesté la volonté d'instaurer de réelles campagnes européennes. À l'approche de ce rendez-vous électoral, les socialistes français et européens sont amenés à clarifier leurs idées en matières européenne et institutionnelle. Pour en suivre l'évolution, nous étudierons principalement les manifestes électoraux élaborés à la veille de chaque élection européenne.

Ajoutons d'emblée que c'est le député européen qui, en quelque sorte, est le maillon central, le médiateur, entre nos différentes échelles. Son rôle, sa place et son « vécu » retiendront notre attention.

Dans le cadre de notre réflexion, il s'agira aussi de nous intéresser à l'existence ou non, la possibilité ou non, d'un débat politique spécifiquement européen, à savoir, y a-t-il un réel clivage droite/gauche en matière européenne ? Quel est alors le rôle des médias dans ce débat ?

Enfin, nous nous pencherons par ailleurs sur les relations entre l'Assemblée nationale et le Parlement européen mais aussi sur l'une des faiblesses majeures de ce dernier : un manque de légitimité démocratique que révèle et sanctionne le faible taux de participation lors des élections européennes. À cet égard, quelles sont les positions des socialistes français ? Quels buts assignent-ils à l'Europe et au Parlement européen ?

Ce travail ne prétend pas répondre d'une façon exhaustive à chacune de ces interrogations mais la multiplicité des approches fournit à notre étude son ossature.

Le problème majeur qui se pose à nous est bien le suivant : parvenir à cerner comment les socialistes qui, jusqu'à 1979, souhaitent la mise en œuvre du traité de Rome et donc principalement l'élection du Parlement au suffrage universel direct, à partir de 1979, développent leur pensée en matière institutionnelle et veulent élargir les compétences du Parlement européen et renforcer sa place au sein des institutions européennes.

Trois périodes majeures se dessinent selon « les trois âges » du Parlement européen évoqués par Jean-Pierre Cot[1].

De 1957 à 1979, du traité de Rome aux premières élections européennes au suffrage universel direct, les socialistes définissent leur position européenne. Ils souhaitent et réclament l'élection au suffrage universel direct du Parlement européen. Ce premier temps se subdivise lui-même en deux moments. D'abord, marqués par la personnalité de Guy Mollet et son attachement à l'institution parlementaire, les socialistes se positionnent par rapport aux gouvernements de droite et leurs politiques européennes respectives. Puis, de 1969 à 1979, dirigé par François Mitterrand, le parti socialiste, tel qu'il existe aujourd'hui, poursuit une orientation, « tout le traité, rien que le traité », et définit sa politique européenne, notamment lors du congrès de Bagnolet qui demeure, encore aujourd'hui, une référence en la matière.

De 1979 à 1992, des premières élections européennes au traité de Maastricht, l'Europe est marquée par une période de relance durant laquelle le Parlement européen affirme sa place dans le mécanisme institutionnel tout en obtenant la codécision avec le Conseil. Dans ce cadre, le dessein européen des socialistes français n'est pas acquis mais s'affirme peu à peu. Il transparaît dans leur détermination pour un Parlement plus fort et plus efficace – la personnalité de François Mitterrand étant centrale dans cet engagement.

Enfin, de 1992 à 2008, du traité de Maastricht au traité de Lisbonne, de nouveaux enjeux apparaissent pour l'Europe. C'est une période où, suite à la création du Parti socialiste européen, on assiste à un véritable désir d'alliance entre socialistes européens mais aussi où, après la chute du mur de Berlin et l'implosion du communisme en URSS, une nouvelle Europe, géographiquement et culturellement plus large, est en voie de réalisation.

Sur cette trame de fond, on observe un foisonnement d'idées et l'affirmation d'une véritable volonté de la part des socialistes en faveur d'une révision institutionnelle qui donnerait plus de poids encore au Parlement. Tel est le cas avec le traité d'Amsterdam en 1997. Depuis, l'évolution effective des pouvoirs du Parlement européen est moins marquée. La position des socialistes se complexifie en raison de l'avènement d'une Europe plus intégrée. Dans une dernière partie, il s'agira donc moins de pointer concrètement la position des socialistes à l'égard du Parlement européen que les défis qu'ils doivent relever pour une Europe des citoyens mieux affirmée. Le débat change de nature et se généralise. La question du Parlement européen est liée à celle de l'Europe dans sa globalité : les problèmes de

---

[1] J.P. Cot, « Les trois âges du Parlement européen et l'enjeu parlementaire des élections du 13 juin 2004 », *Les socialistes et les élections européennes 1979-2004*, juin 2004, note n°39 de la Fondation Jean Jaurès, p. 25

démocratisation, de politisation et des finalités de l'Europe seront au cœur de notre réflexion.

De 1957 à 1979 : les socialistes et l'élection du Parlement européen au suffrage universel

Selon le traité de Rome en 1957, le Parlement européen a vocation à être élu au suffrage universel direct – ce qui est effectivement le cas en 1979. Jusqu'en 1969, les socialistes français, à la tête desquels Guy Mollet, sont très favorables à l'élection du Parlement européen au suffrage universel direct et au renforcement de ses compétences. Pendant cette période, les socialistes sont plus européens que ceux des années 1970 lorsque François Mitterrand est à la tête du parti. Ils sont résolument pour une Europe où le Parlement européen aurait une place importante et se positionnent alors pour « tout le traité rien que le traité»[1]. Ils se fixent donc une orientation politique qui conditionne leurs discours au sujet du Parlement. Globalement, cela signifie qu'ils s'en tiennent au souhait de voir le Parlement élu au suffrage universel direct. Comment s'explique cette évolution ? Quelle Europe démocratique souhaitent-ils ? Quels moyens et quelles modalités mettent-ils en avant ? Pour quelles politiques ?

Les socialistes français dessinent les grandes lignes de leur politique européenne pendant cette période : en quoi est-elle, en partie, liée à l'évolution interne du parti socialiste ? Par ailleurs et c'est une problématique qui doit guider toute notre réflexion, quels sont les lieux de débat et de discussion au sujet du Parlement : les structures de regroupement des socialistes européens, le Parlement européen, l'Assemblée nationale ? En quoi le discours socialiste dépend aussi d'influences externes telles les évolutions communautaires ?

Il s'agit d'une période longue, marquée par plusieurs moments qui permettent de définir l'évolution de la position des socialistes, notamment l'influence de Guy Mollet et l'empreinte de François Mitterrand, ce, jusqu'à la mise en œuvre de leur orientation politique : « tout le traité, rien que le traité ».

De 1957 à 1969 : du traité de Rome au nouveau parti socialiste

Le traité de Rome et le fonctionnement des institutions : un potentiel démocratique. L'héritage de Guy Mollet

Guy Mollet est secrétaire général de la SFIO de 1949 à 1969. En 1952, il est nommé membre de l'Assemblée de la CECA (Communauté européenne du charbon et de l'acier) puis président de l'Assemblée consultative de l'Europe en 1954. De ce fait, il comprend dès le départ la nécessité pour l'Assemblée, qui se trouve limitée à un rôle consultatif, de voir ses pouvoirs élargis et notamment

---

[1] F. Mitterrand, *op.cit*, p. 13.

d'avoir la possibilité d'assurer le contrôle démocratique de la structure européenne[1]. En quoi Guy Mollet joue-t-il alors un rôle de locomotive dans la signature du traité de Rome et en quoi dessine-t-il l'Europe des socialistes des années 1960 ?

Guy Mollet est un européen d'idéal et de raison qui souhaite l'émergence d'une Europe libre et croit en l'image d'une troisième force internationale. Alors qu'en 1956, René Coty hésite entre Pierre Mendés-France et Guy Mollet comme président du Conseil, il nomme ce dernier, parce qu'il sait qu'il fera l'Europe, à l'inverse de Pierre Mendés-France qui n'avait pas fait ratifier la Communauté européenne de défense (CED) en 1954. Ainsi ce sont les socialistes, Guy Mollet et son ministre des Affaires étrangères, Christian Pineau, qui signent les traités de Rome le 25 mars 1957[2]. Guy Mollet dit à ce sujet : « C'est la fierté du gouvernement à direction socialiste d'avoir négocié les traités d'Euratom et du Marché commun européen et c'est à un ministre socialiste qu'il a été donné de les signer »[3].

Le traité précise le fonctionnement du système institutionnel de l'Europe et son évolution. Le Conseil des ministres, présidé à tour de rôle par chacun des États membres, est l'organe essentiel de la construction. C'est lui qui prend les principales décisions contrairement à ce qui se passe alors au sein de la CECA. Il détient un important pouvoir législatif et décide à l'unanimité, chaque pays disposant alors d'un droit de veto. Mais il est prévu qu'un grand nombre de décisions seront prises à la majorité simple ou qualifiée avec une pondération des voix selon les États. Si la Commission peut prendre des décisions à la majorité simple, elle dispose principalement d'un droit d'initiative qui s'impose au Conseil. C'est la Commission qui choisit le moment de faire une proposition, elle peut la modifier tant que le Conseil n'a pas statué, mais si ce dernier veut le faire, il doit le faire à l'unanimité. La Commission ne constitue pas, à proprement parler, un « exécutif » mais est responsable devant l'Assemblée parlementaire dont le rôle essentiel réside dans ce contrôle. Ainsi, la Commission propose, le Conseil des ministres dispose et l'Assemblée parlementaire est consultée sur les lois européennes.

Dans le traité, la cinquième partie est consacrée entièrement aux institutions de la Communauté et les articles 137 à 144 s'intéressent plus particulièrement à l'Assemblée. Cette dernière est composée de représentants nationaux, élus démocratiquement dans les parlements nationaux, et compte cent quarante-deux membres. La France, l'Italie et l'Allemagne envoient trente-six délégués, la

---

[1] Concernant Guy Mollet, voir G. Lemaire-Prosche, *Le PS et l'Europe*, Editions universitaires, Paris, 1990, 237 p. et « Guy Mollet et l'Europe », *Cahier et revue de l'OURS*, n° 98, mars 1979, conférence-débat sur l'Europe, Arras, 1er octobre 1977, 60 p.
[2] *ibid.*
[3] G. Mollet, « Faire avancer l'idée européenne », *Cahier de l'OURS*, n°26, mars 2004, p. 92

Belgique et les Pays-Bas quatorze et le Luxembourg six. Elle exerce essentiellement les pouvoirs de délibération et de contrôle et peut déposer une motion de censure contre la Commission qui doit être adoptée à la majorité des deux-tiers, les membres de la Commission devant alors abandonner leurs fonctions. L'article 138, très important par sa portée, est celui qui permet de comprendre la ligne défendue par la suite par les socialistes : « tout le traité, rien que le traité », en effet, celui-ci fait écho à l'élection de l'Assemblée au suffrage universel direct.

> « L'Assemblée élaborera des projets en vue de permettre l'élection au suffrage universel direct selon une procédure uniforme dans tous les États membres. Le Conseil statuant à l'unanimité arrêtera les dispositions dont il recommandera l'adoption par les États membres, conformément à leurs règles constitutionnelles respectives. »[1]

Cet article, même si sa mise en œuvre est conditionnée par l'accord de tous les États membres, sera jusqu'à son application, défendu et mis en exergue par les socialistes. Guy Mollet aurait souhaité un fonctionnement du vote à la majorité et non à l'unanimité au sein du Conseil afin d'aller vers une Europe plus démocratique et intégrée[2]. Cependant, il s'engage personnellement dans le processus de négociation qui doit conduire à la ratification quasi-immédiate par le Parlement français du traité de Rome.

De 1957 à 1969 : les socialistes et le renforcement de l'Assemblée parlementaire

De 1957 à 1969, la SFIO a un discours européen positif et ne remet pas en cause les orientations économiques de la CEE. Elle se préoccupe essentiellement du renforcement des éléments institutionnels de la Communauté et notamment de l'Assemblée. Dans ce sens, les socialistes des dix premières années après le traité de Rome ont un discours bien plus enthousiaste pour aller vers une démocratisation de l'Assemblée parlementaire que ceux des années 1970. Quelles sont concrètement leurs ambitions démocratiques ? Dans quels buts ?

Au cours de cette période, Guy Mollet ne cesse de réclamer l'élection du Parlement au suffrage universel direct[3] et les socialistes se disent en accord avec « l'esprit du traité de Rome » auquel ils sont fidèles. C'est d'ailleurs ce que mettent en avant les résolutions du conseil national de la SFIO, réuni à Clichy le 30 octobre 1965 :

> « Le conseil national du parti socialiste SFIO (…) tient à réaffirmer son entière fidélité au traité de Rome, tant en ce qui concerne son texte que son esprit. Aucune solution aux problèmes européens ne

---

[1] *Le traité de Rome, op.cit.*
[2] G. Lemaire-Prosche, *Le PS et l'Europe, op.cit.*
[3] *ibid.*

peut être trouvée en dehors du respect des traités et de la fidélité à l'idéal communautaire (…) »[1].

Ainsi, l'orientation politique est claire et fixée. Il s'agit maintenant de voir quels contours les socialistes lui donnent. Cinq ans après le traité de Rome, en 1962, le conseil national du parti demande aux organismes directeurs d'organiser une vigoureuse campagne d'informations sur les problèmes européens afin de mettre en valeur les conceptions socialistes dans ce domaine et d'établir une base programmatique en matière européenne. Les socialistes décident donc de mettre à la disposition des militants un fascicule intitulé *Les socialistes et l'Europe*[2]. On y trouve des contributions de socialistes reconnus pour leurs positions européennes, tels Christian Pineau ou Gérard Jacquet qui s'inscrivent dans la continuité de l'Europe défendue par Guy Mollet. C'est une initiative intéressante qui manifeste l'existence d'un groupe de personnes très tourné vers l'Europe au sein de la SFIO et qui fixe, de façon précise, les idées européennes des socialistes du début des années 1960. Gérard Jacquet est un des socialistes qui prend des positions en faveur d'une Europe démocratique jusque dans les années 1980. Ainsi, européen des années 1960, on le retrouve aussi dans les années 1980. Il est l'héritier, sous François Mitterrand, de cette démarche.

Concernant les institutions de la Communauté, le Parlement européen retient particulièrement leur attention. Cette position est en accord avec l'idéologie des socialistes qui mettent en avant, depuis la création de la SFIO, le régime parlementaire. En effet, avant 1940, le programme du parti est d'instaurer un régime d'Assemblée. Avant la première guerre mondiale, les socialistes défendent la république parlementaire contre les attaques des ligues d'extrême droite et les partisans d'un renforcement de la présidence de la République. Après la seconde guerre mondiale, la SFIO s'allie aux communistes pour instituer un régime parlementaire[3].

Malgré le ralliement à de Gaulle en 1958 et la crise du régime parlementaire, Guy Mollet impose à son parti une constitution néo-parlementaire proche du modèle britannique. Face à la pratique présidentialiste des institutions instaurée par de Gaulle, la SFIO devient le bastion de la résistance parlementaire[4].

---

[1] *Bulletin Intérieur PS SFIO*, n°142, février 1966, p.2
[2] G. Gazier, A. Jacquet, C. Pineau, *Les socialistes et l'Europe*, 1962, Parti socialiste SFIO, 64 p.
[3] Il s'agit du projet de constitution de mai 1946, voté par la SFIO et le PC, projet qui supprime le Sénat et maintient de justesse et formellement le président de la République. Ce projet est rejeté lors du référendum du 5 mai 1946 et conduit la SFIO à se rabattre sur un régime qui reprend l'essentiel de celui de la IIIe République. La IVe République, plus que l'abandon d'un régime d'Assemblée est un rejet des thèses présidentialistes de de Gaulle dont les offensives lancées en 1947 renforcent le parti socialiste dans cette défense républicaine des institutions.
[4] Concernant l'attachement des socialistes au régime parlementaire, voir H. Portelli, *Le parti socialiste*, Montchrestien, Paris, 1998, p. 39-40

L'identification de la SFIO au régime parlementaire est d'autant plus nette avec l'entrée en vigueur de la Ve République. La SFIO s'oppose vigoureusement à la présidentialisation du régime – la politique étrangère et de défense gaulliste étant très éloignée des convictions atlantistes et européennes de Guy Mollet[1]. Ainsi, l'attachement au régime parlementaire nourri par les socialistes des années 1960 explique qu'ils aient de réelles ambitions pour le Parlement européen, à commencer par son élection au suffrage universel direct. Les socialistes la souhaitent, certes, mais restent prudents et ne donnent pas d'échéance précise. Comme le dit Christian Pineau :

> « La tâche la plus urgente étant d'assurer un contrôle démocratique du fonctionnement des communautés existantes, c'est sur la création d'un véritable Parlement européen que doit porter le principal effort. On a proposé que celui-ci fût élu au suffrage universel, selon les règles électorales en vigueur dans chacun des pays membres. Ce système est évidemment le meilleur. Outre son caractère démocratique, il aurait l'avantage d'intéresser plus directement l'opinion publique à la création européenne que la désignation des membres de l'Assemblée européenne par les parlements nationaux »[2].

Par ailleurs, les socialistes rappellent que l'élection de l'Assemblée est une revendication déjà ancienne, prévue par le Marché commun[3]. Et le traité de Rome ayant été signé par les six gouvernements et ratifié par leurs parlements nationaux, il est anormal que cette mesure ne soit pas mise en place en raison principalement du refus de Charles de Gaulle. Cependant, ce souhait de voir cette Assemblée élue par les citoyens contient une certaine ambiguïté dont les socialistes ont bien conscience : soit on définit au préalable les pouvoirs que chaque pays entend déléguer à l'Assemblée et dans ce cas, elle ne pourra voir le jour qu'après de laborieuses négociations ; soit on l'élit sans délégation de pouvoirs au risque de décourager l'électorat des six pays. Selon Christian Pineau, étant donné le climat tendu que connaît la Communauté, dû en partie à la froideur du général de Gaulle à son égard, toute discussion sur une délégation de pouvoirs ne mènerait à rien. Il estime que l'Assemblée européenne elle-même peut obtenir les pouvoirs dont elle a besoin pour exercer ses missions et pense qu'elle sera menée à faire valoir des propositions devant les gouvernements et parlements nationaux avec efficacité. Au vue de la situation, « on peut donc préconiser l'élection, dès que les circonstances le permettront, d'une Assemblée politique européenne, qui, sans avoir à

---

[1] *ibid.*, p. 42. Le retour au parlementarisme guide d'ailleurs toute la stratégie de la SFIO dont les deux moments forts se situent en 1962 et 1969. Par exemple, en 1962, les socialistes se prononcent contre le projet de de Gaulle de voir élu le président de la République au suffrage universel. Ils s'intègrent alors dans le cartel des Non qui s'étend jusqu'à Antoine Pinay.
[2] C. Pineau, *ibid.*, p.61
[3] G. Jacquet, *ibid.*, p. 27

proprement parler de pouvoirs constituants, pourra faciliter les discussions ultérieures sur une sorte de constitution européenne »[1]. Christian Pineau[2] s'inscrit ici dans une réflexion que l'on retrouve tout au long de notre étude jusqu'à nos jours : s'agit-il de donner ou non un rôle constituant à l'Assemblée ?

Ce point de vue, selon lequel il ne sert à rien d'élire au suffrage universel une Assemblée qui n'a pas de pouvoir, nous mène alors à nous interroger sur la position concrète des socialistes concernant ces délégations de pouvoirs. Cinq ans après les traités de Rome, les socialistes déplorent le peu de progrès accomplis par les communautés dans le domaine politique. Ce sont toujours les États membres qui mènent le jeu au profit de considérations nationales. Ainsi, selon le traité de Rome, l'Assemblée peut voter une motion de censure à la majorité des deux-tiers mais « la procédure est si lourde », nous dit Christian Pineau, « la sanction en cas de manquement théoriquement si sévère que cette disposition est pratiquement inapplicable »[3]. Pour les socialistes, une des seules compétences qui a été concédée à l'Assemblée est donc bafouée et se voit vouée à l'inexistence du fait de la prépondérance du Conseil des ministres et du poids des États.

Mais, en matière de délégations de compétences, les socialistes ont, eux-mêmes, des intentions très modestes et accordent une place secondaire à la question spécifique des droits démocratiques du Parlement. Ils estiment que les prérogatives du Parlement devraient principalement être accrues en matière budgétaire, que les traités devraient lui être soumis pour approbation, non plus pour simple avis, et que le Parlement devrait obtenir un droit de regard sur la nomination et le remplacement des membres de l'exécutif unifié[4]. Une telle timidité s'explique sans doute en raison des contextes national, où Charles de Gaulle propose des élections présidentielles, et européen, où les gouvernements des États membres sont conservateurs. Il s'agit donc de faire des propositions de l'ordre du possible. Imaginant à terme une Europe politique, ils envisagent la création d'une commission politique supranationale dont les pouvoirs s'accentueraient d'étape en étape et qui serait responsable devant le Parlement européen. Les pouvoirs de cette Assemblé devraient porter sur le contrôle des communautés économiques : « Il faut que les pouvoirs conférés à l'Assemblée soient limités mais réels, sans pour autant renoncer à l'extension possible de ceux-ci, au fur et à mesure que se développera dans l'opinion publique l'esprit européen »[5]. Si les socialistes

---

[1] C. Pineau, *ibid.*, p.62
[2] On peut supposer que Christian Pineau, puisqu'il est proche de Guy Mollet, alors secrétaire général de la SFIO (Guy Mollet l'a d'ailleurs nommé ministre des Affaires étrangères), appartient à la tendance majoritaire du parti socialiste, du moins à celle de la direction du parti à cette époque. Sa vision européenne est donc représentative de celle du parti.
[3] C. Pineau, *op.cit.*, p. 50
[4] G. Mollet, *op.cit.*, p. 93
[5] C. Pineau, *op.cit.*, p. 62

défendent l'accroissement des pouvoirs des communautés, ils n'envisagent cette hypothèse qu'à la condition qu'on effectue parallèlement le renforcement des moyens de contrôle démocratique des institutions existantes. Ils s'opposent aussi à une délégation de pouvoirs tant qu'il n'y a pas plus de démocratisation. Pour eux, les deux sont indissociables.

Par ailleurs, les dirigeants socialistes des années 1960 autour de Guy Mollet sont bien plus fédéralistes que ne le sont ceux des années 1970 autour de François Mitterrand, avec à l'esprit, l'idée que le régime parlementaire est le seul qui puisse, à tous les niveaux, en France comme en Europe, assurer la synthèse de toutes les volontés populaires et mettre en œuvre une réelle démocratie. Ils placent l'Assemblée des communautés – qu'ils souhaitent voir appelée et devenir un véritable Parlement européen – au centre de la machine européenne. L'Assemblée s'auto-désigne d'ailleurs Parlement européen en 1962. Dans cette même lignée, les socialistes souhaitent une Europe plus fédérée et intégrée qui continuerait à respecter l'autonomie de chaque État. Comme le dit Guy Mollet en parlant de son parti : « Nous sommes donc pour une Europe fédérée (…). C'est pourquoi nous proposons la fusion des exécutifs de la CECA, du Marché commun et de l'Euratom »[1].

Les socialistes et l'Europe du général de Gaulle

Dans les années 1960, les socialistes définissent leur ligne européenne en fonction de leurs idéaux internes mais aussi en fonction de l'Europe de de Gaulle, ce qui les pousse d'ailleurs à affirmer, de façon encore plus criante, leur détermination pour une Europe démocratique et une Assemblée parlementaire qui aurait plus de poids pour contrebalancer le pouvoir et les volontés des États. Il s'agit alors d'étudier dans quelle mesure les visions européennes du général de Gaulle influencent celles des socialistes et comment l'Europe de de Gaulle leur permet de mettre en valeur leurs points de vue.

De Gaulle envisage une Europe confédérale qui permettrait à la France de maintenir son indépendance et son rôle dans le monde. Dans son projet, le concert européen se réunit au niveau des d'État et de gouvernement et l'Assemblée est simplement consultative. Il n'est pas question de l'élire un jour au suffrage universel. De Gaulle est donc fermement opposé à l'idée d'un gouvernement européen responsable devant un Parlement qui jouirait d'une autorité réelle. Pour lui, l'Assemblée de Strasbourg est une assemblée de parlementaires et non un véritable Parlement. Quant à Couve de Murville, son ministre des Affaires étrangères, il considère le Parlement comme une Assemblée consultative. Selon lui, sa fonction consiste à débattre des problèmes de la Communauté et à donner des avis au Conseil des ministres. Comme le dit Jean-Pierre Cot : « Dans le dessein du général de Gaulle, il n'y a pas de place pour un Parlement européen composé de

---

[1] G. Mollet, *op.cit.*, p. 93

bavards irresponsables »[1]. Concernant l'élection du Parlement au suffrage universel direct, les problèmes sont bien plus politiques que techniques : dès lors où les Allemands deviendraient électeurs de cette Assemblée, ils deviendraient citoyens à part entière de la nouvelle Europe, ce qui suscite en effet les réticences de de Gaulle[2]. Il est bien clair qu'il s'agit pour lui de développer une coopération entre États, sans délégation de pouvoirs à côté de l'action communautaire. Son but : faire contrôler l'Europe par un organisme décidant à l'unanimité. Mais ce projet, qui se concrétise à travers le plan Fouchet de 1962, échoue et marque une incompatibilité entre la vision gaullienne de l'Europe et l'attachement atlantiste et plus fédéraliste des partenaires de la France. Il attise aussi la critique des socialistes favorables à cette Europe plus fédéraliste.

Tout d'abord, les socialistes se prononcent contre l'Europe des États que Guy Mollet critique vivement :

> « La politique gaulliste nous ramène aujourd'hui à une Europe des patries, des nations, c'est-à-dire en fait à une simple alliance, à une coalition de type traditionnel bien insuffisante pour l'Europe moderne »[3].

Les socialistes se positionnent donc contre Charles de Gaulle qui fait savoir son opposition à toute supranationalité et laisse entendre qu'il faut revenir sur certains pouvoirs conférés aux organismes européens. Pour eux, cette vision exprime une volonté de leadership. En encourageant une Europe de gouvernements conservateurs de leur souveraineté contre l'union des peuples européens, de Gaulle suscite les hostilités et les méfiances et, selon les socialistes, encourage la renaissance des rivalités nationales. Et c'est en ces termes qu'Alain Gazier dénigre l'Europe de de Gaulle : « On n'a pas le droit d'appeler « Europe », ce qui ne serait qu'un assemblage d'États entièrement souverains, pas plus que des tuiles et des poutres mises côte à côte ne peuvent être appelées une maison »[4].Les socialistes critiquent farouchement l'Europe de de Gaulle, ce qui leur permet aussi de dessiner leur Europe, l'Europe des socialistes. En prenant le contre-pied du général de Gaulle, la solution est, pour eux, celle d'une Europe intégrée, politiquement unie et démocratiquement organisée avec un gouvernement européen qui serait placé sous le contrôle démocratique d'une Assemblée élue au suffrage universel direct, même s'il ne s'agit pas de créer dans l'immédiat une Europe supranationale.

L'un des principaux points de conflit entre de Gaulle et les socialistes durant les années 1960 est la volonté de celui-ci de ne pas faire avancer l'Europe démocratique et de rester au point mort, ainsi, selon Christian Pineau :

---

[1] JP. Cot, « Le Parlement européen : fausse perspective et vrai paradoxe », *Humanité et droit international*, Editions A. Pedone, Paris, 1991, p. 122
[2] *ibid.*
[3] G. Mollet, *op.cit.,* p. 93
[4] A. Gazier, *op.cit.,* p. 43

« Si de Gaulle l'avait pu, il aurait annulé le traité de Rome. Mais il n'a pas osé car, chose curieuse, la paysannerie française a défendu le traité de Rome, tant les syndicats d'exploitants que les chambres d'agriculture et les mutualités agricoles. De Gaulle n'a pas pu s'y attaquer. Alors, il a chinoisé, il a stoppé la procédure d'élection au suffrage universel, expressément prévue par le traité »[1].

Les socialistes dénoncent « les répugnances manifestées »[2] par de Gaulle, répugnances qui nuisent au fonctionnement normal des institutions – dont l'exemple le plus criant est la crise de la chaise vide de 1965 – et qui, selon eux, détournent l'Europe de la voie supranationale tracée par le parti socialiste. Ils n'hésitent pas à parler de politique anti-européenne et anti-atlantiste qui est à l'opposé de leurs conceptions de « l'Europe des peuples ». Ainsi, dans le rapport du 56e congrès national[3] tenu en 1967, les socialistes condamnent l'attitude de M. Couve de Murville qui, devant l'Assemblée, le 15 juin 1967, a déclaré[4] que le traité de Rome avait donné un rôle strictement consultatif à l'Assemblée de Strasbourg. Or, comme le rappellent les socialistes[5], l'Assemblée a le droit de déposer une motion de censure et peut renverser la Commission. Elle a par ailleurs vocation à être élue au suffrage universel direct. Pour eux, c'est un signe du refus de la démocratie de la part de de Gaulle, tant à l'intérieur qu'à l'extérieur du pays. Face à la situation tendue que génèrent ses velléités à refuser tout transfert de souveraineté, les socialistes font le constat que les barrières nationales sont périmées et qu'il faut, à terme, parvenir à les dépasser. Pour eux, la vision de de Gaulle est foncièrement rétrograde. Ils préconisent donc, dès 1968, la constitution d'un parti socialiste européen : « La construction de l'Europe, espoir de toute une jeunesse, devra dominer les préoccupations du nouveau parti. […]. Le but lointain sera la constitution d'un parti socialiste de l'Europe entière »[6]. Si l'idée met du temps à se concrétiser, il est intéressant de noter qu'elle surgit très tôt dans l'univers socialiste et qu'elle apparaît comme une réponse à l'Europe conservatrice de la souveraineté des États, chère à de Gaulle.

Cette position à l'égard de de Gaulle influe la définition de la ligne européenne de la SFIO. Elle explique en grande partie l'attachement des socialistes à l'Assemblée parlementaire[7] et leur volonté de la démocratiser en vue de donner le jour à « l'Europe des peuples ». Lors du congrès national extraordinaire des 1e et

---

[1] C. Pineau, « Pour l'Europe (II) Points de vue et documents (suite) », *Cahier et revue de l'OURS*, n°96 Janvier 1979, p. 11-12

[2] *Bulletin intérieur PS SFIO*, n°113, septembre 1959, p. 22

[3] *Bulletin intérieur PS SFIO*, dans le *Rapport du 56ème congrès national du PS de 1967* tenu du 29 juin au 2 juillet 1967, 111 p.

[4] *ibid.*, p. 98-99

[5] *ibid.*

[6] *Bulletin intérieur PS SFIO*, n°158, octobre 1968, p. 8

[7] Ce, au-delà du fait qu'elle s'inscrit dans la tradition socialiste.

2 février 1964 à Clichy, les socialistes définissent leurs priorités en vue de l'élection présidentielle de 1965. Sur sept options, l'Europe arrive en troisième position : « L'intégration politique et économique de l'Europe »[1].

Cette scission très marquée entre socialistes et gaullistes permet, entre autres, à François Mitterrand – à la tête de la convention des institutions républicaines (CIR) –, candidat unique de la gauche lors des élections de 1965, de s'affirmer comme pro-européen et de mettre en valeur les options socialistes vis-à-vis de l'Europe.

Cependant, les socialistes n'accordent qu'une place mineure au débat européen à cette période ; le signe le plus parlant étant la quasi-absence de référence européenne dans leurs journaux internes, *les Bulletins intérieurs*, pendant la campagne. Lors des élections présidentielles, d'autres thématiques, plus nationales, sont favorisées.

C'est aussi à partir de 1965 qu'un tournant intervient au sein du parti socialiste. Les socialistes hors SFIO commencent à nuancer leurs positions pro-européennes et à émettre des remarques négatives envers l'Europe, ils dénoncent notamment les options économiques de celle-ci. Il y a donc une sorte de paradoxe entre l'action de François Mitterrand qui utilise l'argument européen pour contrer le général de Gaulle pendant la campagne présidentielle de 1965 et la dynamique interne du parti socialiste qui cherche pas à pas à se démarquer de l'Europe telle qu'elle est. Ce tournant annonce donc le changement du parti au début des années 1970 et son repositionnement en matière européenne avec le passage d'un parti socialiste européen par idéal à un parti socialiste européen par pragmatisme.

---

[1] *Bulletin intérieur du PS SFIO*, n°132, février 1964, p. 7

De 1969 à 1979 : l'idéologie socialiste face au Parlement européen

De 1969 à 1973 : l'idéologie européenne et la création du nouveau PS

À la fin des années 1960, on assiste à une recomposition du parti socialiste qui adopte un nouveau positionnement concernant l'Europe et le Parlement européen : « tout le traité, rien que le traité ». Alors que la SFIO était pour une réelle démocratisation de l'institution parlementaire, le parti socialiste modifie son discours en raison des nouvelles structures qui le composent et notamment de son aile gauche anti-européenne et de son alliance avec le parti communiste.

Un nouveau débat en matière européenne se met alors en place, l'objectif poursuivi étant la conquête du pouvoir. Le parlementarisme tel que défendu par les socialistes des années 1960 ne dispose plus d'une assez grande assise populaire, le candidat aux élections présidentielles de 1965 n'obtient que 5% des suffrages, ce qui est le plus bas score de l'histoire de la SFIO. Assimilé au parlementarisme, la SFIO disparaît avec lui. La refondation du parti fait alors une place plus grande au régime présidentiel[1]. Ce revirement explique l'évolution de la position des socialistes à l'égard du Parlement européen.

Dans cette perspective, les grandes lignes de la politique européenne des socialistes se dessinent au début des années 1970 : en quoi leurs positions à l'égard du Parlement européen sont liées aux évolutions internes du parti ?

Suite aux élections présidentielles de juin 1969, désastreuses pour les quatre candidats de gauche qui n'obtiennent que 31, 3 % des voix, la gauche doit faire un effort de doctrine et montrer qu'elle constitue une alternative de gouvernement. Mais pour cela, elle doit redéfinir ses options, ses méthodes et ses alliances.

Après la disparition de la SFIO et la création du Nouveau parti socialiste au congrès d'Issy-les-Moulineaux en juillet 1969, le premier secrétaire du parti, Alain Savary, marque son désaccord avec le parti communiste au sujet de la construction européenne. Fin 1970, de nombreuses divergences subsistent mais un nouvel élan est donné lorsque la convention des institutions républicaines, formée autour de François Mitterrand, décide de rejoindre le parti socialiste. François Mitterrand est convaincu que seule une logique d'alliance avec les communistes peut mener au pouvoir et ainsi, il l'emporte au congrès d'Épinay en juin 1971.

La période qui s'ouvre en 1971 est celle de l'action et des combats de François Mitterrand pour construire et diriger un grand parti, nouer les alliances à gauche

---

[1] H. Portelli, *op.cit*, p. 43

nécessaires pour gagner les élections et imposer sa stratégie et son pouvoir à l'intérieur du parti socialiste.

L'alliance avec les communistes nécessite une entente autour d'un programme commun, qui marque une véritable volonté politique. La rédaction de ce programme est confiée au CERES, Centre d'étude, de recherche et d'éducation socialiste, puisque Jean-Pierre Chevènement, son chef de file, est nommé secrétaire national chargé du programme socialiste en 1971. Cela explique, en partie, l'inflexion du parti socialiste et son discours plus timoré au sujet du Parlement européen même s'il prône toujours son élection au suffrage universel direct.

Cette inflexion s'explique par le poids croissant que représente alors le CERES dans le nouveau PS. En 1972, le CERES est le courant du PS le plus ancré à gauche. De 1971 à 1975, avec les mitterrandistes, il forme la majorité du parti. Il se développe pour représenter dans les années 1975-77, 25 % des voix du parti.

La position du CERES à l'égard des institutions et du Parlement européen

Le CERES naît en avril 1967. Orthodoxe idéologiquement, son inspiration est marxiste[1]. Il se concentre autour de deux impératifs majeurs, celui de l'indépendance nationale et celui du développement industriel. Le débat sur la démocratisation de l'Europe est une réflexion fondamentale pour la gauche française tout comme son positionnement sur la construction européenne. À ce sujet, le CERES manifeste une hostilité envers une intégration par le haut, c'est-à-dire institutionnelle de l'Europe : « Il est vain d'espérer subvertir progressivement les institutions qui ne sont que le reflet des forces politiques qui dominent les pays de la Communauté »[2].

Une démocratisation des institutions, notamment l'élection au suffrage universel du Parlement européen, n'aurait, selon le CERES, aucune influence sur la nature même des institutions puisque tout le pouvoir communautaire est détenu par le Conseil des ministres et la Cour de justice. Le CERES voit donc dans cette potentielle élection au suffrage universel une « pseudo démocratisation » qui ne serait qu'un moyen pour les libéraux de se donner bonne conscience pour dissimuler « l'Europe des marchands ». Cependant, une des trois lignes d'action pour une politique socialiste à l'intérieur de l'Europe défendue par le CERES à la fin des années 1960 est : « renforcer et démocratiser les institutions communes »[3], avec comme objectif l'élection du Parlement au suffrage universel. Mais pour le CERES, cette élection n'est souhaitable qu'à la seule condition que les socialistes et les syndicalistes accèdent au pouvoir et donc aux commandes de la Communauté.

---

[1] Concernant le CERES, voir C. Giraudet, *La construction européenne et le parti socialiste à travers deux de ses courants : le CERES et AGIRS 1967-1992*, mémoire sous la direction d'É. Bussière, Paris IV, 2004-2005, 144 p.
[2] *ibid.,* p.13, d'après JP. Chevènement, *L'enlèvement de l'Europe*, 1979
[3] *ibid.,* p. 21

Cette position est pourtant tenue à évoluer en raison des initiatives de Valéry Giscard d'Estaing en faveur de l'élection au suffrage universel direct du Parlement européen. Le CERES pense que l'initiative de Valéry Giscard d'Estaing est une manœuvre de politique intérieure pour diviser la gauche et faire oublier les crises de l'énergie et du système monétaire international qui viennent de démontrer la double incapacité des pays d'Europe à rapprocher leurs politiques en s'éloignant des États-Unis. Mais, composante importante d'un grand parti, le CERES adapte ses positions et dit « oui » à l'élection universelle du Parlement, à la condition qu'il n'y ait pas de nouvelles délégations de compétences, que le futur gouvernement de la gauche puisse exécuter son programme et ait le choix de ses actes et orientations.

Le point de vue du CERES n'évolue quasiment pas du début des années 1970 à la victoire de mai 1981. Il se prononce toujours contre la perspective d'intégration européenne dans la mesure où celle-ci serait fondée sur la réalité capitaliste de l'Europe. Pour lui, l'Europe reste vassalisée à tous les niveaux et soumise à la domination du capitalisme américain.

Au début des années 1980, des courants beaucoup plus ouverts à l'intégration européenne, voire même au fédéralisme, se développent au sein du parti socialiste, si bien que François Mitterrand doit mieux intégrer ces visions dans sa politique au grand dam des chevènementistes – Jean-Pierre Chevènement démissionnant alors de son poste au gouvernement.

Mais cette évolution au sein du parti socialiste n'empêche pas le CERES de maintenir ses anciennes positions au sujet des institutions. Ainsi, il reste intransigeant quant aux velléités fédéralistes. Une intégration par les institutions priverait les nations de leur part de souveraineté, échapperait au contrôle démocratique et serait un alibi à l'immobilisme national. Selon Jean-Pierre Chevènement :

> « Les institutions européennes peuvent jouer un rôle utile. L'erreur serait pour elles de se croire complètement indispensables, alors que les seuls États expriment, dans l'état actuel des choses, une volonté politique démocratique globale. Il faut être très pragmatique. L'Europe est un processus à géométrie variable, ou à plusieurs vitesses comme on dit (…) La fuite en avant dans une supranationalité – alibi – non seulement n'est pas une solution, mais ne pourrait que nous renforcer dans l'ornière »[1].

En 1986, le CERES devient Socialisme et République. La conversion européenne de l'ex-CERES intervient à la fin des années 1980, avant les élections européennes de 1989, mais ses membres n'évoluent pas sur les questions

---

[1] *ibid.,* p. 182, d'après JP. Chevènement, *Le pari sur l'intelligence*, 1985

institutionnelles et sont toujours réticents à une Europe fédérale et à une intégration européenne qui commencerait par l'aspect institutionnel.

Pour le CERES, l'Europe est donc une contrainte. Ses membres sont hostiles à l'Europe mais à aucun moment, ils ne vont jusqu'à demander à en sortir. C'est une marche qu'ils ne franchissent pas.

<u>Le Programme commun</u>

Dès lors, étant donné la position développée par le CERES à l'égard de l'institution parlementaire, le parti socialiste, en raison de ses alliances internes, se voit tenu à un discours sans surprise et très limité en termes de démocratisation du Parlement européen.

À la convention nationale de Suresnes les 11 et 12 mars 1972, la stratégie programmatique du parti est codifiée. Le programme socialiste de gouvernement intitulé « Changer la vie » reprend en grande partie l'option Lavau-Pontillon[1] qui concilie la poursuite de la construction européenne en préservant la marge de manœuvre indispensable à l'amorce du socialisme en France. Au niveau institutionnel, elle met en exergue le fait que l'augmentation des pouvoirs du Parlement impliquerait :

> « - L'intervention immédiate et renforcée du Parlement européen dans le processus de décisions des communautés. Le Conseil devrait notamment être tenu de consulter à nouveau le Parlement lorsque celui-ci ne reprend pas ses positions de modification. Dans certains domaines, il ne devrait pouvoir être dérogé au vote du Parlement qu'à l'unanimité.
> - Que les propositions de modifications des traités portant élargissement des pouvoirs du Parlement en matière législative, financière et budgétaire soient élaborées en étroite liaison avec le Parlement européen.
> - L'élargissement de certaines compétences et de certains pouvoirs de décision dont bénéficieront les institutions communautaires après l'adhésion des pays en instance et dès que la collaboration avec ces États sera renforcée et approfondie »[2].

Par ailleurs, dans ce projet, il est dit qu'une fois que la gauche sera au pouvoir, elle demandera un accroissement des ressources du budget communautaire ce qui,

---

[1] Pierre Lavau, né en 1928, est un ancien membre de la Convention des institutions républicaines (CIR) de François Mitterrand et est membre du comité directeur du PS depuis 1971. Quant à Robert Pontillon (1921-1992), il est alors secrétaire national en charge des Relations internationales au sein du PS et maire de Suresnes.
[2] *Bulletin Intérieur du PS SFIO*, janvier 1972, p. 58

par conséquent, supposera l'élection du Parlement européen au suffrage universel direct.

> « Le vote de ces ressources et de leur emploi renforcera la justification d'un contrôle plus démocratique des divers organes, éventuellement réaménagés, de l'exécutif européen et imposera une assemblée élue au suffrage universel direct qui devra disposer du droit d'initiative législative. »[1]

Dans le but de limiter le caractère technocratique des institutions communautaires, l'option Lavau-Pontillon prône aussi une représentation renforcée des travailleurs dans les organes d'élaboration et de contrôle des politiques européennes. Ainsi, elle souhaite que le Conseil économique et social soit doté de plus de pouvoirs avec une plus grande place faite aux travailleurs. La coopération entre États souverains ne permettant pas la prise de décisions collectives pour la réalisation de politiques communes, un gouvernement de gauche annoncerait qu'il serait prêt à déléguer à une autorité politique commune les pouvoirs et les moyens nécessaires à la mise en œuvre de ces politiques.

La démocratisation des institutions européennes est conçue comme un premier pas vers l'Europe souhaitée par les socialistes et revêt un aspect majeur qui est celui de l'élection du Parlement au suffrage universel direct, élection qui favorisera « la libre expression des peuples au sein de la machinerie communautaire »[2]. Les socialistes ont donc pour projet de renforcer tout le système européen et de répondre à un principe démocratique : la souveraineté du peuple. Mais si les socialistes ont conscience de l'enjeu institutionnel, il faut relativiser son importance. Les institutions européennes ne sont pas au cœur de leur programme. Les socialistes insistent davantage sur la nécessité d'établir des politiques communes et l'Europe des travailleurs.

Le Programme commun de gouvernement parti socialiste-parti communiste est signé le 27 juin 1972. Ce programme est limité dans le temps et défini pour cinq ans. Il résulte d'un compromis et ne résout ni les divergences, ni les méfiances, mais c'est un accord sérieux qui suscite un réel enthousiasme. Les négociations avec les communistes avancent assez rapidement car de part et d'autre, certes avec des appréhensions, la volonté politique existe et les deux partis s'accordent pour accroître sensiblement le rôle de l'État dans les domaines social et économique. François Mitterrand constate que le parti communiste représente à gauche un important électorat populaire. Dans ces conditions, seule l'alliance à gauche, selon lui, peut permettre de vaincre la droite. Mais au-delà d'une option stratégique, l'alliance avec les communistes stigmatise l'échec de Guy Mollet et de la SFIO, qui

---

[1] *ibid.,* p. 58
[2] F. de Saint Ouen, *Les partis politiques et l'Europe,* Presses Universitaires de France, Paris, 1990, p. 116

en reniant le PC, ont mené la SFIO au déclin[1]. Pour Mitterrand, il s'agit d'une union froide au sein de laquelle le PS doit devenir dominant. Trois questions suscitent d'importants désaccords et font l'objet de compromis difficiles, à savoir l'étendue des nationalisations, les institutions et la politique étrangère. François Mitterrand ne cède ni sur l'appartenance de la France à l'Alliance atlantique ni sur la poursuite de la construction européenne. Cependant, en matière européenne, les concessions du parti communiste sont minimes. L'Europe est le domaine où socialistes et communistes ne trouvent pas d'accord et où les socialistes ne parviennent pas à attirer les communistes sur leur terrain.

Le chapitre européen s'insère dans une quatrième partie, « La France et la Communauté économique européenne » et va beaucoup moins loin en matière institutionnelle que le programme socialiste « Changer la vie ». Le Programme commun scelle seulement la résolution des socialistes de voir le Parlement européen voter le budget : « L'Assemblée de la Communauté, appelée à voter annuellement le budget, doit pouvoir en contrôler l'exécution. Elle devra aussi être plus étroitement associée à la préparation des décisions de toute nature de la Communauté »[2]. Le pouvoir de voter le budget est la seule augmentation de compétence que les communistes, dans le Programme commun, acceptent pour le Parlement. Par ailleurs, dans le programme PS-PC, il n'est pas question d'élection au suffrage universel du Parlement européen, ce que les socialistes, eux, réclament dans leur programme « Changer la vie ». Ils souhaitent, certes, cette élection, mais ils subordonnent le renforcement de l'exécutif communautaire et l'élection du Parlement au suffrage universel à la conclusion d'un accord préalable entre tous les partenaires de la Communauté sur la définition d'une politique européenne conforme aux exigences que formulerait un gouvernement français de gauche :

> « Dès que les propositions du gouvernement de la gauche (...) auront recueilli pour l'essentiel l'accord des autres pays membres, l'Assemblée européenne devra être élue au suffrage universel et disposer de pouvoirs comparables à ceux d'un Parlement souverain»[3].

Ainsi, pour les socialistes, il ne peut y avoir de délégations de compétences tant qu'ils ne sont pas au pouvoir.

Dans son programme de 1972, le PS émet donc le souhait de la démocratisation de l'Assemblée et de son élection au suffrage universel direct – souci qui n'est en rien celui de Georges Pompidou qui relance la machine européenne, totalement

---

[1] En effet, dans les années 1950, la phase de l'unité d'action est définitivement terminée. Le choix du camp occidental par la SFIO a pour corollaire l'alignement inconditionnel du PC sur l'URSS. Les socialistes rejettent alors le communisme stalinien et toute éventualité d'unité d'action. L'anticommunisme devient un axe doctrinal et stratégique du parti.
[2] *Bulletin intérieur PS SFIO*, supplément de juin 1972, p. 15
[3] *« Changer la Vie » : Programme de gouvernement du parti socialiste*, Flammarion, Paris, 1972, p. 193

sclérosée par de Gaulle, notamment avec l'entrée de la Grande-Bretagne en 1973 et le référendum de 1972, dont un des buts est de diviser le PS. Globalement, le PS reproche à Pompidou sa froideur envers l'Europe et son manque d'ambition même s'il ne se prononce pas réellement contre sa politique.

L'union de la gauche et le Programme commun de gouvernement sont les leitmotivs du discours des socialistes jusqu'en 1977. Au congrès de Grenoble en mai 1973, la construction de l'Europe apparaît comme le meilleur moyen de résister à l'impérialisme. C'est à cette occasion que le CERES demande la convocation urgente d'une convention sur l'Europe : le congrès de Bagnolet.

<u>Le congrès de Bagnolet : une remise en perspective</u>

« Les divisions des socialistes sur l'Europe surgissent au grand jour. »[1]

Le CERES demande au congrès de Grenoble la convocation d'un congrès entièrement consacré au thème européen pour clarifier les positions du PS sur ce sujet. Le congrès national extraordinaire sur les questions européennes se tient les 15 et 16 décembre 1973 à Bagnolet[2]. François Mitterrand veut profiter de ce congrès pour faire du PS un parti européen. Le congrès de Bagnolet aboutit à une motion de compromis entre le courant de François Mitterrand – qui impose ses vues – et le courant du CERES.

Avant le congrès de Bagnolet, le secrétariat à la formation dirigé par Lionel Jospin prépare une brochure intitulée *L'Europe*. Elle est diffusée dans les jours qui précèdent le congrès et décrit l'histoire de la construction européenne et des institutions. Il y est affirmé l'existence d'un blocage en Europe provoqué par la crise économique que révèle une crise sociale marquée par la recrudescence des grèves et des conflits sociaux. Les dysfonctionnements de la PAC (Politique agricole commune) et le blocage de la politique monétaire sont d'ailleurs soulignés. Le PS insiste aussi sur la nécessité de réveiller la conscience des militants.

Le congrès de Bagnolet s'inscrit dans une dynamique européenne du parti. C'est à cette occasion que les socialistes définissent leur politique européenne qui s'organise autour de quelques idées majeures telles la planification, la démocratisation des institutions ou encore les politiques communes.

---

[1] L. Jalabert, « Le parti socialiste et l'Europe, le congrès extraordinaire de Bagnolet (décembre 1973) », *Les socialistes français et l'Europe 1945-2005, Documents et analyse*, sous la dir. de Thierry Hohl, Universitaires de Dijon, p. 83

[2] Concernant le congrès de Bagnolet, son déroulement et les désaccords avec le CERES, voir L. Jalabert, « Le parti socialiste et l'Europe, le congrès extraordinaire de Bagnolet (décembre 1973) », *Les socialistes français et l'Europe 1945-2005, Documents et analyse*, sous la dir. de Thierry Hohl, Universitaires de Dijon, p.83-102

Les débats s'organisent en deux temps. D'une part, la direction présente quatre rapports généraux sur l'Europe émanant des contributions effectuées par les groupes d'experts du parti. Ils ont pour but de cadrer les débats et de fournir aux militants un rappel des positions du PS tout en évoquant les problèmes posés par la construction européenne en 1973. D'autre part, les différents courants du PS présentent leur motion sur le sujet, véritable programme de ce que pourrait être la politique européenne d'un gouvernement socialiste. Deux textes sont présentés : celui de François Mitterrand[1] et celui d'Yves Durand et Claude Fuzier. Les débats doivent déboucher sur une motion commune. Le texte d'Yves Durand et Claude Fuzier est plus européen que celui de François Mitterrand, mais les deux motions proposent la démocratisation des institutions européennes et l'élection du Parlement européen au suffrage universel. C'est pourquoi « le débat se situera ailleurs »[2].

Après avoir pris connaissance de la motion de François Mitterrand, le CERES de Jean-Pierre Chevènement décide de retirer sa contribution et propose des amendements. L'un d'entre eux déclare que les institutions ne sont pas neutres, que l'élection au suffrage universel direct du Parlement européen renforcerait le capitalisme et qu' « il importe de préciser les compétences qu'un gouvernement de gauche sera susceptible de déléguer à une autorité centrale européenne »[3]. Le CERES refuse toute forme de délégation de compétences tant que les socialistes ne sont pas au pouvoir et une fois arrivés à la tête du pays, ils ne concèderont des parts de souveraineté que dans les domaines négociés. Toute réforme est donc suspendue à l'arrivée du PS au pouvoir. Selon le CERES, la délégation de pouvoirs risquerait d'accroître la dépendance énergétique vis-à-vis des États-Unis et empêcherait la France de faire des choix autonomes. Il soutient la même thèse quant au Programme commun qui ne serait pas forcément appliqué, en cas de victoire de la gauche, si l'Europe disposait de plus de pouvoirs. Pour le CERES, l'élection du Parlement prévu « à terme » par le traité de Rome – ce qui explicite bien qu'il ne la souhaite pas dans l'immédiat – permettrait, certes, de sensibiliser le peuple à l'Europe, mais la priorité n'est pas là, car selon ce courant, la véritable démocratisation passe par l'extension des pouvoirs aux travailleurs et non par la modification d'un mode d'élection. Dans sa conclusion, le CERES va jusqu'à demander la révision du traité de Rome. Il se veut donc bien plus prudent sur la logique de la construction européenne.

L'amendement du CERES concernant l'institution parlementaire suscite une vive controverse. « D'après la série des amendements, les auteurs sont contre la poursuite de la construction européenne, tout en se prétendant pour. Or nos

---

[1] La motion de François Mitterrand est intitulée « Pour une Europe en marche vers le socialisme » et est signée entre autres par Gaston Defferre, Pierre Mauroy, Claude Estier, Lionel Jospin et le CERES.
[2] *ibid.*, p. 92
[3] *ibid.*

camarades ou nous mentent ou se mentent à eux-mêmes »[1], dit Eric Hintermann qui accuse la majorité du CERES de chercher à rester dans la majorité du PS tout en ayant des idées opposées à celles de la direction sur l'Europe. Au final, la majorité des socialistes prend parti contre le CERES et plaide pour une extension des pouvoirs européens préférant agir dans les cadres existants, même s'ils sont imparfaits, plutôt que de se placer dans l'attentisme.

Le deuxième jour du congrès, l'appel général à la synthèse se fait autour de la motion I présentée par François Mitterrand. Les socialistes approuvent donc la nécessité d'une démocratisation des institutions :

> « L'Europe des grands monopoles n'est pas l'Europe mais un ensemble de cartels industriels, commerciaux et bancaires. L'Europe des technocrates n'est pas l'Europe, mais une mécanique inhumaine. L'Europe des États n'est pas l'Europe, mais un agglomérat invertébré. Notre Europe, l'Europe socialiste du possible ne peut être que l'Europe des peuples. C'est pourquoi il importe de rendre plus démocratiques ses institutions et d'associer travailleurs, consommateurs et producteurs, toutes les forces sociales et culturelles à la construction européenne »[2].

Les socialistes mêlent discours militant – où la préoccupation est plus de marquer les esprits que d'avoir des effets concrets – et européiste. Plus particulièrement, ils préconisent le renforcement des pouvoirs de contrôle du Parlement européen, de même que ceux des parlements nationaux sur les membres du gouvernement siégeant au Conseil des ministres de la Communauté. Ils souhaitent aussi qu'une liaison soit assurée entre parlements nationaux et européen et avancent l'idée d'un élargissement progressif des pouvoirs du Parlement qui irait de pair avec le renforcement de l'exécutif. Cela impliquerait une intervention beaucoup plus efficace de cet organisme dans le processus de décisions des c ommunautés et, le cas échéant, dans la modification de leurs institutions. Rejetant entièrement le troisième amendement du CERES, la majorité des socialistes se prononce pour l'élection du Parlement au suffrage universel direct :

> « Enfin, ils demanderont que le Parlement européen soit élu au suffrage universel, avec représentation proportionnelle. Cette Assemblée recevra les pouvoirs de contrôle et d'initiative, attributs de tout parlement dans un régime vraiment démocratique »[3].

À l'issue du congrès de Bagnolet, François Mitterrand rallie la très large majorité du PS à la construction européenne et fait de l'Europe le point central de son programme politique, ce qui était loin d'être simple dans le cadre des

---

[1] *ibid.* p. 93 cité d'après E. Hintermann
[2] *Le Poing et la Rose*, n°22, novembre 1973, p. 11
[3] *ibid.*, p. 12

négociations du Programme commun. Le rapport final reprend exclusivement la motion I et ajoute quelques correctifs venus de la motion II. Ce rapport qui consacre la victoire de François Mitterrand est alors voté à main levée à l'unanimité.

François Mitterrand impose donc ses vues à Bagnolet. Ainsi, c'est autour de l'idée de démocratisation que se cristallise la synthèse du congrès, car même si le CERES estime que c'est une fausse solution, il ne peut pas s'y opposer. Par ailleurs, de cette idée de renforcer et d'augmenter les pouvoirs communautaires est née l'idée sous jacente de renforcer les moyens de contrôle démocratique des institutions. Celle-ci était même la condition de l'augmentation des pouvoirs dévolus à la Communauté car, pour les socialistes, il n'était pas question de déléguer de nouveaux pouvoirs tant que les institutions resteraient insuffisamment démocratiques. Mais cette position est contradictoire avec l'ambition de la gauche française de construire le socialisme en France dans une Europe dirigée et organisée par des gouvernements de droite, pour la plupart, car elle passerait par une perte de pouvoir politique au profit des pouvoirs communautaires.

Le congrès de Bagnolet marque donc un compromis difficile entre le CERES et la ligne centrale de François Mitterrand qui parvient à imposer ses vues. Dès lors, on peut noter une évolution positive de la politique européenne du parti – politique qui se dessine dans la droite ligne du programme « Changer la vie ». Si les idées qui s'imposent sont les mêmes, l'intérêt était de les approfondir et les clarifier. La construction européenne est donc acceptée à condition que l'Europe communautaire n'entrave pas la marche vers le socialisme qu'opérerait le gouvernement. « La construction de l'Europe doit être poursuivie sans délai ni préalable »[1] prend alors tout son sens.

De 1974 à 1979 : un engagement constant pour l'élection du Parlement

La ligne politique européenne définie au début des années 1970 est celle que les socialistes poursuivent jusqu'au début des années 1980. Elle contient toujours la démocratisation des institutions dont l'élection au suffrage universel direct du Parlement qui demeure depuis 1957 le credo. Cependant, la stratégie interne du parti a poussé les socialistes à clarifier le débat et à mettre en œuvre un discours beaucoup plus systématique et pragmatique qu'il ne l'était sous Guy Mollet. Ainsi, on comprend mieux l'usage du slogan « tout le traité, rien que le traité ». François Mitterrand développe : « Et les socialistes français résument tous les problèmes en une seule expression : appliquons le traité ! Pour l'instant, nous n'avons qu'à appliquer le traité, tout le traité, mais rien que le traité… »[2]. Il semble donc que le « tout » s'adresse aux réformistes européens et notamment à l'aile droite du parti

---

[1] Cité d'après R. Pinto Lyra, *op.cit.*, p. 266
[2] F. Mitterrand, *op.cit.*

socialiste et que le « rien » va aux sceptiques et notamment au CERES. Cette orientation politique est donc un moyen de faire la synthèse au sein du parti socialiste dont le centre est représenté par François Mitterrand.

Au-delà, les idées européennes des socialistes français se confrontent aux évolutions externes à celles du parti socialiste, évolutions dues aux mécanismes endogènes à la CEE et liées à la volonté de Valéry Giscard d'Estaing d'aboutir à l'élection du Parlement européen au suffrage universel direct. Dans quelle mesure les prises de position du parti socialiste sont aussi marquées par des fluctuations extérieures ? Comment se situe-t-il alors ?

Pour comprendre les débats qui ont cours dans les années 1970, il faut d'abord envisager le rôle du Parlement européen à cette période. La marge de manœuvre des socialistes y est assez limitée. Comme le dit Rubens Pynto Lyra, il s'agit alors d'un Parlement européen de « figuration »[1].

<u>La situation du Parlement européen</u>

Jusqu'en 1979, on peut parler, pour emprunter le concept de Jean-Pierre Cot, du « premier âge »[2] du Parlement européen, premier âge qui est celui du début, celui « de l'Assemblée des Communautés européennes »[3] qui compte moins de deux cents membres. Ces derniers sont des élus des parlements nationaux : les députés ont donc un double mandat et donnent majoritairement la priorité au mandat national.

Jean-Pierre Cot, qui est élu député européen en 1978, décrit très bien l'ambiance qui règne alors à Strasbourg et la façon dont les socialistes considèrent le Parlement.

> « Le Parlement européen d'avant 1979 était quelque part « une aimable plaisanterie ». C'était un petit quart de temps dans l'activité des parlementaires que nous étions. Nous venions de temps en temps à Strasbourg ou à Luxembourg. Les restaurants étaient bons, l'ambiance était sympathique, on rencontrait des gens, on intervenait sur des rapports intéressants. Mais comme le Parlement avait essentiellement un pouvoir consultatif, les enjeux politiques n'étaient pas évidents. Pour le jeune parlementaire que j'étais, c'était quelque part, une perte de temps politique par rapport à la circonscription nationale qui était très prenante, par rapport au travail que je faisais à l'Assemblée nationale où je m'étais beaucoup investi et par rapport au travail au parti socialiste lui-même, au côté de Mitterrand d'abord, de

---

[1] *ibid.*
[2] JP. Cot, « Les trois âges du Parlement européen et l'enjeu parlementaire des élections du 13 juin 2004 », p. 26, *ibid.*
[3] *ibid.*

Rocard ensuite. Le Parlement européen était une activité très annexe pour nous, pour cette cuvée de 1978 qui comprenait un Pierre Joxe ou un Raymond Forni. (...) Pour nous, le Parlement européen était une activité annexe par rapport au combat qui était le nôtre et qui était le combat national. »[1]

Cette prise de position nous mène à nous interroger sur la sociologie des membres du parti socialiste et à voir ce qui peut expliquer leur intérêt, somme toute très limité, pour l'Europe et l'institution parlementaire. La génération des hommes comme Jean-Pierre Cot ou Lionel Jospin est plus internationaliste qu'européenne : « Nous étions passionnés par les problèmes internationaux, onusiens, mendésistes. Vis-à-vis de l'Europe, l'engagement n'était pas acquis »[2]. D'ailleurs, le premier engagement des socialistes est de s'abstenir lors du référendum de 1972 portant sur l'entrée de la Grande-Bretagne, le but étant de déjouer la stratégie de Georges Pompidou qui pensait que la gauche non communiste, favorable à l'Europe, répondrait « oui » et viendrait grossir, le temps du scrutin, la majorité, tandis que les communistes seraient alors isolés[3].

Mais au parti socialiste, l'ambition et l'attachement européens sont présents et incarnés par la droite du parti avec notamment Robert Pontillon, secrétaire national aux Affaires internationales, très tourné vers l'Europe, qui représente l'Union des partis socialistes de la Communauté européenne (UPSCE). La délégation socialiste française au Parlement européen est plutôt située à la droite de la SFIO puis du parti socialiste.

> « Il y en avait quelques-uns qui prenaient leur travail au sérieux, en particulier Georges Spénale et Francis Vals, de vieux combattants de la construction européenne, mais qui étaient des représentants de cette droite du parti et de cette vision fédéraliste de l'Europe qui n'était pas la nôtre. Vals et Spénale ont quand même été les deux moteurs importants de l'augmentation des pouvoirs du Parlement européen dans les années 1970 et cela a été très important pour eux et le Parlement européen. »[4]

Au milieu des années 1970, le Parlement européen connaît une période trouble. La désignation des parlementaires européens par les parlementaires nationaux a pour effet de la remettre aux mains des partis et engendre jusqu'en 1974 de graves difficultés, risquant de porter atteinte à la représentativité de l'Assemblée : la France délègue vingt-quatre députés et douze sénateurs et adopte la règle de la majorité absolue afin d'éliminer de l'Assemblée les partis d'extrême gauche et les petites formations politiques. Il faut attendre 1964 pour que les communistes, qui

---

[1] Entretien avec Jean-Pierre Cot, le 4 février 2008, Paris
[2] *ibid.*
[3] M. Agulhon, *La République II, 1932 à nos jours*, Hachette, 1990, p. 379
[4] *ibid.*

refusaient jusque-là d'être membres du Parlement européen, revendiquent leur présence à Strasbourg et il faut attendre les élections législatives de 1973 pour qu'ils y soient. Par la suite, les socialistes menacent de boycotter Strasbourg si les communistes n'y sont pas délégués. Par ailleurs, le Parlement européen, qui doit assurer le contrôle démocratique des institutions communautaires, est lui-même victime de la crise du parlementarisme et surtout du rôle consultatif que lui attribue le traité de Rome. Cette Assemblée s'avère en effet incapable d'exercer un contrôle effectif permettant d'équilibrer le rôle prépondérant du Conseil des ministres dont le pouvoir est estimé dangereux par les socialistes car il ne tient pas compte de l'avis du Parlement[1].

<u>Le Rapport Tindemans</u>

Le Parlement européen, s'il est représentatif des États membres de la CEE, souffre du manque de reconnaissance et de légitimité dans le sens où son mode de fonctionnement ne suscite pas un grand enthousiasme de la part des parlementaires socialistes, socialistes qui, au milieu des années 1970, doivent se positionner face à des débats extérieurs au parti concernant l'Europe, dont celui autour du Rapport Tindemans[2].

En 1972, à la suite du sommet de Paris les 19 et 20 octobre 1972, Gérard Jacquet, alors secrétaire national chargé des Relations extérieures, fait ce constat :

> « Aucun progrès sérieux, aucun engagement contraignant n'ont été enregistrés pour donner réalité et consistance à la démocratisation des institutions et au renforcement du contrôle parlementaire. De même, le problème de l'élection au suffrage universel du Parlement européen a été une fois de plus renvoyer *sine die* »[3].

Cependant, le sommet européen de Paris des 9 et 10 décembre 1974 charge Léo Tindemans, Premier ministre belge, démocrate chrétien, de préparer un rapport permettant de définir et de préciser les structures de l'Union européenne. Les Neuf manifestent alors leur volonté d'une relance de la construction européenne, freinée par la crise économique et les menaces de désintégration de la Communauté. Léo Tindemans consulte les institutions européennes qui lui soumettent un rapport, mais aussi des centaines de personnalités représentatives des milieux politiques, économiques, syndicaux, associatifs et intellectuels dans les neuf pays de la Communauté. Le rapport sur l'Union européenne est rendu public le 29 décembre 1975 et est présenté le 2 avril 1976 au Conseil européen de Luxembourg qui lui consacre un échange de vues préliminaires.

---

[1] Voir R. Pynto Lyra, *op.cit.*

[2] *Le rapport Tindemans*, 29 décembre 1975, disponible sur *www.franceeurope.org*, 15 p.

[3] *Le Poing et la Rose*, supplément au n°2 de novembre 1972, p. 4

Dans son rapport, Léo Tindemans prend délibérément ses distances avec les suggestions d'inspiration fédéraliste, faites au cours de l'année, par le Parlement européen ou la Commission, qui préconisent, à terme, l'instauration d'un exécutif européen de type supranational et d'un Parlement bicaméral doté du pouvoir législatif[1]. Sans aller jusqu'à proposer l'élaboration d'un nouveau traité, le rapport Tindemans plaide pour une consolidation des institutions existantes et pour un développement des politiques communes : « La réalisation de l'Union européenne implique que l'on trouve dorénavant dans les institutions européennes l'autorité nécessaire pour définir une politique, l'efficacité nécessaire à l'action commune, la légitimité au contrôle démocratique »[2]. Il veut élargir le pouvoir et l'autorité de la Commission et propose, pour ce faire, une procédure de désignation du président par le Conseil suivie d'une investiture par le Parlement. Tindemans suggère aussi de renforcer le pouvoir du Parlement européen, qu'il espère voir élu au suffrage universel dès 1978, en lui conférant un pouvoir d'initiative jusque-là réservé à la seule Commission.

> « L'élection du Parlement au suffrage universel donne à cette assemblée une autorité politique nouvelle. Elle renforce en même temps la légitimité démocratique et l'ensemble du cadre institutionnel européen. (...) Je propose que :
>
> – le Conseil reconnaisse dès maintenant au parlement une faculté d'initiative en s'engageant sur les résolutions que le parlement lui adressera, afin de permettre à l'Assemblée d'apporter une contribution effective à la définition des politiques communes ;
>
> – au cours du développement progressif de l'Union européenne, ce mécanisme reçoive une consécration juridique par une modification des traités qui accordera au Parlement un véritable droit d'initiative ;
>
> – le Parlement puisse délibérer dès maintenant de toutes les questions qui sont de la compétence de l'Union, qu'elles relèvent ou non des traités. »[3]

Le rapport plaide enfin pour l'extension du vote majoritaire au sein du Conseil et pour l'allongement de la durée de la présidence de la Communauté par un État membre à une année complète au lieu des six mois pratiqués. Cette consolidation des instances communautaires ne devait cependant pas empêcher le Conseil d'avoir le premier rôle[4].

Mais, face à ces propositions qui légitimeraient le rôle du Parlement en préconisant son élection au suffrage universel et en le dotant d'un véritable

---

[1] Voir MT. Bitsch, *Histoire de la construction européenne*, Éditions Complexe, Paris, 2006, p. 199
[2] *Le rapport Tindemans, op.cit.*, p. 10
[3] *ibid.*
[4] MT. Bitsch, *op.cit.*

pouvoir d'initiative – ce qui est d'ailleurs inscrit dans la résolution du congrès de Bagnolet et à première vue pourrait aller dans le sens des propositions de démocratisation faites par les socialistes – dans un article de l'*Unité*, Jean-Pierre Cot et Jean-Paul Sebord refusent que les compétences et les pouvoirs du Parlement européen soient renforcés ce qui, dans les deux cas, limiterait la marge de manœuvre d'un gouvernement de gauche en France :

> « Il faut en revanche s'arrêter sur l'extension des compétences du Parlement et y faire opposition : exercice croissant d'une fonction législative, faculté d'initiative, délibération sur toute question, qu'elle soit ou non du ressort des traités et, pour légaliser le tout, modification du traité de Rome en ce sens. Curieuse manière d'éclairer l'élection du Parlement au suffrage direct dont il est explicitement précisé que « renforçant la légitimité démocratique de l'ensemble du cadre institutionnel européen, elle confère à cette assemblée une autorité politique nouvelle ». La démocratisation au service de la supranationalité. Mais que pourrait, dans ces conditions un gouvernement de gauche en France, en Italie ou ailleurs, si son action se trouvait contrecarrée par une initiative, une délibération ou une décision d'un Parlement européen, fort de « l'autorité politique nouvelle » à lui donner par sa « légitimité démocratique renforcée » ? Il ne pourrait, démocratiquement, que s'incliner »[1].

Nous pouvons ajouter que, du fait de divisions internes[2], les socialistes ne proposent pas de schéma institutionnel et restent très prudents sur la question de l'extension des pouvoirs du Parlement. On retrouve cette ligne au sein du débat international, les socialistes français subordonnant la mise en place d'un gouvernement de gauche à la démocratisation des institutions européennes. Mais comme le souhaitaient les socialistes, le rapport est mal accepté par les gouvernements et reste sans suite.

<u>Les années 1970 : une évolution des pouvoirs budgétaires du Parlement européen</u>

Au cours des années 1970, les socialistes doivent se prononcer sur le débat concernant l'élargissement des pouvoirs budgétaires du Parlement avec les « traités budgétaires » de Luxembourg des 22 avril 1970 et 22 juillet 1975. Ici, il s'agit alors de voir dans quelle mesure ils souhaitent renforcer les pouvoirs du Parlement dans ce domaine.

---

[1] JP. Cot & JP. Sebord, « L'inacceptable rapport Tindemans », *Unité*, n°193, 20 février 1976, n. p.
[2] Voir C. Counil, *Les socialistes face à la construction européenne, du congrès d'Épinay à la ratification 1971-1986*, mémoire de maîtrise sous la dir. d'É. du Réau, Le Mans, 1994, 216 p.

En 1970, l'Europe est pourvue de ressources propres, réforme fondamentale, qui impliquait en toute logique démocratique que le Parlement européen ait un droit de regard sur le budget communautaire et qu'à terme, il se substitue aux parlements nationaux en matière de contrôle. Cependant, le pouvoir budgétaire est partagé entre l'Assemblée et le Conseil. Mais, c'est le Conseil qui a le dernier mot en ce qui concerne les dépenses dites obligatoires (DO), c'est-à-dire celles que l'autorité budgétaire est tenue d'inscrire au budget pour permettre à la Communauté de respecter ses obligations, internes ou externes, telles qu'elles résultent des traités ou des actes arrêtés en vertu de ceux-ci. Principalement, ces DO ont trait à la politique agricole commune, ce qui représente 96 % des dépenses. Le Parlement a le dernier mot pour les dépenses non obligatoires (DNO), soit concernant une infime part du budget de la CEE. En 1992, les DNO ne représentent encore qu'environ 25% du budget[1].

Face à cela, il est clair que les socialistes prennent position dans le sens d'un renforcement des pouvoirs budgétaires du Parlement européen afin de contrebalancer le poids du Conseil[2]. Comme ils l'avaient déjà exprimé dans le Programme commun de 1972, les socialistes souhaitent voir le budget voté par le Parlement : « Dès maintenant, les socialistes considèrent que les pouvoirs de contrôle du Parlement européen doivent être renforcés. Notamment, il devrait être habilité à voter le budget de la Communauté »[3]. Par ailleurs, un numéro du *Poing et la Rose* [4] se fait l'écho de la teneur des débats à ce propos au Parlement européen et c'est un socialiste français, Georges Spénale, président de la commission des budgets, qui est le porte-parole de la commission concernant le renforcement des pouvoirs budgétaires de l'Assemblée européenne[5]. À cette occasion, Georges Spénale souligne en effet la nécessité pour le Parlement d'arrêter les décisions concernant les ressources propres communautaires. Il émet également la volonté que le dernier mot revienne au Parlement quant à l'incidence financière de toute nouvelle mesure. Face à l'importance de la question, Francis Vals, socialiste français, président du groupe socialiste, soutient la proposition de Georges Spénale et rappelle la nécessité d'une organisation démocratique et représentative qui bénéficierait des pouvoirs qui disparaissent au sein des assemblées nationales. Il demande aussi un transfert plus important des pouvoirs du Conseil vers le

---

[1] Concernant la part des DO et DNO dans le budget communautaire, voir M. Abelès, *La vie quotidienne au Parlement européen*, Hachette, Paris, 1992, 437 p.

[2] Au regard du programme commun et dans l'état actuel de la Communauté, nous estimons que les socialistes considèrent que le renforcement des compétences budgétaires du Parlement peut être accepté à cette période. Ce serait en outre un moyen de donner plus de poids au Parlement par rapport au Conseil qui, en la matière, détient jusqu'alors, la quasi-totalité des pouvoirs. Dans ces conditions, un contrôle démocratique serait donc exercé sur le Conseil, expression de la seule volonté des États.

[3] « *Changer la Vie* » : *Programme de gouvernement du parti socialiste, op.cit.*, p. 192

[4] *Le Poing et la Rose*, n°20, octobre 1973, p. 11

[5] *ibid.*

Parlement européen, de façon à ce que ce soit avec des pouvoirs réels que soit voté le budget des communautés de 1975[1].

En 1975, lors du second traité de Luxembourg, le Parlement obtient le droit de rejeter globalement le budget au cas où, après s'être battu dans le cadre des procédures normales, à l'occasion des diverses lectures prévues, il s'apercevrait qu'il n'a obtenu que des satisfactions mineures. Le rejet du budget doit recueillir une majorité qualifiée des deux-tiers des membres – droit que le Parlement utilise pour la première fois le 15 décembre 1979 à la majorité des quatre cinquièmes[2]. Au président du Parlement européen revient le droit d'arrêter le budget une fois les délais prévus dans les traités expirés. Dès lors, c'est quasiment chaque année que le Parlement et le Conseil entreront en conflit au sujet du budget et ce, de plus en plus après l'élection du Parlement au suffrage universel. D'une certaine façon, le Parlement européen accroît ses pouvoirs budgétaires au fil des conflits et participe lui-même de ses propres augmentations de pouvoirs[3].

Ainsi, les socialistes ont été partie prenante de ces évolutions budgétaires tant en interne au sein du parti socialiste, en France, qu'au Parlement européen. Ils ont par ailleurs tenu un rôle majeur dans ce combat, rôle d'ailleurs reconnu de Georges Spénale et Francis Vals par Jean-Pierre Cot[4]. Ils obtiennent donc que le Parlement européen, s'il ne vote pas le budget, puisse le rejeter, ce qui, en somme, lui donne un pouvoir de contrôle et de blocage conséquent.

<u>Les socialistes et Valéry Giscard d'Estaing : l'élection du Parlement européen au suffrage universel</u>

Lors des élections présidentielles de 1974, aucun des cinq points défendus par François Mitterrand (« Des hommes plus libres », « Une société plus juste », « Une monnaie plus forte », « Un peuple plus fraternel » et « Une France plus présente »[5]) ne porte à proprement parler sur l'Europe. Mais dans un article du *Poing et la Rose* écrit par Robert Pontillon, on retrouve tout de même l'idée de donner plus de poids au Parlement. Selon lui, le parti socialiste souhaite s'engager dans « une procédure constituante pour progresser vers l'Union européenne, ce qui implique que le Parlement européen soit chargé de préparer la constitution d'une union politique qui serait soumise à la ratification des parlements nationaux »[6]. Par

---

[1] *ibid.*
[2] Voir JL. Burban, *Le Parlement européen*, Presses Universitaires de France, collection Que sais-je ?, Paris, 1998, p. 75
[3] *ibid.*
[4] Entretien JP. Cot, *op.cit.*
[5] *Le Poing et la Rose*, n°28, 1er mai 1974, 12 p.
[6] R. Pontillon, *ibid.*, p. 4

ailleurs, Sicco Mansholt, interrogé par *l'Unité*, fait aussi écho à la candidature de François Mitterrand.

> « Mais un seul des candidats — et c'était Mitterrand — avait fait des réponses claires. [...] Notamment sur le point le plus décisif, c'est-à-dire la possibilité de faire une vraie Europe politique, sociale et économique. Et, pour cela de créer des organismes qui puissent gouverner, des organismes forts, mais qui soient contrôlés par un vrai Parlement européen, élu directement, avec de vrais pouvoirs budgétaires et législatifs. »[1]

Ce témoignage montre bien la volonté restée inchangée des socialistes en faveur d'un Parlement élu au suffrage universel. Ce n'est pas François Mitterrand qui met en œuvre ce projet mais le président de la République élu, Valéry Giscard d'Estaing, alors président du Conseil des ministres au second semestre de l'année 1974.

Après le rapport Tindemans et les traités de Luxembourg, le troisième élément externe qui ouvre le débat chez les socialistes est donc la volonté des chefs d'État et de gouvernement et notamment de Valéry Giscard d'Estaing, de mettre en œuvre l'élection du Parlement européen au suffrage universel. Cette idée, inscrite dans l'article 138 de la CEE, correspond entièrement à l'orientation politique des socialistes, « tout le traité rien que le traité ». Quelle est alors leur réaction ?

Si l'on remonte un peu en arrière, dès mars 1958, la nouvelle Assemblée commune se réunit et décide d'élaborer un projet de convention portant sur l'élection directe de l'Assemblée. Le projet fait l'objet d'une minutieuse préparation au sein d'un groupe de travail présidé par Fernand Dehousse (1906-1976), homme politique et socialiste belge, de sorte qu'il peut être adopté en deux jours en mai 1960 et aussitôt transmis au Conseil. Ce projet préconise un nouveau mode d'élection, avec une période transitoire pendant laquelle un tiers des représentants continuerait à être désigné par des parlementaires nationaux. Fernand Dehousse propose de tripler le nombre de sièges et de prévoir une législature de cinq ans. Cependant, le projet est rejeté et se heurte à l'opposition systématique de Charles de Gaulle et de Georges Pompidou.

En 1973, le Parlement européen charge sa commission politique d'élaborer une nouvelle proposition et confie au socialiste néerlandais, Schelto Patijn, le soin de rédiger un nouveau rapport[2]. Et c'est au sommet de Paris en décembre 1974 que les Neuf s'entendent pour débloquer le dossier. Le projet de M. Patijn est

---

[1] S. Richard, « S. Mansholt : "Je fais confiance à Mitterrand" », *L'Unité*, n°88, 7 décembre 1973, p. 19

[2] Concernant le rapport Patijn, voir notamment MT. Bitsch, *La construction européenne. Enjeux politiques et choix institutionnels*, PIE-Peter Lang, Euroclio, Bruxelles, 2007, 326 p.

approuvé par la commission politique en novembre 1974 et voté en session plénière le 14 janvier 1975, par cent six voix contre deux et dix-sept abstentions venant principalement des gaullistes et communistes. Le rapport prévoit que l'ensemble des représentants du Parlement européen sera élu au suffrage universel direct (art.1), pour cinq ans (art. 3) et que la première élection aura lieu « au plus tard le premier dimanche du mois de mai 1978 » (art.13). Cette élection se fera selon une procédure « régie par les dispositions internes de chaque État membre », mais par la suite, le Parlement européen devra élaborer au plus tard en 1980 un projet de procédure électoral uniforme (art.7). Par ailleurs, il est dit que la qualité de représentant au Parlement est compatible avec celle de parlementaire d'un État membre. Il fixe le nombre de sièges à trois cent cinquante-cinq. Le Conseil européen, réuni à Rome les 1er et 2 décembre 1975, confirme les intentions du sommet de Paris de 1974 et décide de faire élire le Parlement européen au suffrage universel direct à une date unique en mai 1978. Le projet connaît de nombreuses péripéties et est âprement discuté[1]. Le point majeur de discussion se situe sur le nombre de sièges à accorder à chaque État et passe de trois cent cinquante-cinq à quatre cent dix. Ainsi, l'Allemagne, la Grande-Bretagne, l'Italie et la France ont quatre-vingt-un sièges, les Pays-Bas vingt-cinq, la Belgique vingt-quatre, le Danemark seize, l'Irlande quinze et le Luxembourg six. Une solution est trouvée au Conseil européen du 12 juillet 1975 et l'acte est signé par les ministres des Affaires étrangères le 20 septembre 1976 à Luxembourg. Il y est dit en ajout au rapport Patijn que les élections de l'Assemblée doivent avoir lieu dans tous les pays au cours d'une même période débutant le jeudi matin et s'achevant le dimanche suivant afin de tenir compte des traditions électorales de chaque pays, mais que le dépouillement ne se fera qu'après la clôture du scrutin dans tous les États. L'acte prévoit en outre que l'élection ait lieu en 1978, mais la procédure de ratification des États membres se prolonge et est compliquée par le débat autour des pouvoirs du Parlement. En effet, la France et le Royaume-Uni estiment que l'élection au suffrage universel direct n'implique pas une extension des compétences qui ne peut se faire que par une révision des traités acceptée par l'ensemble des gouvernements et des parlements nationaux. Finalement, l'acte entre en vigueur le 1er juillet 1978 et les premières élections ne peuvent être organisées qu'en juin 1979.

En France, les deux chambres ratifient l'acte de Bruxelles du 14 au 30 juin 1977 et adoptent la loi électorale européenne. À l'Assemblée nationale, lors des débats de politique étrangère, le groupe socialiste se fait très tôt le défenseur du renforcement du Parlement européen. Ainsi, le 20 juin 1973, André Chandernagor dénonce les conférences au sommet de chefs d'État et de gouvernement et recommande l'élection au suffrage universel direct du Parlement[2]. Un véritable débat anime l'Assemblée nationale sur l'élection du Parlement au suffrage

---

[1] JL. Burban, *op.cit.*
[2] C. Counil, *op.cit.,* p. 43, d'après le Journal officiel du 21/06/1973

universel. Le texte est déposé le 25 mai 1977[1] sur le bureau de l'Assemblée, renvoyé à la commission des Affaires étrangères et discuté en séance les 14 et 15 juin. André Chandernagor exprime la volonté de « démocratisation des institutions » et se fait le défenseur de cette élection, exprimant les craintes et les espoirs du parti. L'Assemblée prend acte de l'adoption du projet de loi sans qu'aucun vote ne soit intervenu. Au Sénat, le texte est voté avec deux cent vingt-trois voix le 24 juin, dont celles du groupe socialiste.

La France forme une circonscription électorale unique. Les quatre-vingt-un représentants sont élus à la proportionnelle sur des listes nationales. Ces listes sont bloquées, c'est-à-dire que le vote préférentiel n'est pas autorisé, pas davantage que le panachage d'une liste à l'autre. La répartition se fait selon la règle de la plus forte moyenne. Les listes qui n'obtiennent pas au moins 5 % des suffrages exprimés n'obtiennent pas de représentation[2]. Dès 1976, François Mitterrand avait prévenu le gouvernement qu'il ne souhaitait surtout pas de scrutin majoritaire à deux tours mais la proportionnelle, telle qu'elle était prévue dans le Programme commun pour toutes les consultations électorales[3].

Dans cette dynamique, le PS ne dénonce aucun des projets de relance de l'intégration européenne des années 1974-1977, même à l'égard de Valéry Giscard d'Estaing, ainsi comme le dit François Mitterrand à plusieurs reprises : « Dans l'immédiat et compte tenu de ces observations, il [le parti socialiste] n'a pas d'objection majeure à opposer aux propositions de M. Giscard d'Estaing, tout en en soulignant l'extrême fragilité »[4] ou encore « L'élection au suffrage universel donnera au Parlement européen une autorité, un prestige dont il est privé et consacrera dans l'opinion publique l'idée européenne restée jusqu'alors assez floue »[5]. Certains socialistes, comme Georges Spénale, sont même très enthousiastes à l'égard de cette élection au suffrage universel : en 1979, sera amorcé « le passage de l'Europe des États, des Cartels et des fonctionnaires à l'Europe des citoyens »[6].

Dans la perspective du projet d'élection au suffrage universel direct, les socialistes veulent marquer leur accord et montrer qu'ils sont le fer de lance de cette volonté politique. Entre 1975 et 1978, ils ne cessent d'affirmer que la construction socialiste de l'Europe allait enfin émaner d'une volonté populaire légale[7] ; mieux, que l'intégration européenne allait être pensée à partir de cette

---

[1] *ibid.*
[2] JL. Burban, *op.cit.*
[3] *ibid.*
[4] F. Mitterrand, *Le Poing et la Rose,* n°34, décembre 1974, p. 31
[5] F. Mitterrand, « Ma part de vérité », *L'Unité,* n°189, 23 janvier 1976, p. 32
[6] G. Spénale, « Pour l'Europe (I) Points de vue et documents », *Cahier et revue de l'OURS,* n°95, Décembre 1978, p. 23
[7] Voir G. Lemaire-Prosche, *op.cit.*

authenticité, d'où l'objectif annoncé de démocratiser les institutions de la CEE et la volonté d'introduire la dimension sociale des revendications populaires dans les institutions communautaires[1]. De par la relance giscardienne, le congrès de Nantes des 17, 18 et 19 juin 1977 consacre une place plus grande à l'Europe que ceux de Grenoble et Pau[2]. Pour les militants de la Creuse qui adoptent une contribution intitulée « Pour l'élection du Parlement européen au suffrage universel », l'élection permettra de démocratiser les institutions, de contrôler un budget de plus en plus important et de diffuser l'idée européenne lors de la campagne. Mais, lors des séances plénières, un clivage apparaît une nouvelle fois entre le CERES et la ligne conduite par François Mitterrand au sujet du Parlement européen[3]. Ainsi, dans sa motion « Pour une Europe des travailleurs », François Mitterrand préconise une augmentation du pouvoir budgétaire.

> « Le problème du contrôle budgétaire au sein de la CEE est, à cet égard, caractéristique : le budget communautaire a atteint l'an dernier près de cinquante milliards de nouveaux francs. C'est au Parlement qu'il appartient d'assurer le contrôle de ce budget. Mais il ne suffit pas de proclamer des pouvoirs formels, il est aussi nécessaire de donner à ceux qui les possèdent l'autorité nécessaire pour les exercer. L'élection au suffrage universel répond à cette exigence. Nous réclamons pour cette élection la représentation proportionnelle juste et légale. »[4]

A l'inverse, le CERES, sachant que le Parlement sera, malgré son opposition, de toute façon élu, préfère limiter ses revendications à une stricte limitation des pouvoirs du Parlement à ceux qu'il possède avant l'élection. Et la motion finale de François Mitterrand recueille plus de 75 % des mandats[5].

Mais il n'y a pas réellement de regain pour les questions institutionnelles dans les années 1977-78. Les socialistes s'en tiennent globalement aux dispositions prévues par le traité, soit l'élection du Parlement européen. En effet, ils tiennent à mettre en lumière que le Parlement européen ne peut être le fer de lance de la future intégration européenne[6]. À aucun moment, le PS ne se prononce pour le renforcement des compétences du Parlement : « Il n'est pas sérieux de laisser entendre que le Parlement européen élu se transformerait irrésistiblement en Assemblée constituante et créerait un super État. Il n'a jamais été question de cela »[7], écrit d'ailleurs Gérard Jacquet, pourtant reconnu comme un pro-européen.

---

[1] *ibid.*

[2] C. Counil, *op.cit.*, p. 42

[3] *ibid.*

[4] *Le Poing et la Rose*, n°62, juin 1977, p. 12

[5] C. Counil, *op.cit.*

[6] G. Lemaire-Prosche, *op.cit.*

[7] *ibid.*, p.66, d'après G. Jacquet, *L'Europe unie, hier et aujourd'hui*, NRS, n° 23, 1977, p. 27

Et cette position est reprise et nuancée par Jean-Pierre Cot qui affirme que ce n'est pas parce que le parti socialiste souhaite depuis 1957 l'élection du Parlement européen au suffrage universel que c'est sa priorité. De toute façon, la tradition socialiste favorise plutôt les politiques aux institutions, ainsi la dimension sociale de l'Europe les intéresse beaucoup plus.

> « Le suffrage universel n'était pas le problème principal pour nous. Notre vision n'était pas une vision institutionnelle de l'Europe, mais une vision politique. C'était la dimension d'un combat politique et social qui nous intéressait. L'élection au suffrage universel, nous y étions naturellement favorables mais sans plus. Le combat pour l'Europe était un combat à l'intérieur du parti socialiste avec sa dimension de solidarité internationale. La démocratisation des institutions nous paraissait être un élément important mais pas fondamental. Ce n'était pas notre combat principal. J'ajoute que c'est une dimension qui a été très rapidement reprise et portée par Giscard ; nous n'étions pas particulièrement giscardiens et, de ce point de vue-là, nous étions dans une position difficile. Nous étions en faveur de l'élection du Parlement au suffrage universel, c'était une ratification parlementaire et nous étions, à ce moment-là, en faveur de la réforme. Mais notre combat principal, c'était celui d'une Europe sociale.» [1]

Les socialistes sont donc évidemment favorables à cette élection. Cependant, il leur est difficile de se positionner puisque le président de la République à l'initiative du projet est un homme politique de droite.

Ainsi, la position des socialistes face au désir de Valéry Giscard d'Estaing de voir le Parlement européen élu au suffrage universel amorce le recentrage des années 1980. L'aile droite européiste du parti n'est pas en opposition frontale avec la politique menée par Valéry Giscard d'Estaing, alors qu'elle l'était sous de Gaulle. Le fractionnement au sein du parti socialiste en matière européenne est donc moins apparent à la fin des années 1970 qu'il ne l'était au cours des années 1960 en raison d'une synthèse – compromis difficile – autour de la démocratisation du Parlement européen. François Mitterrand représente la voie moyenne et se situe au centre du parti, entre l'aile gauche incarnée par le CERES et l'aile droite très européiste. Il joue donc un rôle d'arbitrage majeur pendant cette période. L'échec du parti socialiste, centriste, des années 1960, qui n'est pas parvenu à conquérir le pouvoir en France, pousse les socialistes à un durcissement idéologique et à l'adoption d'une nouvelle tactique politique centrée sur l'échelon national. Cette position porte en elle une ambiguïté majeure : la volonté de démocratisation en Europe est la ligne de fond mais, stratégiquement, elle n'est pas acceptable pour le

---

[1] Entretien JP. Cot, *op.cit.*

parti socialiste car elle est en contradiction avec sa volonté d'accéder au pouvoir en France.

En effet, l'approfondissement purement institutionnel de l'Europe serait peu conforme avec l'idéologie socialiste du Programme commun. Des projets d'union politique seraient élaborés par le Parlement européen mais ratifiés par des parlements nationaux, alors dominés par des forces conservatrices. D'où leur orientation politique « tout le traité, rien que le traité » qui suppose l'élection au suffrage universel sans délégation de pouvoirs au Parlement dans l'immédiat. Le socialisme français est donc en contradiction avec un socialisme européen. Il est partagé entre des considérations nationales et européennes et ne parvient pas à dessiner une ligne claire en matière européenne[1].

Cependant, avec la mise en œuvre de l'article 138 de la CEE, l'orientation politique des socialistes « tout le traité rien que le traité » arrive à son terme. Les socialistes vont alors devoir se repositionner et restructurer leur ligne envers l'Europe et plus particulièrement le Parlement européen. L'ambiguïté sera totalement levée dans les années 1980, sans doute du fait que les socialistes accèdent au pouvoir.

<u>« Tout le traité, rien que le traité » valable à court terme : les socialistes à la veille des élections européennes</u>

En vue des élections européennes, les dirigeants des partis socialistes de la CEE réunis à Bruxelles les 23 et 24 juin font cette déclaration :

> « Dans l'élection directe de l'Assemblée qui se déroulera en 1979, les citoyens devront se prononcer pour ou contre une politique fondée sur une répartition plus équitable des richesses de savoir et de pouvoir.
> L'Assemblée élue au suffrage universel direct évoluera dans le cadre des traités existants. Tout nouveau transfert de pouvoirs des gouvernements nationaux aux institutions communautaires, ou des parlements nationaux à l'Assemblée ne peut se faire qu'avec l'accord clair et net des gouvernements et des parlements nationaux »[2].

Cette déclaration n'a pas de portée réelle. Elle est d'ordre purement militant. Lors du congrès de Metz, le parti socialiste réaffirme les mêmes idées : les socialistes européens échangent donc leurs opinions et ont des ambitions convergentes.

---

[1] Il s'agit de rappeler ici que le contexte d'union de la gauche de la fin des années 1970 explique, pour partie, la difficulté pour le parti socialiste à se positionner.
[2] *Le Poing et la Rose*, n°72, juillet 1978, p. 3

Au début de l'année 1979, le *Poing et la Rose* publie les contributions des militants, sections et fédérations dans le cadre de la préparation du congrès de Metz qui se tiendra les 6, 7 et 8 avril 1979. Comme à Grenoble en 1973 et Pau en 1975, le débat européen intéresse très peu la base du parti. Une seule contribution traite de l'Europe, celle de la fédération de Haute-Garonne, qui en 1977, avait voté à 83 % pour la motion de François Mitterrand en faveur de l'élection du Parlement européen[1]. De nombreuses motions sont déposées et celle du CERES traite du Parlement en termes réservés : il ne remet pas en cause l'Europe mais dénonce ce que l'on a tendance à présenter comme des progrès de l'intégration. Il propose un programme d'actions en quelques points pour les élections européennes : conduire une campagne autonome par rapport aux autres partis européens, s'opposer à toute tentative d'intégration, présenter et populariser des propositions d'actions communes dans le domaine social[2]. Mais la motion qui l'emporte est celle déposée par François Mitterrand.

> « Favorable – conformément au Programme commun – au renforcement des pouvoirs de contrôle de l'Assemblée européenne, le parti socialiste n'entend pas accroître les compétences de l'Assemblée par réduction des compétences des parlements nationaux. De même, il a tranché que le gouvernement français devrait mettre en place les procédures d'informations et de consultations du Parlement avant toute prise de position importante. Exact à court terme, c'est-à-dire pour l'enjeu du 10 juin et ses conséquences directes, la formule que nous avons lancée « tout le traité de Rome et rien que le traité », cessera de répondre à l'objectif qui est le nôtre dès qu'il sera possible d'orienter la communauté vers le socialisme. Le problème majeur ne sera plus alors celui des compétences mais du contenu politique, économique et social de l'Europe. »[3]

Ainsi l'orientation politique fixée par le parti socialiste, le slogan : « tout le traité, rien que le traité », n'est plus applicable qu'à court terme, c'est-à-dire jusqu'aux élections européennes. La boucle est donc bouclée... Et le Parlement européen entre dans son « deuxième âge »[4], celui de l'élection au suffrage universel qui va mener le parti socialiste à se repositionner et à reconstruire un projet à l'égard du Parlement européen.

---

[1] C. Counil, *op.cit.*, p. 57
[2] *ibid.*, d' après *Le Poing et la Rose,* n°79, mars 1979
[3] *Le Poing et la Rose,* n°81, mai 1979, p. 15
[4] JP. Cot, *op.cit.*, p. 26

De 1979 à 1992 : les socialistes et les pouvoirs croissants de l'institution parlementaire

L'élection au suffrage universel direct du Parlement européen en 1979 ouvre une période nouvelle qui bouleverse la position des socialistes français. Elle joue un rôle d'accélérateur dans leur vision européenne et donne une légitimité accrue au Parlement. Les socialistes souhaitent, dès lors, le renforcement des compétences de cette institution et sont partie prenante de ses évolutions institutionnelles avec l'Acte unique et le traité de Maastricht. On assiste ainsi à une dynamisation du débat européen avec l'arrivée au pouvoir des socialistes en France en 1981. Il s'amplifie avec le tournant des années 1983-84 et autour du couple Mitterrand/Delors.

L'élection au suffrage universel direct du Parlement européen a lieu tous les cinq ans. À cette occasion, les socialistes clarifient leur projet européen. Ils présentent leurs ambitions pour l'Europe et leurs objectifs en matière institutionnelle dans un manifeste européen.

On assiste à une démultiplication des lieux et des moments de débat que sont les enjeux internes au parti, l'expérience du pouvoir en France et les premiers mandats des parlementaires socialistes élus au suffrage universel direct. Les socialistes français définissent aussi leur ligne européenne par rapport aux partis socialistes européens qui se regroupent alors dans une Union des partis socialistes de la Communauté européenne (UPSCE).

Ainsi, cette période, de 1979 à 1992, se structure autour de plusieurs dynamiques pour les socialistes : les élections européennes (1979-1984-1989), leur dessein européen alors qu'ils sont au gouvernement et les évolutions institutionnelles de l'Europe.

Les élections européennes

Le nouveau Parlement européen élu au suffrage universel compte quatre cent dix membres. Les élections européennes, de 1979 à 2004, sont le fruit de campagnes nationales menées par les partis nationaux. En effet, il n'existe pas, à proprement parler, en tout cas jusqu'à 1992, de véritable formation politique transnationale réunissant l'ensemble des socialistes des pays membres. Ils se regroupent mais ne parviennent à constituer qu'une structure assez lâche, à caractère confédéral. En 1974, ils créent l'Union des partis socialistes de la Communauté européenne, l'UPSCE.

L'UPSCE

L'UPSCE constitue un lieu de rencontres des leaders de tous les partis socialistes et sociaux-démocrates de la Communauté. Pourquoi les socialistes ont-ils été amenés à se réunir au niveau européen ? Quels sont les objectifs de l'UPSCE ? Comment fonctionne-t-elle ? Quels liens entretient-elle avec le groupe socialiste au Parlement européen ? Ses options sont-elles proches du projet des socialistes français ?

En 1974, les socialistes de l'Europe de l'Ouest transforment le Bureau de liaison des partis socialistes de la Communauté, créé en 1957, en l'Union des partis socialistes de la Communauté européenne, l'UPSCE. Son but n'est pas d'être un PS « super puissant » mais d'essayer de concilier les divergences entre les différents partis socialistes.

Selon le travail de Guillaume Devin[1] sur l'UPSCE, la coopération socialiste au niveau européen se veut plus étroite que l'Internationale et limitée géographiquement à l'Europe communautaire. Ce regroupement est amorcé par la constitution d'un groupe socialiste commun à l'Assemblée de la CECA.

Les mouvements de coopération socialiste communautaire sont inséparables des vicissitudes de l'Europe institutionnelle : ils répercutent autant les périodes de relance, telle 1952-1962 avec la création du Bureau de liaison des partis socialistes de la CEE, que les périodes de stagnation de 1963 à 1969. À cet égard, la construction de l'UPSCE s'inscrit dans une phase dynamique de la Communauté, celle de l'élargissement et de la perspective des premières élections du Parlement européen au suffrage universel direct. Ces élections constituent pour différentes forces politiques européennes un facteur essentiel de réorganisation transnationale. L'ancien Bureau de liaison est ainsi élargi aux partis socialistes des trois nouveaux partenaires de la Communauté, Grande-Bretagne, Irlande et Danemark et réorganisé dans le sens d'une plus grande intégration partisane. Au terme de la rédaction des nouveaux statuts, le bureau de l'UPSCE peut prendre ses décisions à la majorité simple et proposer au congrès d'adopter à la majorité des deux-tiers des décisions liant les partis membres. Mais cette représentativité accrue et ce renforcement statutaire débouchent sur un blocage, de fait, de la coopération socialiste communautaire.

Tout au long des années 1950 et 1960, les partis socialistes et sociaux-démocrates de la CECA et de la CEE ont resserré leurs liens dans un contexte de croissance économique et de vigilance anti-communiste. L'intégration politique dans le cadre d'une Europe fédérale est l'axe central de la coopération des partis socialistes des Six. Pour preuve, nous pouvons nous appuyer sur les conférences du Bureau de liaison qui mettent en avant leur volonté de démocratisation et de « parlementarisation » de la Communauté. Tel est le cas de la conférence des partis socialistes tenue les 26 et 27 janvier 1957 à Luxembourg : « La conférence demande avec insistance qu'une seule assemblée soit investie des compétences parlementaires afin de rendre aussi efficace que possible le contrôle de l'impulsion

---

[1] G. Devin, « L'Union des partis socialistes de la Communauté européenne : le socialisme communautaire en quête d'identité », *Socialismo Stroria 2*, Milan, 1989, p. 265-290

émanant de l'opinion publique »[1]. Cet accord en vue d'une Europe intégrée et fédérale dans laquelle le Parlement serait la clé de voûte des institutions européennes est développé et étoffé dans le programme adopté lors du cinquième congrès des partis socialistes européens, tenu à Paris les 5 et 6 novembre 1962.

> « L'Europe doit être dotée d'une structure fédérale. Le pouvoir exécutif européen sera soumis à un contrôle parlementaire. Le pouvoir législatif ne peut être exercé que par un Parlement européen éventuellement composé de deux chambres. (…) Le renforcement progressif de l'autorité communautaire devra aller de pair avec un élargissement des pouvoirs du Parlement européen qui devra disposer, avant la fin de la période transitoire, de prérogatives suffisantes pour lui permettre de remplir pleinement la mission de contrôle et la tâche législative qui sont les siennes. L'organisation d'élections européennes au suffrage universel devra créer des liens solides entre les parlements et les peuples européens. »[2]

Ce projet est centré sur le rôle du Parlement européen. Les socialistes européens souhaitent qu'il soit élu au suffrage universel direct depuis 1960 et doté de pouvoirs législatifs. Les socialistes français des années 1960 sont en accord avec la ligne défendue par l'ensemble des partis socialistes de la CEE. Ces derniers souhaitent aussi une organisation plus politique de tous les peuples d'Europe.

Ce projet a stimulé le Bureau de liaison mais paralyse l'UPSCE. En effet, les travaillistes anglais et irlandais, de même que les sociaux-démocrates danois ne souhaitent pas encourager un renforcement des institutions européennes. Le principe et les modalités de l'élection du Parlement au suffrage universel ne peuvent donc pas faire l'unanimité : le Labour signale son opposition, les Danois soutiennent le principe d'un mandat parlementaire simultané aux plans national et européen tandis que les socialistes français et irlandais rejoignent les deux partis précédents pour cantonner le Parlement dans un rôle limité. On assiste donc à un revirement d'autant plus frappant que pendant vingt ans le Bureau de liaison des partis socialistes n'a eu cesse de revendiquer le renforcement et la démocratisation des institutions communautaires. Un recentrage sur des préoccupations plus nationales est donc à l'œuvre et s'exprime par l'impossibilité d'établir un manifeste électoral commun en vue des élections européennes de 1979.

Au sein de l'UPSCE, non seulement les dispositions statutaires sur le vote à la majorité n'ont jamais été appliquées mais elles sont supprimées en 1980 et, désormais, les décisions politiques doivent être consensuelles. L'UPSCE apparaît donc incapable de surmonter les intérêts contradictoires de ses membres. Un repli

---

[1] *Bulletin intérieur PS SFIO*, dans le rapport du 49ème congrès de la SFIO, n°90, mai 1957, p. 170
[2] *Bulletin intérieur PS SFIO*, dans le rapport du 53ème congrès de la SFIO, n°127, mai 1963, p. 136-137

sur les enjeux nationaux des partis socialistes européens comme du Parti socialiste français se manifeste à cette période. Cette apparente cohérence est en réalité l'expression d'une incohérence et de l'impossibilité pour les socialistes européens de trouver un accord dans les années 1970.

Face à l'UPSCE, le groupe parlementaire socialiste au Parlement est mieux armé puisque, par nature, il agit directement sur les institutions de la Communauté européenne. Par ailleurs et cela affaiblit l'UPSCE mais renforce le groupe, l'UPSCE est une formation reconnue et aidée financièrement par le groupe. L'Union est donc toujours suspendue au plus ou moins grand intérêt que lui portent ses membres. Le groupe est le lieu privilégié de la dynamique communautaire parce qu'il est le cadre permanent des diverses confrontations et négociations auxquelles se livrent les délégations nationales pour tenter de dégager des propositions communes. Ses réunions régulières sont rythmées par les activités du Parlement européen et le placent en situation de gérer un volume de dossiers et de sujets beaucoup plus élevé que celui qui peut être traité au cours des réunions épisodiques de l'Union. C'est d'ailleurs ce que dit Jean-Pierre Cot à l'égard de l'UPSCE :

> « C'est nous qui avions l'argent, c'est nous qui mettions à la disposition de l'Union des partis un peu de personnel, plutôt les éléments moins brillants, parce que ce n'était pas notre priorité. C'est nous qui prenions les initiatives en termes de présence internationale socialiste à travers le monde. De ce point de vue-là, le Parlement européen a été l'embryon de véritables machines politiques aux niveaux européen et international tout à fait intéressantes »[1].

En tant que « pôle des partis »[2], l'UPSCE est moins opérationnelle à l'égard des institutions communautaires. Alors qu'au niveau national, le groupe dépend du parti, ce n'est pas le cas au niveau européen. Le parti, l'UPSCE, ne peut donc pas imprimer sa marque sur l'action du groupe au Parlement européen. « Cela dit, il ne faut pas sous-estimer l'importance, déjà, de l'Union des partis qui, en soi, est un phénomène tout à fait intéressant et important. Les leaders des partis politiques se rassemblent quatre à cinq fois par an pour discuter et pour poser des problèmes. C'est un lieu de rencontres et d'échanges fondamental[3] », dit Jean-Pierre Cot.

L'activité de l'UPSCE est fluctuante et obéit à une autre logique d'action que celle du groupe. L'UPSCE se présente d'abord comme un lieu de réintroduction des exigences nationales face aux développements de la construction européenne. L'Union ne parvient pas à compléter l'action du groupe à travers une réflexion à moyen ou long terme dans le sens où son action est inséparable de celle du groupe et des évolutions institutionnelles.

---

[1] Entretien JP. Cot, *op. cit.*
[2] G. Devin, *op. cit.*, p. 237
[3] Entretien JP. Cot, *op. cit.*

L'UPSCE est beaucoup plus soutenue pendant la longue période des élections européennes à travers le travail de rédaction du manifeste et la campagne. Mais les partis socialistes européens sont très divisés sur les questions institutionnelles et ils sont freinés par les travaillistes anglais et sociaux démocrates danois. Il ne peut donc y avoir unanimité au sujet de l'accroissement des pouvoirs des institutions communautaires et les manifestes adoptés en 1984 et 1989 sont bien plus symboliques et représentatifs d'une conception générale qu'utiles comme base programmatique pour les partis au niveau national. Par ailleurs, les avancées de l'Acte unique ne sont pas repoussées mais tout abandon de souveraineté au profit de la Communauté est écarté.

Cependant, le dix-septième congrès de l'UPSCE, tenu à Berlin en 1990, annonce un changement que seront le traité de Maastricht et la création du Parti socialiste européen (PSE). Il s'agit dès lors pour les partis socialistes européens de s'engager vers une plus grande démocratisation du Parlement européen et de se prononcer en faveur d'une délégation de pouvoirs accrus à cette institution. Jean-Pierre Cot, alors député européen, défend les intérêts du Parlement. Il soutient une dynamisation institutionnelle qui serait exprimée par l'UPSCE. Son intervention est aussi l'expression des débats menés par les parlementaires européens qui souhaitent que le Parlement connaisse des avancées institutionnelles et démocratiques.

> « Notre rôle dirigeant – si je puis utiliser cette expression – nous conduit à nourrir une ambition pour le Parlement tout entier. Alors que le déficit démocratique étouffe les institutions européennes, nous demandons davantage de pouvoirs pour les élus du peuple que nous sommes. C'est l'objet de notre combat pour la conférence intergouvernementale car nous sommes persuadés qu'on ne saurait dissocier les progrès en matière économique et sociale des progrès de la démocratie. (…)L'Europe doit avancer hardiment, reconnaissant un véritable pouvoir de co-législation au Parlement. »[1]

Ainsi, l'UPSCE est un regroupement de partis socialistes au niveau européen, au mieux, c'est un parti de partis, mais ce n'est en rien un parti socialiste européen. Son fonctionnement dépend entièrement du groupe et son activité est moindre par rapport à ce dernier.

Il existe donc une sorte de similitude entre les positions du PS français au niveau national et celles des socialistes au niveau européen. Dans les années 1960, ils sont très favorables au renforcement du Parlement européen, alors que dans les années 1970, cette volonté s'émousse et est repensée en fonction des intérêts nationaux. La position de l'UPSCE découle de l'entrée de nouveaux pays dans la

---

[1] JP. Cot, « Les socialistes ont de nouvelles responsabilités au Parlement européen », *Le Poing et la Rose*, n°132, mars 1990, p. 8

CEE et de stratégies différentes au niveau national, comme en France. L'UPSCE est la caisse de résonance des options européennes des partis socialistes européens. Mais, comme la décision se prend à l'unanimité, il est impossible d'avancer là où certains pays mettent des freins, notamment concernant les délégations de compétences aux institutions communautaires.

Les socialistes européens sont donc divisés sur le rôle de l'Europe et de ses institutions. En vue des élections européennes de 1979, ils ne parviennent pas à élaborer un manifeste commun et se contentent d'un appel aux électeurs. La campagne sur le terrain est dominée par les problèmes intérieurs, cependant les élections européennes contraignent les socialistes à parler d'Europe alors que, jusqu'ici, ils évoluaient dans le simple cadre national.

Lors des élections européennes de la décennie 1980, le Parti socialiste français est avantagé quand le gouvernement est populaire, comme en 1989 et 1999 et, à l'inverse, il est désavantagé quand il est impopulaire, comme en 1984. La politique intérieure influe donc sur le résultat de ces élections.

Mais ce n'est pas parce que le Parlement européen est élu au suffrage universel qu'il dispose et qu'on lui accorde des pouvoirs supplémentaires. Il a un pouvoir de contrôle politique inscrit dans le traité de Rome, un pouvoir budgétaire acquis en 1975, mais il n'a pas de pouvoir législatif. Cependant, fort de sa légitimité, il compte élargir son rôle et ainsi, par lui-même, le Parlement européen obtient un peu plus de pouvoirs. En effet, il multiplie les questions écrites et orales et obtient que la Commission se présente devant lui après sa désignation, cependant il n'use pas de son droit de censure. En matière budgétaire, il se montre très vigilant et cherche à peser en faveur d'un rééquilibrage pour diminuer les dépenses agricoles et augmenter les fonds structurels. Surtout, il voudrait obtenir des compétences législatives, voire constitutionnelles, en concurrence avec le Conseil. Cette ambition du Parlement manifeste l'existence d'un débat en son sein sur le Parlement lui-même et son fonctionnement interne.

Mais déjà avant son élection au suffrage universel direct, le Parlement a accru considérablement son influence législative. Il s'est très tôt mis dans les conditions et méthodes de travail d'un Parlement classique. Des analyses faites par la direction générale de la Recherche du Parlement montrent qu'approximativement 15 à 40 % des amendements du Parlement européen, en fonction des textes, aboutissent dans le texte définitif, de règlement ou de directive, retenu par le Conseil et ce avant même l'Acte unique. Après l'Acte unique, la proportion augmente encore et passe de 60 à 80 % des amendements retenus en première lecture par la Commission et de 30 à 40 % retenus par le Conseil[1].

---

[1] JL. Burban, *op. cit.*

C'est donc dans ce contexte institutionnel qu'interviennent les premières élections européennes le 10 juin 1979. Quel est le programme des socialistes français ? Est-il européen ou non ? Quelles sont leurs positions par rapport à celles des autres socialistes européens ? Par ailleurs, les premières élections européennes donnent le ton et ouvrent la marche de celles à venir. Elles sont donc déterminantes. Elles scandent l'évolution de la conception institutionnelle des socialistes.

1979 : les premières élections européennes

En vue des premières élections européennes, l'Union des partis socialistes de la Communauté européenne élabore, le 6 juin 1977, un projet commun afin que tous les partis socialistes aillent aux élections avec le même programme qu'ils intitulent «Un programme socialiste pour l'Europe »[1].

Dans celui-ci, les socialistes européens se montrent très favorables à l'élection du Parlement européen au suffrage universel qui représente un « progrès démocratique » [2] permettant de faire prendre conscience aux citoyens des pays d'Europe qu'ils sont européens. Au niveau institutionnel, ils sont très clairs et souhaitent un élargissement des compétences du Parlement européen.

> « Il n'y a pas de contrôle démocratique suffisant dans les domaines dans lesquels les parlements nationaux ont renoncé à leurs compétences lorsqu'elles ont été transférées à la Communauté. (…) La Communauté européenne dispose de ressources propres considérables. Ces ressources échappent au contrôle des parlements nationaux, mais aussi de l'ensemble des citoyens européens, puisqu'il n'existe encore, au niveau européen, aucun organe de contrôle démocratique. Une participation et un contrôle vraiment démocratiques doivent être garantis au sein des institutions de la Communauté européenne et les pouvoirs que perdent les parlements nationaux doivent être transférés au Parlement européen. »[3]

Ainsi, les socialistes européens font du Parlement européen la clé de voûte et le lieu démocratique de la machine européenne. Ils vont plus loin encore en estimant que dans le cadre des compétences attribuées à la Communauté européenne, le Parlement européen doit exercer le pouvoir législatif même si les décisions qu'il prendrait devraient être soumises à l'approbation du Conseil. Ils souhaitent que le Conseil s'engage à délibérer sur les initiatives et les avis du Parlement européen et à lui faire un rapport dans un délai déterminé.

---

[1] « Pour l'Europe (I) Points de vue et documents », *op.cit.,* p. 45
[2] *ibid.*
[3] *ibid.,* p. 28-29

Les socialistes européens ont donc une vision institutionnelle très favorable au Parlement européen mais ce projet de programme est rejeté par le PS français qui le considère incompatible avec ses propres orientations. Il est donc remplacé par une déclaration politique de dix pages qui devient un simple appel aux électeurs. Cette déclaration, très générale, s'articule autour de quelques grands pôles et met notamment en avant le refus de tout nouveau transfert de pouvoirs aux institutions communautaires sans l'accord des gouvernements et des parlements nationaux. Cela revient à limiter le rôle du Parlement européen et à maintenir la prépondérance du Conseil des ministres. Cette attitude du PS français correspond à une priorité accordée aux intérêts nationaux et à la conquête du pouvoir en France.

Dès lors, il n'est pas étonnant, qu'à partir de 1979, le PS privilégie l'indépendance de la stratégie de rupture, d'où le refus de signer le projet de programme commun avec les partis socialistes européens et de respecter, par la suite, la discipline de vote au sein du groupe socialiste du Parlement européen.

Les socialistes mettent alors au point leur propre programme qui est un programme des socialistes français pour les citoyens français. Le comité directeur du parti adopte le manifeste socialiste, « Pour l'Europe des travailleurs », le 21 octobre 1978 et le publie en décembre 1978 dans le supplément du *Poing et la rose*. Il constitue le programme européen que les socialistes défendront au cours de la campagne. Celui-ci s'articule autour de treize points qui sont, entre autres, une « politique de l'emploi », une « politique sociale et des nouveaux droits des travailleurs », une « politique industrielle », « l'environnement » ou encore « les relations avec le Tiers-Monde ». Le douzième point porte sur les institutions et est intitulé « l'Assemblée européenne et les institutions européennes »[1]. La place accordée aux questions institutionnelles – l'avant dernière – est symbolique du peu d'importance que portent les socialistes aux institutions européennes. En effet et c'est une constante jusqu'à nos jours, les socialistes français mettent en avant les politiques communes, les institutions européennes étant reléguées au second plan. Les socialistes ne nomment d'ailleurs pas le Parlement européen, « Parlement européen » mais « Assemblée européenne ». En 1979, ils ne considèrent donc pas cette institution comme un vrai Parlement. Cependant, l'Assemblée européenne est, des trois institutions, celle qui retient le plus leur attention.

> « L'objectif des socialistes est donc d'abord aujourd'hui d'assurer dans le cadre des traités existants, un meilleur contrôle démocratique de la vie communautaire et une plus forte participation du monde du travail à l'élaboration des décisions. L'Assemblée européenne doit en particulier assurer la tâche importante de contrôler l'ensemble des orientations qui échappent maintenant au regard direct des

---

[1] *Le Poing et la Rose*, n°77, supplément décembre 1978, 8 p.

parlements nationaux. Pour autant, les socialistes ne sont pas hostiles à un élargissement à terme de certaines compétences communautaires dès lors que la CEE ferait siennes les perspectives mises en avant dans ce manifeste. Concrètement, les socialistes proposeront :
– une association plus étroite de l'Assemblée européenne à la préparation et au contrôle des décisions communautaires ; (…)
– une adaptation éventuelle des pouvoirs et moyens de la Communauté dans le cadre des procédures prévues par les traités, lorsque cette adaptation apparaîtra nécessaire à la mise en œuvre des propositions définies dans le présent texte. »[1]

Ce texte s'inscrit dans la continuité des textes précédents et dans la logique « tout le traité de Rome, rien que le traité ». Il ne fait aucune proposition nouvelle. De même que dans le programme élaboré en juin 1977, les socialistes expriment la volonté de voir transférés les pouvoirs perdus par les parlements nationaux à l'Assemblée parlementaire mais ils ne parlent pas de pouvoir législatif en tant que tel. De plus, ils se disent favorables à un élargissement de « certaines compétences communautaires » seulement à la condition que leurs orientations soient acceptées et prises en compte au sein de la Communauté[2]. On retrouve ainsi l'idée exprimée dans le programme « Changer la vie » et verbalisée au congrès de Metz dans « l'Europe sera socialiste ou ne sera pas »[3]. Le Parti socialiste français souhaite une démocratisation de la Communauté européenne mais il ne va pas aussi loin que les positions adoptées par les socialistes européens en 1977.

D'après l'*Unité*, l'hebdomadaire du PS, du 20 avril 1979[4], la liste socialiste a été établie en tenant compte de quatre impératifs : la répartition proportionnelle par courants résultant du vote final du congrès de Metz, la représentation de toutes les régions et des différentes origines socioprofessionnelles et, enfin, la proportion de 30 % de femmes dont six dans les vingt premiers. François Mitterrand mène les élections et est tête de liste, suivi de Pierre Mauroy, Edith Cresson, Gilles Martinet, Didier Motchane, Maurice Faure et Gaston Defferre. Se voulant un parti de militants, le PS organise une campagne militante sur le terrain et informe ses adhérents sur ce qu'est l'Europe. Ainsi l'*Unité* entreprend la publication d'une série d'études et de documents permettant aux militants socialistes de mieux comprendre ce que sont les institutions de la Communauté et en mars 1979, le secrétariat national à la Formation publie une brochure intitulée *Connaître l'Europe*. Dans cette perspective, le parti socialiste fait montre d'une volonté d'informer la base du parti et donc de démocratisation de l'idée européenne.

---

[1] *ibid.*, p. 7
[2] Voir G. Gobbi, *Les élections européennes : l'exemple des socialistes français,* mémoire sous la dir. de P. Levillain et E. Duhamel, Paris X-Nanterre, 1999, 146 p.
[3] F. Mitterrand, « L'Europe sera socialiste ou ne sera pas », *Nouvelle revue socialiste*, décembre 1978, n°36, p. 16, cité d'après L. Chauvin, *op.cit.* p. 149
[4] C. Counil, *op.cit.*, p. 63, d'après *L'Unité*, n°366, 20 avril 1979

Les socialistes français recueillent 23,43 % des suffrages et obtiennent vingt-deux sièges au Parlement européen. Ces résultats sont moins bons qu'aux élections législatives de mars 1978 et cantonales de mars 1979. La victoire revient à l'UDF dont la liste menée par Simone Veil recueille quasiment 28 % des suffrages. Mais le parti socialiste se dit vainqueur, car la gauche, PS et PC réunis, a obtenu plus de sièges que la droite (UDF et RPR), comme l'indique le titre de cet article de l'*Unité* de Guy Perrimond : « Élections européennes : 41 contre 40 *!* »[1].

Mais à la sortie de ces premières élections européennes, si elles apparaissent comme un grand sondage d'opinion avant les élections présidentielles de 1981 et si le bilan n'est pas mauvais pour les socialistes, le problème est ailleurs et réside dans le fort taux d'abstention.

> « On a peu voté le 10 juin, moins qu'à aucune autre élection nationale en France depuis la seconde guerre mondiale. (…) C'est un fait que l'Europe n'a pas stimulé l'intérêt de la masse des électrices et des électeurs. Faut-il s'en étonner quand la politique menée par les institutions communautaires est si loin des préoccupations populaires, quand il est évident que la CEE est la domination d'une technocratie, la plus souvent liée aux groupes capitalistes les plus puissants ? »[2]

Les socialistes sont donc amenés à faire le bilan de la campagne qu'ils ont menée et à en tirer les conséquences. Ils ont mené une campagne pédagogique auprès des militants qui ont beaucoup appris mais cette démarche s'est limitée à un cercle trop étroit et les socialistes n'ont pas su informer le grand public. Il s'agit donc, par la suite, de faire comprendre aux citoyens qu'une autre Europe est possible, celle des travailleurs, et elle doit devenir un objectif essentiel du parti socialiste. La mise en œuvre de l'élection de l'Assemblée européenne au suffrage universel direct doit, selon eux, permettre de créer une tribune pour de grandes campagnes autour des revendications sociales, telles que les trente-cinq heures, les droits des femmes, l'harmonisation des régimes de sécurité sociale et des retraites[3].

Les élections européennes de 1979 constituent donc une première expérience européenne face aux électeurs pour le parti socialiste. Leur refus d'avoir une plateforme commune avec les autres partis socialistes européens donnent le ton pour les élections européennes suivantes où un manifeste de l'UPSCE est adopté mais sans contrepartie contraignante. Le Parti socialiste français met au point son propre manifeste.

Quel est le projet des socialistes lors des élections européennes de 1984 et 1989 ? Dans quelle mesure leurs ambitions institutionnelles évoluent-elles ? Les

---

[1] G. Perrimond, « Élections européennes : 41 contre 40 ! », *L'Unité*, n°344, 15 juin 1979, p. 4-6
[2] *Le Poing et la Rose*, n°82, juin 1979, p. 4
[3] Voir *Le Poing et la Rose*, n°83, juillet/août 1979, p. 3

élections de 1984 s'inscrivent dans la continuité de celles de 1979 quand celles de 1989 marquent un certain changement dû aux évolutions institutionnelles de la CEE à travers l'Acte unique.

Les élections européennes de 1984 et 1989

L'UPSCE adopte son manifeste le 9 mars 1984 et consacre sa cinquième partie aux institutions qu'elle souhaite « plus démocratiques et plus efficaces»[1]. Les socialistes «considèrent les institutions communautaires d'abord comme des moyens permettant de réaliser les objectifs qu'ils veulent assigner à la Communauté» [2]. Cette orientation des socialistes européens confirme l'idée selon laquelle les institutions ne sont pas une fin en soi, mais des moyens mis au service d'une politique. Sur ce point, les socialistes français sont en accord avec les socialistes européens. Par ailleurs, au sujet du Parlement européen, le manifeste de l'UPSCE ne se démarque pas de celui adopté en 1977. En effet, les socialistes souhaitent une plus grande démocratisation de la Communauté et un contrôle plus grand du Parlement européen sur les domaines qui ont été transférés par les parlements nationaux. Les objectifs restent donc inchangés et ne sont pas très ambitieux.

> « Le Parlement en tant qu'institution démocratique doit jouer un rôle clé dans le contrôle démocratique de la Communauté européenne, aux côtés des parlements nationaux. Il doit d'abord se concentrer sur les aspects essentiels de ses attributions, participer à la fonction législative et budgétaire, exercer son contrôle sur la Commission et les autres institutions, débattre des principaux problèmes d'application des traités, exprimer les grands choix politiques des peuples d'Europe sur la construction européenne et s'exprimer sur les grandes questions internationales. »[3]

En matière institutionnelle, de même qu'au niveau européen, les perspectives des socialistes français en vue des élections européennes de 1984 s'inscrivent dans la suite logique de celles de 1979. Pendant la campagne électorale, le parti socialiste conserve sa distance et son autonomie par rapport à l'Union des partis. En effet, le manifeste européen est très peu diffusé. Le parti socialiste utilise des images et détient un programme national distinct de celui des autres partis socialistes. Comme en 1979, les socialistes pensent d'abord l'Europe à travers les objectifs et les options d'un parti de gouvernement[4].

---

[1] *Manifeste de l'UPSCE*, Bruxelles, 9 mars 1984, p. 29
[2] *ibid.*
[3] *ibid.*
[4] G. Lemaire-Prosche, *op.cit*

La campagne est lancée à Alfortville les 24 et 25 mars 1984 et comme en témoigne le discours de leur tête de liste, Lionel Jospin, les socialistes associent de plus en plus leur combat à la volonté d'application pleine et entière du traité :

> « J'ai relu ces derniers jours le traité de Rome. On dit que la Communauté a pour objet de servir le progrès économique et social de ses peuples. On dit aussi que la Communauté doit permettre une amélioration constante des conditions de vie et de l'emploi. Voilà ce qui est le fondement de la Communauté économique européenne, la libéralisation des échanges et les politiques communes n'étant que les moyens pour servir ces fins et non l'inverse, comme le voudraient les idéologues de la droite. »[1]

Ainsi l'objectif « tout le traité, rien que le traité » est encore à l'ordre du jour en 1984. La campagne des élections européennes est une période charnière qui marque la mutation européenne du parti socialiste. Le slogan « La volonté de la France, une chance pour l'Europe » montre bien qu'il n'est plus question ni d'une France s'attachant à la construction du socialisme en France avant un engagement plus accru au sein de la CEE, ni de la construction d'une Europe socialiste. Cependant, dans le manifeste socialiste pour la campagne électorale, loin de reprendre le projet institutionnel de Spinelli, les socialistes se montrent timides tout en souhaitant que les institutions soient plus efficaces. Quant au Parlement européen, leurs souhaits sont plus que limités et ne donnent pas d'objectifs datés, ce qui laisse penser qu'ils sont encore dans la même logique qu'en 1979 : « Il faut également améliorer le fonctionnement du Parlement européen et proposer une extension de ses pouvoirs lorsque cela est justifié »[2]. C'est à cette époque, de par la mutation – lente – du parti que le CERES assouplit ses visions originales pour rester en phase avec la tendance générale. Il est intéressant de noter que les socialistes nomment enfin le Parlement européen en tant que tel, ce qui est symbolique de cette évolution.

Les élections ont lieu le 17 juin 1984, la liste socialiste recueille 20,8 % des suffrages et obtient vingt sièges au Parlement européen, soit deux de moins qu'en 1979, quand la liste menée par Simone Veil attire plus de 40 % des suffrages. Ce résultat amorce une tendance qui se vérifiera lors des élections européennes suivantes : ces élections sont globalement considérées comme un refouloir par l'opinion publique, qui, par ce biais, exprime sa désapprobation à l'égard du gouvernement, ce qui est clairement le cas en 1984 – période difficile pour le gouvernement socialiste.

Si en 1984, les socialistes restent assez timorés et s'il n'y a pas d'évolution notoire dans les idées, les élections de 1989 sont beaucoup plus significatives et

---

[1] L. Jospin dans la Convention nationale du PS, Alfortville, 25 mars 1984, cité par F. de Saint Ouen, *op.cit.,* p. 117
[2] *Le Poing et la Rose*, n°108, 1ᵉʳ juin 1984, p. 8

symboliques d'un engagement pour un Parlement européen fort. Ainsi, 1984 s'inscrit dans la continuité de 1979 alors que 1989 s'inscrit dans la lignée de l'Acte unique et d'un intérêt plus important pour l'amélioration du fonctionnement institutionnel de la Communauté et pour le rôle du Parlement. On a le sentiment qu'il a fallu aux socialistes français et européens le temps de se forger une idée construite et cohérente à la hauteur de l'élection au suffrage universel, perspective qui arrive à maturation vers 1984-86 et s'exprime pleinement lors des élections de 1989. Cette évolution met aussi en exergue le fait que les socialistes se positionnent aussi par rapport aux évolutions propres à la Communauté européenne et aux débats qui sont menés à son propos.

Le manifeste de l'UPSCE est publié le 10 février 1989 et s'intitule *Pour une Europe unie, prospère et solidaire*. Les socialistes s'affirment alors pour qu'une plus grande place soit donnée au Parlement européen au niveau du fonctionnement législatif de la Communauté : « Nous, socialistes, considérons que nous ne progresserons sur le chemin de l'Union européenne, telle que définie dans l'Acte unique, que si les citoyens européens et leurs représentants élus participent à la prise de décisions »[1].Cette position est confirmée plus loin :

> « Nous, socialistes, proposons au prochain Parlement de se fixer les objectifs institutionnels fondamentaux suivants :
>
> – le renforcement du pouvoir et la légitimité démocratique de la Commission qui devra recevoir collégialement la confiance du Parlement par le vote d'investiture ;
>
> – la mise en place progressive d'un système de codécision réelle entre le Parlement et le Conseil des ministres dans tous les domaines de la législation communautaire, à travers l'extension de la procédure de coopération établie par l'Acte unique qui pour l'instant s'applique uniquement aux thèmes concernant l'achèvement du marché intérieur. Cet élargissement de la procédure de coopération devrait aller de pair avec l'extension du vote par majorité au sein du Conseil.
>
> La participation du Parlement aux décisions sur les recettes du budget communautaire est un élément fondamental de responsabilité politique »[2].

Ainsi, de vraies ambitions institutionnelles sont mises en avant pour le Parlement européen avec un saut qualitatif majeur par rapport à 1984. Vouloir que la Commission soit légitimée par le Parlement européen correspond à donner à l'institution parlementaire un poids important et un pendant à son droit de censure qui est d'investir le collège de la Commission. C'est aussi une dynamique

---

[1] Manifeste de l'UPSCE, *Pour une Europe prospère, unie et solidaire,* Bruxelles, 10 février 1989, p. 31
[2] *ibid.,* p. 33-34

démocratique qui doit correspondre aux résultats sortis des urnes. Par ailleurs, le souhait d'une « codécision » dans tous les « domaines de la législation communautaire » souligne l'ambition d'un rééquilibrage institutionnel entre le Conseil des ministres et le Parlement européen, au profit de ce dernier. C'est l'idée qu'il faut aller plus loin que la coopération. Dans la prise de décisions, les pouvoirs du Parlement européen, représentant des peuples, devraient compenser ceux du Conseil, représentant des États, ce qui garantirait un pouvoir législatif exercé de manière plus démocratique. Ce manifeste de l'UPSCE se situe à la croisée des chemins entre l'Acte unique et le traité de Maastricht et ouvre déjà les voies aux changements institutionnels qui interviennent en 1992.

En France, la liste socialiste est menée par Laurent Fabius. Les socialistes revendiquent « une Europe des progrès », qu'ils définissent comme « l'Europe des gens et pas seulement de l'argent »[1]. Un nouveau manifeste socialiste français est ratifié en mai 1989 et ne reprend toujours pas celui de l'UPSCE. Les débats portent bien plus sur les candidats que sur le programme. Au niveau institutionnel, ils proposent que le président de la Commission soit élu par les députés européens et autant de représentants nationaux, président qui serait évidemment social-démocrate voire socialiste. Cette idée va encore plus loin que le droit d'investiture de la Commission puisqu'il ferait de la Commission une sorte de gouvernement à l'échelle européenne qui serait de la même couleur politique que la majorité au Parlement européen. Cette proposition va donc dans le sens d'une plus grande politisation de la Communauté européenne et devient le cheval de bataille des socialistes français. Ces derniers se prononcent aussi en faveur de l'extension des droits du Parlement européen : droit de proposer des lois au Conseil et droit de contrôle et d'initiative sur tous les sujets qui échappent alors aux parlements nationaux. Ils veulent donc donner plus de pouvoir législatif au Parlement européen, sans toutefois reprendre le terme de « codécision ». En 1989, les socialistes distinguent toujours volonté politique et institutions, mais ils donnent un rôle et une place plus importants au Parlement européen.

Les élections européennes ont lieu le 18 juin 1989 et la liste de Laurent Fabius obtient 23,61 % des suffrages, soit vingt-deux sièges au Parlement européen, quand la liste d'union RPR-UDF menée par Valéry Giscard d'Estaing recueille environ 29% des suffrages.

De 1979 à 1989, trois élections européennes donnent l'occasion aux socialistes français et européens de se prononcer sur leurs volontés institutionnelles et plus particulièrement sur leurs souhaits en faveur du Parlement européen. L'évolution est notable entre 1979 et 1989. Elle est due aux changements internes à la Communauté et à la constitution d'une pensée au sein du Parti socialiste français qui, de façon générale, a des objectifs pour le Parlement européen plus timorés que

---

[1] F. de Saint Ouen, *op.cit.,* p.117

ceux mis en avant dans les manifestes de l'UPSCE. Ainsi, depuis 1979, le parti socialiste est autonome et adopte une ligne qui lui est propre lors des campagnes européennes. Nous verrons cependant plus loin comment cette stratégie électorale est abordée de façon différente à partir des années 1990 en raison de la création du Parti socialiste européen en 1992.

Les élections européennes constituent des moments électoraux importants au cours desquels le parti socialiste définit son idéologie européenne. Elle est intrinsèquement liée aux intérêts des socialistes en France qui, d'ailleurs, dans la décennie 1980, avec l'expérience du pouvoir, affinent leurs positions.

L'évolution des socialistes au pouvoir en faveur de l'Europe dans les années 1980

La décennie 1980 est marquée par le « tournant européen » des socialistes en 1983-1984. Alors que jusqu'à cette date, la stratégie européenne reste la même que dans les années 1970, soit « tout le traité, rien que le traité », une conversion européenne s'amorce à partir de 1983. Elle se manifeste à travers leurs idées européennes et permet d'expliquer leur rôle dans les évolutions institutionnelles endogènes à la construction européenne au cours des années 1980. C'est une période structurante pour le parti puisqu'il fait aussi l'expérience de l'exercice du pouvoir avec l'élection de François Mitterrand à la présidence de la République.

1981-1983 : des élections présidentielles au choix de l'Europe. Une politique européenne en retrait : les socialistes sont toujours pour « tout le traité, rien que le traité »

À la fin des années 1970, de par son alliance avec le CERES, le PS se voit tenu à accorder la priorité à la construction nationale du socialisme et donc à un discours européen quelque peu différent de celui des années 1960. Ainsi, on comprend que le courant majoritaire, otage de sa propre alliance, ait dû prendre ses distances par rapport aux questions européennes. On le voit très clairement, notamment dans le projet socialiste issu de la convention nationale d'Alfortville les 12 et 13 janvier 1980.

> « Quelle que soit d'ailleurs l'attention que nous devons porter au bon fonctionnement des institutions européennes et à la coopération entre les États, ce n'est pas de ces institutions que nous pouvons attendre l'impulsion décisive qui ouvrira la voie à l'Europe des travailleurs. »[1]

---

[1] *Le Poing et la Rose*, n°85, novembre/décembre 1979, p. 90

On retrouve ici l'idée exprimée par le CERES et qui empêche le parti socialiste d'aller plus loin, c'est-à-dire qu'il ne sert à rien de donner plus de pouvoirs aux institutions communautaires en l'état puisqu'elles ne serviraient pas les intérêts des travailleurs.

En vue des élections présidentielles de 1981, aucun débat n'a lieu au sein du PS sur les questions européennes. Dans les cent dix propositions, seuls trois articles concernent l'Europe. Les socialistes restent silencieux sur la question de l'intégration, rappelant seulement les revendications traditionnelles du parti. Ils disent uniquement souhaiter « la poursuite de la démocratisation des institutions »[1], ce qui est très vague. Par ailleurs, le concept et le terme d'Union européenne n'y figurent pas. On a donc le sentiment que l'élection du Parlement au suffrage universel direct qui s'accompagne avec insistance d'une ambition de plus grande démocratisation des institutions communautaires a suffi à satisfaire le parti socialiste. L'objectif immédiat est désormais de faire appliquer « tout le traité et rien que le traité » et de rester dans le cadre des institutions existantes dont les éventuels défauts sont mis sur le compte d'une application insuffisante des préceptes originels. Cette tendance est donc la même que dans les années 1970, ce malgré l'élection au suffrage universel du Parlement européen. Elle se manifeste avec l'arrivée au pouvoir de François Mitterrand, élu président de la République le 10 mai 1981.

Dans les années 1981-1983, l'Europe n'est toujours pas au centre des débats. Le PS pense l'Europe d'abord en fonction des objectifs, difficultés et options du gouvernement français. Le mouvement AGIRS (À gauche pour l'initiative, la responsabilité et la solidarité) naît au début des années 1980, entre autres, en raison du silence européen et se voudra toujours plus européen que la majorité du PS. Par exemple, il approuvera le président en 1983-1984 quand il se prononcera en faveur de la relance et de l'esprit du projet Spinelli[2].

Malgré tout, la volonté de relancer la construction européenne est déjà présente chez les membres du gouvernement. Ainsi, dans son discours à l'Assemblée nationale, le 8 juillet 1981, Pierre Mauroy affirme : « Nous avons la ferme intention de retrouver l'esprit des institutions communautaires et de régler avec loyauté et pragmatisme les contentieux actuels. Nous ne sommes ni les idéologues de la supranationalité, ni des théologiens de l'anti-supranationalité »[3]. Dans cette mouvance, Claude Cheysson, ministre des Relations extérieures, est chargé de préparer un mémorandum au nom du gouvernement français sur une relance de la construction européenne. Ce mémorandum, intitulé *Mémorandum du gouvernement français sur l'Europe*, est présenté et discuté en Conseil des ministres le 28 octobre 1981. Sur vingt-et-une pages, le dernier chapitre est consacré aux institutions et

---

[1] *Le Poing et la Rose*, n°91, février 1981
[2] C. Giraudet, *op.cit*
[3] G. Lemaire-Prosche, *op.cit.*, p. 79

seul un paragraphe concerne le Parlement européen. Il s'agit plus de donner des pistes de réflexion que de faire de réelles propositions.

> « Une réflexion sur les relations du Conseil avec le Parlement européen et sur les conditions dans lesquelles celle-ci exerce son rôle dans l'ensemble institutionnel serait utile. Elle devrait tenir compte des difficultés rencontrées au cours des dernières années dans le domaine budgétaire ainsi que du souhait de l'Assemblée de pouvoir intervenir plus activement dans le processus législatif de la Communauté. La relation entre le Parlement européen et les parlements nationaux mérite aussi une réflexion approfondie. »[1]

Ainsi, l'idée de donner des pouvoirs législatifs au Parlement européen est envisagée mais ces pistes de réflexions sont assez sommaires et ne nous permettent, en aucune manière, d'identifier les options des socialistes en matière institutionnelle au début des années 1980. Les socialistes, pour des raisons internes, continuent à souhaiter la mise en œuvre de « tout le traité, rien que le traité ». Parallèlement, l'élection du Parlement européen au suffrage universel, vient tout juste d'intervenir, il faut donc du temps au parti socialiste pour réfléchir et adapter ses positions à ces nouvelles données. Ils pensent par ailleurs une relance de la Communauté plutôt par le biais des politiques communes (politique industrielle, politique sociale, politique agricole commune (PAC),...) que par celui des institutions.

Une autre raison peut être avancée : le débat sur l'Europe est mis au second plan en raison des soucis du pouvoir et particulièrement de la crise du début des années 1980 qui a pris le devant la scène. De fait, les débats sur l'Europe se concentrent plus sur le système monétaire européen (SME) que sur les institutions à proprement parler de la CEE et donc du Parlement européen. L'essentiel se joue sur le terrain de la politique économique et sociale avec la volonté de mener une politique de relance par la consommation, pour renouer avec la croissance, et sur le renforcement du secteur public, pour reconquérir le marché intérieur en reconstituant les filières industrielles. Mais en 1981, l'économie française tourne déjà au ralenti, avec une hausse continue du chômage, une forte inflation et une faiblesse des exportations. Le pays est confronté à des attaques répétées contre le franc.

Face à cela, les socialistes sont amenés à adapter leur politique et changent de cap avec la mise en œuvre de la rigueur financière et économique. Alors qu'au sommet de l'État, on oscille entre rester ou sortir du SME – deuxième solution qui aurait pour effet d'isoler la France – François Mitterrand fait le choix de l'Europe et décide de rester dans le système. Le tournant est donc amorcé en mars 1983 et c'est une politique de désinflation, de désindexation des salaires et des prix, de

---

[1] *Mémorandum du gouvernement français sur l'Europe*, octobre 1981, p. 21

réduction des déséquilibres extérieurs et de modernisation industrielle qui est menée.

Dès lors, les socialistes français, François Mitterrand en tête, s'investissent dans la politique européenne et développent leurs conceptions en matière institutionnelle. Ils dépassent alors le slogan « tout le traité, rien que le traité ». La rupture est consommée.

De 1984 à 1987 : un engagement européen affirmé

Jusqu'en 1984, les socialistes n'ont pour objectif que d'instaurer le socialisme en France. L'Europe est alors un enjeu secondaire, d'autant plus qu'elle apparaît comme soumise aux puissances capitalistes. En 1983, avec le changement radical de politique économique, François Mitterrand fait clairement le choix de l'Europe. Il s'affirme comme un véritable européen, engagement confirmé dès le premier semestre 1984, quand la France a la présidence de la Communauté. Comment s'exprime cette mutation européenne du parti socialiste ? Qu'en est-il de leurs positions à l'égard des institutions ?

Aux congrès de Bourg-en Bresse en octobre 1983 et de Toulouse à l'automne 1985, la crainte d'une Europe hostile au pouvoir socialiste en France disparaît. Il faut attendre les élections européennes de 1984 pour voir un véritable changement au sein du parti. L'engagement en faveur de l'intégration européenne n'est plus seulement un choix réaliste mais elle peut aider le socialisme en Europe[1]. Dans les années 1984-85, il ne s'agit pas de réviser le traité de Rome mais d'y rester fidèle. Seuls l'amélioration du fonctionnement de ses institutions et leur renforcement doivent être envisagés. Le parti socialiste continue de s'affirmer contre une dérive constituante du Parlement mais à partir de 1984, il fait valoir sa volonté d'accroître le rôle du Parlement au sein de la structure européenne[2]. Ainsi, François Mitterrand s'exprime devant le Parlement le 24 mai 1984 et fait part de son accord avec l'esprit du projet Spinelli qui défend l'idée de donner une place et un rôle plus importants au Parlement européen.

> « Et voici que votre Assemblée nous encourage à aller plus loin dans cette voie en nous proposant un traité instituant l'Union européenne. (…)À situation nouvelle doit correspondre un traité nouveau qui ne saurait bien entendu se substituer aux traités existants mais les prolongerait dans les domaines qui leur échappent. (…) M'exprimant en son nom [celui de la France], je la déclare prête à examiner, à défendre votre projet qui, dans son inspiration, lui convient. »[3]

---

[1] G. Lemaire-Prosche, *op.cit.*
[2] *ibid.*
[3] F. Mitterrand, « Une victoire de la Communauté sur elle-même », *Réflexion sur la politique extérieure de la France Introduction à 25 discours* (1981-1985), 24 mai 1984, Strasbourg, p. 296

Cette position évolue, se développe et s'étoffe. Ainsi en 1987, dans le *Poing et la Rose*, le parti socialiste publie un grand dossier sur l'Europe dans lequel il fait part aux militants de ses réflexions sur l'Europe de la défense, l'Europe monétaire, de la recherche ou encore de la consommation. Cette publication permet au PS de clarifier et de faire passer ses idées, mais aussi de rendre démocratique une Europe souvent perçue comme trop bureaucratique ou technocratique. Sur le plan institutionnel, leurs positions sont les suivantes :

> « Les institutions européennes ne sont pas adaptées au projet d'une Europe unie, forte et solidaire. (…) Mais outre cette interrogation sur l'efficacité, le principal défaut des institutions actuelles est leur illisibilité et leur faible contenu démocratique : les citoyens ne sont pas toujours à même de comprendre la logique des compétences communautaires ; d'identifier qui prend les décisions, qui est responsable ; de sanctionner, s'il y a lieu, ces derniers. L'Europe doit avoir des institutions efficaces, fortes et contrôlées de façon démocratique. (…) Les socialistes souhaitent que l'intégration économique et l'intégration politique progressent de conserve. (…) Le Parlement devrait se voir confier un rôle d'amendement, sous certaines conditions de majorité, des décisions de l'exécutif »[1].

Ainsi, le parti socialiste se prononce pour des institutions européennes plus efficaces et démocratiques et, de ce point de vue, son discours est beaucoup plus construit qu'au début des années 1980, plus clair aussi. Les socialistes affirment leur volonté en faveur d'une Europe plus démocratique au sein de laquelle le Parlement européen, expression du peuple, a son rôle à jouer. Ils souhaitent par ailleurs que le Parlement puisse modifier les décisions prises par le Conseil, par le biais d'amendements, ce qui est une façon de lui donner part au pouvoir législatif ; pour autant le terme n'est pas employé, celui de co-législation ou codécision non plus. En matière institutionnelle, l'évolution est lente mais le Parlement européen retient leur attention.

Si ce texte fait preuve du travail du parti socialiste sur l'Europe, il semble cependant que ce dernier n'ait pas réellement mené de débats de fond sur la politique européenne et qu'en matière d'Europe, tous s'appuyaient sur François Mitterrand qui est le véritable meneur de cette politique dans les années 1980. En témoigne Catherine Lalumière, secrétaire d'État aux Affaires européennes de 1984 à 1986 :

> « Je pense que pendant toute cette période le parti socialiste s'en remet à François Mitterrand dans le sens où la ligne politique à suivre, c'est François Mitterrand. Je ne dis pas que les socialistes soient ignorants ou indifférents totalement, mais l'engagement européen de

---
[1] *Le Poing et la Rose*, n°120, septembre 1987, p. 77-78

François Mitterrand est tel que c'est lui qui indique la marche à suivre. Le compromis avec les Britanniques, c'est lui, le choix de Jacques Delors pour être président de la Commission, c'est lui, le choix monétaire de rester dans le SME et la politique de rigueur qui est menée à partir de 1983, c'est lui. Il y a des discussions, des tiraillements. Mais je me rends compte que, de mon point de vue, le seul qui me paraisse visible, c'est François Mitterrand »[1].

Ce témoignage montre combien la personnalité de François Mitterrand est décisive dans ces années-là sur le plan de l'engagement européen des socialistes. Elle est omniprésente. François Mitterrand est le référent et l'acteur de cette évolution socialiste en faveur de l'Europe. Catherine Lalumière[2] explique que Laurent Fabius, en tant que Premier ministre, ne s'est jamais démarqué de la ligne adoptée par François Mitterrand. Dans la chaîne de commandement, les messages européens passaient de l'Elysée à Roland Dumas, alors ministre des Affaires étrangères, puis directement à Catherine Lalumière. L'interministériel était donc clairement simplifié de par l'implication de François Mitterrand.

Il semble que François Mitterrand souhaitait un Parlement fort et était tout à fait favorable à son élection au suffrage universel mais qu'il estimait, à l'époque, qu'il ne pouvait pas être le lieu de la relance institutionnelle. Les pouvoirs de l'institution parlementaire devaient être renforcés uniquement dans la mesure où le rôle des parlementaires l'était aussi et où leurs idées européennes étaient cohérentes. Dans ces conditions, non par rejet du Parlement mais par pragmatisme politique, il semble que François Mitterrand ait favorisé la Commission pour relancer la Communauté. Le choix de nommer Jacques Delors à sa présidence est d'ailleurs tout à fait symbolique. C'est ce que dit Catherine Lalumière :

« J'ai quand même l'impression et, je le dis avec prudence, que c'est la Commission qui l'intéresse le plus et que c'est là qu'il veut mettre des gens importants. Je ne pense pas qu'il ait négligé le potentiel du Parlement européen mais ça m'étonnerait qu'il ait considéré, qu'à cette époque-là, le Parlement européen était suffisamment mûr pour prendre un rôle très important »[3].

Par ailleurs et c'est ce qui peut expliquer ce choix de François Mitterrand, il semble qu'il n'était pas, dans l'immédiat, pour une Europe supranationale, mais qu'il favorisait l'intergouvernemental. En fin politique et très pragmatique, il savait qu'en matière de politique étrangère, il fallait commencer par faire bien fonctionner l'intergouvernemental avant de passer au supranational. Une Europe supranationale aurait limité les marges de manœuvre d'un gouvernement socialiste en France.

---

[1] Entretien avec Catherine Lalumière, le 23 janvier 2008, Maison de l'Europe, Paris
[2] *ibid.*
[3] *ibid.*

Nous appuyant principalement sur le témoignage de Catherine Lalumière, il faut souligner l'importance du discours politique et de la construction ou reconstruction d'une idée.

L'ambition plus démocratique des socialistes est, certes, plus affirmée dans la seconde moitié des années 1980 qu'avant 1983, cependant, en 1987, leurs volontés sont encore assez timides : ils ne souhaitent pas de pouvoirs législatifs en tant que tels pour le Parlement, ni de co-législation avec le Conseil.

Ainsi, le parti socialiste prend une orientation clairement européenne dans les années 1980, mais il favorise les politiques communes aux ambitions institutionnelles. Selon G. Lemaire-Prosche[1], à la lecture des comptes-rendus des réunions et débats internes, on se rend compte que la place accordée aux institutions est secondaire dans les années 1981-1988. Les socialistes, comme nous l'avons vu plus haut, mettent les institutions au service du politique. L'intégration européenne ne doit pas commencer par le haut, c'est-à-dire par les institutions mais par le bas, c'est-à-dire par résoudre des problèmes concrets. Ils sont donc pour une amélioration du fonctionnement des institutions et leur démocratisation dans le cadre de la mise en œuvre de politiques communes. Comme le dit Gérard Jacquet, « il s'agit donc là d'un problème second, ce qui ne signifie pas, que nous le considérons comme secondaire »[2].

Cependant, avant les échéances des élections législatives de mars 1986, les socialistes au pouvoir placent la relance européenne au premier rang du bilan positif du gouvernement. L'intégration européenne est ouvertement affirmée et l'on peut dire que la gauche au pouvoir fait de l'Europe « le grand dessein » de la France.

Les évolutions institutionnelles

De par l'article 142 du traité de Rome, l'Assemblée a reçu un pouvoir réglementaire qui a permis au Parlement européen d'organiser ses travaux selon son gré, notamment de choisir ses structures administratives ou encore le nombre de membres nécessaires à la constitution d'un groupe politique. Il a aussi permis au Parlement d'aménager les pouvoirs budgétaires qui lui ont été accordés à partir de 1970 ou encore de préciser les conditions d'exercice de la motion de censure à l'égard de la Commission. En mars 1981, un nouveau règlement a été adopté : il maintient une grande liberté de parole et propose de nombreuses innovations, tels l'attribution de pouvoirs délibérant aux commissions parlementaires en vue de désencombrer l'assemblée plénière des textes d'ordre technique et le renforcement du débat d'actualité – l'Assemblée se réservant le droit d'organiser trois heures de

---

[1] G. Lemaire-Prosche, *op.cit.*, p. 111
[2] *ibid.*

débat d'actualité par session dont les thèmes seront proposés par les groupes politiques et retenus par le bureau.

Ainsi, sans augmentation de pouvoirs, le Parlement européen gère son règlement intérieur et parvient à tirer profit, au maximum, des possibilités qui lui sont offertes par le traité de Rome. Mais la période ouverte par l'élection au suffrage universel frustre les députés européens qui, bien qu'exerçant leur mandat à temps plein, disposent, en pratique, de très peu de pouvoirs. L'élection au suffrage universel, comme on l'a vu au niveau national, génère au niveau européen un grand nombre de débats en termes institutionnels et révèle une volonté de donner un poids et des pouvoirs plus importants au Parlement européen. Ce dynamisme se manifeste tout au long des années 1980. La première expression en est le projet Spinelli. D'inspiration fédéraliste, quel est le contenu de ce projet, son retentissement, son influence ?

Le projet Spinelli et son influence

> *« Du point de vue de sa forme, le projet Spinelli était bien un traité, parce qu'il aurait pu entrer en vigueur uniquement si les États destinés à en devenir membre l'avaient ratifié. Du point de vue de son contenu, le projet Spinelli était toutefois une véritable constitution, parce qu'il définissait les institutions, les compétences et les objectifs d'une entité politique distincte de ses États membres. »* [1]

Au début des années 1980, la Communauté prépare son renforcement, renforcement qui passe par un aménagement des institutions afin qu'elles soient à la fois plus efficaces et plus démocratiques. Cette redéfinition implique aussi une intensification des politiques communes et une meilleure coordination entre les activités communautaires et la coopération politique européenne. Plusieurs projets sont présentés dès 1981 et alimentent la réflexion. Mais le projet le plus audacieux et pertinent est élaboré par le Parlement européen sous l'impulsion d'Altiero Spinelli.

Pour bien comprendre les origines du projet qu'il met en œuvre, il faut garder à l'esprit qu'Altiero Spinelli, communiste italien, est un européiste fédéraliste de longue date. Présent à La Haye en 1948, Altiero Spinelli joue un rôle majeur dans la genèse du projet de Communauté européenne politique (CEP) en proposant que son Assemblée commune reçoive un mandat à caractère constituant. Après le refus de la France de ratifier le projet en 1954, il contribue au processus de relance de la construction européenne, continuant de croire qu'un accord est possible entre les pays européens sur un projet fédéral.

---

[1] De Pier Virgilio Dastoli, « Dix ans après le projet Spinelli – Quel projet politique pour l'Europe ? », *Revue et Cahier de l'OURS*, n°3-4, 1994, p. 27

Dans le discours qu'il prononce en 1957 au congrès du peuple européen à Turin, Altiero Spinelli remet en cause la légitimité de l'État-nation. En défenseur du fédéralisme, il estime que l'Europe ne peut se réaliser qu'à deux conditions : d'une part, que les États renoncent à une partie de leur souveraineté nationale ; d'autre part, que le peuple européen participe à la définition d'une constitution qui fixe les responsabilités et la forme d'une nouvelle union entre les États[1]. En 1970, il entre à la Commission dont il prend en charge, jusqu'en 1976, les secteurs de la politique industrielle et de la recherche. De 1976 à 1986, il est élu député européen et c'est au Parlement européen que son combat trouve son aboutissement et qu'il marque définitivement l'histoire de la construction européenne.

Estimant que le Parlement européen doit jouer un rôle majeur dans la réforme institutionnelle, Altiero Spinelli, soutenu par huit parlementaires, constitue, dès 1980, un groupe de travail, le « club du crocodile » (du nom du restaurant strasbourgeois où ils se réunissent). Un an plus tard, ce groupe fait créer par le Parlement une nouvelle commission chargée des affaires institutionnelles : la commission institutionnelle. Présidée par Spinelli et chargée de préparer une révision du traité de Rome, cette nouvelle commission aboutit au projet de traité d'Union européenne[2] dont le Parlement approuve un avant-projet dès 1983 et adopte le projet final le 14 février 1984. Dès le départ, le Parlement européen élu en 1979 a écarté l'hypothèse de la rédaction d'une série d'amendements aux traités existants. C'est ainsi que le Parlement européen a décidé de rédiger un nouveau traité, instituant l'Union européenne en déterminant avec cohérence sa structure, ses compétences, les étapes et les modalités de sa réalisation.

Composé de quatre-vingt-sept articles, le premier institue l'Union européenne : « Par le présent traité, les Hautes Parties Contractantes instituent entre elles l'Union européenne »[3]. Concernant le Parlement européen, il est prévu qu'une « loi organique »[4] mettra en œuvre une procédure électorale uniforme dans tous les pays de l'Union et que le Parlement :

> « – participe, conformément au présent traité, aux procédures législative et budgétaire, ainsi qu'à la conclusion des accords internationaux,
> – donne l'investiture à la Commission en approuvant son programme politique,
> – exerce le contrôle politique sur la Commission,
> – a[it] le pouvoir d'adopter, à la majorité qualifiée, une motion de censure contraignant les membres de la Commission à se démettre collectivement de leurs fonctions,

---

[1] Disponible sur *www.touteleurope.fr*
[2] A. Spinelli, *Projet de traité instituant l'Union européenne,* disponible *sur www.ena.lu*
[3] *ibid.*
[4] *ibid.*

– dispose d'un pouvoir d'enquête et reçoit les pétitions qui lui sont adressées par les citoyens de l'Union »[1].

Le Parlement européen est au cœur du projet d'Altiero Spinelli qui en fait la clé de voûte de la machine européenne et d'une Europe fédérale. Ce projet maintient les institutions européennes tout en modifiant leur rôle. Le Parlement européen est doté du pouvoir législatif exercé conjointement avec le Conseil. Il obtient donc le pouvoir de codécision et celui d'investir la Commission en fonction de son programme politique : la Commission, à l'image d'un gouvernement national, est issue de la majorité politique sortie des urnes. Le Conseil européen perd sa prééminence et le vote majoritaire en son sein gagne du terrain. Par ailleurs, un transfert de compétences est prévu, notamment dans les domaines de la sécurité, de la politique étrangère, de la monnaie et de la culture. L'Union n'aurait pas forcément une compétence exclusive en vertu du principe de subsidiarité – qui est une des grandes innovations du projet Spinelli – c'est-à-dire qu'elle devrait intervenir uniquement sur les points où son action peut être plus efficace que celle des États membres.

Ce projet de traité instituant l'Union européenne est adopté par le Parlement européen le 14 février 1984 par deux cent trente-sept voix contre trente-et-une. Les députés socialistes français s'abstiennent. Bridés par le parti socialiste, ils sont tenus de s'abstenir, or les socialistes français du Parlement européen étaient moins opposés à une relance institutionnelle de l'Europe politique que leur parti à Paris[2]. Cette position, adoptée à Strasbourg par les socialistes français, marginalise la délégation socialiste française (DSF) au sein du groupe socialiste. Conformément au mémorandum d'octobre 1981 pour une relance de la CEE, la relance préconisée par les socialistes français ne passe pas par une réforme des institutions, il faut d'abord appliquer « tout le traité, rien que le traité ». Mais dans son discours au Parlement européen le 24 mai 1984, François Mitterrand dit souhaiter une réforme de la procédure de consultation du Parlement et annonce que la France est prête à soutenir la naissance d'une Europe politique et à étudier le projet Spinelli[3]. Les députés socialistes français au Parlement européen sont donc mis en porte à faux, ce qui montre les limites du lien entre le PS et la DSF et nous permet de mettre en exergue l'importance de la stratégie politique adoptée par François Mitterrand. Ce projet de traité amorce, à partir de 1984, des débats au sein du parti socialiste et participe de sa conversion européenne.

---

[1] *ibid.*
[2] Ce décalage dans la prise de position entre les socialistes français à Paris et Bruxelles est exprimé très clairement par G. Lemaire-Prosche et M. Abelès dans leur ouvrage respectif. Les témoignages que nous avons pu recueillir confirment d'ailleurs cette mouvance. Nous y reviendrons plus précisément dans notre troisième partie.
[3] F. Mitterrand, *Réflexion sur la politique extérieure de la France. Introduction à 25 discours (1981-1985)*, Fayard, Paris, 1986, p. 296

Le projet Spinelli était un projet réaliste dont le but était de mettre fin à la règle paralysante du droit de veto au sein du Conseil des ministres, de renforcer les pouvoirs de la Commission et surtout du Parlement européen face au Conseil. Mais le Conseil ne lui donne pas suite. La Commission comme le Parlement n'ont aucun pouvoir constitutionnel et n'ont aucune marge de manœuvre dans la mise en œuvre des traités. Seul le Conseil aurait pu l'adopter. Mais quel intérêt y avait-il pour le Conseil de déléguer une part de ses propres pouvoirs à une autre institution, le Parlement européen ?

En mai 1984, François Mitterrand adhère au projet Spinelli, non pas en tant que tel mais dans son inspiration. Dès le mois suivant, le Conseil européen de Fontainebleau décide de créer un comité de représentants personnels des chefs d'État et de gouvernement, le Comité Dooge, au sein duquel Maurice Faure est nommé par François Mitterrand. Le Conseil européen de Milan en juin 1985 demande la réunion d'une conférence intergouvernementale (CIG), avec pour objectif de reprendre l'idée de Spinelli et d'élaborer un projet d'Union européenne. Les choses s'accélèrent et bien que le Conseil n'ait pas donné suite au projet Spinelli, ce dernier fournit une des bases les plus solides de la relance européenne de la seconde moitié des années 1980, inspire les travaux ultérieurs de la Communauté et pour commencer l'Acte unique.

Parallèlement au mécanisme institutionnel relancé et pris en charge par les États membres à la suite du projet Spinelli, les députés socialistes au Parlement européen, dans leur bulletin régulier adressé aux militants, se disent, eux aussi, favorables à une amélioration des institutions européennes et à un rôle plus important du Parlement européen.

> « Le Parlement doit assumer sa mission de contrôle démocratique et participer au processus législatif. Dans ce cadre, les socialistes français souhaitent que le Conseil ne puisse prendre sa décision en première instance que dans la mesure où il obtiendrait l'avis conforme du Parlement, dans l'hypothèse contraire, une concertation s'engagerait entre le Parlement et le Conseil. »[1]

Ainsi, même s'ils ne se prononcent pas en faveur du projet Spinelli, parce que dépendants du parti, les socialistes français au Parlement européen souhaitent une révision institutionnelle qui serait favorable au rôle du Parlement européen. La dynamique impulsée par le projet Spinelli est donc relayée tant par les chefs d'État et de gouvernement, et particulièrement François Mitterrand, que par les parlementaires européens socialistes français. Ce projet Spinelli témoigne donc de l'existence d'un débat institutionnel au Parlement européen et de la volonté des parlementaires européens d'accroître les pouvoirs de leur institution. La mise en

---

[1] *Les députés socialistes français au Parlement européen*, septembre 1984, p. 25

œuvre de la commission institutionnelle va d'ailleurs dans ce sens et travaille, jusqu'à nos jours, sans relâche.

Autour de l'Acte unique

<u>La position des socialistes</u>

Pour accélérer la relance, les Dix décident la création d'un comité d'experts formé de représentants personnels de chefs d'État et de gouvernement, présidé par l'Irlandais James Dooge, ancien ministre des Affaires étrangères. Ce comité se donne pour objectif d'émettre des propositions pour améliorer le fonctionnement de la coopération européenne. S'inspirant du projet Spinelli, une majorité des membres du comité se prononce pour la création d'une véritable entité politique et propose la réunion d'une conférence intergouvernementale pour mettre au point un traité d'Union européenne.

Le sommet de Milan des 28 et 29 juin 1985[1] doit prendre position sur le rapport Dooge mais les Dix sont divisés[2]. Ils décident finalement, sous la pression du Parlement européen et du Mouvement européen, la réunion d'une CIG[3]. Au sein de cette conférence, on trouve deux groupes de travail : l'un prépare la révision du traité de Rome et l'autre l'accord sur la politique étrangère et de sécurité. L'idée d'un dynamisme institutionnel et d'une amélioration nécessaire des institutions de la Communauté est communément partagée par les pays de la CEE. Jacques Delors[4] s'en fait l'écho lors de son discours devant le Parlement européen le 14 janvier 1985 :

> « Mais devant le comment faire, nous sommes, pourquoi ne pas en convenir, embarrassés ; j'en ai eu la confirmation au cours des visites que j'ai faites en tant que président désigné, dans les dix États membres ; partout, le fonctionnement institutionnel a été évoqué. Partout. Chacun se rend donc compte que nous ne pouvons plus vivre dans un imbroglio qui nous paralyse. (…) Soyons francs, l'Europe n'arrive plus à se décider, l'Europe n'avance plus. Hélas, l'accord n'existe que sur le constat d'impuissance. Là aussi, un travail de clarification s'impose et la Commission entend bien, pour sa part, y contribuer. (…) À vrai dire pour l'instant, chaque institution

---

[1] MT. Bitsch, *op.cit*, p.227-228
[2] Seuls l'Italie et le Benelux sont déterminés à réviser les traités et faire un grand pas vers l'approfondissement. Les Anglais sont favorables à un système intergouvernemental et proposent d'améliorer le processus de décision avec la possibilité de recourir à l'abstention et un projet franco-allemand insiste sur la coopération politique.
[3] Le Premier ministre italien, Benitto Craxi, soumet alors au vote la convocation d'une conférence intergouvernementale qui recueille sept voix favorables. Les minoritaires (Royaume-Unis, Danemark et Grèce) décident cependant de participer à la CIG.
[4] Jacques Delors, socialiste français, est alors président de la Commission.

exprime ses frustrations et renvoie la balle aux autres. (…) Le Parlement a tracé des voies plus audacieuses par son projet de traité de l'UE »[1].

Ce discours met donc en exergue un constat de paralysie qui demande à être remédié par les institutions, mais la question du « comment faire » reste ouverte. Chaque institution défend ses propres intérêts. La seule à avoir proposé une conception globale est le Parlement européen avec le projet Spinelli. Ainsi, Jacques Delors se fait le témoin, là encore, de l'existence d'un débat institutionnel au sein de l'institution parlementaire. Par ailleurs, en soulignant le rôle de la Commission européenne, Jacques Delors a la ferme volonté de placer cette institution à la tête de la relance institutionnelle.

C'est dans ce contexte de travail et de réflexion, avec Jacques Delors à la Commission et François Mitterrand à la présidence de la République, que le couple Mitterrand/Delors se dessine et donne le ton à une relance de l'Europe. C'est aussi au sein de cette dynamique que s'insère la réflexion du parti socialiste en matière institutionnelle.

Le parti socialiste soutient cette entreprise mais il rappelle l'importance des politiques communes, qui, selon lui, restent la priorité, les institutions européennes n'étant pas une fin en soi. C'est ce que dit Gérard Jacquet dans un article intitulé « La relance de la Communauté et la marche vers l'Union européenne ». Cet article s'inscrit dans le cadre d'un fascicule publié par l'Organisation française de la gauche européenne[2], dont il est le président. Cette organisation se donne pour objectif de réfléchir sur les évolutions à venir de la CEE et sur l'impulsion que les socialistes veulent lui donner.

> « Nous n'entendons nullement nier l'importance d'une relance institutionnelle. Mais celle-ci ne remplacera pas les politiques communes dont la nécessité et l'urgence apparaissent aujourd'hui avec tant d'évidence. Par contre, nous reconnaissons volontiers que

---

[1] J. Delors, « Objectif 92 », discours prononcé le 14 janvier 1985, *Le nouveau concert européen*, Editions Odile Jacob, Paris, 1992, p. 45

[2] La Gauche européenne est une organisation mise en place par Gérard Jacquet à la fin des années 1950, au sein même du Mouvement européen France (MEF) créé en 1949. Le MEF est trans-partisan et comporte plusieurs associations dont la Gauche européenne. « C'est à cette époque que j'ai pris la décision de créer, dans le cadre du Mouvement européen, la Gauche européenne que je présidais. Je m'efforçais de rassembler ainsi les principaux éléments de la gauche favorables à l'Europe unie : socialistes, radicaux, UDSR (Union démocratique et socialiste de la résistance), syndicalistes. Dans le comité directeur du Mouvement siégeaient notamment André Philipp, Maurice Faure et François Mitterrand qui y tenait toute sa place », dit-il d'ailleurs à ce sujet. D'après JF. Huchet, « Espoir et volonté d'une génération », interview G. Jacquet, 8 juin 2004, disponible sur *www.mitterrand.org* (site de l'Institut François Mitterrand). Gérard Jacquet préside cette association jusqu'en 1995 à la tête de laquelle Pervenche Berès lui succède.

des institutions perfectionnées et actualisées nous permettraient plus rapidement et plus efficacement ces actions communautaires indispensables. »[1]

La réflexion à l'égard du Parlement européen est très poussée, en effet, les socialistes estiment que ses pouvoirs en matière budgétaire devraient être revus ; ils se limitent alors au vote du budget. Le Parlement est totalement tenu à l'écart de la définition et de l'adoption des recettes ; à ce sujet, les socialistes souhaitent une concertation entre le Conseil et le Parlement européen afin de donner à ce dernier des pouvoirs dignes d'un parlement national. En 1985, le Parlement européen ne possède que des pouvoirs consultatifs, les socialistes regrettent que le Conseil des ministres prenne des décisions bien souvent sans tenir compte de l'avis du Parlement.

> « Il serait souhaitable d'adopter le dispositif suivant : le Conseil ne pourrait prendre sa décision en première instance que dans la mesure où il obtiendrait l'avis conforme du Parlement européen. Dans l'hypothèse contraire, une concertation s'engagerait entre le Parlement et le Conseil pour tenter d'aboutir à un consensus. (…) Si, au bout du compte le désaccord persistait, le Conseil garderait le dernier mot mais le Parlement n'aurait plus, comme c'est le cas aujourd'hui, le sentiment d'avoir été totalement ignoré dans un domaine si important de la vie communautaire. On pourrait aussi donner au Parlement l'initiative en matière législative (…). »[2]

Les socialistes souhaitent donc une augmentation des pouvoirs budgétaires et législatifs du Parlement, mais ils ne parlent pas de codécision. Ils sont assez pragmatiques et leur projet est moins ambitieux que celui du projet Spinelli.

Dans ces conditions, c'est la Commission qui deviendrait le véritable exécutif de la structure européenne, cependant son renforcement doit être compensé par un nouveau pouvoir de contrôle revenant au Parlement.

> « Déjà le Parlement européen possède le droit de censurer, mais il éprouve quelque scrupule à l'exercer. Comment, en effet, une assemblée pourrait-elle exprimer sa méfiance si elle n'a pas le droit de manifester sa confiance ? Chaque Commission renouvelée devrait présenter son programme devant le Parlement et réclamer un vote de confiance qui aurait la signification d'un vote d'investiture. »[3]

---

[1] G. Jacquet, « La relance de la Communauté et la marche vers l'Union européenne », *Quel choix décisif pour l'Europe ?*, Organisation français de la gauche européenne, 1985, n. p.
[2] *ibid.*
[3] *ibid.*

C'est d'ailleurs ce que fait Jacques Delors en arrivant à la tête de la Commission en 1985, alors même que ce n'est pas une obligation. Dès lors, la pratique s'institutionnalise. C'est aussi un moyen de reconnaître le Parlement européen dans son rôle de contrôle de l'exécutif et de renforcer ses pouvoirs démocratiques.

Ces idées défendues par l'organisation de la gauche européenne sont reprises lors du congrès tenu à Toulouse les 11, 12 et 13 octobre 1985. La motion majoritaire intitulée « Construire l'Europe » met aussi en avant la nécessité de renforcer le rôle législatif du Parlement européen.

> « L'Union doit être maintenant sérieusement renforcée pour servir de pivot au développement de l'Europe et de son autonomie. Elle doit franchir rapidement une nouvelle étape, pour laquelle le parti socialiste tient à marquer aujourd'hui ses principes et ses orientations. Il faut étudier les modalités d'une limitation du droit de veto au cas où l'intérêt vital est en jeu. Il faut accroître le rôle législatif et de contrôle du Parlement européen dans la limite des financements existants et dans les domaines de compétences de la CEE. Aller vers l'Union européenne, vers l'Europe confédérale, c'est lier le développement des institutions à celui des politiques communes. »[1]

Ainsi, au milieu des années 1985, la mutation des socialistes est totalement achevée. En vue de l'Acte unique, ils s'entendent autour d'une plus grande démocratisation du Parlement européen qui serait compétent et doté de véritables pouvoirs budgétaires et législatifs. Qu'en est-il concrètement des changements apportés par l'Acte unique ?

L'Acte unique

« Incontestablement, l'Acte unique est lui-même le fruit de la nouvelle légitimation accordée par le suffrage universel au Parlement européen. » [2]

Le Conseil européen de Luxembourg des 2 et 3 décembre 1985 adopte huit textes modifiant le traité de Rome et un document sur la coopération politique, l'ensemble regroupé dans un Acte unique signé à la Haye le 17 février 1986. C'est un traité additionnel puisqu'il couvre les trois traités fondateurs : CECA, CEE et Euratom, d'où le nom d'Acte unique qui entre en vigueur le 1er juillet 1987.

Dans son préambule, l'Acte unique se réfère aux « vœux des peuples démocrates européens » et présente le Parlement comme son « moyen d'expression indispensable »[3]. Ainsi, il renforce le pouvoir et les compétences du Parlement européen mais les transferts de souveraineté et de compétences des États à l'Union

---

[1] *Le Poing et la Rose*, n°113, septembre 1985, p. 13
[2] JL. Burban, *op.cit.*, p.78
[3] *L'Acte unique*, disponible sur *http://www.ena.lu*

profitent essentiellement aux institutions détentrices du pouvoir exécutif, la Commission et le Conseil des ministres.

S'agissant du Parlement européen, à côté des domaines de la législation communautaire pour lesquels le Parlement conserve son droit de consultation ordinaire, dans certains domaines importants, le Parlement et le Conseil partagent le pouvoir législatif à travers une procédure de coopération. Cette procédure s'applique au marché intérieur, à la politique sociale, à la recherche et au développement technologique. Dans la pratique, cela représente environ deux-tiers des trois cents directives et règlements à élaborer jusqu'en 1993 pour réaliser le grand marché intérieur. Par ailleurs, l'Acte unique accorde au Parlement européen de ratifier les accords d'adhésion et d'association de la Communauté avec des pays tiers de par la procédure dite de l'avis conforme qui confère, de fait, au Parlement un véritable droit de veto. En revanche, les droits du travailleur, la fixation des prix agricoles et l'harmonisation des fiscalités notamment restent à la décision du Conseil.

Une navette entre le Conseil et le Parlement européen se met donc en place avec un système de double lecture :

- la Commission élabore une proposition sur laquelle le Parlement donne son avis, le Conseil arrête alors une position commune,
- le texte du Conseil est soumis au Parlement qui peut, à la majorité absolue, l'amender ou le rejeter,
- si le texte est rejeté, le Conseil ne peut statuer en seconde lecture qu'à l'unanimité. Si des amendements sont apportés, la Commission réexamine et transmet son nouveau texte ainsi que les amendements du Parlement qu'elle n'a pas repris au Conseil,
- le Conseil adopte alors la proposition de la Commission statuant à la majorité absolue. Les amendements non retenus doivent être adoptés à l'unanimité.

L'Acte unique étend le vote majoritaire à un certain nombre de décisions, notamment celles qui concernent la mise en œuvre du marché unique, sauf pour les questions sensibles citées plus haut. La Commission reçoit de plus larges compétences d'exécution mais les gouvernements ne renoncent pas à leur droit de contrôle pour les décisions considérées les plus importantes. En matière législative, le Parlement européen gagne des pouvoirs, quoique modestes, grâce à la procédure de coopération : il peut proposer des amendements dans certains domaines qui, s'ils sont approuvés par la Commission, ne peuvent être rejetés par le Conseil qu'à la majorité qualifiée.

Concernant l'extension des pouvoirs du Parlement, Jacques Delors explique sa position :

> « J'avais siégé au Parlement. J'avais vu qu'il n'avait pas beaucoup de pouvoirs. Cela choquait encore plus les autres pays européens que la France puisque la France a un régime présidentiel, une sorte de monarchie constitutionnelle. Tous les autres pays et les parlementaires que j'avais bien connus voulaient avoir davantage de pouvoirs. Il fallait y aller progressivement »[1].

L'Acte unique va moins loin que le traité d'Union européenne mis en avant par Altiero Spinelli en 1984. Il se limite à institutionnaliser une pratique de coopération intergouvernementale. Les socialistes français, qui sous de Gaulle, défendent le Parlement européen contre le « pouvoir personnel » ou « le coup d'État permanent », se sont peu à peu identifiés à la logique de la Ve République[2]. Ainsi, ils se sont organisés dans une optique gouvernementale et présidentielle, tendant à devenir des machines à conquérir le pouvoir, au service d'un candidat. L'Acte unique répond donc aux souhaits des socialistes dans le sens où, par la procédure de coopération et de l'avis conforme, il renforce le pouvoir législatif du Parlement européen. Cependant, il ne renforce pas son pouvoir budgétaire et ne lui donne pas le droit d'investir la Commission. C'est un pouvoir que les parlementaires acquièrent par la pratique et qui est avalisé concrètement dans le traité de Maastricht. Les socialistes, avec l'expérience du pouvoir, souhaitent garder une marge de manœuvre au niveau national et limiter les transferts de souveraineté. Ils sont néanmoins acteurs de cette relance institutionnelle du Parlement, qui pour la première fois – et ce n'est pas négligeable – apparaît comme un acteur à part entière du jeu institutionnel européen. Le rôle joué à la fois par Jacques Delors et François Mitterrand en est l'expression. C'est d'ailleurs ce que souligne Jean-Pierre Cot :

> « Nous avons eu la chance pendant cette période d'avoir à la fois François Mitterrand et Jacques Delors, Mitterrand à Paris, Delors à Bruxelles qui ont été deux grands animateurs de la construction européenne Nous soutenions à fond Mitterrand et Delors, notamment sur l'Acte unique européen »[3].

S'il convient globalement aux députés européens socialistes français, l'Acte unique déçoit plutôt le Parlement qui n'est pas associé à son élaboration mais qui est simplement informé par des contacts informels entre son président, Pierre Pflimlin, et la CIG. Le Parlement donne pourtant un avis favorable, même s'il est

---

[1] Entretien avec Jacques Delors, le 11 avril 2008, CERC, Paris
[2] F. de Saint Ouen, *Les partis politiques et l'Europe*, Presses Universitaires de France, 1990, p. 116
[3] Entretien JP. Cot, *op.cit.*

mitigé[1]. L'Acte unique déçoit Spinelli qui estimait qu'il laissait de côté l'esprit fédéraliste de son projet instituant l'Union européenne. Jean-Pierre Cot rappelle[2] d'ailleurs le désaccord des parlementaires européens français avec Spinelli. En effet, ce dernier pensait que les Français, fidèles à son projet, rejetteraient l'Acte unique. Spinelli vote contre, mais « nous estimions que l'Acte unique était un progrès important et c'a été ensuite vérifié avec toute une série de directives prises en application de l'Acte unique et du grand marché qui n'a pas été seulement un approfondissement de la construction européenne mais un formidable accélérateur de la démocratie européenne »[3].

S'il déçoit les députés fédéralistes du Parlement européen, l'Acte unique, dans son ensemble, satisfait la délégation socialiste française qui y voit un progrès majeur et essentiel pour la construction européenne. Jean-Pierre Cot explique d'ailleurs dans quelle perspective s'inscrit la position des socialistes français au Parlement européen.

> « Nous étions tous mitterrandistes. Nous étions pour le renforcement des pouvoirs de la démocratie européenne et donc du Parlement européen. Quand on est dans une institution, on veut l'augmentation de ses pouvoirs. Il y a un réflexe. Notre position était un peu en avance de celle de Mitterrand et très en avance de celle du gouvernement français, qui était plutôt en arrière de la main, dans la tradition gaulliste du Quai d'Orsay. En revanche, François Mitterrand était très engagé dans la construction européenne. Nous étions plus fédéralistes que lui, mais nous n'étions pas les fédéralistes du Parlement européen. »[4]

Alors que le Parlement regrette la mise en suspens du projet d'Union européenne, il va s'apercevoir, qu'à l'usage, les procédures de coopération et d'avis conforme sont tout à fait efficaces et profitables à l'institution parlementaire. En effet, comme le dit Jean-Pierre Cot[5], suite à l'Acte unique, la pratique a étendu l'influence consultative du Parlement en matière législative. La Commission consulte le Parlement et les commissions parlementaires en amont afin de prendre en compte leur avis en temps utile. Les membres de la Commission assistent fréquemment aux séances des commissions parlementaires pour leur présenter les avant-projets et fournir les explications nécessaires. De plus, la programmation législative est arrêtée de concert entre le Parlement et la Commission. Le Parlement

---

[1] MT. Bitsch, *L'histoire de la construction européenne, op.cit.*
[2] Entretien JP. Cot, *op.cit.*
[3] *ibid.*
[4] *ibid.*
[5] Concernant le bilan de l'Acte unique, voir JP. Cot, *Le Parlement européen : fausse perspective et vrai paradoxe, op. cit.,* p. 121-132

est consulté sur le programme législatif annuel et ajuste son propre calendrier en conséquence.

Par ailleurs, l'activité consultative du Parlement a été transformée en élément d'influence politique non négligeable. La procédure de coopération permet au Parlement de modifier les règles de décision, voire de bloquer un texte qui ne conviendrait pas à ses yeux. Les premières statistiques montrent que la procédure de coopération permet au Parlement de faire adopter des amendements en nombre et en qualité comparables à ceux adoptés par les parlements nationaux dans le cadre de la procédure législative normale. Et, il reste toujours au Parlement la possibilité de rejeter la position commune, ce qui conduit en fait à enterrer le texte. De plus, la menace du recours à son droit de censure a incité la Commission à examiner avec sympathie les amendements adoptés par le Parlement.

En matière budgétaire, le Parlement a très peu de pouvoirs, en effet, les dépenses obligatoires reviennent au Conseil mais le Parlement peut, s'il le souhaite, en réduire les crédits.

Dans cette définition institutionnelle, le Parlement ne peut pas contrecarrer les décisions prises par le Conseil, c'est la raison principale de ce qu'on appelle le déficit démocratique au sein de la Communauté à cette période.

Si l'Acte unique semble laisser au Parlement européen une marge de manœuvre limitée, en vérité, il lui donne les clés institutionnelles pour avoir de réels pouvoirs législatifs ; lui revient alors la possibilité d'en faire usage et d'en tirer parti. Ainsi, l'Acte unique est un premier pas dans la reconnaissance du poids et du rôle que doit jouer le Parlement dans la structure institutionnelle européenne et ouvre la voie à vingt ans de travaux institutionnels – nouvelles étapes dans l'augmentation des pouvoirs du Parlement. D'ailleurs, dès février 1987 – l'Acte unique n'est pas encore entré en vigueur – Jacques Delors, dans un discours devant le Parlement européen à Strasbourg, « Réussir l'Acte unique », se fait déjà l'écho du chemin à poursuivre avec des propositions qui annoncent le traité de Maastricht.

> « Il convient que (…) le Parlement européen prenne ses pleines responsabilités de co-législateur dans la procédure de coopération. (…)
> Il faudra bien, un jour, revoir les dispositions du traité de telle sorte que (…) le Conseil et le Parlement soient associés, à parts égales, dans toutes les étapes de la procédure budgétaire. »[1]

---

[1] J. Delors, *op.cit.*, p. 56-57

Autour du traité de Maastricht
<ins>1989-1992 : quelle réflexion socialiste ?</ins>

Suite à l'Acte unique, le Parlement a donc augmenté ses pouvoirs et élargi ses compétences, avec l'accord des États, mais le plus souvent, de sa propre autorité. À peine l'Acte unique entre-t-il en vigueur qu'il est question de nouvelles modifications institutionnelles et de donner encore plus de pouvoirs au Parlement. Une nouvelle révision institutionnelle s'amorce. À cet égard, quelle est alors la position des socialistes ? En quoi est-elle plus poussée et montre-t-elle une dynamique largement accentuée par rapport à 1985 ?

Tout d'abord, au congrès de Lille tenu du 3 au 5 avril 1987, le parti socialiste décide la création, au sein du bureau national du parti, d'un poste de secrétaire national aux Questions européennes, occupé par Pierre Guidoni jusqu'en 1988. Cette décision exprime l'ambition du parti socialiste de donner à l'Europe une place à part entière dans ses réflexions. Elle est symbolique de l'européanisation du parti.

Dans les négociations pour le traité de Maastricht, les socialistes dénoncent le déficit démocratique dont souffre la Communauté européenne et la limite des pouvoirs du Parlement européen, qui, bien qu'élu au suffrage universel, ne dispose que d'une possibilité d'intervention avant l'adoption de directives. Le Conseil des ministres débat et décide donc en l'absence de tout contrôle démocratique. Selon les socialistes, il faut rétablir un équilibre entre les institutions européennes, c'est ce que dit Claude Cheysson :

> « Dans la Communauté, il n'y a pas de pouvoir politique, il n'y a guère de démocratie. Certes, le Parlement intervient une fois sur chaque affaire, à l'occasion de l'Acte unique, mais ne peut pas suivre. Et l'organe principal de la Communauté est le Conseil des ministres qui vit en apesanteur démocratique totale. (...) Il faut que la Commission soit le véritable exécutif contrôlé démocratiquement par le Parlement européen, ce qui veut dire que le Parlement européen pourra suivre les affaires. Il faut que les parlements nationaux reprennent leurs responsabilités de contrôle démocratique de leurs ministres dans leurs actions européennes »[1].

Ainsi, le pouvoir du Conseil des ministres doit être compensé par une augmentation des pouvoirs du Parlement et un renforcement de la Commission qui deviendrait l'exécutif de la Communauté. Pour les socialistes, il apparaît essentiel que les parlements nationaux jouent un véritable rôle démocratique, qu'ils suivent de plus près les travaux de Bruxelles et de Strasbourg et qu'ils interrogent les gouvernements qui sont responsables devant eux sur les questions

---

[1] C. Cheysson, *Le Poing et la Rose*, n°132, mars 1990, p. 38

européennes[1]. Les représentants des parlements nationaux et européens doivent aussi pouvoir se rencontrer pour discuter des nouveaux domaines de compétence communautaire.

Par ailleurs, le parti socialiste souhaite renforcer le rôle du Parlement européen et lui donner un véritable pouvoir législatif de codécision ; c'est ce que met en avant le texte définitif du congrès du projet tenu des 13 au 15 décembre 1991 :

> « Renforcer le contrôle démocratique exige d'attribuer au Parlement européen un pouvoir de codécision législative avec le Conseil des ministres : chaque instance pourrait procéder à deux lectures des textes, le dernier mot revenant au Parlement. Le Parlement européen doit recevoir, par ailleurs, un droit d'initiative législatif en direction de la Commission »[2].

Les socialistes veulent donc aller plus loin que la procédure de coopération afin de la transformer en véritable pouvoir de codécision où le Parlement serait à égalité avec le Conseil. Cependant, dans cette redéfinition du schéma institutionnel, « le Conseil européen est la clé de voûte du dispositif »[3]. En effet, il ne s'agit pas de mettre le Parlement au cœur de la machine européenne, mais de laisser toute la marge possible aux chefs d'État et de gouvernement.

Dans le nouveau contexte international qui se dessine au début des années 1990, il est très clair pour les socialistes qu'il faut d'abord renforcer les institutions européennes et parvenir à un mécanisme qui fonctionne avant d'envisager les élargissements à l'Est qui pourraient être fatals à la Communauté[4].

Les députés socialistes au Parlement européen souhaitent aussi que les pouvoirs du Parlement européen soient augmentés et la codécision mise en œuvre. Voilà ce que dit Jean-Pierre Cot, alors président du groupe socialiste au Parlement européen, durant la préparation de Maastricht :

> « Je dois insister sur le fait que la demande du Parlement pour un vrai pouvoir de codécision avec le Conseil sur les matières législatives est une condition *sine qua non* pour l'approbation par le Parlement des deux conférences intergouvernementales »[5].

Jean-Pierre Cot[6] explique que les questions institutionnelles allaient de soi et que tous les socialistes au sein du groupe socialiste au Parlement européen, sauf peut-être les travaillistes britanniques, souhaitaient la mise en œuvre de la

---

[1] Voir C. Cheysson, *Le Poing et la Rose,* n°128, octobre 1989, p. 49
[2] *Le Poing et la Rose,* n°135, janvier 1992, p. 58
[3] *ibid.*, p. 58
[4] *ibid.,* p. 105
[5] JP. Cot cité d'après M. Abelès, *op.cit.*, p. 169
[6] Entretien JP. Cot, *op.cit.*

codécision. Les socialistes favorisent les questions de politiques communes, cependant, de par l'exercice et la pratique du Parlement européen, les députés socialistes français se rendent compte de l'importance d'augmenter ses pouvoirs pour lui donner un vrai poids.

> « Ma pratique concrète du Parlement européen m'a fait davantage prendre conscience du fait que, s'il n'y a pas un développement de la démocratie européenne et notamment de la codécision, on n'arrive pas à faire passer les réformes politiques. C'est seulement à travers ce développement de la démocratie européenne et un lien avec la politique de base, au niveau national, qu'on arrive à faire passer les réformes indispensables : les avancées en termes d'Europe sociale, d'Europe de l'environnement, etc.»[1]

Dans ces conditions, les questions institutionnelles sont liées aux questions politiques et sans l'institutionnel, il ne peut y avoir de politiques. Les institutions sont la mécanique nécessaire pour mettre en œuvre les politiques. D'où le fait, sans doute, d'un certain décalage entre les socialistes français au sein du parti en France et les socialistes français au Parlement européen qui, en vue de Maastricht, insistent sur les pouvoirs de leur institution comme étant essentiels pour le bon fonctionnement de la mécanique. La détermination des socialistes pour l'augmentation des pouvoirs du Parlement s'exprime fortement au sein même de cette institution. Catherine Lalumière se fait l'écho de ce souhait.

> « Depuis plusieurs années, à chaque fois que je rencontrais des parlementaires européens, ils me parlaient des pouvoirs du Parlement européen. À l'intérieur du Parlement européen, c'était une préoccupation constante et, à mon avis, presque abusive. Je me rappelle cet exemple : j'étais au Conseil de l'Europe et je suis auditionnée par le groupe socialiste du Parlement européen dont le président était Jean-Pierre Cot. J'arrive extrêmement excitée par ce qui se passe à l'Est, je veux les convaincre que l'Europe est en train de changer mais le seul sujet dont ils me parlent c'est l'augmentation des pouvoirs du Parlement. Ils sont en fait dans la phase de préparation du traité de Maastricht et je sors de cet entretien consternée. Ils font du nombrilisme et ne s'intéressent qu'à eux… C'était très bien de plaider pour l'augmentation des pouvoirs du Parlement mais à ce point-là… Depuis lors, j'ai toujours observé de la part du Parlement européen, dans tous les groupes, la volonté d'augmenter les pouvoirs du Parlement. C'est une constante et c'est normal. »[2]

---

[1] *ibid.*
[2] Entretien C. Lalumière, *op. cit.*

Au sein du groupe socialiste au Parlement européen et de la délégation socialiste française, le Parlement européen est donc un sujet de débat et un lieu de discussion majeur, non seulement à l'époque de Maastricht, mais dans les combats institutionnels en général. Dans la préparation de Maastricht, la codécision est le cheval de bataille des députés socialistes français au Parlement.

En décembre 1991, les Douze parviennent à s'entendre à Maastricht et décident de regrouper l'ensemble des nouvelles dispositions dans un seul traité, qui est signé le 7 février 1992. Dans quelles mesures le traité de Maastricht répond-il aux attentes institutionnelles des socialistes ?

<u>Le traité de Maastricht</u>

Le traité de Maastricht[1] entre en vigueur le 1er novembre 1993. En quoi renforce-t-il le rôle du Parlement européen ?

Tout d'abord, le traité de Maastricht met en place le processus de codécision et, ainsi, fait glisser un certain nombre de compétences du champ de la procédure de coopération à celui d'une nouvelle procédure, la codécision, encore plus favorable au Parlement. Ce dernier, au niveau législatif, est alors placé à égalité avec le Conseil. La codécision touche les domaines de la libre circulation des travailleurs, le droit d'établissement, les services, le marché intérieur, l'éducation, la culture, la santé, les consommateurs, les réseaux transeuropéens, la recherche (en partie) et l'environnement (en partie aussi). La procédure exige trois lectures et non plus seulement deux et requiert l'accord des deux institutions. Le Parlement européen se voit donc attribué un droit de veto dans l'élaboration de textes concernant les domaines cités ci-dessus, ce qui nécessite de fait la recherche de conciliation. Parallèlement, le domaine d'avis conforme est étendu à la création de Fonds de cohésion, à la procédure électorale uniforme pour le Parlement et la conclusion de certains accords internationaux. Jacques Delors s'exprime à cet égard dans un discours, « Les leçons de Maastricht », devant le Parlement européen le 13 décembre 1991.

> « Il s'agit là de préoccupations constamment exprimées par le Parlement européen et globalement de votre effort constant en faveur de l'Europe des citoyens. (…) Quant à l'avis conforme, vous l'avez pour les accords internationaux. Vous l'avez acquis pour les règlements sur tous les fonds structurels, y compris le nouveau Fonds de cohésion et enfin, pour la modification des conditions de séjour et de circulation des personnes. »[2]

Dans les domaines non concernés par la codécision, comme celui sur les prix agricoles, le Parlement continue de disposer d'un pouvoir consultatif. Dans le

---

[1] *Le traité de Maastricht*, disponible sur *http://www.ena.lu*
[2] J. Delors, *op.cit.*, p. 183

cadre de l'Union économique et monétaire, le Parlement est consulté pour la nomination des gouverneurs de la Banque centrale européenne et pour la conclusion des accords de change. En outre, il est informé en amont de l'orientation de la politique économique. De même, concernant la politique extérieure et de sécurité commune, il est prévu que le Parlement soit informé régulièrement et consulté sur les aspects majeurs de la politique. « Vous tiendrez un débat annuel dans lequel vous pourrez faire connaître votre opinion sur la politique extérieure commune telle qu'elle est menée au niveau de l'Union. Ce sont les mêmes dispositions qui s'imposent pour les affaires intérieures et judiciaires »[1], expose Jacques Delors. En matière budgétaire, le Parlement exerce le pouvoir de décision avec le Conseil et c'est lui, qui, en fin de procédure, l'arrête définitivement.

Les députés européens possèdent en outre le droit de poser des questions orales ou écrites au Conseil ou à la Commission lors de chaque session. Autre signe du renforcement du pouvoir de contrôle du Parlement : le Conseil européen a l'obligation d'adresser au Parlement européen un rapport à la suite de chacune de ses réunions. Il doit aussi écrire un rapport annuel concernant les progrès réalisés par l'Union.

Par ailleurs, le Parlement se voit donner les moyens d'un contrôle politique de la Commission et de son président. En effet, le traité de Maastricht apporte le droit d'investiture au Parlement, contrepartie indispensable au droit de censure dans une démocratie parlementaire. Ainsi, il revient au Parlement d'approuver, en deux temps, d'une part, le choix du président de la Commission et d'autre part, la Commission nouvellement constituée dont le mandat est portée à cinq ans – exercice auquel s'étaient déjà prêtés Gaston Thorn en 1981 et Jacques Delors en 1985.

> « Pour ce qui est de l'investiture et du contrôle de la Commission, je crois que le Parlement européen a amplement eu satisfaction. L'investiture : le Parlement pourra donner ou refuser son accord sur le président désigné et, ensuite, il pourra investir le collège tout entier après la présentation de son programme. On y a ajouté la simultanéité des mandats. C'est une conquête intéressante pour le Parlement européen, le fonctionnement de nos institutions et, je crois, l'influence du Parlement européen sur la Commission. »[2]

De par le traité de Maastricht, le Parlement a donc les moyens d'exercer un contrôle démocratique efficace sur l'ensemble de l'activité communautaire.

Il s'agit aussi de noter la création d'un médiateur, nommé par le Parlement européen, qui pourra être saisi par tout citoyen européen contestant la décision

---

[1] *ibid.*
[2] *ibid.*, p. 182

d'un organe communautaire. Le Parlement a la possibilité de créer des commissions d'enquête pour examiner d'éventuelles infractions au droit ou de mauvaises gestions.

Le traité de Maastricht crée l'Union européenne et permet à tout citoyen de l'Union de circuler librement. Tout citoyen qui réside dans un État membre dont il n'est pas ressortissant y reçoit le droit de vote et d'éligibilité pour les élections européennes et locales. Enfin, et dans ce même but de renforcer l'appartenance européenne des citoyens, les partis politiques au niveau européen sont reconnus en tant que tels. Ils sont considérés comme facteurs d'intégration au sein de l'Union européenne. Cette dernière disposition prise à Maastricht sur la reconnaissance des partis politiques européens a des conséquences majeures au sein du regroupement des socialistes européens qui dans la foulée de la signature du traité de Maastricht crée le Parti socialiste européen, le PSE.

L'Union européenne constitue donc une étape importante dans le processus d'intégration. Le traité de Maastricht donne une place majeure au Parlement européen qui se voit placé à égalité avec le Conseil. Ainsi, les socialistes français obtiennent entière satisfaction sur ce point, cependant, de nombreux domaines n'appartiennent pas à la procédure de codécision. Il s'agit alors pour le Parlement d'acquérir progressivement de nouveaux champs dans le processus de codécision.

Si ce traité est un pas en avant majeur, il déçoit les plus fervents européistes car la vocation fédérale de l'Europe n'est pas affirmée clairement[1]. Certaines faiblesses du traité n'échappent d'ailleurs pas à ses auteurs qui envisagent déjà l'étape suivante : dans les dispositions finales, l'article N prévoit la convocation en 1996 d'une nouvelle conférence intergouvernementale pour réviser le traité.

Le traité de Maastricht entre en vigueur après des ratifications plus ou moins faciles au sein des pays membres qui font, globalement, montre d'un certain vent d'europessimisme. En France, un référendum est organisé le 20 septembre 1992. Le gouvernement et le parti socialiste avec François Mitterrand à leur tête défendent très logiquement le « oui ». Un « non » au référendum serait un désaveu de la politique de François Mitterrand et des idées socialistes mises en avant pendant la préparation de Maastricht. Ainsi, dans leur journal interne, *le Poing et la Rose*, le PS publie un supplément intitulé « Oui à l'Union européenne ».

> « Le renforcement prévu des institutions vise à rendre plus démocratique les processus de décision à douze. Au total, il s'agit de retrouver la maîtrise démocratique de notre avenir, qui, de plus, au plan national, nous échappe. Les conditions seront ainsi créées nous permettant de poursuivre avec efficacité notre combat socialiste. »[2]

---

[1] MT. Bitsch, *Histoire de la construction européenne, op.cit.*
[2] « Oui à l'Europe », *Le Poing et la Rose*, supplément au n°148, 12 juin 1992, p. 5

Le parti socialiste fait donc campagne pour le « oui » qui l'emporte à 51,01 % des suffrages avec une participation d'environ 70% – ce malgré une vague d'europessimisme.

De 1992 à 2008 : les socialistes face à de nouveaux enjeux institutionnels

Avec le traité de Maastricht en 1992, le Parlement européen acquiert la majorité des compétences qu'il possède actuellement. C'est aussi l'année où les socialistes décident d'établir un véritable parti socialiste européen, le PSE. Si dans les faits, les changements ne sont pas immédiats comparé à l'UPSCE, la mise en place du PSE traduit la volonté de créer une réelle dynamique et de générer un débat spécifiquement européen, politisé droite/gauche. Par conséquent, on assiste aussi à une amplification du débat et à une multiplication des lieux de discussions. En quoi l'Europe et le Parlement européen deviennent un véritable enjeu pour les socialistes qui en prennent alors toute la mesure ? Comment se dessine peu à peu l'idée d'un véritable manifeste socialiste européen pour les élections européennes et quel en est l'impact ?

À partir de 1979, les députés européens acquièrent une nouvelle stature au sein du Parlement. Les témoignages d'acteurs socialistes permettent de comprendre les relations entre le Parti socialiste français et les partis socialistes européens au Parlement, Parlement, qui, pendant cette période, s'affirme comme un véritable lieu de débat.

Ces quinze dernières années sont aussi marquées par de nombreuses mutations institutionnelles à travers lesquelles les socialistes approfondissent leurs réflexions, se définissent mais aussi se divisent. Les délégations de pouvoir au Parlement européen ne sont plus le cœur même du débat. Celui-ci s'élargit et change de nature : les questions de démocratisation et de finalités politiques de l'Union deviennent une composante majeure. Le devenir du Parlement européen s'inscrit dans une dimension plus généralisée et politisée. Il est lié au débat sur l'Europe dans sa globalité.

Par ailleurs, la conception idéologique des socialistes à l'égard du Parlement pose le problème des relations et des liens entre le Parlement européen et l'Assemblée nationale et, par extension, des relations et des liens entre les députés socialistes français et européens siégeant dans ces deux institutions.

Selon les socialistes, le Parlement européen manque de légitimité démocratique, ce à quoi la dynamique impulsée depuis 1992 tente de répondre : quels en sont les causes et les remèdes ? Quelle est la position des socialistes à cet égard et que proposent-ils ?

Plusieurs thématiques traversent donc ces quinze dernières années : la création du PSE, l'organisation des députés socialistes au Parlement européen, les élections européennes et les évolutions institutionnelles.

La mise en place du Parti socialiste européen

1992 : La création du PSE

> « Les partis politiques au niveau européen (…) contribuent à la formation d'une conscience européenne et à l'expression de la volonté politique des citoyens européens de l'Union. »[1]

Suite au traité de Maastricht qui reconnaît l'importance des partis politiques au niveau européen, les partis socialistes de l'Union européenne décident de créer un véritable parti socialiste européen, le PSE, qui succède à l'UPSCE. Il naît à la Haye en novembre 1992. Par cette démarche, les socialistes des douze pays membres de l'Union européenne montrent leur volonté de renforcer leurs liens en donnant plus de réalité politique à leur structure commune. Comment fonctionne concrètement le PSE ? Peut-on dire que c'est un véritable parti européen ? Quels liens y a-t-il entre le Parti socialiste français, le PSE et les autres partis socialistes européens ? Quelles relations le PSE entretient-il avec le groupe socialiste au Parlement européen ? Quelle est son influence ? Et en quoi le PSE est-il l'expression d'une véritable ambition politique ?

La création du PSE est une initiative importante qui est le symbole des efforts socialistes pour organiser dans de meilleures conditions la coopération et les échanges entre les différents partis européens. Il est chargé de coordonner les politiques socialistes au Parlement européen et peut apporter des réponses sociales-démocrates et influencer davantage les choix européens.

Mais en 1992, il n'y a pas réellement de changement dans le fonctionnement par rapport à l'UPSCE. La création du PSE ne s'accompagne pas dans l'immédiat d'un saut qualitatif. En effet, en 1992, le PSE demeure une confédération de partis où la décision continue de se prendre à l'unanimité. Comme le dit Philip Cordery, secrétaire général du PSE depuis 2004 : « En 1992, le seul changement fut le sigle, nous étions dans le domaine du symbolique »[2]. Le premier président du PSE, le Belge Willy Claes, a tenté de mettre en place un véritable parti européen à travers une unification du logo et des symboles et le passage au vote majoritaire ; il s'est heurté à des réticences très fortes au niveau des partis nationaux qui ne souhaitaient pas cette évolution. En 1995, Rudolf Sharping et en 2001, Robin Cook lui succèdent à la présidence du PSE mais ils ne nourrissent pas l'idée d'un véritable parti européen. Jean-Pierre Cot s'en fait d'ailleurs l'écho : « Rudolf

---

[1] *Traité de Maastricht, article 138 A*, cité d'après G. Fuchs, « Faire vivre le parti des socialistes européens », « Dix ans après le projet Spinelli _ Quel projet politique pour l'Europe ? », *op.cit.*, p. 56
[2] Entretien avec Philip Cordery, le 22 février 2008, Siège du PSE, Bruxelles

Scharping et Robin Cook ont été des catastrophes, ils n'ont pas du tout assuré le développement du Parti socialiste européen»[1].

C'est à partir de 2004 qu'une ambition politique est mise en exergue avec l'élection de Poul Nyrup Rasmussen à la tête du PSE. En vue du congrès du PSE des 23 et 24 avril 2004, deux conceptions différentes du PSE s'affrontent entre Poul Nyrup Rasmussen, ancien ministre danois et l'Italien Giuliano Amato. Le premier est notamment soutenu par les partis socialistes et sociaux-démocrates français, portugais, belges, luxembourgeois et des pays nordiques et le second, notamment par les PS britanniques, espagnols et italiens. Rasmussen avait une ligne très claire qui était le renforcement du PSE et sa transformation en un véritable parti socialiste européen. Il souhaitait la mise en place d'une communication avec les médias en direction de l'opinion publique[2]. Maurice Braud nous explique pourquoi les socialistes français ont appuyé sa candidature :

> « Rasmussen avait une vraie ligne politique claire de transformation du PSE en vrai parti européen. Il acceptait aussi le principe de la mise en place d'adhérents directs du PSE »[3].

Les autres partis socialistes étaient réticents au principe d'un PSE fort qui puisse parfois avoir des positions différentes des leurs. De plus, ils craignaient qu'il n'y ait des confrontations entre le PSE et les socialistes au gouvernement dans tel ou tel pays.

En 2004, il a donc fallu tout créer. Le changement politique intervient parallèlement au changement administratif. En effet, c'est seulement en 2004 que le Conseil adopte la réglementation sur les partis politiques européens. Jusqu'en 2004, le PSE était en lien avec le groupe au Parlement européen et était, en quelque sorte, une annexe du groupe parlementaire. En 2004, ce dernier aide le PSE à trouver des fonds et une structure qui lui sont propres.

> « C'est vraiment en 2004 que nous avons organisé les choses différemment, que nous avons eu un siège autonome et un financement public et surtout une véritable volonté politique. Le PSE devient alors un véritable acteur de la vie politique européenne. Nous avons notre propre direction qui est formée par les différents responsables des partis nationaux. Aujourd'hui, le parti est beaucoup plus respecté. Le congrès de 2004 n'aurait pas été possible sans les changements intervenus en 1992 et sans la prise de conscience

---

[1] Entretien JP. Cot, *op.cit.*
[2] Entretien P. Cordery, *op.cit.*
[3] Entretien avec Maurice Braud, les 25 janvier et 1er février 2008, siège du parti socialiste, Paris
Maurice Braud est membre du secrétariat international du parti socialiste. Il est alors en charge des Affaires européennes et de l'administration du parti.

naissante qu'il fallait un parti tel qu'on les connaît au niveau national »[1].

Ainsi, entre l'inscription dans les traités et la mise en œuvre d'une vraie impulsion politique, il a fallu attendre plus de dix ans. Aujourd'hui, même les partis réticents en 2004 ont rejoint la ligne défendue par le PSE car ils ont compris que les positions du PSE sont avant tout celles des partis qui le composent[2].

Cependant, on ne peut pas encore dire que le PSE existe véritablement en tant que parti socialiste européen. Il est en gestation, « dans un processus de maturation »[3]. « Il est trop peu visible »[4] pour les militants socialistes, notamment français, qui, pour la plupart, ignorent l'existence même de cette structure. Le PSE n'est pas l'acteur principal de la politique européenne mais il est en train de devenir l'acteur commun des partis nationaux dans la définition d'une stratégie européenne. Il a dépassé le stade de la coordination. Comme le dit Philip Cordery[5], il est la partie commune de chaque parti et peut agir en leur nom auprès des institutions européennes. De plus, « Poul Nyrup Rasmussen fait un travail d'homogénéisation idéologique fort, de rapprochement des positions important »[6], explique Pierre Moscovici, député européen de 1994 à 1997 puis de 2004 à 2007. Selon Philip Cordery[7], pour que le Parti socialiste européen existe vraiment, il faudrait que ses congrès soient organisés par l'ensemble des adhérents des partis socialistes européens et non pas seulement par leur direction. L'existence d'une vraie vie politique européenne – ce qui n'est pas le cas aujourd'hui –, de médias et d'un électorat européens serait déterminante. Les élections européennes sont encore des élections nationales ajoutées les unes aux autres : « il y a de toute façon un rôle prépondérant des partis nationaux aujourd'hui ; mais il y a une volonté commune d'agir ensemble au sein du PSE »[8]. Enfin, dernière raison qui ne peut être écartée : la diversité des partis socialistes européens qui ne connaissent pas tous la même situation dans leur pays respectif. Ils n'ont pas tous la même conception de ce qu'est être socialiste et, par conséquent, n'ont pas une vision politique identique à l'égard de la construction européenne. En effet quand certains

---

[1] Entretien P. Cordery, *op.cit.*

[2] *ibid.*

[3] *ibid.*

[4] Entretien M. Braud, *op.cit.*

[5] Entretien P. Cordery, *op.cit.*

[6] Entretien avec Pierre Moscovici, le 17 avril 2008, Siège du Parti socialiste, Paris

[7] Entretien P. Cordery, *op.cit.*

[8] Entretien P. Cordery, *op.cit.*

veulent un renforcement des politiques communes, d'autres souhaitent une intégration limitée.

Si l'on s'intéresse maintenant au fonctionnement du PSE, il rassemble les partis socialistes, sociaux-démocrates et travaillistes de l'Union européenne et compte trente-trois partis membres de plein droit sur les vingt-sept États membres de l'Union européenne et la Norvège. Selon ce qui est mis en avant sur son site Internet[1], les objectifs poursuivis par le PSE sont les suivants : le renforcement du mouvement socialiste et social-démocrate dans l'Union, le développement d'étroites relations de travail, notamment avec les partis nationaux, les groupes parlementaires nationaux et le groupe PSE au Parlement européen, la définition des politiques communes de l'Union et l'adoption d'un manifeste électoral commun pour les élections européennes. C'est d'ailleurs ce qu'explicite Philip Cordery :

> « Le premier et principal pilier est la mise en œuvre des projets de rapports qui sont soumis à discussion puis à adoption. Deuxièmement, c'est un travail d'influence auprès des institutions européennes. Une fois qu'on a une ligne politique, il faut pouvoir agir avec les décideurs, donc il s'agit d'un travail de rencontre avec les commissaires socialistes, les ministres pour le Conseil et les parlementaires pour essayer d'harmoniser les positions qui sont prises par le parti dans les différentes institutions européennes. Troisièmement, il faut se rendre visibles, donc, il faut faire des campagnes et faire un travail de communication interne. Notre parti européen est assez méconnu. Il faut donc montrer aux militants de nos partis qu'il existe un parti socialiste européen et c'est pour ça qu'on a créé, depuis 2004, cette possibilité pour les militants de devenir membres du PSE »[2].

Devenir membre du PSE est un moyen essentiel pour renforcer l'appartenance à un parti et une citoyenneté européenne. Mais cette possibilité d'être militant direct du PSE n'est pas médiatisée dans les sections locales du parti et, est, par conséquent, encore assez largement ignorée par les militants de base. Cependant, elle manifeste la volonté de créer un « parti de masse », véritable parti, qui dépasserait le cercle des élites des partis socialistes nationaux.

Par ailleurs, l'organisation du PSE est calquée sur celle des partis nationaux. Ainsi, le PSE se réunit en congrès deux fois tous les cinq ans, c'est là qu'il décide de l'orientation politique du parti et élit un président. Chaque année sans congrès, le PSE organise un conseil, qui contribue à définir la politique du PSE. La direction du PSE est composée de dirigeants des partis nationaux où sont prises les

---

[1] Disponible sur *www.pes.org*
[2] *ibid.*

décisions. La présidence et le secrétariat ont un rôle de propositions et d'initiatives important, mais la décision finale revient aux partis qui se réunissent cinq fois par an. La conférence des leaders du PSE rassemble trois à quatre fois par an les premiers ministres et leaders des partis membres du PSE. Elle a lieu, en principe, la veille ou l'avant-veille de chaque Conseil européen, ce qui permet des discussions majeures sur les points les plus intéressants de l'actualité. C'est là que sont prises les grandes orientations.

Le PSE entretient des liens assez étroits avec le groupe socialiste au Parlement européen. Même si, à Bruxelles, les bureaux du PSE sont distincts de celui du groupe depuis 2004, les relations entre les deux structures se sont pourtant resserrées, dans le sens où des échanges entre elles se sont mis en place. Le PSE n'est plus à la merci du groupe. Il y a un va-et-vient entre les positions du PSE et celles du groupe. Dans la pratique, ce lien est d'autant plus renforcé par la présence du président du PSE dans la direction du groupe socialiste et celle du président du groupe dans celle du parti. De plus, un nombre important de députés européens représente leur parti dans la direction du PSE. Pour la France, il s'agit d'Alain Richard – qui n'est pas député européen. À cet égard, tournons-nous vers les propos de Bernard Poignant, député européen depuis 1999 :

> « Le PSE a son président à l'intérieur du groupe. J'ai connu d'autres situations auparavant. Dans les moments décisifs et importants, la position du PSE est exprimée par lui. Donc, vous avez une sorte d'articulation qui s'opère parce que le président du PSE est dans le Parlement. Le jour où il ne le sera plus, ce sera différent. Le président du groupe et le président du PSE sont à côté dans l'hémicycle, à Bruxelles comme à Strasbourg, donc forcément cela facilite les contacts. C'est une règle pour avoir des échanges directs et réactifs »[1].

Par ailleurs, c'est au sein du groupe au Parlement européen que le PSE peut avoir une vraie marge de manœuvre et une réelle influence. Le groupe est le lieu où sont représentés les citoyens, où se négocie une ligne politique PSE et se décident les majorités. Enfin, ce sont les députés européens au Parlement qui détiennent le pouvoir législatif et donc de mise en action. C'est ce qu'explique Arielle Rouby, conseillère politique auprès du groupe socialiste au Parlement européen :

> « Le but est de créer un projet et une ligne PSE, ce qui n'est pas toujours évident puisqu'il y a des partis plus ou moins à gauche, plus au centre et qui ont une histoire différente de la nôtre. Aller en plénière ou en commission parlementaire et, avec les autres groupes politiques, essayer de faire passer des législations qui soient applicables dans vingt-sept pays, à des citoyens qui ont une histoire complètement différente, est extrêmement enrichissant. J'en apprends

---

[1] Entretien avec Bernard Poignant, le 1er avril 2008, Paris

tous les jours sur les autres partis socialistes européens et comment concilier le tout pour créer un projet PSE au sein d'un Parlement où on n'est pas majoritaire »[1].

Les liens avec le groupe sont donc essentiels puisqu'il s'agit de définir une ligne politique et de la mettre en avant dans les négociations au Parlement. Qu'en est-il des relations entre le PSE et le Parti socialiste français ?

Tout d'abord, un travail commun entre partis nationaux est mené au sein du PSE, que ce soit dans les groupes de travail thématique ou les réunions de leaders. Des travaux se sont développés notamment sur les finalités de l'Union ou sur les questions sociales européennes mais la difficulté demeure car ces travaux restent à l'échelle européenne et l'appropriation réelle des partis membres est assez faible[2]. La vie politique reste très structurée par le national, même sur les sujets européens et les décisions sont prises en tenant d'abord compte des éléments nationaux. Voilà ce que propose Maurice Braud pour rendre les relations de travail plus efficaces au sein du PSE :

> « Il faut faire [ce travail] de manière dynamique, c'est-à-dire en créant un chantier dans lequel on demande aux partis membres de faire les choses ; et deuxièmement en créant des réseaux de porte-parole ou de ministres des partis membres qui seraient en charge d'un dossier ; ce peut être sur les questions de développement durable, des femmes…et donc, sur ces thèmes-là, avoir un échange au plus haut niveau, soit le niveau ministériel quand nos amis sont aux affaires, soit l'équivalent en France de ce qu'on appelle un secrétariat national »[3].

Parallèlement à ces relations internes au PSE, le PS français entretient des relations permanentes avec les autres partis socialistes à travers son département international et il développe des relations bilatérales avec certains partis privilégiés, tel le SPD allemand.

En effet, de par l'importance croissante du PSE, le Parti socialiste français se tient informé de façon beaucoup plus constante qu'auparavant de ses positions. D'après Pierre Moscovici[4], le fait que le PS soit membre du PSE a pesé à l'occasion des prises de position sur le référendum de 2005 et explique, en partie, que les socialistes français aient choisi le « oui ». D'ailleurs, suite à l'échec du référendum en France et aux Pays-Bas, les deux partis socialistes ont dû éclaircir leur situation nationale auprès du PSE. Le rejet du traité constitutionnel en France et la position de certains socialistes français a heurté le PSE dans son ensemble. Le PSE pèse

---

[1] Entretien avec Arielle Rouby, le lundi 10 mars 2008, Parlement européen, Strasbourg
[2] Entretien M. Braud, *op.cit.*
[3] *ibid.*
[4] Entretien P. Moscovici, *op.cit.*

donc directement sur la vie nationale des partis[1]. Cette situation témoigne de l'existence d'une réflexion institutionnelle en son sein. À l'occasion des travaux préparatoires sur le traité de Lisbonne, un groupe de travail a d'ailleurs été mis en place au sein du PSE qui est devenu un lieu de débat où l'on discute des questions institutionnelles – lieu de débat et d'influence, aussi, comme le dit Maurice Braud :

> « En particulier au moment de Lisbonne, cette idée selon laquelle on ne peut rejeter un traité qui est partagé et défendu par la plupart des membres de la famille en Europe a été évoquée par des personnalités comme Bertrand Delanoë ou Ségolène Royal. C'est relativement nouveau, ils ont intégré cette dimension et c'est plutôt pas mal »[2].

Si le PSE influence les positions institutionnelles du PS, le PS est aussi écouté par le PSE et les autres partis socialistes nationaux : le PS est un grand parti et il a le plus grand nombre de députés européens. Voilà ce que dit Pierre Moscovici et qui traduit l'ambiguïté et les contradictions des relations entre le PS français et le PSE : « Il est craint parce qu'il exprime souvent des positions iconoclastes ; il n'est pas méprisé mais il agace. C'est un parti qui a des adversaires »[3].

Ainsi, le PSE, politisé depuis 2004, participe à la multiplication des lieux de débat entre socialistes européens. La mise en œuvre de cette structure participe de cette ouverture en corolle des socialistes à la réflexion européenne. Il constitue le maillon entre le groupe PSE au Parlement et les partis socialistes et sociaux-démocrates nationaux. Le lien est donc constant et permet de dégager une ligne politique PSE en vue de peser dans la prise de décision au Parlement européen. La marche vers un parti politique socialiste européen est en cours. Le processus est long mais il est manifeste et génère d'autres volontés, comme celle d'un manifeste électoral commun. Le PSE est un lieu de rencontres, de travaux, de réflexions et de débats où les questions institutionnelles tiennent une place majeure, puisqu'il s'agit pour le PSE d'imposer sa ligne aux socialistes des trois institutions. Le Parlement européen a un rôle tout particulier puisque c'est le groupe, qui, en tant que groupe socialiste européen, représente les citoyens et peut faire valoir une véritable politique européenne socialiste. La réflexion des socialistes français s'intensifie en matière européenne et institutionnelle et est symbolique de cette ouverture à la politique européenne.

Cependant, comme nous l'avons évoqué, la politique européenne ne peut exister que s'il y a un véritable débat politique européen médiatisé droite/gauche.

---

[1] Entretien M. Braud, *op.cit.*

[2] *ibid.*

[3] Entretien P. Moscovici, *op.cit.*

La nécessité d'un débat politique spécifiquement européen

Pour les socialistes, la volonté de voir naître un débat politique droite/gauche, spécifiquement européen, est intrinsèquement liée à la création du PSE. Dès 1992, il s'agit de procéder à une politisation de l'enjeu communautaire. Les socialistes doivent montrer leurs différences et se distinguer de l'Europe défendue par les partis conservateurs. C'est d'ailleurs ce que dit Gérard Fuchs :

> « Il faut qu'apparaissent clairement aux yeux de l'opinion la réalité et l'évidence que la confrontation droite-gauche, la confrontation conservateurs-progressistes, est bien réelle et aussi permanente au niveau européen qu'au niveau national. Alors on parlera du PSE et de son groupe parlementaire, alors l'électorat de gauche cessera de bouder les urnes aux élections européennes. Le "comment faire l'Europe" entrera vraiment dans le débat politique, le PSE trouvera aux yeux de tous sa raison d'être et ma conviction est que l'Union européenne s'en trouvera renforcée par surcroît »[1].

Le but est donc, au sein du PSE, de développer une véritable identité de gauche européenne permettant aux idées socialistes de progresser avec plus de force. En filigrane, l'objectif est évidemment d'être plus visible pour les citoyens en tant que Parti socialiste européen.

On peut considérer, aujourd'hui encore, que le débat politique européen est limité à une enceinte restreinte et, par conséquent, qu'il est peu intelligible et que les acteurs en sont peu nombreux. Il s'agit d'universitaires, de juristes, d'économistes, de quelques milieux d'affaires et syndicalistes, de fonctionnaires et de parlementaires européens. Bref, le débat politique européen demeure cantonné à ce que Maurice Braud nomme « l'agora de l'instance européenne »[2]. Même si depuis 2004, ce débat s'est politisé, démultiplié et est en pleine croissance, le PSE souhaite le rendre plus audible et visible pour les citoyens.

Pendant longtemps, le citoyen a été assez perplexe face à la construction européenne car les lignes de clivage entre la gauche et la droite n'apparaissaient pas assez clairement. Par exemple, au moment du référendum sur le traité de Maastricht, il y a eu des plateaux communs à la télévision avec Simone Veil et Laurent Fabius, nous dit Pervenche Berès (députée européenne depuis 1994)[3]. C'était, certes, utile pour faire passer un message mais ça ne servait pas le débat européen dans le sens où pour un citoyen français, les différences droite/gauche ne

---

[1] G. Fuchs, *op.cit.*, p. 59
[2] Entretien M. Braud, *op.cit.*
[3] Entretien Pervenche Berès, le 10 janvier 2008, Représentation du Parlement européen, Paris

ressortaient pas clairement[1]. Pervenche Berès qui, après la ratification du traité de Maastricht, a pris la présidence de la Gauche européenne au sein du Mouvement européen France[2], émet des réserves quant à ce type de structure, car « c'est l'idée qu'on peut travailler sur les enjeux européens droite et gauche ensemble. Si on veut faire progresser la sensibilité des électeurs sur le sujet européen, leur dire droite et gauche, c'est pareil, ce n'est pas le meilleur moyen d'y parvenir. Le débat européen a besoin d'être politisé, or le Mouvement européen contribue à le dépolitiser »[3]. En même temps, et pour nuancer ces propos, selon Maurice Braud, ce genre d'association constitue « une extension de l'agora européenne »[4] et il est utile de travailler avec elle car elle est la condition même du développement de l'agora européenne dont il faut élargir et renforcer les bases. Par ailleurs, ce genre de mouvement qui doit son existence au regroupement de socialistes et démocrates-chrétiens est en réalité plutôt à droite, ce qui, évidemment, n'empêche pas l'existence de la Gauche européenne. En témoigne l'expérience de Pierre Moscovici qui le dirige de 2005 à 2006 :

> « Je suis élu président de ce mouvement mais ce n'est pas un hasard si je l'ai quitté au bout de deux ans en ayant été battu à une élection par quelqu'un de droite, justement parce que c'était intolérable pour ce mouvement d'avoir un président de gauche qui proposait certaines inflexions en matière sociale ou institutionnelle. Donc, pour un socialiste, je suis un européiste insupportable, mais pour le Mouvement européen, je suis encore trop socialiste. J'essayais de faire réfléchir de manière un peu neuve sur des sujets comme les frontières, comme les finances de l'Europe, le modèle social européen pour en faire un mouvement qui soit beaucoup plus un mouvement de débat que le porteur des vieilles idées fédéralistes des années 1960. Au final, j'ai échoué à créer un consensus dès lors que certaines idées de gauche étaient mises an avant. Je pense que le Mouvement

---

[1] *ibid.*

[2] Nous rappelons ici que Pervenche Berès succède à Gérard Jacquet à la tête du Mouvement européen France en 1995. À cet égard, il s'agit de souligner que faire vivre le MEF et la Gauche européenne semblait plus important à la fin des années 1960 étant donné que l'engagement européen n'était pas acquis, ce quelque soit le parti de l'échiquier politique, que ce ne l'est aujourd'hui. En effet, l'Europe étant devenue plus consensuelle, en tout cas étant globalement reconnue par tous comme cadre de décision, les lignes de clivage au sein de ce mouvement trans-partisan peuvent alors apparaître. L'intérêt d'une telle structure aujourd'hui est très différent de celui des années 1950-60 où il s'agissait de rallier le plus grand nombre à la cause européenne. Cependant, le MEF est un cadre de débat et d'influence non négligeable.

[3] Entretien P. Berès, *op.cit.*

[4] Entretien M. Braud, *op.cit.*

européen est plutôt de droite. Dès que les socialistes s'y affirment, c'est stoppé »[1].

Ainsi, là où il y a apparence de neutralité, en réalité, un débat et une politisation droite/gauche existe et la visibilité penche plus du côté de la droite. La gauche a donc pour objectif de mettre en avant plus clairement ses propres lignes politiques européennes et de faire ressortir les clivages avec la droite. C'est ainsi que les socialistes souhaitent aussi se démarquer de la politique de droite menée au sein de l'Union depuis cinq ans.

> « Si nous avançons des projets vraiment contradictoires droite/gauche avec des lignes claires, cela simplifiera les choses aux yeux des citoyens. Les citoyens, pendant longtemps, ont été assez perplexes face à la construction européenne parce qu'ils avaient l'impression, souvent à juste titre, que la droite et la gauche étaient toujours d'accord, ils ne voyaient pas les lignes de clivage. Nous devons les dégager et les mettre en valeur. La politique qu'a mise en place la Commission ces cinq dernières années, c'est une politique de droite et non pas une politique européenne. C'est une politique avec une majorité de gouvernements de droite, avec une Commission dirigée par quelqu'un de droite et, sur la législation, il n'y rien de social ; sur l'environnemental, ça reste des ambitions, mais il n'y a pas d'objectifs concrets. Il y a vraiment une autre Europe qui est possible et c'est ça que l'on va essayer de démontrer pendant les élections européennes [de 2009]. »[2]

Ainsi, faire ressortir les lignes de clivage semble être le seul moyen pour que les citoyens se sentent impliqués : les divisions qui existent aux échelons national et local existent aussi au niveau européen. L'Europe n'est pas qu'une affaire de compromis entre élites mais il peut y avoir deux projets clairement distincts : soit une Europe véritablement sociale, soit une Europe uniquement de libres échanges[3]. Mais pour faire valoir cette différence, il faut que le Parlement européen soit le cadre naturel de la confrontation politique, alors qu'actuellement le fonctionnement du Parlement pousse les socialistes à la recherche systématique du consensus avec les démocrates-chrétiens.

Les socialistes français ont toujours été très favorables à la possibilité d'avoir des majorités plus politiques et non un accord technique PPE/PSE[4] qui fait que

---

[1] Entretien P. Moscovici, *op.cit.*
[2] Entretien P. Cordery, *op.cit.*
[3] *ibid.*
[4] Les traités imposent que toute décision législative ou budgétaire soit prise à la majorité absolue du Parlement, ce qui suppose qu'un compromis soit trouvé entre le PSE et le PPE qui sont les deux principaux groupes parlementaires. Nous y revenons plus précisément

tout est décidé par deux groupes politiques[1]. « Au sein du groupe, il y a donc ce type de débat, à savoir est-ce qu'il vaut mieux un vrai clivage avec la droite quitte à être minoritaire ou est-ce qu'il vaut mieux avoir des compromis avec le PPE et pouvoir accroître son influence. C'est un débat éternel. »[2], explique Philip Cordery.

Les moyens que proposent les socialistes pour faire vivre un débat politique spécifiquement européen doivent d'abord passer par la mise au point d'un projet politique socialiste européen qui se manifesterait, entre autres, à travers une plateforme électorale commune lors des élections européennes. Par ailleurs, le traité de Lisbonne prévoit que les parlementaires européens élisent le président de la Commission dont la couleur politique serait celle exprimée par les urnes – souhait depuis longtemps mis en exergue par les socialistes. Il y aurait donc au moins deux candidats, un candidat pour le PSE et un pour le PPE, ce qui, de fait, contribuerait à politiser le débat et renforcerait la Commission dans le rôle d'un « gouvernement » européen. Mais, « pour qu'il y ait un vrai projet européen, il faudrait qu'il y ait de vrais partis européens avec un candidat par parti pour que l'électeur sache que s'il élit tel et tel parti, il aura tel et tel projet au niveau européen avec tel et tel candidat »[3]. Mais, pour que cette politisation soit spécifiquement perçue par les citoyens, il s'agit de la médiatiser, or il n'y a pas de médias spécifiquement européens et les questions européennes sont très peu relayées. Dans ce sens, la scène européenne en tant qu'espace de débat politique n'existe pas.

Cependant, les parlementaires disposent de moyens importants de reprographie et d'édition de lettres d'informations. Le Parlement européen possède des bureaux d'informations dans la plupart des pays de l'Union européenne, notamment à Paris, dont le rôle est de justifier et d'amplifier ce que réalisent les parlementaires européens. Au sein de ces bureaux, il y a un pôle PSE bien distinct, ce qui permet d'être en lien direct avec le groupe socialiste européen et d'avoir des informations sur l'exercice de ce groupe. Mais, malgré les moyens pratiques et financiers mis en œuvre, ce type de bureaux a finalement très peu d'impact[4].

Par ailleurs, la délégation socialiste française publie une newsletter, qui, pendant longtemps, est parue deux fois par an et a été diffusée auprès des militants au même moment que le journal interne du PS. Depuis peu, la délégation a créé un support qui n'est plus transmis au même moment que les journaux internes du PS. L'appropriation que s'en font les militants est pourtant difficile à juger.

---

dans la sous-partie du III intitulée « L'importance du groupe socialiste au sein du Parlement ».

[1] Entretien P. Cordery, *op.cit.*
[2] *ibid.*
[3] Entretien A. Rouby, *op.cit.*
[4] Entretien M. Braud, *op.cit.*

Des moyens sont ainsi mis en œuvre par les partis, mais ces informations ne sortent pas des cercles socialistes et laissent de côté la population dans son ensemble. Qu'en est-il alors du rôle des médias ?

À Bruxelles, il y a un grand nombre de journalistes, correspondants pour des journaux nationaux, mais au quotidien, ils ont beaucoup de mal à faire comprendre à leur rédaction l'enjeu des questions européennes[1]. Les médias s'y intéressent lors de moments clés, tels à l'occasion de la signature de traités ou l'élaboration de directives importantes qui ont un impact au niveau national, comme la directive Bolkestein. Il n'y a pas de débat médiatisé continu sur la question européenne. Pour l'exprimer, Maurice Braud nous donne l'exemple de l'affaire Kerviel, trader accusé d'avoir fait perdre environ cinq milliards d'euros à la Société générale en janvier 2008.

> « Prenons un exemple, il y a la question de la Société générale, cette somme colossale de perdue. On parlait de Pervenche Berès qui travaille sur les marchés financiers avec talent et compétences et est parfaitement reconnue sur ces sujets au niveau européen. Mais ce qui est intéressant, c'est qu'à aucun moment la presse française n'a cherché à sortir de son petit champ limité... Tiens, cette question n'est pas que française, est-ce que des politiques à d'autres moments s'en saisissent ou non et comment ? Et vous n'avez absolument pas eu d'européanisation du débat. C'est symptomatique. Et on sent bien que les rédactions ne se sont pas posé la question et Pervenche Berès, à ma connaissance, n'a pas été particulièrement sollicitée. C'est singulier. En dehors de cette posture récurrente « la BCE nous contraint », « l'euro est trop cher », il n'y a pas de véritables analyses et, là, je considère que les médias ont une responsabilité colossale, mais que puis-je faire pour modifier cela ? De manière générale, les médias ont une approche très superficielle des débats et, à mon avis, ils ne remplissent pas leur devoir envers leurs concitoyens. »[2]

En la matière, on se rend bien compte que tout reste à faire. La médiatisation des débats européens est la condition *sine qua non* pour que l'opinion européenne se sente concernée et ait conscience des clivages droite/gauche, car l'initiative de faire élire le président de la Commission est bonne mais elle n'aura aucun effet si elle n'est pas relayée auprès des citoyens. Il faut donc que les médias, appuyés par la conscience collective, se sentent investis de cette mission et fassent vivre le débat européen. Parallèlement, une grande part de responsabilité revient aussi aux parlementaires. Maurice Braud[3] pense notamment que les parlementaires, selon

---

[1] Entretien P. Berès, *op.cit.*
[2] Entretien M. Braud, *op.cit.*
[3] *ibid.*

leur région, devraient passer des accords avec la presse quotidienne régionale afin de faire part au grand public de leurs actions au Parlement européen.

Ainsi, il n'existe pas réellement de débat spécifiquement européen et les partis politiques – dont le PS et le PSE – ne sont pas encore parvenus à le médiatiser et à le rendre accessible aux citoyens dans leur ensemble. Cependant, avec la création du PSE, s'est manifestée l'ambition d'instaurer un véritable débat politique droite/gauche et celle, aussi, d'un projet politique socialiste au niveau européen. Ce projet peut être exprimé dans un manifeste électoral commun. Dans quelles mesures cette idée est-elle mise en place pendant les élections européennes de 1994, 1999 et 2004 ?

Les dernières élections européennes

Les élections européennes de 1994 et 1999

Les élections européennes de 1994 interviennent dans un contexte particulier : la création récente du PSE et le traité de Maastricht qui vient tout juste de conférer au Parlement européen un nouveau rôle. Dans ces conditions, l'engagement des socialistes en faveur d'un Parlement européen fort est exacerbé, les évolutions institutionnelles de l'Union européenne les invitant sans cesse à affiner et approfondir leurs pensées.

Cependant, si le contexte est différent, en pratique, les élections européennes de 1994 et 1999 se calquent sur la même organisation que celles d'avant le traité de Maastricht, c'est-à-dire que le PSE met au point un manifeste électoral commun mais qu'il n'est pas repris par le parti socialiste au niveau national. Ce sera aussi le cas en 2004, mais une différence de taille est introduite de par la révision du mode de scrutin.

Il s'agit donc de faire le point sur la position des socialistes et d'envisager son évolution à l'égard du Parlement européen dans les années 1990. Quelles divergences ou convergences d'idées y a-t-il entre le manifeste du PSE et celui du PS français ?

Le manifeste du PSE pour les élections de juin 1994 est adopté par le congrès du PSE le 6 novembre 1993. Le point VIII affirme la volonté du PSE de renforcer le rôle du Parlement.

> « Seule une Europe démocratique sera une Europe forte. Seule la transparence engendre la confiance et prémunit d'une mauvaise utilisation du pouvoir politique. Le traité sur l'Union européenne renforce le Parlement européen mais cela ne suffit pas.
> – Nous voulons utiliser la révision du traité prévue pour 1996 afin de rendre l'Union européenne plus démocratique et plus efficace. (….)
> – Nous voulons que le Parlement européen ait un droit d'initiative, que la codécision entre le Parlement européen et le Conseil des

ministres ainsi que le vote à la majorité qualifiée du Conseil soient de règle.
– Nous voulons que les parlements nationaux exercent un contrôle démocratique sur la politique européenne de leur État membre. »[1]

Ainsi, le PSE se prononce en faveur d'un approfondissement du traité de Maastricht et insiste sur la révision institutionnelle du traité prévue pour 1996. Dans cette optique, les socialistes européens souhaitent toujours qu'un contrôle démocratique renforcé passe par les liens entre les parlements nationaux et les États membres siégeant au Conseil. Par ailleurs, satisfaits de la mise en œuvre de la codécision, ils désirent qu'elle soit élargie à d'autres domaines de l'Union européenne afin de devenir la règle et non plus d'être cantonnée à quelques champs de l'exercice communautaire.

Cette position évolue et continue à démontrer l'engagement des socialistes européens pour un renforcement du Parlement. Dans leur manifeste pour l'Europe, au sein de la rubrique intitulée « Oser plus de démocratie »[2], les socialistes français insistent, eux aussi, sur le fait que le Parlement doit détenir le pouvoir législatif à égalité avec le Conseil des ministres et qu'il doit pouvoir voter l'impôt, telles les recettes de la TVA nécessaires au budget de l'Union[3].

Ainsi, si le manifeste électoral du PSE n'est pas repris en tant que tel par les socialistes français au niveau national, il a pourtant servi de base programmatique. Le PS français et le PSE œuvrent donc dans la même direction. Les socialistes français vont même plus loin en souhaitant le renforcement des pouvoirs budgétaires du Parlement.

Les élections ont lieu le 12 juin 1994. Deux listes de gauche sont en lice, l'une est menée par Michel Rocard pour le PS et l'autre par Bernard Tapie pour les radicaux de gauche. La liste menée par Michel Rocard, *l'Europe solidaire*, obtient 14, 49 % des suffrages, ce qui confère quinze sièges aux socialistes, quand les radicaux de gauche en obtiennent treize. La liste d'union UDF-RPR, dirigée par Dominique Baudis, recueille environ 25,5 % des suffrages. Les résultats obtenus par les socialistes sont assez mitigés du fait de l'existence de deux listes à gauche.

En 1999, le manifeste du PSE est élaboré par le Français Henri Nallet et l'Anglais Robin Cook. Il s'intitule *Un manifeste pour le XXIème siècle* et a été adopté lors du congrès de Milan les 1er et 2 mars 1999. Dans la perspective de ces élections européennes, des tables rondes sont organisées dans les différents pays de l'Union, comme à Paris le 3 octobre 1998, autour de la question de l'Europe de l'emploi[4].

---

[1] *Manifeste électoral du PSE* pour les élections de 1994, adopté le 6 novembre 1993, p. 16

[2] *Manifeste pour l'Europe, Vendredi*, n°spécial, 11 mars 1994, p. 14

[3] *Vendredi*, n°196, 1er septembre 1993, p. 23

[4] *L'Hebdo des socialistes*, n° 70, 10 juillet 1998, 15 p.

Vingt-et-une propositions pour le 21ème siècle sont mises en avant. La ligne directrice de ce manifeste est exposée en avant-propos et donne le ton.

> « Nous voulons rendre l'Europe aux citoyens à travers une Union plus approfondie, plus ouverte, plus démocratique et plus efficace. Les prises de décision doivent y être transparentes et être effectuées aussi près que possible des citoyens. Ainsi nous pourrons réorienter les priorités de l'Union vers l'emploi, la sécurité et l'environnement, les préoccupations majeures des citoyens. »[1]

Les problèmes institutionnels sont donc mis en exergue et défendus sans relâche par le PSE. Cependant, c'est le dernier et 21ème point qui est consacré à la réforme des institutions européennes – mise en page qui confirme bien que la priorité des socialistes européens – comme cela a toujours été le cas – ne réside pas dans la réforme des institutions mais dans l'élaboration de politiques communes. Le Parlement européen «doit faire plein usage de ses pouvoirs accrus de législation et de contrôle et bâtir un partenariat plus étroit avec les parlements nationaux »[2]. On trouve parallèlement l'idée que les institutions de l'Union européenne doivent être réformées avant l'élargissement afin de les rendre plus démocratiques et efficaces. De plus, une réflexion doit être menée sur la pondération des voix au sein de la Commission et l'extension du vote à la majorité qualifiée au sein du Conseil.

En 1999, le Parlement européen a obtenu les pouvoirs que souhaitaient lui donner les socialistes européens, d'autant plus après le traité d'Amsterdam. Il s'agit donc pour le Parlement européen d'user au maximum de ses pouvoirs et non plus d'en acquérir de nouveaux. En revanche, la question des relations avec les parlements nationaux est toujours à l'ordre du jour. L'idée est qu'il y ait un va-et-vient entre politiques nationale et européenne et que les parlements nationaux puissent contrôler la position des membres de leur État au sein de la technostructure européenne. Le Parlement ne fait pas l'objet de nouvelles requêtes socialistes dans le sens où il est devenu un réel acteur de la machine européenne. Dans ces circonstances et dans le but de faire fonctionner l'Europe à plus de Vingt, les mécanismes de fonctionnement au sein du Conseil et de la Commission retiennent l'attention.

L'idée d'une cohésion européenne est en pleine gestation avec en ligne de fond un certain enthousiasme et la certitude pour le PSE et les partis socialistes nationaux d'avoir un rôle à jouer en politisant l'élection afin de permettre aux citoyens de faire un véritable choix de société. Par ailleurs et c'est un levier de taille, en 1999, les socialistes et sociaux-démocrates sont au pouvoir dans onze gouvernements, dont en France, sur les quinze pays de l'Union européenne. Le

---

[1] Manifeste électoral du PSE, *Un manifeste pour le 21ème siècle,* adopté les 1er et 2 mars 1999, Milan
[2] *ibid.*

PSE a une responsabilité toute particulière : le manifeste doit montrer qu'une politique de gauche en Europe est possible.

En France, la même dialectique est présente. En vue des élections européennes, un guide de soixante-quinze pages sur l'Europe est rédigé par Olivier Duhamel à la demande d'Henri Weber, tous deux députés européens. Il s'agit pour le parti socialiste de former ses militants en leur exposant le fonctionnement institutionnel de l'Union, ses évolutions et l'idéologie du parti. Le titre parle d'ailleurs de lui-même : *L'Union européenne telle qu'elle est et telle qu'elle devrait être en vue des élections du 13 juin 1999*[1]. Comme cela a été le cas par le passé, les socialistes français profitent des élections européennes pour mettre au point et développer leurs idées européennes mais aussi pour informer et mobiliser les citoyens et notamment leurs militants.

La campagne des socialistes s'ouvre le 10 avril 1999 alors que leurs propositions ont été définies lors de la convention Nation/Europe les 27 et 28 mars 1999 au Palais de la Mutualité. C'est le texte proposé par François Hollande qui l'emporte, celui-ci menant la liste de regroupement PS, Radicaux de gauche et Mouvement des citoyens intitulée *Construisons notre Europe*. Quant à leurs souhaits pour le Parlement européen, ils vont dans le sens d'un nouveau renforcement de cette institution et vont, pour la première fois, plus loin que le PSE.

> « Le Parlement européen, seule expression directe du suffrage universel, doit voir son rôle de co-législateur généralisé à l'ensemble des domaines où le Conseil décide à la majorité qualifiée et sa fonction de contrôle démocratique sur l'ensemble des activités de l'Union clairement affirmée, selon des procédures lisibles ; il doit renforcer son contrôle du budget par la Commission.»[2]

Par ailleurs, on retrouve l'idée mise en avant dans le manifeste du PSE, selon laquelle une révision institutionnelle garantissant l'efficacité du fonctionnement des institutions est nécessaire avant toute nouvelle adhésion.

Le parti socialiste s'affirme ainsi partisan de l'amélioration institutionnelle de l'Union et notamment du renforcement du Parlement européen. La campagne est menée à l'échelon européen : François Hollande, tête de liste, se rend à Madrid le 15 avril 1999, à Bruxelles le 1er mai ou encore à Lisbonne le 8 mai[3]. Même si le manifeste du PSE n'est pas utilisé par les partis nationaux, commence à se manifester l'existence de liens politiques entre les partis socialistes des pays européens avec l'idée que la campagne des élections européennes doit être

---

[1] O. Duhamel, *L'Union européenne telle qu'elle est et telle qu'elle devrait être en vue des élections du 13 juin 1999, Les cahiers formations n°5*, paru dans *Connaître l'Europe, Supplément l'Hebdo des socialistes*, n°80, mars 1999
[2] *L'Hebdo des socialistes,* n°94, 5 mars 1999, p. 11
[3] Voir *L'Hebdo des socialistes*, n°104, 14 mai 1999, 15 p.

européenne et non pas seulement nationale. Ces déplacements sont le signe d'une prise de conscience de l'espace et de la dimension européens.

En 1999, tout reste encore à construire, mais les premiers éléments se mettent en place. Par ailleurs, les évolutions institutionnelles poussent les socialistes à souhaiter une démocratisation et une « parlementarisation » plus importantes. Leur ambition évolue en interne parallèlement aux changements propres à l'Union.

À l'issue des élections européennes le 13 juin 1999, le PS recueille 21, 95 % des suffrages. Ainsi, il obtient vingt-deux sièges au Parlement, ce qui permet d'effacer l'échec de 1994. Cependant, si le PS l'emporte en France, le PSE échoue en Europe. Le groupe PSE perd la première place qu'il avait conquise depuis 1977. Alors qu'au cours de la campagne, les socialistes manifestent leur volonté politique de poursuivre la construction d'un grand parti de gauche à dimension politique, les résultats des élections de 1999 arrêtent nette l'avancée de la gauche en Europe. Cela constitue de façon globale un désaveu des gouvernements de gauche en Europe et un désaveu du PSE.

En 1994 et 1999, il n'y a donc pas de changements considérables dans l'organisation des élections européennes. Le PSE, de même que le faisait l'UPSCE, met au point un manifeste électoral commun que le PS français ne s'approprie pas en tant que tel. Cependant, contrairement aux trois premières élections, les divisions entre le PSE et le PS français, en matière institutionnelle, se sont atténuées, les socialistes français allant même de l'avant par rapport au PSE. La contradiction entre le pouvoir au niveau national et l'existence d'une Europe forte démocratiquement est levée.

Les élections de 2004, par rapport au PSE et aux institutions, se situent dans la même lignée de celles de 1994 et 1999, en revanche au niveau national, le mode de scrutin est modifié.

Les élections européennes de 2004

<u>Les problèmes du mode de scrutin et sa révision</u>

Le mode de scrutin établi en 1979 pour les élections européennes a pour inconvénient majeur d'établir une distance excessive entre les électeurs et les élus. C'est un système électoral qui ne permet pas à l'électeur d'exercer un rôle de contrôle sur son représentant. En effet, il confère une place sans pareil aux partis politiques qui sont en fait les vrais électeurs des eurodéputés et qui ont tendance à confier cette mission à ceux des leurs qui n'ont pu conquérir un mandat national.

En juin 1998, le Conseil des ministres français adopte un nouveau mode de scrutin qui supprime la circonscription nationale unique et organise l'élection dans le cadre de circonscriptions généralisées avec une répartition en treize grandes régions. Mais Lionel Jospin se voit dans l'obligation de retirer le projet car il se heurte à l'hostilité de tous les partis présents à Bruxelles sauf le PS. Cependant, même si ce nouveau système électoral n'est pas mis en œuvre, les socialistes continuent au début des années 2000 à souhaiter une réforme du mode de scrutin.

> « Ce mode de scrutin pourrait combiner, dans chaque État membre, la proportionnelle et un système de grandes circonscriptions régionales. Ceci permettrait de rapprocher l'élu de l'électeur. »[1]

Une réflexion est donc menée à ce sujet. Ainsi, en mai 1998, la fondation Notre Europe, présidée par l'ancien président de la Commission, Jacques Delors, propose[2] que chaque formation politique du Parlement européen présente un candidat à la présidence de la Commission de Bruxelles lors du scrutin de juin 1999. Les fondations politiques feraient alors campagne dans les États de l'Union européenne non seulement sur leur programme politique mais aussi pour un candidat à la présidence de la Commission, organe moteur de l'intégration européenne. Pour Jacques Delors, il faut faire « des élections européennes une vraie bataille, à la hauteur des enjeux européens et non plus de simples épisodes supplémentaires des vies politiques nationales »[3]. Avec ce système, « le débat politique sera incarné par des hommes : il prendra une réalité »[4]. Cette proposition – si elle est mise en place – renforcerait la démocratie européenne et permettrait aux socialistes français de défendre le même candidat que tous les partis socialistes européens. On assisterait en quelque sorte à une européanisation des élections européennes.

Par ailleurs, d'autres idées sont avancées par les socialistes : circonscription européenne unique à l'échelle de toute l'Europe avec des listes européennes ou encore listes transnationales, qui à l'échelle nationale, comprendrait des européens et des nationaux. Cependant, ce type de mode de scrutin et d'établissement des listes pose autant de problèmes qu'il n'en résout. Il aurait pour avantage d'européaniser les élections européennes qui sont très largement dominées par les questions nationales, mais éloignerait les citoyens de leurs députés encore plus qu'ils ne le sont déjà avec la circonscription nationale. En outre, qui, dans ces conditions, dirigerait la liste ? Est-ce que la personne serait connue ou non ?, s'interroge P. Berès[5]. Ces propositions sont des projets à long terme mis en avant par les fédéralistes mais qui suppose – avant d'être mis en place et pour que cela fonctionne – une profonde évolution des mentalités des citoyens.

Finalement, le mode de scrutin pour les élections européennes est révisé sous le gouvernement Raffarin au début de l'année 2003. Il reste proportionnel avec la

---

[1] *L'Hebdo des socialistes*, n°192, 2 juin 2001, p. 14
[2] Voir J-C Zarka, *Les députés européens Élections-Mandat-Rôle Le Parlement européen et ses pouvoirs*, Les carrés sup, Gualino éditeur, Paris, 1999, p. 33
[3] J. Delors, « Pour une réforme des institutions », *Le Nouvel Observateur*, 21-27 mai 1998, p.65 Cité d'après J-C Zarka, *ibid.*
[4] *ibid.*
[5] Entretien P. Berès, *op.cit.*

barre des 5 %, mais il ne concerne plus seulement une circonscription, mais huit, ce qui correspond à une ou plusieurs régions, en réalité, seule la région parisienne forme un bloc. Les huit circonscriptions mises en place sont les régions Nord-Ouest, Ouest, Est, Sud-Ouest, Sud-Est, Centre Massif Central, Ile-de-France et Outre-Mer. Ce nouveau mode de scrutin a pour effet d'éliminer les petites listes qui, même si elles obtiennent 5 %, ne sont pas sûres d'avoir un siège. En revanche, ce nouveau mode renforce les grands partis, dont le PS. Il a pour but majeur de rapprocher les citoyens de leur député européen et est insatauré pour les élections européennes de 2004. Qu'en est-il des propositions et positions institutionnelles des socialistes ? Quels sont les effets du nouveau système électoral ?

2004 : les élections

Les élections européennes ont lieu le 13 juin 2004. Elles constituent un nouvel enjeu pour le Parlement européen puisque, pour la première fois, les dix nouveaux pays européens entrés dans l'Union européenne le 1er mai 2004 y participent et ont des représentants nationaux qui vont siéger au Parlement européen. Jean-Pierre Cot parle du « troisième âge »[1] du Parlement européen, ce qui correspond à l'entrée dans la Communauté des pays de l'Est. Les futurs députés européens défendront les intérêts de quatre cent cinquante millions d'habitants. Par la même, les élections européennes de 2004 constituent un défi majeur. La gestion de la nouvelle Europe et la place du Parlement européen dans cette construction sont des questions dont le PS doit se saisir, ce d'autant plus que le PPE[2], sous l'impulsion d'Helmut Kohl, a développé une stratégie parlementaire pour l'Europe, dans une perspective démocratique et fédéraliste de la construction européenne. Cette perspective passe par le renforcement des pouvoirs du Parlement européen et par l'hégémonie de la droite européenne. La chute du mur de Berlin et l'entrée des pays de l'Est renforcent ce projet et l'hégémonie du PPE dans un contexte de rejet du socialisme totalitaire qui rejaillit sur le socialisme démocratique. C'est donc dans ce contexte que les socialistes doivent définir leur vision de l'Europe et leur stratégie.

Les socialistes européens définissent tout d'abord leur vision dans leur manifeste électoral commun, *Devenir plus forts ensemble*, lors du congrès du PSE, tenu à Bruxelles le 24 avril 2004. Leurs cinq priorités sont « stimuler la croissance, lutter contre la pauvreté et créer de meilleurs emplois », « rapprocher l'Union européennes des citoyens », « gérer les migrations et poursuivre l'intégration », « construire un monde plus sûr, durable, pacifique et juste » et « promouvoir l'Europe comme terre de démocratie et d'égalité »[3]. Dans cette dernière partie, ils mettent en exergue leur volonté de voir le rôle démocratique du Parlement européen renforcé.

---

[1] JP. Cot, *Les socialistes et les élections européennes 1979-2004, op.cit.,* p. 27
[2] Parti populaire européen
[3] Manifeste électoral du PSE, *Devenir plus forts ensemble*, adopté le 24 avril 2004 à Bruxelles, 10 p.

> «Nous soutenons un rôle renforcé du Parlement européen en tant que voix des citoyens européens directement élue. (…) Nous continuerons à défendre la poursuite de la réforme des institutions de l'Union européenne. Nous lutterons pour l'ouverture et la transparence, pour une gestion financière saine, une libre concurrence et une efficacité accrue de la Commission européenne.»[1]

Ainsi, au niveau institutionnel, la volonté du PSE s'inscrit dans la lignée des manifestes européens de 1994 et 1999. Les socialistes français ne reprennent pas ce manifeste et définissent leur propre ligne à travers leur programme, *Une ambition socialiste pour l'Europe*, qui, au sujet du Parlement européen va plus loin que celui du PSE.

> « Le nouveau Parlement, investi d'une légitimité démocratique, aura un rôle décisif à jouer dans le processus constitutionnel afin de poursuivre le débat, rapprocher les convictions et pallier les graves insuffisances de la méthode intergouvernementale. Il devra se prononcer sur le projet de constitution finalement retenu et disposer d'un droit d'initiative constitutionnel sur les révisions ultérieures de la Constitution. »[2]

Dans le contexte du traité constitutionnel, les socialistes français veulent donner plus de poids au nouveau Parlement européen pour qu'il contrôle et contrebalance le rôle du Conseil. Et alors que le Parlement n'a pas de pouvoir constitutionnel et que la décision en la matière revient aux chefs d'État et de gouvernement, les socialistes français souhaitent lui donner un droit d'initiative – c'est un premier pas, même s'ils ne proposent pas de mettre le champ de la révision des traités dans la procédure de codécision. Par ailleurs, ils souhaitent que la Constitution soit soumise à l'approbation des peuples par un référendum se tenant le même jour dans tous les pays qui auront choisi cette procédure de ratification. Ils annoncent aussi que les socialistes organiseront une consultation de l'ensemble des militants, un référendum interne, sur le projet de traité constitutionnel[3]. Dans la lignée de l'élection de Poul Nyrup Rasmussen et dans l'élan de créer un véritable parti socialiste européen, pour la première fois, dans leur manifeste, ils consacrent une place majeure à l'idée de politiser l'enjeu européen. À cet égard, ils souhaitent que les orientations politiques du PSE soient débattues et tranchées par l'ensemble des adhérents des partis membres, de même que les dirigeants du PSE, notamment son président, soient élus par les militants et que les listes soient transnationales lors des élections européennes. Enfin, ils reprennent l'idée de Jacques Delors et

---

[1] *ibid.*, p. 8
[2] Manifeste électoral du PS français, *Une ambition socialiste pour l'Europe*, L'Hebdo des socialistes, n°316, 24 avril 2004, p. 22
[3] *ibid.*

demandent que tous les partis socialistes européens fassent campagne en faveur d'un candidat de gauche à la présidence de la Commission.

> « C'est à un tel parti, étroitement lié à toutes les forces syndicales et associatives qui partagent notre rejet de l'Europe des droites libérales et adhèrent aux mêmes valeurs, qu'il nous faut redonner du sens et du souffle au projet européen, l'un des plus beaux et des plus importants de ce début de siècle.»[1]

En 2004, les socialistes français se positionnent pleinement pour une Europe démocratique et une politisation du débat européen où le PSE aurait un rôle majeur à jouer. Un certain enthousiasme transparaît et il faut bien comprendre qu'il s'inscrit dans le processus de changement du PSE et dans l'élan du traité constitutionnel qui les pousse, de fait, à être partisans d'une plus grande « parlementarisation » au sein de la structure européenne. Par ailleurs, ils souhaitent que le PSE se calque sur le fonctionnement des partis nationaux où les militants feraient partie intégrante du processus. L'idée de listes transnationales montre bien que le parti socialiste est prêt à déléguer une part de sa souveraineté sur le choix des listes au PSE, donc à l'Europe, ce qui pourrait renforcer le sentiment d'appartenance à une citoyenneté européenne.

En juin 2004, la liste Ile-de-France est menée par Harlem Désir, celle Grand-Est par Pierre Moscovici, celle Nord-Ouest par Henri Weber, celle Ouest par Bernard Poignant ou encore celle Sud-Est par Michel Rocard. Les socialistes français remportent les élections avec 28, 89 % des suffrages, soit trente-et-un députés au Parlement, quand l'UMP recueille 16, 4% des suffrages. Si les socialistes l'ont emporté en France, le PPE reste majoritaire au Parlement et les résultats de l'UMP montrent que les élections européennes, malgré la volonté des socialistes de voir l'enjeu s'européaniser, restent encore dominées par les questions nationales et constituent un vote sanction du gouvernement en place.

Il s'agit maintenant de faire le bilan du nouveau mode de scrutin mis en œuvre en France pour la première fois lors des élections européennes de 2004. Tout d'abord, nous dit Bernard Poignant : « Il ne faut pas condamner le mode de scrutin actuel sur un seul vote. Il se juge sur plusieurs votes »[2]. Selon lui, ce nouveau système électoral a obligé les formations politiques à sélectionner les candidats plutôt dans les régions alors qu'avant ils étaient très franciliens : « Si je prends ma région, nous sommes cinq élus et nous sommes tous de notre région, idem pour la région Sud-Ouest. Dans la région Sud-Est, il y a eu Michel Rocard ; mais au total, il y a eu un effort »[3]. Par ailleurs, cela permet une meilleure répartition sur le territoire, avec la mise en place d'une sorte « d'auto-régionalisation »[4], c'est-à-dire

---

[1] *ibid.*

[2] Entretien B. Poignant, historien de formation, *op.cit.*

[3] *ibid.*

[4] *ibid.*

que Bernard Poignant qui exerce son mandat en Bretagne, s'il a des sollicitations venant de Poitou-Charente, délègue à l'eurodéputé concerné. Cependant, malgré ce changement, les députés européens sont encore assez peu identifiés par les citoyens. C'est ce qu'exprime Maurice Braud :

> « Je ne suis pas persuadé que dans l'Est de la France, nos camarades aient bien compris que Benoît Hamon était leur parlementaire européen et dans la région PACA, que c'était Michel Rocard. Ce n'est pas mauvais, mais on ne peut pas dire que ce fut probant comme expérience »[1].

En fait, les députés européens sont rarement connus par leur mandat au Parlement mais plutôt par leur mandat national ou local. Ils peuvent alors s'en servir pour leur mandat européen, mais comme le dit Bernard Poignant : « Je suis persuadé que si on faisait un sondage en Bretagne, je serai connu comme maire de Quimper et non comme député européen »[2].

Par ailleurs, les circonscriptions sont trop vastes si bien que les députés européens « ne sont reconnus ni comme des députés nationaux ni comme représentants d'un territoire »[3]. Les grandes circonscriptions n'apparaissent donc pas nécessairement compréhensibles pour les électeurs. C'est d'ailleurs ce qu'explique, en connaissance de cause, Pierre Moscovici.

> « Quand j'étais député européen, j'étais tête de liste de la région Grand Est : dix-huit départements, huit millions d'habitants. Comment prétendre les représenter correctement ? J'ai fait campagne dans les dix-huit départements, mais par un bref passage. C'est vraiment trop vaste. Je retournais souvent dans ma circonscription. Mais si ma circonscription, c'est dix-huit départements, ce n'est pas possible, on ne peut pas rendre compte, on n'a pas les moyens physiques. Je me suis concentré pour l'essentiel sur ce qu'était ma vraie circonscription, ma vraie région... Mais c'est trop vaste. Si on veut rapprocher l'Europe des citoyens, il faut un mode de scrutin qui soit au plus près. La circonscription doit être identifiable. »[4]

Le bilan de ce nouveau mode de scrutin est donc mitigé, ce qui relance l'idée d'une nouvelle réforme du système électoral. D'une part l'idée de loi électorale unique et d'autre part, celle de listes transnationales, sont à nouveau envisagées : « Les Européens circulent de plus en plus dans l'espace européen, il faudrait le

---

[1] Entretien M. Braud, *op.cit.*
[2] Entretien B. Poignant, *op.cit.*
[3] Entretien Catherine Tasca, le 4 avril 2008, Sénat, Paris
[4] Entretien P. Moscovici, *op.cit.*

traduire dans la démocratie européenne et trouver le moyen de faire place à ces citoyens de l'Europe sur les listes dans cette élection »[1].

Mais le problème de ces listes, européennes ou transnationales, est qu'elles auraient pour conséquence d'éloigner définitivement les citoyens qui ne connaîtraient alors pas leurs députés. Pour Pierre Moscovici[2], la bonne échelle serait la région et donc une multiplication des circonscriptions électorales. Pour renforcer parallèlement l'européanisation des citoyens, Philip Cordery[3], qui n'est pas forcément favorable à un changement du mode de scrutin, estime qu'un des moyens serait l'obligation d'appartenir à un parti européen et donc que sur les listes de chaque grande circonscription, en plus du logo du Poing et la Rose, il y ait l'obligation de voir inscrit PSE.

Ainsi, le débat reste ouvert et est loin d'être tranché au sein du parti socialiste. Comme en témoigne Pervenche Berès[4], la question du système électoral était très présente au Parlement européen dans ses deux premières mandatures, de 1994 à 2004, mais a été quasiment absente des discussions depuis 2004, la question institutionnelle prenant toute la place.

Six élections européennes : le bilan

En vue des élections européennes de 2009, le PSE est à l'initiative d'une nouvelle démarche. Il a l'intention que le manifeste du PSE soit repris et utilisé par tous les partis socialistes au niveau national pendant la campagne.

Il y a toujours eu, comme nous l'avons vu, un programme commun, mais il n'y a jamais eu de vrai projet de gauche soutenu par tous les partis dans la campagne nationale. Les manifestes européens de 1994, 1999 et 2004 étaient des programmes que tous les partis adoptaient mais qui n'étaient pas utilisés comme éléments de campagne. Ainsi, le but d'un manifeste réellement commun serait de faire vivre les confrontations PSE/PPE avec des débats qui transcenderaient les nationalités. De même que le PSE, le PPE met au point un manifeste électoral commun en vue des élections européennes et il a intérêt, comme le PSE, à l'existence d'une confrontation PSE/PPE et d'un véritable débat droite/gauche. Dans la pratique, le projet pose cependant problème puisque, comme nous l'avons déjà expliqué, il n'y a pas de média européen.

Pour préparer la campagne des élections de juin 2009 et établir le manifeste, le PSE a commencé à travailler un an et demi à l'avance, contrairement aux deux, trois mois de mise auparavant. Depuis janvier et jusqu'à juin 2008, il met en place une période de consultation en ligne où les militants sont amenés à donner leurs

---

[1] Entretien C. Tasca, *op.cit.*
[2] Entretien P. Moscovici, *op.cit.*
[3] Entretien P. Cordery, *op.cit.*
[4] Entretien P. Berès, *op.cit.*

avis autour de quatre thèmes : « l'Europe sociale », « Sauvons notre planète », « l'Europe dans le monde » et « Démocratie et diversité européenne »[1]. Parallèlement, le PSE consulte des syndicats et ONG proches de ses idées pour tenter de cerner ce qu'attend son électorat. Une phase d'élaboration du programme où les partis socialistes nationaux vont rédiger des contributions, sera ensuite mise en œuvre. L'objectif est de disposer d'un véritable programme commun, proche des militants et de la base citoyenne. Mais, comme le dit Philip Cordery :

> « Nous savons aussi qu'il y aura des éléments de campagne nationale – c'est inévitable – parce que chaque pays a son environnement électoral qui lui est propre. Mais, les partis veulent faire campagne en s'appuyant sur une plateforme commune… Nous avons l'ambition de faire cinq, six, sept propositions communes qui soient les fers de lance de tous les partis pendant les campagnes ; chacun pourra ensuite y ajouter ses éléments nationaux. Mais au moins la base sera la même et nous pourrons dire : "si les socialistes européens ont la majorité au Parlement européen, voilà ce que nous ferons" »[2].

C'est donc une première étape décisive qui est en train de se dessiner de par une volonté d'harmonisation au sein du PSE. Le manifeste électoral commun permettra aux citoyens, si le groupe PSE est majoritaire au Parlement, de savoir quels sont leur programme et leurs priorités. Il donnera aussi aux eurodéputés socialistes une force et une ligne de conduite au Parlement. À l'inverse, si chacun a son propre programme, ce n'est pas parce que le groupe socialiste est majoritaire que chaque délégation propose le même ordre du jour. Concrètement et en termes d'efficacité, c'est plus difficile. C'est d'ailleurs ce que dit Arielle Rouby :

> « C'est seulement avec un vrai parti socialiste européen et un projet socialiste européen qu'on peut faire avancer l'Europe et avoir des propositions vis-à-vis des autres partis politiques. C'est bien beau d'avoir un projet PS mais il faut qu'on ait un projet avec les vingt-six autres partis. Un programme PS et une campagne PS ne servent à rien s'ils ne sont pas avant mis en accord avec les autres partis du PSE et les majorités au Conseil. Ça commence avec la campagne des élections européennes et se poursuit après les élections. La promesse en 1999 de créer une Europe sociale alors que la majorité au Parlement et au Conseil est de droite est une fausse promesse qui ne peut que décevoir les électeurs »[3].

Ainsi, trente ans après les premières élections européennes, celles de 2009 ouvrent la possibilité de réelles campagnes européennes droite/gauche telle qu'on les connaît au niveau national. Dans cette perspective, les socialistes français

---

[1] Disponible sur *www.pes.org*, *op.cit.*
[2] Entretien P. Cordery, *op.cit.*
[3] Entretien A. Rouby, *op.cit.*

souhaitent un PSE fort et se disent prêts à accepter une perte de marge de manœuvre que ce soit en interne, au sein du PS français, afin d'être en accord avec les autres partis socialistes, ou au Parlement européen, pour permettre qu'une vraie ligne PSE se dégage au sein du groupe. Le processus est loin d'être achevé mais la création du PSE a été un accélérateur dans la position des socialistes et son dynamisme depuis 2004 constitue le marqueur de nouvelles ambitions.

Contrairement aux idées reçues, les élections européennes ne défavorisent pas le PS. Malgré tout, il est probable que celles de 2009, en raison de l'échec du référendum et des divisions internes qui ont affaibli le parti en 2005 et 2007, seront difficiles à mener pour les socialistes qui doivent se démarquer de la construction européenne telle qu'elle est aujourd'hui et émettre de véritables propositions.

Les élections européennes sont donc des moments électoraux importants dans le sens où le parti socialiste, en tant que parti français, envoie des représentants à Bruxelles. La logique de désignation des candidats et leur rôle au sein du Parlement européen doivent maintenant retenir notre attention.

Les socialistes au sein du Parlement européen

> « *Il y avait un certain enthousiasme militant chez tous les gens qui ont été élus pour la première fois au suffrage universel ! C'était une assemblée neuve, les membres de la Commission, le président Thorn en tête, y accordaient beaucoup d'importance... Il y avait là le début d'un Parlement qui présentement joue un rôle très important sur les décisions Aujourd'hui, ce sont des parlementaires qui ont des pouvoirs dans beaucoup de domaines, donnent des avis et exercent une influence sur les opinions publiques. C'est un Parlement qui joue un nouveau rôle : un rôle normatif et législatif (de colégislateur qu'il est) certes, mais aussi une fonction d'influence sur les débats d'idées.* »[1]

À partir de 1979 et l'élection du Parlement européen au suffrage universel direct, le mandat de député européen devient un mandat à plein temps.

Les élections modifient le rôle du parlementaire et structurent les relations entre le parti socialiste et les députés qu'il envoie à Bruxelles. Les changements interviennent à partir de 1979, mais nous basant principalement sur des témoignages, il s'agit ici de décrire les mécanismes en marche.

Comment et pourquoi les députés européens socialistes sont devenus députés européens et dans quelle mesure le statut du parlementaire est-il modifié à partir de 1979 ?

---

[1] Entretien J. Delors, *op.cit.*

Le statut du parlementaire

Les pouvoirs du député dépendent directement de ceux du Parlement européen et sont donc à la fois budgétaires, institutionnels et législatifs. L'eurodéputé constitue un lien entre le Parlement européen et les parlements nationaux. Cette tâche s'exprime dans le principe de subsidiarité : le Parlement européen n'intervient pas pour mener les tâches qui seront plus efficacement menées par les États œuvrant individuellement.

Le rythme de vie du Parlement européen s'organise en quatre semaines : deux semaines sont consacrées aux réunions des commissions, une semaine au groupe et une semaine aux réunions plénières. Un des rouages essentiels sont les postes de coordinateurs : ils sont les porte-parole et les animateurs des commissions parlementaires. Chaque groupe politique élit pour chaque commission parlementaire un responsable, soit le coordinateur. Ce sont les socialistes de la commission des Relations extérieures qui choisissent le coordinateur des relations extérieures. Le coordinateur est le député qui prend la responsabilité politique des positions du groupe au sein de la commission parlementaire, au sein de son groupe (nomination pour les rapports, nomination pour les délégations, liste de votes) et en plénière (décision sur la liste des speakers en plénière, liste de votes). Les coordinateurs représentent le pouvoir véritable au Parlement européen et sont les interlocuteurs essentiels.

Les organes dirigeants du Parlement européen sont constitués par :

- le bureau du Parlement, composé du président et des quatorze vice-présidents élus pour deux ans et demi, qui dirigent l'institution ;
- la conférence des présidents (le président du Parlement et les présidents des groupes politiques) qui fixe l'ordre du jour des sessions ;
- des commissions permanentes préparent les travaux des sessions, par exemple : emploi et affaires sociales ; politique régionale, des transports et du tourisme ; culture, jeunesse, éducation, médias et sport ; développement et coopération...

Elles sont actuellement au nombre de vingt. Leur rôle est d'examiner les propositions de règlements et de directives communautaires, de les amender puis de les transmettre à l'assemblée plénière. Chaque membre du Parlement est membre titulaire à part entière dans une commission et membre suppléant dans une autre. Outre ces commissions permanentes, le Parlement peut également créer des sous-commissions, des commissions temporaires ou des commissions d'enquête.

Dans ce dédale institutionnel, il faut tenir compte du fait que le nouveau parlementaire européen a besoin d'un temps d'adaptation pour être efficace et se sentir à à son aise au sein du Parlement européen. C'est d'ailleurs ce que dit

Bernard Poignant, président de la délégation socialiste française, la DSF, entre 2004 et 2009 :

> « Je me suis engagé petit à petit dans le Parlement ; quand on arrive, c'est un monde difficile à saisir. Les procédures sont compliquées. Il faut sentir les lieux d'influence. On ne les découvre pas comme cela du jour au lendemain. Quand vous arrivez, vous avez d'abord les anciens qui sont présents dans les mandatures précédentes, qui sont là et qui connaissent. D'abord, on observe puis peu à peu, on fait sa place. Par exemple, je me suis particulièrement investi comme président de délégation car vous êtes alors très présent dans le groupe politique de votre appartenance. Un Parlement a de multiples responsabilités. Personne ne s'occupe de tout, mais il y a des responsabilités extrêmement réparties entre les bureaux du Parlement, les vingt commissions – il n'y en a que six à l'Assemblée nationale. Cela multiplie les présidences, les vice-présidences. Les rapports sont répartis entre les différents groupes »[1].

Si cette adaptation est difficile, il faut aussi noter qu'en politique, comme ailleurs, il n'y a pas de déterminisme à devenir député européen. Nombreux, parmi les députés socialistes, sont ceux qui parlent d'opportunité et de hasard pour expliquer comment ils sont devenus députés européens. De même, ils ne pensaient pas forcément au Parlement européen comme champ d'action politique. En témoigne Pierre Moscovici :

> « Sur un plan plus opérationnel, c'est à la fois la rencontre de ce militantisme européen ancien, d'une carrière professionnelle qui m'a mis au contact de l'Europe et du hasard qui a fait qu'en 1994, Lionel Jospin m'a cédé sa place sur les listes européennes et que je suis devenu député européen. (…). Mais pour être très honnête, ça aurait pu être autre chose. Si j'avais été député national en 1993, je n'aurais pas été député européen et peut-être les choses n'auraient pas pris cette tournure-là. C'est comme toujours en politique. Il faut une foi, une conviction, mais aussi des rencontres et des hasards. Les deux ont fait que je suis devenu un des européens du parti socialiste »[2].

Le rôle du parlementaire change totalement à partir de l'élection du Parlement européen au suffrage universel. En effet, les membres du Parlement se consacrent entièrement à leur nouvelle fonction et ne cumulent plus mandats national et européen. Jean-Pierre Cot, qui est député de 1978 à 1979 puis de 1984 à 1999, perçoit concrètement le changement notoire entre le Parlement européen composé de députés nationaux et le Parlement élu au suffrage universel direct.

---

[1] Entretien B. Poignant, *op.cit.*
[2] Entretien P. Moscovici, *op.cit.*

« À partir du moment où les parlementaires se sont installés avec un mandat à plein temps, ils ont voulu se mettre quelque chose sous la dent. Cela voulait dire que vous aviez quatre cents parlementaires qui traversaient la rue pour aller à la Commission, pour poser des questions, pour suivre des dossiers, pour consulter des fonctionnaires, pour prendre contact avec des groupes de pression ou des organisations non gouvernementales… Tout ce que nous, à l'époque, nous n'avions pas le temps de faire. Il n'était pas question pour nous de faire ce travail de harcèlement de l'exécutif qui est le vrai travail parlementaire. Nous le faisions sur le plan national mais pas du tout sur le plan européen, à l'exception d'un Vals ou d'un Spénale. À partir de 1979, les parlementaires européens se sont mis à travailler, ce qui a changé du tout au tout. Car l'efficacité d'un parlement ne se résume pas à ses pouvoirs formels. »[1]

De fait, l'élection au suffrage universel, au niveau européen, si ce n'est pas le cas au niveau national, a permis de légitimer le Parlement européen. La Commission s'est retrouvée face à un Parlement exigeant et présent, demandant des comptes, interpellant systématiquement et posant des questions. L'élection a totalement modifié la relation entre le Parlement et la Commission. Mais dans le même temps, les parlementaires ont pris clairement conscience qu'ils appartenaient à une Assemblée aux pouvoirs et aux responsabilités limités, c'est pourquoi ils ont été, les premiers – parce que principaux acteurs – favorables à des évolutions institutionnelles et à un renforcement du rôle du Parlement européen.

Les imbrications parti/délégation/groupe

<u>Parti socialiste/délégation socialiste française</u>

Quelles relations entretient le parti socialiste avec ses députés européens ? Le PS établit les listes et choisit les candidats aux élections européennes. Quelle est sa stratégie politique ? La marge de manœuvre de la délégation socialiste française est-elle limitée ? Dépend-elle du parti ? Y a-t-il un lien au quotidien entre le parti et la délégation ? Bref, comment s'articulent concrètement les relations entre le parti socialiste en France et les députés européens, socialistes français, à Bruxelles ?

Les députés européens sont des militants socialistes dont le mandat dépend des instances dirigeantes du parti et non des électeurs. Avant d'être élus par le peuple, les hommes politiques doivent être reconnus par les hommes politiques. Le député européen se doit d'être socialiste avant d'être européen. Jean-Pierre Cot exprime clairement cette dépendance du candidat au parti : « Ce qui est vrai, c'est que nous sommes désignés par les partis nationaux, élus par scrutin national sur des listes politiques nationales et que de ce point de vue-là, notre première allégeance est

---

[1] Entretien JP. Cot, *op.cit.*

pour les partis nationaux »[1]. Pervenche Berès trouve légitime que la décision revienne au parti car, selon elle, les députés européens sont des représentants du Parti socialiste français au Parlement européen : « Donc, il faut quand même avoir une certaine légitimité au regard du parti pour le représenter »[2].

Jusqu'en 2004, les listes étant nationales, on peut considérer que l'emprise du parti était alors plus forte. Avec le scrutin par grande région, les candidats doivent être choisis en fonction de leur implantation régionale et de fait en accord avec les fédérations. Cela ne dépend plus uniquement de la tête du parti. Jusqu'à 2004, les candidats étaient très franciliens. Depuis, il y a eu très peu de parachutages, le plus médiatisé d'entre eux étant celui de Michel Rocard dans la région Sud-Est.

Mais au-delà de la mainmise du parti sur les listes, les choix du PS sont souvent discutés, dans le sens où il envoie à ce scrutin, comme le dit André Chandernagor, « des apprentis du suffrage universel ou des retraités de ce suffrage »[3]. Cette élection est souvent considérée comme un tremplin pour les jeunes du parti socialiste avant d'obtenir un mandat national. C'est aussi un moyen pour le parti d'éloigner des personnalités du pouvoir parisien tout en les plaçant sous sa dépendance. Par ailleurs, contrairement aux socialistes anglais ou allemands, le Parti socialiste français n'envoie pas obligatoirement des « bons européens » au sens de personnes compétentes dans les domaines spécifiques ayant trait à l'Union européenne. Conformément à la vision sociale du PS, il n'y pas de règles dans la désignation des candidats : il n'y a pas, dans l'absolu, de candidats meilleurs que d'autres pour prétendre à cette élection.

De plus, il existe une rotation du personnel politique à Bruxelles, avec parfois des mises à l'écart ou des promotions qui semblent difficiles à comprendre. La réélection d'un député européen dépend plus des équilibres internes au parti à l'échelle nationale que du travail réellement accompli, tel est le cas du socialise Georges Spénale qui était fort apprécié avant l'élection du Parlement européen. Il était un de ceux qui luttèrent efficacement pour accroître les pouvoirs budgétaires du Parlement dans les années 1970. C'était un des meilleurs experts en matière européenne en 1979, il a pourtant été écarté par son parti. Mais il y a d'autres candidats. Maurice Braud fait état du cas de Jacques Moreau.

> « Ce qui est vrai, c'est qu'en 1984, on a des camarades qui étaient au sein du groupe socialiste et qui n'ont pas été reconduits dans la liste suivante ou qui l'ont été mais à un niveau où ils n'étaient plus éligibles. Je pense notamment à Jacques Moreau. C'est un des rares socialistes français à avoir voté le projet Spinelli en 1984 et donc Moreau *exit* du Parlement européen. On a là un profil de syndicaliste, militant, politique convaincu, « bon européen » et, là, il faudrait en

---

[1] *ibid.*
[2] Entretien P. Berès, *op.cit.*
[3] Entretien avec André Chandernagor, le 13 février 2008, Paris

parler avec lui mais on peut considérer qu'il y a sans doute eu quelque chose qui ressemble un peu à une forme de mise à l'écart politique. »[1]

On peut, à cette occasion, noter la part du discours politique et la façon de le pondérer. D'autres encore, considérés pourtant comme les européens du parti, ont, à certains moments, voulu être candidats et ne l'ont pas été, comme Gérard Fuchs en 1994, comme Henri Nallet et Pierre Guidoni en 1999, qui ont tous deux eu à charge les affaires internationales et européennes du parti socialiste.

Ces choix politiques ont pour conséquence d'affaiblir l'influence et le poids des députés socialistes européens au Parlement européen dans la mesure où il n'y a pas de continuité dans la présence et où, de fait, les socialistes français ont du mal à imprimer leur marque. Nous emprunterons les mots de Jean-Pierre Cot pour exprimer cette idée :

> « Contrairement aux Anglais et aux Allemands qui ont des stratégies nationales par rapport au Parlement européen, avec une permanence dans la présence et l'investissement, les Français n'ont pas du tout cette stratégie-là et d'une élection à l'autre, ils changent d'équipage. Il y a peu de volonté de permanence dans la présence française au Parlement européen, tout parti confondu, ce qui affaiblit beaucoup notre présence. Les affaires européennes sont très compliquées : on passe une année ou deux à savoir ce qui se passe, à s'établir un réseau de contacts et à s'investir dans des dossiers. Tout cela prend beaucoup de temps et si au bout de cinq ans, il faut tout recommencer… C'est une des faiblesses de la présence française au Parlement européen qui est la rotation du personnel politique avec l'incapacité de faire un investissement politique important. Ceci nous affaiblit très sérieusement y compris dans la distribution des postes principaux au Parlement européen, qui sont les postes de coordonnateurs dans les commissions, où les Français sont très minoritaires »[2].

Ainsi, la stratégie empruntée par le parti socialiste induit l'absence d'investissement dans la durée. Les Français obtiennent très peu de postes de coordinateurs dans les commissions car le coordinateur, c'est celui qui sait, qui est compétent et pour savoir et être compétent, il faut avoir eu le temps de s'adapter à la maison européenne et donc être à Bruxelles depuis un certain temps[3].

Catherine Lalumière abonde dans le sens de Jean-Pierre Cot et exprime son mécontentement quant à la façon dont sont établies les listes.

---

[1] Entretien M. Braud, *op.cit.*
[2] Entretien JP. Cot, *op.cit.*
[3] *ibid.*

> « Si j'ai aujourd'hui vraiment un regret, c'est que la constitution des listes est faite en méconnaissance de l'importance du rôle du Parlement et des conditions qu'il faut pour avoir une véritable influence au sein du Parlement. De façon générale, il faut désigner des gens qui sont décidés à y travailler, à s'investir et qui, si possible, ont des compétences qui peuvent être assez variées d'ailleurs. »[1].

La conséquence négative de ce constat est sans doute l'absentéisme des socialistes français au Parlement européen. Ils exercent souvent un mandat national qui a la priorité sur leur mandat européen. Le manque d'intérêt de la classe politique française pour les travaux du Parlement explique aussi ce manque d'investissement.

> « En ce qui concerne les socialistes français à l'intérieur de tout cet ensemble, y compris à l'intérieur du groupe socialiste au Parlement, certains me mettent en colère et c'est le cas en ce moment, car ils sont souvent absents. Certes, il y en a qui sont très présents mais d'autres très absents et les absents ont toujours tort. C'est avec la présence et l'assiduité que vous acquérez une certaine crédibilité et influence. Celui qui est rarement là est complètement éliminé du jeu et cette confiance, elle se construit, pas à pas, en travaillant de façon très précise. J'ai le regret de dire que les socialistes français, les Français en général, trop souvent, ne sont pas un modèle en la matière. »[2]

Le parti socialiste considère les élections européennes comme un enjeu national, à la fois en termes de campagne électorale et de position sur la liste. Les élections ne sont pas du tout articulées à une stratégie européenne et moins encore à un investissement européen. Mais en contrepartie à ce manque d'influence, la représentation française au Parlement européen est souvent brillante. Des personnalités importantes ont siégé au Parlement, telles Jacques Delors, Elisabeth Guigou, Claude Cheysson, Bernard Kouchner ou encore Olivier Duhamel. Comme le dit Jean-Pierre Cot : « Politiquement, c'est plus intéressant mais d'un autre côté envoyer un Fabius ou un Jospin pour les socialistes, au niveau de l'influence au Parlement européen, c'est zéro. C'est un choix politique »[3].

Une fois élus, les socialistes français, comme tous les députés des partis nationaux, sont réunis dans une délégation : la délégation socialiste française (DSF) pour les socialistes français. Lors de la mandature 2004-2009, la DSF est la plus importante délégation socialiste au Parlement européen et compte trente-et-un membres. Elle négocie la répartition des postes à responsabilité au sein du groupe et par la force des choses, l'ancienneté et les compétences interviennent dans la distribution des rôles. La DSF permet la coordination entre les députés et le

---

[1] Entretien C. Lalumière, *op.cit.*
[2] *ibid.*
[3] Entretien JP. Cot, *op.cit.*

maintien du lien avec le PS en France. De quelle nature est ce lien ? Le parti exerce-t-il un contrôle sur la marge de manœuvre des parlementaires européens à Bruxelles ?

Au regard de la désignation des candidats, on aurait tendance à penser que le parti socialiste exerce une pression et un regard sur l'action de sa délégation à Bruxelles, ce qui est en réalité assez peu le cas. Le lien est finalement très lâche et les députés européens sont indépendants. Jean-Pierre Cot explique, qu'au sein du parti socialiste, les débats sont récurrents sur les enjeux nationaux mais non sur les questions européennes. De ce point de vue, les parlementaires n'ont pas de compte à rendre. « Les partis nationaux interviennent quand il y a des grandes décisions à prendre, ce qui est tout de même assez rarissime.»[1] Donc, sur certains grands dossiers qui ont un impact dans l'opinion française, comme l'élargissement, le passage à l'euro, les négociations d'élargissement, les questions institutionnelles, le paquet financier ou encore la politique agricole commune, le bureau national du parti délibère, propose des textes, parfois même, prend des décisions. Sur la directive Bolkestein par exemple, il y a eu un débat à l'intérieur du groupe socialiste au Parlement européen où la DSF s'est relativement singularisée pour répondre au mieux à la demande de l'opinion française, médiatisée par le parti et la direction nationale. Et en session plénière, le groupe PSE a voté globalement en faveur de la directive alors que la DSF a voté contre. En 1984, suite à l'appréciation portée par la direction nationale du parti sur le projet Spinelli, la DSF s'est abstenue, à quelques rares exceptions près, à l'inverse d'autres socialistes qui ont approuvé ce projet de traité. Et de ce point de vue, les assistants parlementaires, ceux qui représentaient le parti au sein de la DSF, ont joué un rôle très coercitif[2]. C'est donc un exemple où la direction nationale du parti a pesé très directement sur le vote des parlementaires. Dans ce cas précis, l'appréhension de ce phénomène est compliquée car en mai 1984 devant ce même Parlement européen, François Mitterrand affirme approuver l'esprit du projet Spinelli. Alors qu'il semblait y avoir cohérence entre le parti et la DSF, François Mitterrand, quelques mois plus tard, vient remettre en cause la cohésion des socialistes. On peut donc dire que, quand la DSF a des instructions, elle est assez disciplinée, peut-être pour une raison organique qui est que c'est le parti qui tient les listes.

Les députés ont ainsi un mandat et une orientation politique délibérée par le parti, mais au quotidien, sur les milliers de textes qui passent au Parlement européen, il y a très peu, voire pas du tout de contrôle de la part du parti. Cette autonomie de la DSF s'explique par l'éloignement et les différences de problématiques et de calendriers avec la vie politique nationale. Au quotidien, « cela donne beaucoup de libertés aux parlementaires européens eux-mêmes mais, c'est en même temps une déconnexion entre le travail politique au niveau européen

---

[1] *ibid.*
[2] Entretien M. Braud, *op.cit.*

par le Parlement européen et les opinions publiques nationales. Il n'y a pas d'articulation »[1], constate Jean-Pierre Cot.

Mais en même temps, selon Pervenche Berès qui préside la délégation de 1999 à 2004, il est normal de faire en sorte que la DSF vérifie qu'elle est bien en accord avec son parti.

> « En tant que présidente de la délégation, c'est quelque chose que j'avais constamment à l'esprit : on est là en tant que socialistes français pour faire valoir notre petite musique, donc il faut quand même bien qu'il y ait en permanence un espace d'autocontrôle entre les positions qu'on prend et celles du parti, même si cela dit, on n'est pas obligé de vérifier au jour le jour cette cohérence. »[2]

Le président de la DSF est d'ailleurs membre du bureau national du parti[3] et de nombreux députés européens sont membres de la direction nationale. Philip Cordery justifie ce lien :

> « C'est très important qu'il y ait des dirigeants du parti qui soient membres du Parlement européen et je pense qu'aujourd'hui, on a trouvé un bon équilibre. Ça crée un lien entre les prises de positions du parti et ce que disent les parlementaires au Parlement. Dans les délégations où il y a très peu de dirigeants nationaux, les parlementaires européens ont leur propre ligne qui peut être en décalage avec la ligne nationale. Le grand risque de la politique européenne, c'est d'être complètement déconnectée des citoyens et si on a des députés européens qui deviennent tellement professionnels qu'ils ne sont plus en phase avec ce que les citoyens disent chez eux, on a un problème »[4].

Plus globalement, il faut souligner que la DSF a des relations avec le ministère des Affaires européennes et l'ambassade de France à Bruxelles. Le lien est constant avec les diplomates et les fonctionnaires détachés à Bruxelles en charge de tel ou tel sujet. Par ailleurs, il ne faut pas négliger l'existence de relations entre les parlementaires européens et les deux groupes parlementaires au Sénat et à l'Assemblée nationale. Il y a donc un va-et-vient entre Paris et Bruxelles, multiple, pas quotidien, difficile à déterminer et à définir, comme le dit Jean-Pierre Cot.

> « Le Parlement européen est en situation d'intermédiaire, de médiation entre Paris et Bruxelles, mais pas seulement, aussi, entre le gouvernement français, le parti socialiste au niveau national, le groupe socialiste au niveau européen et un petit peu, l'ensemble du Parti

---

[1] Entretien JP. Cot, *op.cit.*
[2] Entretien P. Berès, *op.cit.*
[3] C'est le cas de Bernard Poignant pour la mandature 2004-2009
[4] Entretien P. Cordery, *op.cit.*

socialiste européen. Mais c'est difficile d'arriver à cerner le lieu du pouvoir et de la décision dans tout ça, parce que ça se balade et donc ce n'est pas aussi simple que ça.»[1]

Ainsi, les liens entre le parti socialiste et la DSF sont très clairs s'agissant de la nomination des candidats puisque c'est le parti qui établit les listes et, par conséquent, choisit les futurs députés européens. En revanche, ceux-ci ont une assez grande autonomie concernant la gestion quotidienne des dossiers au Parlement européen ; ce qui s'explique sans doute par le manque d'intérêt porté par le parti socialiste sur les questions européennes. Le contrôle du PS s'exerce à l'occasion de questions majeures pour l'Union européenne ou l'opinion française. Malgré tout, le président de la DSF appartenant par nature au bureau national, les positions que prend le parti sur les sujets nationaux ou internationaux lui sont transmises. La DSF doit ensuite se les approprier.

L'importance du groupe socialiste au sein du Parlement

Quelles sont les relations entre la DSF et le groupe socialiste au Parlement européen ? Dans quelle mesure le groupe est-il le lieu majeur de la prise de décisions politiques au Parlement ? Comment fonctionne-t-il ? Quel lien y a-t-il entre le groupe socialiste et les autres groupes ?

L'existence de groupes remonte à l'Assemblée commune de la CECA et constitue donc un héritage des années 1950. Dès 1953 se forment les groupes politiques ignorant alors les répartitions par nationalités : libéraux, démocrates-chrétiens et socialistes. De 1953 à 1977, le premier groupe au Parlement est le PPE puis de 1977 à 1999, le PSE, et depuis 1999, à nouveau le PPE. Entre 2004 et 2009, le groupe socialiste compte deux cent treize eurodéputés et constitue donc la deuxième force au Parlement européen.

---

[1] Entretien JP. Cot, *op.cit*

Si le principal groupe du Parlement n'a pas de pouvoirs particuliers, il exerce un leadership et ce dernier est de plus en plus puissant. C'est lui qui donne le ton, préside les réunions politiques à tous les niveaux de responsabilité et décide de l'ordre du jour. La répartition des responsabilités s'effectue selon le système d'Hondt, c'est-à-dire à la proportionnelle, avec une prime pour les grands groupes. Le premier groupe a donc le choix dans la distribution des présidences de commissions et dans l'attribution des rapports. Dans ces conditions, le rôle du président de groupe est très important. Dans les années 1990, comme le dit un député libéral, « le véritable président de l'Assemblée, c'est Jean-Pierre Cot, car il dirige le groupe socialiste »[1] (Jean-Pierre Cot préside le groupe socialiste de 1989 à 1994). En effet, le rôle de président de groupe est un rôle essentiel, dans le fonctionnement interne et quotidien du Parlement européen.

> « C'est lui qui préside toutes les réunions internes au Parlement européen, qui fait les propositions et qui a l'initiative politique. C'est effectivement une position qui est politiquement importante. Cela ne veut pas dire qu'il y a un pouvoir de décision pour autant puisqu'avec les règles de vote, il faut une majorité qualifiée pour tout ce qui est sérieux, donc il faut l'accord entre les deux grands groupes. L'avantage d'être président du groupe principal est que c'est vous qui menez la danse. Ce n'est pas vous qui êtes le danseur, mais c'est vous qui la menez et l'organisez. Le président du groupe donne le « la » en ce qui concerne la nature du débat politique au Parlement européen, sur l'ajustement du débat politique, sur l'affrontement droite/gauche, sur la manière de gérer la nécessaire majorité qualifiée à la sortie tout en préservant le débat. C'est le président du groupe qui a une responsabilité imminente sur ces questions, qu'il exerce ou qu'il n'exerce pas. Certains présidents de groupe n'ont jamais abordé ces questions, pourtant passionnantes et importantes. Enfin, un groupe, c'est cent cinquante fonctionnaires, c'est une force de frappe politique considérable. Les groupes politiques du Parlement européen sont de loin les machines politiques les plus importantes au niveau mondial. »[2]

Chaque mois, le groupe se réunit. C'est là que les décisions principales se prennent, que l'orientation du groupe est donnée et que les délégations nationales s'expriment, discutent, changent de position et donnent ensuite leurs indications de vote à leurs députés. Le groupe est le lieu du débat politique et les parlementaires français sont partie prenante de ce débat. La vraie vie des socialistes européens n'est pas dans la DSF mais dans le groupe. Comme dit Bernard Poignant, « Quand il [le groupe] a une directive sur la table, il faut la traiter ; décider des amendements,

---

[1] Cité d'après M. Abelès, *op.cit.*, p.161

[2] Entretien JP. Cot, *op.cit.*

du vote sur les amendements, du vote final. Il faut faire les lectures, les conciliations, suivre toutes les procédures. Les socialistes le font ensemble »[1].

Ainsi le groupe a un rôle majeur au Parlement mais ne fonctionne pas selon un modèle parlementaire. Il n'y a pas, à proprement parler, de majorité et d'opposition. L'exécutif n'est que très partiellement responsable devant le Parlement : le Conseil échappe à toute censure et il faut attendre 1999 pour que la Commission joue le rôle prévu dans les textes dès son origine. De 1999 à 2009, le PSE est le deuxième groupe mais sa position génère une forte capacité d'influence car les traités imposent que toute décision législative ou budgétaire soit prise à la majorité absolue du Parlement. Donc le PPE a besoin du PSE et l'on assiste souvent à un accord entre les deux groupes. Ce sont les deux seuls groupes présents dans tous les pays, ce qui leur confère une autorité particulière. Pour Catherine Lalumière, l'accord est nécessaire et correspond bien à l'histoire de la construction européenne.

> « Certes, il y a des cas où cela a freiné des choses auxquelles les socialistes tenaient, comme l'Europe sociale. En dehors de ces cas où il y a de vraies différences droite/gauche, je constate que dans le reste des cas, l'Europe s'accommode bien d'un certain consensus, parce que cinq cents millions de personnes, c'est grand, c'est divers et il faut avancer sans doute en tenant compte des points de vue des uns et des autres. On peut regretter, j'ai regretté parfois, cette nécessité du consensus. Mais l'art du compromis est noble quand on veut construire l'Europe. »[2]

Mais le fait que les groupes soient condamnés à agir de concert pose des problèmes de stratégie politique : les deux groupes sont souvent tentés par des alliances. Ceci dit, comme le dit Catherine Lalumière, cela n'exclut pas qu'il y ait des majorités politiques à l'intérieur de l'hémicycle.

> « Quand on est socialiste, aujourd'hui, force est de constater que la majorité est à droite et cela, c'est le résultat des élections. Et de fait, aujourd'hui, les thèses socialistes ont des difficultés au Parlement. Ce ne sont pas les institutions qui ne sont pas bonnes, mais c'est dû aux majorités issues des élections. Aujourd'hui, la droite est majoritaire dans les institutions en Europe : au Conseil des ministres, au Parlement européen et donc à la Commission. »[3]

Mais avant de s'entendre avec les autres groupes politiques, il s'agit d'abord de trouver un accord au sein du groupe socialiste au Parlement. À l'Assemblée nationale, le député qui est rapporteur sur un texte peut être amené à avoir besoin,

---

[1] Entretien B. Poignant, *op.cit.*
[2] Entretien C. Lalumière, *op.cit.*
[3] *ibid.*

en tant que socialiste, de vérifier les différentes motions pour voir si cela correspond bien à un point d'équilibre au sein du parti. Mais, au Parlement européen, il faut discuter avec des socialistes de nationalités différentes et donc avec des points d'entrée dans la discussion historiquement, juridiquement, économiquement encore plus divergents que ceux qui existent au niveau national[1]. Par ailleurs, la situation des socialistes est très diverse selon les pays. Ainsi, certains partis sont dans la majorité parlementaire, d'autres dans la minorité, certains sont seuls au gouvernement, d'autres dans des gouvernements de coalition. Il y a vingt-sept partis socialistes au sein du groupe et certains pays, comme la Belgique, ont deux partis socialistes. « L'idée du melting-pot européen ou du mélange de culture, fonctionne vraiment là-bas »[2] explique Pervenche Berès pour décrire l'ambiance qui règne au sein du Parlement européen. Elle ajoute :

> « En tant que socialiste française, si je veux obtenir quelque chose, ça ne sert à rien de le faire en tant que socialiste française, c'est utile, mais ce n'est pas du tout suffisant. Il faut fabriquer des majorités »[3].

Cette situation permet d'expliquer que des clivages nationaux réapparaissent parfois au sein des groupes politiques, la DSF étant assez coutumière du fait. On la voit régulièrement prendre le contrepied de la position adoptée par le groupe. La délégation nationale française aura spontanément tendance à prendre position pour les intérêts de la France et du gouvernement français, même s'il n'est pas socialiste et c'est vrai pour toutes les délégations qui sont partagées entre une allégeance socialiste européenne et un gros ancrage national. Le dernier a tendance à l'emporter[4]. Dans la mandature 2004-2009, seuls Michel Rocard et Bernard Poignant ont voté, de manière constante, à l'identique de la décision du groupe[5].

Sur certains sujets, comme les OGM[6], le nucléaire, les fonds de pension, ou encore la directive Bolkestein, les socialistes français peuvent avoir une position spécifique et, dans ce cas, ils essaient au maximum de convaincre le groupe, mais s'ils n'y parviennent pas, ils élaborent leurs propres listes de votes. Mais, selon Pervenche Berès, « si vous voulez garder de l'influence dans le groupe, il ne faut pas en abuser. Au Parlement européen, cette discipline de vote, on essaie de la faire vivre puisque c'est elle qui vous donne un poids en tant que groupe politique, mais c'est une règle qui souffre de certaines exceptions »[7].

Dans le groupe parlementaire, il n'y a donc pas de discipline de vote au sens national du terme. D'après Bernard Poignant, on trouve des votes unanimes de

---

[1] Entretien P. Berès, *op.cit.*
[2] *ibid.*
[3] *ibid.*
[4] Voir entretien JP. Cot, *op.cit.*
[5] Voir entretien C. Lalumière, *op.cit.*
[6] Organismes génétiquement modifiés
[7] Entretien P. Berès, *op.cit.*

temps à autres mais assez fréquemment des délégations entières ne votent pas de la même façon, que ce soit sur des amendements ou sur le vote final.

> « On considère d'ailleurs que quand 75 % des députés ont voté conformément à la décision du groupe – parce qu'il y en a quand même une – et que les 25 autres s'abstiennent, c'est bien. Mais ce n'est pas toujours le cas. Les 25 %, parfois, ne s'abstiennent pas mais votent contre. C'est arrivé plus d'une fois. Vous pouvez être très indiscipliné dans le groupe socialiste européen. Il n'y a pas de sanction. »[1]

Chaque député jouit donc d'une indépendance assez large au regard du fonctionnement des parlements nationaux. Mais ce n'est pas parce que des Français sont en désaccord avec un article que cet article n'est pas approuvé par le Parlement dans son ensemble, quand le PSE et le PPE se prononcent pour. Malgré une discipline de vote non obligatoire, il finit toujours par y avoir des décisions majoritaires du groupe qui influent sur les prises de position finales du Parlement. Cependant, de part son attitude à la marge du groupe, la DSF est assez impopulaire au sein du groupe socialiste et c'est d'ailleurs ce qu'exprime Pierre Moscovici.

> « Nous n'avons pas une bonne image dans le PSE, ni dans le groupe PSE. Nous sommes à la fois la plus importante délégation et la plus marginale puisque c'est celle qui, sur un certain nombre de sujets, se situe en dehors du "mainstream". Nous sommes isolés. Les parlementaires européens français, s'ils étaient vraiment autonomes seraient plus européistes qu'ils ne le sont, mais, là, le poids du parti joue. Les parlementaires européens français, s'ils avaient eu l'occasion de s'exprimer librement, auraient laissé passer la directive Bolkestein. »[2]

Ainsi, P. Moscovici rappelle le poids du parti qui, de fait, a aussi une influence sur la stratégie adoptée par la DSF au sein du groupe politique.

Le groupe est donc le lieu du débat politique majeur au Parlement européen, c'est un lieu de décisions d'une part, et d'efficacité d'autre part, au sein duquel il faut trouver un point d'accord entre socialistes européens pour ensuite pouvoir s'entendre avec le PPE et obtenir la majorité qualifiée au Parlement européen. Mais cette stratégie de négociation entre les deux groupes adoucit les divergences droite/gauche et rend difficile une politisation du débat, ce qui, à l'inverse, peut apparaître positif au regard du compromis européen. Au sein du groupe, la DSF se distingue, en tant que délégation nationale, parce qu'elle se situe à la marge de la position commune et, par conséquent, n'est pas toujours bien perçue. Dans le groupe, il faut, plus que jamais, faire le lien entre sa position de socialiste français,

---

[1] Entretien B. Poignant, *op.cit.*
[2] Entretien P. Moscovici, *op.cit.*

membre de la DSF et celle de député socialiste européen, membre du groupe socialiste.

De 1992 à 2008: les évolutions institutionnelles

De 1992 à 1997 : en route vers la révision institutionnelle

<u>La position des socialistes</u>

> « *Moi, je suis guidé par une idée simple : les compétences et les droits du Parlement doivent accompagner le renforcement des structures de l'Europe. Plus il y aura d'Europe, plus cette Europe doit être démocratique, plus elle doit être parlementaire. Alors, travaillons-y.* »[1]

Après le traité de Maastricht qui met en place la procédure de codécision, les fonctions du Parlement européen restent pourtant très modestes. L'essentiel du pouvoir appartient toujours au Conseil des ministres et à la Commission, au sein desquels les formes de contrôle et de délégation sont plus restreintes, indirectes et complexes.

À Maastricht, les négociateurs n'étaient pas parvenus à se mettre d'accord sur les contenus et les formes d'une Europe politique, pour laquelle François Mitterrand s'était battu. Ce dernier avait obtenu cependant une « clause de révision » destinée à jeter les bases de l'Europe politique dans une CIG qui serait convoquée en 1996. Le rendez-vous de 1996 doit permettre de faire un bilan, de corriger ou de compléter le traité et de procéder à une réforme institutionnelle sans cesse différée. Cette révision prend un caractère d'urgence en vue de l'élargissement : l'objectif est de rendre les structures plus efficaces, de combler le déficit démocratique et de rendre l'Union plus crédible et plus cohérente. Les institutions sont donc au cœur du débat, aussi bien le fonctionnement de chacune d'elles que la conception globale du système institutionnel. Et, en raison du contexte – mais pour la première fois – les questions institutionnelles sont avancées prioritairement par les socialistes, c'est ce que soulignent Maurice Braud, Frédéric Cépède et Michel Duran :

> « Tous ceux qui militent depuis des années en faveur d'une véritable "Union des États de l'Europe" ont mis du temps à réaliser qu'ils n'ont pas su apprécier l'importance de la "dimension institutionnelle" de cette grande entreprise. (...) Il y a eu dès l'origine, un décalage fondamental entre la mise en place d'institutions à but essentiellement

---

[1] F. Mitterrand devant le Parlement européen à Strasbourg en 1995, « Faire avancer l'idée européenne », *Cahier de l'OURS*, n°26, mars 2004, p. 97

économique et l'absence d'un encadrement institutionnel et politique à mesure de leurs ambitions »[1].

Les questions institutionnelles sont donc au cœur de la révision prévue pour 1996. Les institutions faites pour Six ne sont pas adaptées à une Union européenne composée à plus ou moins court terme d'environ trente membres. Dans ces conditions, le faible rôle du Parlement européen est évidemment critiqué par les socialistes. Ainsi, dès 1992, les socialistes réfléchissent aux questions institutionnelles et font des propositions. Ils font d'ailleurs part de cette préoccupation dans leur journal interne, *Vendredi*. Alors que les questions européennes étaient assez peu évoquées – même avant le traité de Maastricht – en vue du traité d'Amsterdam, la question européenne est au cœur du débat et presque tous les journaux internes y font allusion. Le traité de Maastricht constitue un réel accélérateur du débat institutionnel, non seulement au sein du parti socialiste mais aussi à l'extérieur, au cœur même de l'Union européenne.

En vue du congrès de Bordeaux des 10 au 12 juillet 1992[2], les socialistes français proposent un renforcement du rôle législatif du Parlement européen à travers de nouvelles possibilités de codécision et la mise en place d'une responsabilité plus claire de la Commission face au Parlement. Ces idées sont étoffées et développées lors du congrès constituant tenu du 22 au 24 octobre 1993.

> « Le Parlement européen doit se voir accordé, dans des domaines bien définis, un pouvoir législatif à égalité avec le Conseil des ministres et se voir reconnaître un droit de voter l'impôt, par exemple les recettes de la TVA nécessaires au budget de la Communauté. (…) La supranationalité ne doit pas être redoutée si elle s'accompagne d'un vrai pouvoir responsable devant le peuple. (…) C'est pourquoi les socialistes proposeront pour l'immédiat un nouvel élargissement des pouvoirs de codécision du Parlement européen. »[3]

Ainsi, les socialistes souhaitent clairement l'élargissement de la procédure de codécision à de nouveaux champs de compétences de l'Union. Par ailleurs, ils se disent favorables à une augmentation des pouvoirs budgétaires du Parlement européen, comme le droit de voter l'impôt. Ils ne vont cependant pas jusqu'à proposer qu'il vote le budget, ce qui réduirait la marge de manœuvre des États. Mais ils parlent de supranationalité et reconnaissent l'Europe comme cadre de décision. Ils disent souhaiter la rédaction d'une constitution européenne présentant les grands principes auxquels l'Union est attachée ainsi que les éléments majeurs de son organisation et de son fonctionnement : « Nous ferions en adoptant un tel

---

[1] M. Braud, F. Cépède et M. Duran, « 1996 – Préparer une constitution fédérale pour l'Europe », « Dix ans après le projet Spinelli – Quel projet politique pour l'Europe ? », op.cit., p. 117
[2] *Vendredi*, n°145, jeudi 28 mai 1992, p. 30
[3] *Vendredi*, n°196, 1er septembre 1993, p. 23

document, soumis à la ratification des peuples européens, œuvre de clarté et de démocratie et permettrions de donner enfin corps au concept de citoyenneté européenne »[1]. Une réelle avancée démocratique est donc à l'œuvre au sein du PS qui demande parallèlement, comme il le fait depuis longtemps, des institutions plus efficaces et transparentes, ce qui passerait par un meilleur contrôle de l'exécutif européen de la part des parlements européen et nationaux.

Lors de son congrès à Malmö les 5 et 6 juin 1997, le PSE exprime des volontés pour le Parlement européen très proches de celles des socialistes français.

> « Nous voulons la codécision pour le Parlement européen (PE) quand le Conseil statue à la majorité. Nous voulons voir un rôle plus effectif au Parlement européen dans les domaines de la politique étrangère, des affaires intérieures et de la justice. Dans le même temps, le rôle des parlementaires nationaux devra être renforcé. (…) Nous devons également renforcer la réputation du Parlement européen. Nous voulons certes qu'il dispose de compétences accrues, mais nous souhaitons également que le Parlement européen rende son fonctionnement plus transparent (…). »[2]

Un peu à la marge, dans l'optique de 1996, les socialistes français, Maurice Braud, Frédéric Cépède et Michel Duran, favorables à une constitution fédérale pour l'Europe, estiment que «le Parlement européen, qui devrait être la clé de voûte de l'Union démocratique de l'Europe, souffre de nombreuses faiblesses. La pluralité linguistique, la multiplicité de ses lieux de réunions, le cumul des mandats et fonctions chez ses membres, (…). » Selon eux, « une " constitution européenne " doit prévoir un Parlement européen " bi-caméral " : une chambre, la première élue au suffrage universel direct, le même jour et de la même manière, par tous les citoyens européens et une deuxième chambre, élue de manière à représenter équitablement les diverses " entités " (en général les nations) qui constituent la diversité et la richesse de l'Europe historique »[3]. Evidemment, ces propositions très marquées par le fédéralisme ne peuvent être mises en place dans l'immédiat et ne sont pas partagées par tous les socialistes. Il est cependant intéressant de souligner qu'elles existent et font partie du paysage politique en vue de la révision institutionnelle de 1996.

Mis en place le 2 juin 1995, un groupe de réflexion sous la présidence de Carlos Westendorp, ministre espagnol des Affaires européennes, est chargé pendant six mois de préparer les travaux de la CIG. Composé de dix-huit membres, il comprend un représentant personnel de chacun des ministres des Affaires étrangères, le commissaire européen responsable du dossier institutionnel et deux

---

[1] *Vendredi,* supplément, n°238, 7 octobre 1994, p. 20
[2] Déclaration du PSE, *L'Hebdo des socialistes,* n°24, juin 1997, p. 4
[3] M. Braud, F ; Cépède et M. Duran, *op.cit.,* p. 121-122

représentants du Parlement européen. Ce groupe remet ses travaux le 5 décembre 1995 et inspire très directement le programme de la CIG.

Selon le mandat qui lui est donné au Conseil européen de Turin en mars 1996, la CIG a pour but de créer une « Union plus proche des citoyens », de redéfinir les institutions pour rendre l'« Union plus démocratique et efficace » et d'envisager « le renforcement de la capacité d'action extérieure de l'Union »[1].

Dans cette perspective, voilà ce que dit Gérard Fuchs : « L'Europe qui sortira de la conférence intergouvernementale sera une Europe des citoyens ou ne sera pas »[2]. Cette phrase n'est pas sans rappeler « L'Europe sera socialiste ou ne sera pas »[3]. Gérard Fuchs y fait évidemment allusion pour mieux montrer qu'elle est dépassée et que l'heure est à une plus grande démocratisation, ce qui passe par un renforcement du Parlement européen.

Le traité d'Amsterdam

Le traité d'Amsterdam[4], s'il apporte quelques clarifications et quelques avancées, ne répond pas au mandat donné à la CIG et ne prépare pas l'Union à l'élargissement.

Dans le triangle institutionnel, le Parlement européen est le seul bénéficiaire des réformes. Son pourvoir est élargi, son avis conforme requis pour les sanctions en cas de non respect des droits fondamentaux mais toujours pas pour la révision des traités. La procédure de codécision est étendue et simplifiée. Elle bénéficie désormais aux secteurs des transports, des activités en mer et des activités des médecins en formation. Le Parlement peut désigner par vote, d'un commun accord avec le Conseil, le président de la Commission et entériner les choix des autres commissaires. Dans la perspective de l'élargissement, le nombre des membres du Parlement est plafonné à sept cents. Face à ces petites réformes, la Belgique, soutenue par la France et l'Italie, demande dans une déclaration annexée au traité qu'une nouvelle conférence soit convoquée avant le prochain élargissement. Une nouvelle révision est donc à l'ordre du jour avant même la signature du traité à Amsterdam le 2 octobre 1997. Il entre en vigueur le 1er mai 1999.

Le traité d'Amsterdam répond globalement aux attentes des socialistes quant au Parlement européen, mais il ne permet pas le passage à l'Europe politique et ne prépare pas l'élargissement. C'est d'ailleurs ce que dit Henri Nallet, alors secrétaire national aux questions européennes :

> « En réalité, le traité d'Amsterdam est surtout critiquable parce qu'il ne contient pas cette fameuse "réforme institutionnelle" destinée à

---

[1] Voir MT. Bitsch, *op.cit.*
[2] G. Fuchs, *Vendredi*, n°255, 23 juin 1995, p. 10
[3] F. Mitterrand, « L'Europe sera socialiste ou ne sera pas », *op.cit.*
[4] *Le traité d'Amsterdam*, signé 2 octobre 1997, disponible sur *www.ena.lu*

donner plus d'efficacité à la machine européenne dans la perspective de l'élargissement aux pays d'Europe centrale et orientale. Réformer la Commission, réviser le système de vote au sein du Conseil européen, élargir les domaines (la fiscalité notamment) où les décisions sont prises à la majorité »[1].

Le processus de décision est enlisé. Élargir sans réformer serait risquer la paralysie[2]. La réforme des institutions qui devait mettre l'Union en état d'accueillir de nouveaux membres par une pondération nouvelle des voix au Conseil, un resserrement de la Commission et la mise en place de procédures de décisions efficaces n'a pas abouti et est reportée.

Dans la motion finale présentée par François Hollande lors du congrès de Brest, tenu du 21 au 23 novembre 1997, les socialistes se prononcent pour une nouvelle révision et une action renforcée du PSE dans la vie politique européenne.

> « Les prochains rendez-vous doivent être l'occasion d'une avancée plus ferme de l'Europe civique et sociale. L'Europe doit devenir plus proche des citoyens, plus efficace et plus démocratique dans son mode de fonctionnement. (...) Cette volonté politique doit se manifester rapidement dans le domaine des réformes institutionnelles de l'Union. L'élargissement de l'Union ne peut pas se faire sur la base de l'actuel traité d'Amsterdam. (...) Les partis socialistes et sociaux-démocrates représentent électoralement la première force politique en Europe. Ils peuvent agir plus qu'ils ne le font actuellement. Une manière de faire serait d'abord que les militants dans tous les pays européens aient une carte du Parti socialiste européen. »[3]

Globalement, le traité d'Amsterdam constitue donc un échec puisqu'il ne permet pas le fonctionnement de l'Union avec l'élargissement prévu. Cependant, il constitue une grande avancée pour le Parlement qui renforce son rôle législatif, sa place par rapport au Conseil et son pouvoir de contrôle sur la Commission. C'est pourquoi, même si les socialistes continuent de lui conférer une place toute particulière, en vue du traité de Nice, le Parlement européen n'est pas au cœur du débat institutionnel qui se concentre sur le Conseil et la Commission.

---

[1] H. Nallet, *L'Hebdo des socialistes*, n°66, 12 juin 1998, p. 3
[2] C'est que dit P. Moscovici dans un article paru dans *l'Hebdo des socialistes*, n° 45, 19 décembre 1997, p. 3
[3] *L'Hebdo des socialistes*, n°31, septembre 1997, p. 6

De 1997 à 2008 : une évolution institutionnelle, du traité de Nice au traité de Lisbonne

À partir du traité de Nice, le Parlement européen n'est plus au cœur du débat institutionnel pour les socialistes mais il devient une composante de ce débat qui s'élargit et se démultiplie. À l'aube des années 2000, la mise en place de l'euro et l'élargissement prévu aux pays de l'Est matérialisent un changement de contexte par rapport aux années 1990. En effet, il s'agit de donner un sens global au triangle institutionnel, les évolutions de l'une des institutions ayant des retombées sur les deux autres. Dans cette perspective, la démocratisation de la structure européenne est au centre de ce questionnement sur l'avenir de l'Europe et est un des objectifs poursuivis par les socialistes. La volonté de démocratisation de l'ensemble des institutions européennes concerne, bien sûr, en premier lieu, le Parlement qui est la seule institution dont les membres sont élus au suffrage universel direct. Et ce souhait de démocratisation s'accompagne de fait d'une ambition de politisation, exacerbée à l'occasion des élections européennes de 2004. Le Parlement européen ayant acquis un assez grand nombre de pouvoirs peut devenir un lieu de débat droite/gauche et un véritable acteur de la vie politique. Ce désir de politisation du débat européen, qui s'inscrit aussi dans l'existence même du PSE, amène à s'interroger sur la forme et les finalités politiques de l'Europe où le débat sur le Parlement est lié à celui de l'Europe dans sa globalité. C'est toute la question qui se pose autour du traité constitutionnel et du référendum de 2005.

<u>Le traité de Nice</u>

Le Conseil européen de Cologne, qui se tient en juin 1999, fixe le calendrier de la conférence intergouvernementale dont le principe a été retenu dès 1997 et qui doit s'ouvrir début 2000 pour réviser, une nouvelle fois, le traité et lancer l'initiative de réunir une convention chargée d'élaborer une charte des droits fondamentaux.

Le but de ce nouveau traité est de trouver des solutions aux problèmes non réglés à Amsterdam, c'est-à-dire principalement aux questions institutionnelles. Il s'agit donc de fixer la composition de la Commission, la pondération des voix au Conseil et l'extension du vote à la majorité qualifiée. Les socialistes français sont tout à fait en accord avec ces perspectives. Au deuxième semestre de l'année 2000, la France, dont rappelons-le, le gouvernement est socialiste, préside l'Union européenne.

> « La perspective, désormais incontournable de l'élargissement, impose une réforme des institutions. À tous égards, le temps de l'Europe politique est donc clairement venu. Au moment où s'ouvre notre congrès, la France préside aux destinées de l'Union. Les priorités de la présidence française s'inscrivent précisément dans le droit chemin de cet engagement pour une Europe plus démocratique et citoyenne, avec la volonté de mener à bien la réforme des institutions pour éviter

la paralysie qui menace déjà et risque d'être aggravée avec l'élargissement. »[1]

Pour les socialistes, comme ils l'affirment pendant leur congrès de Grenoble, tenu du 24 au 26 novembre 2000, la réforme des institutions passe par une généralisation du vote à la majorité qualifiée et du processus de codécision associant pleinement le Parlement européen, par une nouvelle pondération des voix au Conseil tenant mieux compte du poids démographique de chaque État et par une Commission plus resserrée avec un président élu en fonction de la majorité politique issue des élections européennes[2]. Si le Parlement européen, dans son fonctionnement défini à Amsterdam, permet l'élargissement, les socialistes continuent donc à souhaiter l'approfondissement de son pouvoir de codécision. Vouloir que le président de la Commission soit de la même couleur politique que le Parlement européen reflète bien le fait qu'ils veulent donner au Parlement, représentant de l'expression populaire, un rôle d'impulsion important.

Finalement, le traité de Nice[3] continue à développer les compétences du Parlement qui voit son pouvoir de codécision élargi à la lutte contre l'exclusion sociale et à la modernisation du système de protection sociale. Le Parlement européen peut désormais saisir la Cour de justice. Il doit aussi donner son avis, dans un dispositif de garantie des valeurs démocratiques, qui permet au Conseil d'adresser une recommandation à un État dans lequel il existe un risque de violation des droits fondamentaux. Le nombre de députés européens doit passer de six cent vingt-six à quinze à sept cent trente-deux dans l'Europe élargie. De plus, si dans certains domaines, le Conseil continue de décider à l'unanimité sans appliquer la codécision, comme pour la fiscalité et la sécurité sociale, le traité de Nice instaure une clause passerelle qui permet, sur décision du Conseil, de passer à l'application de l'article 251, soit à la procédure de codécision.

Par ailleurs, le traité prévoit, au sein de la Commission, un commissaire par État membre à partir de 2005, les grands États renonçant donc à leur deuxième commissaire. La pondération des voix au Conseil est réévaluée. À partir de 2005, une décision est prise si la majorité qualifiée – un peu plus de 70 % des voix – est atteinte. Une clause prévoit de plus un filet démographique, c'est-à-dire qu'à la demande d'un État, cette majorité doit aussi représenter 62 % de la population de l'Union européenne, ce qui donne évidemment un avantage aux pays les plus peuplés, telle l'Allemagne. Mais le traité de Nice favorise davantage l'élargissement que l'approfondissement et la réforme institutionnelle. Une « Déclaration sur l'avenir de l'Union » annexée au traité précise que la réflexion doit se poursuivre en vue notamment de simplifier les traités, de clarifier la répartition des compétences entre l'Union européenne et les États membres, de préciser le rôle des parlements

---

[1] *L'hebdo des socialistes*, n°167, 17 novembre 2000, p. 53
[2] *ibid.*
[3] *Le traité de Nice*, signé le 26 février 2001, disponible sur *www.ena.lu*

nationaux ainsi que le statut de la Charte des droits fondamentaux[1]. Le traité de Nice est signé le 26 février 2001 et entre en vigueur le 1er février 2003.

Par ailleurs, dans la perspective du traité de Nice, le parti socialiste commence à réfléchir à l'idée d'une constitution européenne et à la nature fédérale de l'Union.

Parallèlement à la CIG qui s'ouvre en 2000, une convention chargée d'établir la Charte des droits fondamentaux est mise en place. Elle doit recenser les droits existants et inclure des droits nouveaux, dits de troisième génération, pour tenir compte de l'évolution de la société tels que les droits des citoyens dans leur relation avec l'administration ou les droits liés à la bioéthique. La convention se réunit à partir de décembre 1999 et est très novatrice par sa composition : elle comprend soixante-deux membres dont trente viennent des parlements nationaux qui n'avaient jamais, auparavant, participé directement aux travaux de réflexion sur le système communautaire. Les trente-deux autres représentent pour moitié le Parlement européen, quinze les chefs d'État et de gouvernement et un la Commission. La convention est adoptée par le Conseil européen de Biarritz en octobre 2000 et proclamée à Nice en décembre.

La démarche mise en place à travers la convention retient tout particulièrement notre attention puisqu'elle se distingue du système de CIG où seuls les représentants des États peuvent siéger. Ce type de structure est plus démocratique. C'est celui qui est retenu pour la mise en œuvre du traité constitutionnel.

<u>Le traité constitutionnel et l'échec du référendum : la division des socialistes</u>

Au sein du PSE, le débat commence à se politiser en 2004, à la même période que les négociations du traité constitutionnel. Le Parlement comme élément de démocratisation devient la base d'un schéma politique. Le débat change alors, de nouveau, de nature. Des souhaits et des évolutions effectives concernant les finalités politiques de l'Europe dépendent le rôle et la place du Parlement européen et des socialistes en son sein. On assiste alors à une généralisation du débat européen et à un épanouissement des questions institutionnelles qui sont au cœur du projet constitutionnel.

Suite au traité de Nice, la réflexion se poursuit et s'oriente de façon claire vers l'idée d'une constitution européenne. Quelle est la position des socialistes français à cet égard ? Quelle est la démarche mise en œuvre et le contenu de ce traité constitutionnel ? Quelles retombées cela implique au sein du parti socialiste ? Plus globalement, quelle place, dans ce processus, est donnée au Parlement européen ?

Au lendemain de la signature du traité de Nice, à l'initiative de la députée européenne socialiste française, Pervenche Berès, un groupe, le groupe Spinelli, se met en place et rassemble des députés du PSE au Parlement européen. Il participe

---

[1] MT. Bitsch, *Histoire de la construction européenne, op.cit.*

activement au débat sur l'avenir de l'Europe en ouvrant des pistes nouvelles de réflexion, notamment à travers le manifeste pour un nouveau fédéralisme. Celui-ci est co-rédigé par des socialistes de douze pays de l'Union et signé par de nombreux députés européens. Ce manifeste a pour objectif de répondre aux problématiques soulevées par l'élargissement, le passage à l'euro, l'échec du traité de Nice ainsi qu'aux grandes questions de l'Union européenne. Pervenche Berès explique l'emploi du terme « nouveau fédéralisme ».

> « L'Union ne peut être une fédération comme les autres. Elle a toujours été une fédération *sui generis* reposant sur des États et des peuples. Ensuite, le terme de "fédéralisme" n'est pas compris partout de la même façon et certains pourraient craindre une volonté de transposer le modèle institutionnel de tel ou tel État membre. Une telle démarche serait inadaptée, malhabile et poserait la question de l'évolution même de ces systèmes fédéraux. Nous proposons un "nouveau fédéralisme" qui répond au modèle d'une fédération des États et des peuples et amène à une Union politique de l'Europe. Le "nouveau fédéralisme" doit se construire sur la base d'une vision commune du projet européen et se traduire dans l'élaboration d'une constitution européenne. »[1]

À peine signé, le traité de Nice est ébranlé et remis en question par les députés européens socialistes qui forment, au Parlement européen, un pôle de réflexion. Ils souhaitent qu'une vraie marche soit franchie et qu'on passe à l'élaboration d'une véritable constitution européenne – constitution et non plus simple traité – en vue de donner vie à l'Europe politique.

Cette idée de constitution est reprise par les socialistes français : il s'agit de donner à l'Europe « une constitution légitime et des institutions efficaces au service d'un projet politique »[2]. Dans cette perspective, le PS propose la mise en œuvre d'une convention – comme pour la Charte des droits fondamentaux –, le renforcement de chaque composante du triangle institutionnel (Parlement, Conseil, Commission) et l'unification des procédures de décision communautaire autour des principes de majorité qualifiée et de codécision. Cette dernière mesure aurait pour effet de renforcer encore plus le rôle du Parlement dont il s'agit de « généraliser les pouvoirs de codécision et de contrôle » car c'est la « seule institution européenne dotée d'une légitimité démocratique directe sur toutes les affaires communautaires »[3]. Les socialistes français, en France et au Parlement européen, sont donc favorables à ce qu'un saut qualitatif soit franchi par l'Union européenne.

---

[1] P. Berès, *L'Hebdo des socialistes*, n°188, 4 mai 2001, p. 12

[2] *L'Hebdo des socialistes*, n°199, 8 septembre 2001, p. 30
[3] *ibid.*

C'est dans ce contexte de réflexion et presque d'ébullition que le Conseil européen de Laeken, en décembre 2001, confie à une convention, dite sur « l'avenir de l'Union », la charge d'élaborer, avant juin 2003, un projet de constitution européenne qui doit réformer les institutions et rendre l'Europe plus proche des citoyens. Le but de la convention est de donner à l'Europe des Vingt-Cinq une structure institutionnelle qui la rende démocratique et efficace.

Elle compte cent-cinq membres : seize du Parlement européen – dont pour les députés socialistes français, Pervenche Berès et Olivier Duhamel – deux représentants de la Commission, des représentants des chefs d'État et de gouvernement des quinze États membres et des treize États candidats et deux représentants par pays des parlements nationaux. Cette convention est présidée par l'ancien président de la République française, Valéry Giscard d'Estaing. Elle tient sa première réunion le 28 février 2002, puis une session plénière chaque mois, à Bruxelles, dans les locaux du Parlement européen. Ses réunions sont ouvertes au public et l'ensemble des documents produits ou soumis à la convention sont mis à la disposition du grand public, notamment sur Internet. L'adoption d'une convention est une victoire pour les socialistes français au Parlement qui contestaient depuis longtemps déjà la méthode de la CIG comme trop technocratique, opaque et centrée sur les intérêts nationaux. Pierre Moscovici vante d'ailleurs cette démarche de convention qui assure, non seulement, la mise en œuvre de projets plus ambitieux que ceux d'une CIG mais qui, aussi, est plus démocratique car ouverte à l'opinion publique.

> « Je pense que la convention était un système très supérieur au système intergouvernemental où on est dans la négociation diplomatique et où chacun arrive avec ses lignes rouges, ses interdits. Du coup, arriver à impulser dans ce contexte des volontés ou autre chose qu'un compromis qui est réduit au maximum, c'est très difficile. La convention avait au moins un avantage, c'est qu'elle permettait qu'il y ait un esprit. Elle créait du consensus, en plus, elle était ouverte à l'extérieur, soumise à la pression de l'opinion, les documents étaient consultables en ligne, bref, c'était une démarche beaucoup plus ouverte. Il y a eu un élan et un esprit qui ne peut y avoir dans une conférence intergouvernementale. Contrairement à ce qu'on pense, les diplomates ne sont pas là pour négocier mais pour faire valoir les intérêts nationaux. »[1]

Dans l'optique de cette convention, les eurodéputés socialistes français au Parlement européen, au sein de la DSF, participent à part entière au débat institutionnel, établissent une contribution à la convention sur l'avenir de l'Union, intitulée *Objectifs pour l'Union*. À cette occasion, ils rappellent leur attachement à une constitution européenne.

---

[1] Entretien P. Moscovici, *op.cit.*

> « Nous avons besoin d'une constitution pour les citoyens afin qu'ils sachent comment est attribué et organisé le pouvoir au niveau européen.
>
> Nous avons besoin d'une constitution pour marquer l'avènement d'une Europe politique qui s'assume pleinement comme fédération des États et des peuples d'Europe. Il faut donc un texte constitutionnel fondamental, les diverses politiques européennes étant régies par un second texte plus détaillé. »[1]

Par ailleurs, étant donné que tel est l'un des buts majeurs de la convention, les membres de la DSF dressent un schéma institutionnel de la machine européenne. Ainsi, ils souhaitent voir renforcé le rôle d'impulsion de la Commission qui assure l'initiative et l'exécution des lois européennes. Son président doit être co-désigné par le Parlement et le Conseil européen au lendemain des élections européennes. Par ailleurs, concernant le Conseil, il s'agit de séparer le « Conseil-législateur » du « Conseil-exécutif ». Le Conseil législatif devrait être composé de représentants permanents des États et de la population, siéger en public et voter les lois avec le Parlement européen. Le Conseil européen des chefs d'État et de gouvernement fixerait les grandes orientations politiques[2]. Dans ces conditions, la prise de décision serait totalement transparente puisque prise en public et non plus à huis-clos. Concernant le Parlement européen qui doit légiférer et contrôler :

> « Le Parlement vote les lois sur pied d'égalité avec le Conseil législatif et adopte le budget. Il interpelle et contrôle l'exécutif de l'Union. Il représente les citoyens de l'Union et de ses États, une partie des députés européens étant élue sur des listes européennes, les autres étant rattachés à un territoire régional »[3].

Ils placent donc le Parlement européen à égalité totale avec le Conseil, c'est-à-dire que tous les domaines doivent dépendre de la codécision. Il ne serait alors plus question de vote à l'unanimité au Conseil. Toutes les décisions seraient prises à égalité par les représentants des États d'une part, du peuple d'autre part. Par ailleurs, ils préconisent, dans le débat sur le mode de scrutin, l'établissement de listes transnationales. Dans ce cadre, selon les membres de la DSF, les parlements nationaux doivent contrôler la politique européenne de leur gouvernement. Enfin, ils désirent que les citoyens soient au cœur de ce processus de constitution européenne et que « la constitution [soit] adoptée par un référendum européen, organisé le même jour dans tous les États de la fédération »[4].

---

[1] *L'Hebdo des socialistes*, supplément n°250, 2 novembre 2002, p. 13

[2] *ibid.*

[3] *ibid.*, p. 15

[4] *ibid.*

Les députés socialistes européens participent donc pleinement à la démarche de la convention et font part de leur vision institutionnelle au sein de laquelle le Parlement européen aurait une place majeure, à égalité avec le Conseil, dans la désignation du président de la Commission et l'élaboration des lois. Leurs souhaits sont, en partie, repris par la convention qui adopte un texte de compromis le 13 juin 2003. Le projet de traité constitutionnel est remis au Conseil européen de Thessalonique le 20 juin 2003. Il fusionne les dispositions du traité instituant la Communauté européenne et celles du traité sur l'Union européenne, en les modifiant quelque peu. L'objectif est de regrouper les textes fondateurs de l'UE en un seul texte. Il comporte quatre parties précédées d'un court préambule faisant référence aux héritages de l'Europe. La première partie, la plus importante, fait état des dispositions fondamentales du traité constitutionnel et comprend la définition de l'Union européenne, de ses objectifs, de ses compétences, de ses procédures décisionnelles et de ses institutions. La deuxième partie intègre la Charte des droits fondamentaux proclamée au Conseil européen de Nice de décembre 2000. La troisième partie définit les différentes politiques de l'Union et la quatrième met en avant les dispositions finales déterminant les procédures d'adoption et de révision du traité.

Le projet de constitution établit un nouvel équilibre institutionnel. Le Conseil européen est plus que jamais l'organe central d'impulsion et d'arbitrage. Il élit son président, censé devenir la voix et le visage de l'Europe, pour un mandat – de deux ans et demi renouvelable – mandat qui remplace la présidence tournante. Il choisit aussi un ministre des Affaires étrangères qui sera le président du Conseil des Affaires étrangères et le vice-président de la Commission. La Commission doit être ramenée en 2009 à un collège de quinze membres, sélectionnés selon un système de rotation et complété par quinze membres sans droit de vote. Son président proposé par le Conseil européen et élu par le Parlement européen, peut choisir ses collègues, l'ensemble de la Commission étant ensuite investie par le Parlement qui voit ses compétences élargies. Le pouvoir du Parlement européen est étendu à une quarantaine de nouveaux domaines : quatre-vingts procédures législatives seront soumises à la codécision au lieu de trente-cinq. Il devient donc un véritable législateur aux côtés du Conseil des ministres qui représente les États membres de l'Union. À titre d'exemple, le pouvoir de légiférer du Parlement européen s'étend à la justice, aux affaires intérieures, au contrôle des personnes aux frontières, aux dispositions régissant l'accueil et le traitement des demandeurs d'asile, ainsi qu'à la lutte contre l'immigration clandestine. En matière budgétaire, le Parlement européen se voit reconnaître un droit de décision égal à celui du Conseil des ministres, notamment pour l'adoption de l'ensemble du budget annuel – le Conseil avait jusqu'alors le dernier mot sur les dépenses dites « obligatoires » qui représentent une large part du budget européen et qui comprend, à titre d'exemple, le budget agricole. Il reste alors cependant, selon Bernard Poignant[1], des progrès à

---

[1] Entretien B. Poignant, *op.cit.*

faire dans les domaines de la non-discrimination, du social et du fiscal. Ensuite, le traité constitutionnel assure une plus large participation des citoyens à la vie politique européenne. Au Conseil, le vote à la majorité qualifiée exigera une double majorité réunissant la majorité des États membres, représentant au moins les trois cinquièmes de la population de l'Union, soit 50 % des États et 60 % de la population. Enfin, les parlements nationaux, informés en amont des décisions, sont associés dans le mécanisme de contrôle dans le respect de la subsidiarité, établi par un protocole annexé au traité.

Le projet ne change pas l'architecture de l'Union mais en se substituant à tous les traités antérieurs, du traité de Rome au traité de Nice, introduit plus de simplicité. En clarifiant les rôles et les compétences, il contribue à la transparence. En renforçant le rôle des parlements tant nationaux qu'européen, il accroît le caractère démocratique de l'Union. En modifiant le processus décisionnel, il peut améliorer l'efficacité. Le projet est un « traité constitutionnel » puisqu'il ne crée pas une fédération européenne avec un gouvernement européen. C'est donc un traité, un accord entre États à caractère constitutionnel mais pas une constitution. Ce traité doit être adopté et ratifié par tous les pays membres avant d'entrer en vigueur. Une CIG s'ouvre donc à Rome le 4 octobre 2003 pour examiner le projet que les représentants des États à la convention ont approuvé. Des dossiers sont sensibles, telles la question des membres de la Commission – les futurs pays membres voulant un commissaire à part entière – et la question de la double majorité – 50% des États et 60 % de la population – qui semble défavoriser certains pays comme la Pologne ou l'Espagne.

Après quasiment un an et demi de travail des conventionnels, l'avenir de l'Europe est entre les mains des chefs d'État et de gouvernement qui, avec les futurs États membres, ont un droit de veto, la décision se prenant à l'unanimité. À l'ouverture de la CIG, les socialistes français se disent satisfaits des travaux de la convention, notamment des compétences données au Parlement européen. Ils ont conscience de l'enjeu de la conférence.

> « L'extension du vote à la majorité qualifiée et la codécision associant le Parlement européen à quarante nouveaux domaines et renforçant ses pouvoirs budgétaires sont une réelle avancée politique. L'élection du président de la Commission européenne en tenant compte du résultat des élections européennes est aussi un progrès démocratique. (…) Le texte de la convention marque donc des avancées par rapport aux institutions actuelles et notamment au traité de Nice. Il constitue un point de départ pour les travaux de la CIG. Il reste toutefois marqué par des limites, des manques importants et le maintien des règles d'unanimité dans les domaines décisifs pour l'avenir de l'Union. L'obstruction conjuguée des gouvernements les moins européens et les plus libéraux a freiné tout progrès substantiel en matière de gouvernance économique et sociale. Elle a réduit la portée du saut politique vers le fédéralisme que nous voulons

accomplir. Les négociations qui vont s'ouvrir au sein de la CIG doivent être utiles pour l'Europe. »[1]

Les socialistes français sont globalement satisfaits, même si, déjà à la sortie de la convention, ils estiment que trop de domaines dépendent encore de la règle de l'unanimité, donc exclusivement du Conseil. Les représentants des gouvernements libéraux ont bloqué certaines évolutions dans le champ social notamment.

Par ailleurs, c'est lors de l'ouverture de la CIG que les socialistes français annoncent que leur parti se prononcera par référendum interne sur la Constitution européenne. Le parti socialiste demande aussi la ratification de la Constitution par référendum : « L'Europe ne peut se faire sans, ou contre la volonté des citoyens. L'expression de celle-ci est la meilleure garantie de progrès futurs de la construction européenne »[2].

La CIG ne reprend pas à son compte les ambitions sociales des socialistes. En outre, les chefs d'État et de gouvernement négocient sur un projet moins intégrationniste – il ne l'était déjà pas assez pour les socialistes français à la sortie de la convention – que celui que leur avait légué la convention : « Ce que nous venons de faire, certains voudront peut-être le défaire »[3], craint Olivier Duhamel. Pervenche Berès dit d'ailleurs, annonçant les divisions internes du parti socialiste : « Si cela doit être un accord au rabais, il faudra le refuser »[4].

Le 13 décembre 2003, en raison des points d'achoppement déjà soulignés, dont le plus important est celui de la double majorité, le sommet de Bruxelles échoue et la CIG se solde par une impossibilité à définir une constitution européenne. La décision est donc retardée et l'élargissement à Vingt-Cinq se fait le 1er mai 2004 avant que l'Union ait réussi à adopter un texte fondateur. Selon Pierre Moscovici, la crise était prévisible mais le report de décision est préférable à une déclaration de principe sur un accord au rabais.

> « Cette crise est sérieuse : l'Europe élargie débute sous les auspices de la confrontation des égoïsmes et, faute de réforme institutionnelle, il lui sera difficile de prendre des décisions ambitieuses et démocratiques. Il faut maintenant chercher une sortie par le haut, en prenant le temps d'un débat public approfondi, en demeurant exigeants sur la perspective constitutionnelle et surtout sur le contenu de la construction européenne. »[5]

Finalement, le premier Conseil des Vingt-Cinq décide d'adopter la Constitution et parvient à un accord le 18 juin 2004 à Bruxelles. Le texte est très peu modifié. Le

---

[1] *L'Hebdo des socialistes*, n°289, 4 octobre 2003, p. 14
[2] *ibid.*, p. 15
[3] O. Duhamel, *L'Hebdo des socialistes*, n°284, juillet 2003, p. 4
[4] P. Berès, *L'Hebdo des socialistes*, n°299, 13 décembre 2003, p. 14
[5] P. Moscovici, *L'Hebdo des socialistes*, n°300, 20 décembre 2003, p. 13

resserrement de la Commission, assorti d'un système de rotation des pays, est repoussé et interviendrait seulement à partir de 2014 avec une moins grande réduction puisque le nombre de commissaires serait égal aux deux-tiers du nombre de pays. Les seuils de la double majorité sont revus et fixés à 55 % pour les États et 65 % pour la population. Quant au Parlement européen, son effectif maximum, proposé à sept cent trente-six députés par la convention, est élevé à sept cent cinquante dans le traité afin de donner satisfaction aux petits États, alors même que ce chiffre est considéré comme excessif pour l'efficacité de l'Assemblée. La signature du traité constitutionnel européen intervient le 29 octobre 2004.

Un débat s'ouvre aussitôt au sein du parti socialiste qui prévoit un référendum interne pour le 24 novembre 2004. Très vite, des lignes de clivage entre les partisans du traité constitutionnel et les opposants, entre les partisans du « oui » et du « non », se dessinent. D'un côté la ligne majoritaire du parti, réunie autour de son premier secrétaire, François Hollande, et l'aile droite du parti défendent le « oui », quand l'aile gauche, rassemblée autour de Laurent Fabius, préconise le « non ». Il ne s'agit pas ici de faire l'inventaire des débats qui ont lieu au sein du parti socialiste, ni même des personnes qui les représentent à cette période, mais de tenter de faire ressortir les lignes de clivage au sein du parti qui mènent à sa division et ont des conséquences sur l'échec du traité constitutionnel dans toute l'Union européenne.

Les critiques formulées par les tenants du « non » et les points d'achoppement ne concernent pas les questions institutionnelles, car comme le dit François Hollande : « Sur le plan institutionnel, tout ce que nous demandions depuis des années est enfin, pour partie, reconnu »[1]. Mais les divisions se concentrent sur la troisième partie du traité constitutionnel, c'est ce qu'explique Henri Weber, proche de Laurent Fabius :

> « Ce qui me choque principalement dans ce texte c'est qu'il n'est pas, contrairement à ce qui est souvent prétendu, un cadre politiquement neutre, qui puisse contenir les politiques les plus diverses. Il ne se contente pas de définir des règles du jeu, il définit le jeu lui-même. Il est, en effet, composé aux trois quarts – 345 articles sur 448 – d'une troisième partie qui définit des politiques concrètes – transports, monnaie, banque centrale... – Qu'est-ce que cela a à faire dans une constitution ? Beaucoup de ces politiques sont contraignantes et d'inspiration libérale. Le plus grand défaut de cette Constitution, en fait, est d'entraver de cent façons l'action publique au niveau de l'Union européenne comme des États membres et de libérer en

---

[1] *L'Hebdo des socialistes*, n°334, 16 octobre 2004, p. 3

même temps les forces du marché. Elle pérennise la dérive actuelle et empêche le redressement de la construction européenne »[1].

Ainsi, Henri Weber se prononce contre le traité constitutionnel dans le sens où il ne se contente pas de donner un cadre institutionnel à l'Europe mais définit ses contours politiques qui, selon lui, peuvent nuire à la construction d'une Europe sociale et socialiste. Cette idée est relayée par Laurent Fabius qui estime que la priorité n'a pas été mise sur les domaines majeurs pour les socialistes.

> « L'emploi, la culture, la recherche, l'éducation, l'environnement ne disposent pas de la priorité indispensable. Quant aux services publics, beaucoup redoutent que leurs domaines et leurs moyens soient rognés tant que le principe de leur existence n'aura pas été placé au même rang que la concurrence. Dans ces conditions, je ne crois pas que le texte corresponde aux ambitions des socialistes européens pour les prochaines décennies. D'autant que cette Constitution sera très difficile à modifier, voire irréversible, la clause d'unanimité fixée pour toute révision équivalent sa glaciation. »[2]

Les lignes du « non » sont donc celles décrites par Henri Weber et Laurent Fabius. Pervenche Berès, proche de Laurent Fabius, alors même qu'elle avait participé à la convention sur l'avenir de l'Europe, se prononce pour le « non ». Ainsi, il s'agit ici, dans le processus de référendum interne, de faire la part du discours et des alliances politiques au sein même du parti.

A l'inverse, les tenants du « oui » mettent en avant la démarche historique et l'étape que le traité constitutionnel, résultat du compromis, constitue pour l'Europe. Par ailleurs, des raisons institutionnelles telles que l'extension des pouvoirs du Parlement, le droit de contrôle sur les législations européennes accordé aux parlements nationaux, l'élection du président du Conseil pour une durée de deux ans et demi ou encore l'élection du président de la Commission par le Parlement européen en fonction du résultat des élections motivent le choix des défenseurs du traité constitutionnel. Ils estiment aussi qu'il donne les moyens aux socialistes de mener une politique de gauche, une politique socialiste. Il y a donc, au sein du parti socialiste, deux interprétations différentes d'un même texte, les uns estimant qu'il ne leur permet pas de mener une politique socialiste, les autres si. Voilà ce que dit Bernard Poignant :

> « J'approuve ce texte car il poursuit une histoire. C'est le septième traité de notre histoire. Je ne crois pas à la France seule en Europe. J'approuve ce texte car il équilibre les objectifs de l'Union mieux que ce qui existe aujourd'hui. À côté de la libre concurrence, qui est inscrite depuis 1957 dans les traités, rappelons-le, il existe désormais

---

[1] H. Weber, disponible sur *www.europinion.org* (site de Bernard Poignant)
[2] *L'Hebdo des socialistes*, n°334, 16 octobre 2004, p. 13

> une base juridique pour nos services publics. Et le plein emploi, la justice sociale et le développement durable figurent également comme des objectifs. J'approuve ce texte car on n'aura pas de meilleur traité. (...) Dire « non » aujourd'hui, c'est garder cette fameuse troisième partie qui définit les politiques concrètes et fait partie des traités, mais se priver des apports nouveaux, positifs dans la première et la deuxième parties. C'est garder ce qu'il y a de pire et se priver de ce qu'on peut estimer de meilleur »[1].

Par ailleurs, les tenants du « oui » mettent en avant le fait que la décision du Parti socialiste français ne concerne pas seulement les socialistes français mais tous les socialistes européens, pas seulement la France, mais tous les pays de l'Union européenne. C'est à cet égard que Bernard Poignant, avec vingt socialistes européens de nationalités différentes, signe un texte intitulé *Les socialistes européens répondent OUI*. En amont, il y a l'idée selon laquelle le parti socialiste appartient à un parti socialiste européen et qu'il ne peut prendre ses décisions sans en prendre la mesure.

> « Le débat des socialistes français sur le traité constitutionnel n'est pas un débat franco-français. La décision des militants de la plus grande force politique française aura des conséquences pour toute l'Europe. Il s'agit donc d'un débat qui concerne tous les Européens, toute la gauche européenne. On accroît (...) la nature démocratique de l'Union comme Union de droit. Grâce, évidemment, aux nouveaux pouvoirs du Parlement européen et des parlements nationaux ainsi qu'à l'initiative législative citoyenne. Mais, surtout, en donnant force de loi à la Charte des droits fondamentaux. Mais ce traité est aussi bon pour la gauche. (...) Parmi les objectifs de l'Union, on voit s'inscrire, pour la première fois, le combat contre l'exclusion sociale, la promotion de la justice et de la protection sociales et la solidarité entre générations. Où on lisait « économie de marché ouvert », on peut maintenant lire "économie sociale de marché". Où on lisait "niveau élevé d'emploi", on peut maintenant lire "plein emploi". »[2]

En vue du référendum interne, les *Hebdos des socialistes* informent les militants sur différents thèmes européens, comme l'Europe sociale ou l'Europe syndicale, publient et se font les échos des tenants et des débats « oui-non ». Le 24 novembre 2004, la participation des adhérents est de 80 % et le « oui » l'emporte à 59 % contre 41 %, ce qui constitue une forte minorité. Le référendum interne est la traduction d'une politique démocratique et donne l'occasion aux militants de faire entendre leur voix sur une question à la fois difficile, polémique et décisive.

---

[1] B. Poignant, disponible sur *www.europinion.org*

[2] A. Costa, B. Poignant et P. Busquini « et. al. », « Les socialistes européens répondent OUI », disponible sur *www.europinion.org*

Cependant et bien que le « oui » l'emporte parmi les militants, les socialistes partisans du « non », dans l'optique du référendum national du 29 mai 2005, ne suivent pas la ligne du parti et font campagne pour le « non », ce qui divise définitivement les socialistes français sur la question. L'ambiance au sein du parti est alors très tendue. Pour preuve le témoignage de Bernard Poignant :

> « C'était tendu. Chacun était dans son coin. Maintenant c'est fait, mais il ne faut pas réveiller les tensions donc on fait un effort. On ne va plus parler du débat constitutionnel mais du contenu. On était tous à peu près d'accord sur les institutions en elles-mêmes, mais on était divisé sur le contenu, sur le libéralisme en Europe. Certains disaient « on est pour l'Europe sociale à condition que ce soit l'Europe des socialistes français qui s'impose à tout le monde », mais c'est clairement impossible. D'autres et moi-même acceptions le compromis, d'autres pas. Si on attend que l'Europe soit celle que nous voulons, ça ne marchera pas »[1].

Bernard Poignant souligne aussi que les institutions n'étaient pas au cœur de leur clivage puisqu'à ce sujet, ils étaient plutôt en accord. Maurice Braud abonde d'ailleurs dans le sens du député européen.

> «Cette période fut pour moi particulièrement intéressante, mais très traumatisante, non pas tant pour l'échec et le rejet par les Français du traité constitutionnel le 29 mai 2005, que par les déchirures internes à la famille socialiste qui se sont alors durablement installées. Cette période a aussi mis en évidence que ce que l'on pensait acquis depuis une vingtaine d'années sur le nécessaire approfondissement de la construction européenne à l'intérieur de la famille socialiste n'avait été finalement que de l'écume, une mince pellicule, qui n'avait pas vraiment marqué les esprits. Pour les militants fédéralistes et européens dont j'étais, ce fut un retour au réel brutal et difficile. »[2]

Parallèlement à cette division au sein du parti socialiste en France, Catherine Lalumière rappelle que les mêmes clivages étaient aussi présents au sein de la délégation socialiste française au Parlement européen : « La partie de la délégation qui a été partisane du « non » a porté un coup dur à l'influence des socialistes français. Cette partie-là de la délégation française a été désavouée par l'ensemble du groupe socialiste. Et ce n'est vraiment pas bon. Je ne dis pas que toutes les critiques faites au traité étaient infondées, notamment celles portant sur la "concurrence libre et non faussée" mais en conclure qu'il fallait voter non a fait des dégâts énormes »[3].

---

[1] Entretien B. Poignant, *op.cit.*
[2] Entretien M. Braud, *op.cit.*
[3] Entretien C. Lalumière, *op.cit.*

Finalement, les résultats du référendum à l'échelle nationale scellent l'échec du traité constitutionnel, en France, mais par conséquent, aussi, dans toute l'Europe, puisque pour être mis en œuvre, chaque pays devait le ratifier : le « non » l'emporte à 54, 9 %. L'électorat du PS, très fortement pro-européen lors du référendum sur le traité de Maastricht, a majoritairement basculé dans le camp du « non » en 2005, contribuant largement à la victoire de ce dernier. Une méfiance de beaucoup de Français à l'égard de la politique, notamment dans les couches populaires, s'est manifestée lors du référendum, ce que les socialistes considèrent comme l'expression d'une coupure entre leur parti et le projet européen[1].

Pourtant, le PS avait participé à l'élaboration du traité constitutionnel et il se trouve en difficulté pour imaginer des propositions alternatives. D'une part, l'affirmation est constante : les institutions communautaires doivent faire la preuve de leur valeur ajoutée en produisant des résultats concrets et en les valorisant plus qu'ils ne l'étaient jusqu'ici. D'autre part, la campagne électorale en France n'a pas suffi à faire émerger des positions détaillées, en partie car les questions européennes restent traitées entre initiés et sont peu aisées à manier pour une communication destinée au grand public[2]. Voilà le bilan que fait Pierre Moscovici du référendum :

> « Le référendum aurait pu être gagné si les socialistes, traditionnels promoteurs de l'idée européenne en France, avaient su rester unis et cohérents. Nous n'avons pas su entraîner notre électorat, bref nous avons, nous aussi, commis bien des erreurs. (…) Au final, le pari a été perdu et c'est le pire scénario qui s'est déroulé. La campagne pour ou contre le traité constitutionnel européen s'est transformée en une guerre interne, opposant d'un côté les dirigeants en place, qui se présentaient comme les promoteurs d'une position démocratiquement exprimée par les militants et, de l'autre, les trublions qui affirmaient représenter la véritable base socialiste, désappointée de n'être pas écoutée »[3].

Suite à ce double échec des socialistes, on a le sentiment que le traité constitutionnel, qui s'est transformé en « guerre interne » au sein du parti, l'a discrédité sur les questions européennes et qu'il n'est, de fait, plus crédible. C'est ce qu'exprime Pierre Moscovici :

> « Il est certain que pour nous c'est un grand traumatisme puisque c'est la question sur laquelle le parti s'est divisé deux fois, à l'intérieur

---

[1] C'est notamment ce qu'expliquent P. Moscovici dans son ouvrage intitulé *L'Europe est morte, vive l'Europe !*, Perrin, Paris, 2006, p. 32, et P. Cordery lors de notre entretien.
[2] Voir J. le Deroff, *La dynamique à l'œuvre au sein du parti socialiste européen. Quelles structurations pour les partis politiques européens ?*, mémoire de Master 2, sous la dir. de B. Giblin, Institut français de géopolitique, 2006-2007, 307 p.
[3] P. Moscovici, *L'Europe est morte, vive l'Europe !*, *op.cit.*, p. 32-36

avec un référendum qui est un gros succès 59-41 – mais nous n'avons jamais eu une si grande minorité – et puis devant les électeurs. Cette division est restée très profonde et a créé une sorte d'« impensée » ou de tabou, c'est-à-dire qu'on parle très peu de l'Europe au parti socialiste. On en parle de manière extrêmement primaire et on a retrouvé cette division mais on n'a pas voulu l'exprimer au moment du traité de Lisbonne, donc, le parti socialiste est malade de l'Europe. (…) Je ne suis pas choqué qu'on vote « non ». La question, c'est quel est le cheminement intellectuel qui amène à voter « non », c'est un cheminement qui, à mon sens, est statique avec l'idée que c'était mieux avant quand les États avaient plus de pouvoirs. C'est l'Europe comme menace, comme contrainte, c'est l'Europe comme cheval de Troie des propositions libérales, c'est-à-dire que l'Europe au fond, est plus une source d'embarras qu'une capacité à proposer des issues »[1].

Ainsi, le traité constitutionnel marque profondément le PS et le divise. Les socialistes, en matière européenne, restent divisés en interne et sont conscients des difficultés que leurs divisions ont entraîné et des conséquences tout aussi difficiles pour leur propre parti. Ils adoptent, face au traité de Lisbonne une toute autre stratégie, celle d'un accord pragmatique, loin de l'enthousiasme et des élans suscités par le traité constitutionnel.

Cependant, si le référendum de 2005 a divisé le parti, Philip Cordery rappelle tout de même que le parti socialiste est le seul parti, en vue du référendum national, à avoir fait un référendum interne. « L'Europe est un sujet en débat dans le parti. Je pense que c'est un des partis qui connaît le mieux la question européenne et qui en prend bien la mesure. »[2] Il rappelle par ailleurs, que d'autres pays, s'il y avait eu un référendum, auraient voté « non », comme la Grande-Bretagne. C'est d'ailleurs ce qui s'est passé aux Pays-Bas. En conséquence du référendum, le PSE a repris les rênes et lance, comme le dit P. Cordery, l'Europe sociale car :

> « nous avons un problème avec notre électorat de gauche qui ne comprend pas où va l'Europe aujourd'hui. Il y a donc une nécessité à revenir sur les fondamentaux, sur les politiques et, à nous, les socialistes européens, de pouvoir imprimer notre marque sur la construction européenne et d'arrêter ce décalage qu'il peut y avoir entre l'opinion publique et les dirigeants politiques »[3].

Les raisons du « non » au traité constitutionnel se situent donc autour du contenu que les socialistes veulent donner à l'Europe, bref, sur le fond. Il s'agit alors de les réunir autour de valeurs socialistes, l'Europe sociale. Cependant, après

---

[1] Entretien P. Moscovici, *op.cit.*
[2] Entretien P. Cordery, *op.cit.*
[3] *ibid.*

l'échec du référendum, le problème des institutions et du fonctionnement de l'Union européenne à Vingt-Cinq reste en suspens. Le traité de Lisbonne y remédie.

Le traité de Lisbonne et l'acceptation conventionnelle des socialistes

> « Ce débat autour des institutions et des procédures de décisions permettait en réalité de retarder le vrai débat devenu incontournable, celui sur la nature de l'Union et son projet. La véritable question à laquelle nous devons répondre, c'est celle que Jacques Delors nous pose de manière lancinante depuis tant d'années : « que voulons-nous faire ensemble ? » (…) Maintenant le traité de Lisbonne est signé, l'obstacle est levé. Nous devons le ratifier et cesser de parler des institutions mais penser les moyens et les politiques de l'Union, en fonction de notre projet. »[1]

Ces mots de Pervenche Berès expriment bien l'esprit dans lequel est envisagé le traité de Lisbonne. En effet, la crise des institutions que connaît l'Union européenne suite aux échecs successifs des traités est symptomatique, selon les socialistes, d'une crise du projet politique européen. Les institutions traduisent formellement des priorités et des ambitions politiques plus qu'elles n'en permettent la traduction, explique Pierre Moscovici[2].

Dès novembre 2005, lors de leur congrès du Mans, tenu des 18 au 20 novembre 2005, les socialistes affirment leur volonté de trouver un accord au sein du parti et de relancer le processus échoué fin mai 2005.

> « C'est la gauche européenne qui a les clés de l'avenir de l'Europe. Dans ce cadre, nous avons une responsabilité particulière dans la sortie de crise, pour répondre aux attentes, aux exigences et aux insatisfactions de nos concitoyens telles qu'elles se sont exprimées le 29 mai. Pour la surmonter, nous devons dépasser le « oui » et le « non », avoir une vision claire de notre projet pour l'Europe et nous accorder sur la méthode à mettre en œuvre. Lors du débat sur la Constitution européenne, nous avons divergé sur la meilleure réponse à apporter pour bâtir l'Europe puissance et solidaire. Mais cet objectif était et reste partagé par tous les socialistes : en militants et en artisans de l'Union européenne, nous voulons la réorienter autour d'une volonté politique et plus de social. Les socialistes réaffirment leur attachement à la perspective fédérale. »[3]

---

[1] P. Berès, *Progresser en 2008 : propositions pour l'Europe – De Rome à Lisbonne, l'Europe et la planète ne sont pas à vendre*, décembre 2007, p. 18-19
[2] P. Moscovici, *L'Europe est morte, vive l'Europe !*, op.cit., p. 170
[3] *L'Hebdo des socialistes*, n°384, 3 décembre 2005, p. 11

Cette motion majoritaire au congrès, présentée par Français Hollande, a donc pour ambition d'effacer les divisions internes au parti et de placer les socialistes français à la tête de la relance institutionnelle. Dans cette perspective, les socialistes préconisent la rédaction d'un nouveau texte constitutionnel, lisible et démocratique, qui serait centré sur les institutions et les valeurs de l'Union, c'est-à-dire un texte qui ne déborderait pas sur le contenu à donner à l'Europe, reproche formulé par les partisans du « non ». Par ailleurs, à cette occasion, les socialistes rappellent leur attachement sans faille à l'augmentation des compétences du Parlement européen.

> « Nous défendrons la création d'une véritable démocratie parlementaire européenne. La Commission est aujourd'hui un exécutif coupé des citoyens privés de légitimité. (…) Le président de la Commission doit être élu par le Parlement et issu de la majorité politique sortie des urnes. À côté de ce gouvernement politique : le Parlement européen, qui représente les citoyens, doit exercer les pleins pouvoirs législatifs et budgétaires et un Conseil des ministres représentant des États, doit voter à la majorité. »[1]

Ils souhaitent en outre que la Banque centrale européenne soit contrôlée démocratiquement par le Parlement européen.

Dès l'échec du référendum, il est donc très clair pour les socialistes qu'une nouvelle solution est à envisager. Les institutions ne sont toujours pas adaptées à l'élargissement de l'Union européenne. Trois scénarios possibles se dessinent : celui de voter à nouveau le traité constitutionnel après de nouvelles élections, celui de le renégocier en enlevant par exemple la troisième partie et celui d'un nouveau traité plus pragmatique qui aurait pour but de mettre en œuvre la démarche institutionnelle. C'est cette dernière solution, celle d'un traité européen, dit « simplifié » ou « modificatif », qui est favorisée.

C'est lors de la conférence de Lisbonne, tenue les 18 et 19 octobre 2007, sous la présidence du Premier ministre portugais, José Socrates, que les Vingt-Sept aboutissent à un accord destiné à mettre fin à la crise institutionnelle.

Le traité de Lisbonne ne remplace pas les traités existants, comme devait le faire la « défunte » Constitution mais les amende. La référence aux symboles de l'Union (drapeau, hymne, devise) est supprimée. Ce texte reprend de nombreuses innovations inscrites dans la Constitution ayant pour but de renforcer les mécanismes décisionnels de l'Union et de lui permettre de sortir de deux ans d'introspection. Ainsi, le traité de Lisbonne prévoit qu'un président stable du Conseil européen soit élu pour un mandat de deux ans et demi – renouvelable une fois. Parallèlement, un Haut Représentant aux Affaires étrangères est créé, le but étant d'unifier la diplomatie européenne. Une Commission resserrée sera mise en

---

[1] *ibid.*, p. 13

place à partir de 2014 avec un nombre de membres égal aux deux-tiers du nombre d'États membres, soit dix-huit, avec une rotation entre les pays. Le vote à la double majorité entrera en vigueur d'ici 2017 : une décision à la majorité qualifiée sera adoptée dès lors qu'elle représentera 55 % des États membres et 65 % de la population. Concernant le Parlement européen, il en est de même que dans le traité constitutionnel : le pouvoir de codécision est étendu à une quarantaine de domaines dont ceux de la justice et des affaires intérieures. Le Parlement se voit doté du pouvoir de nommer, conjointement avec le Conseil, le président de la Commission. Bernard Poignant souligne le fait qu'à l'occasion du traité de Lisbonne la codécision devient la règle.

> « Il y a des thèmes qui vont rentrer en codécision, comme l'agriculture et la pêche, les quelques points évoqués tout à l'heure sur l'immigration. La règle devient la codécision et la majorité qualifiée et quand c'est à l'unanimité, c'est précisé. Tout est maintenant en codécision ou le sera sauf quand c'est signalé, comme la fiscalité. »[1]

Ainsi, le traité de Lisbonne marque une étape puisqu'il inverse la donne concernant la codécision, mais des domaines majeurs lui échappent encore, comme la fiscalité, le social, la politique étrangère. En outre, comme le dit Bernard Poignant[2], le Parlement pourrait avoir plus de pouvoirs sur l'énergie, l'immigration, l'environnement ou encore la santé publique.

Dans la lignée, Pervenche Berès estime que le traité de Lisbonne ne marquera pas un saut qualitatif majeur et que globalement, dans les faits, il n'y aura pas de réels changements.

> « On dit que l'article sur les conditions de désignation de la Commission après les élections renforcerait les pouvoirs du Parlement européen. À mon avis, ça ne va pas changer grand chose. Aujourd'hui, le président de la Commission est nommé par le Conseil européen après la consultation du Parlement européen. Je ne crois pas que cela changera grand-chose de dire qu'on tiendra compte des résultats des élections. C'est très bien mais c'est déjà le cas. Et sur l'extension de la codécision, c'est très marginal. Sur le troisième pilier, il y a quelques progrès mais… Dans la longue liste des traités européens, celui-ci n'est pas significatif pour l'augmentation du champ de la codécision, c'était l'Acte unique, Maastricht et Amsterdam, mais ça n'a pas été Nice et ce n'est pas celui-là. »[3]

Enfin, le traité accepte l'idée d'une Europe à la carte, où certains pays, au moins neuf, pourraient approfondir ensemble la construction européenne. Ce traité ne

---

[1] Entretien B. Poignant, *op.cit.*

[2] *ibid.*
[3] Entretien P. Berès, *op.cit.*

scelle donc pas une Europe supranationale, loin de là, mais s'oriente plutôt vers une union de pays décidant d'agir de concert selon les besoins du moment.

Le traité de Lisbonne reprend le schéma institutionnel mis en œuvre par le traité constitutionnel mais il est assorti d'exceptions – il fallait satisfaire les revendications nationales, notamment des pays les plus eurosceptiques comme la Grande-Bretagne et la Pologne – ce qui le fragilise.

Ce traité apparaît aux socialistes comme un traité fonctionnel et utile : il règle le problème des institutions, ce qui leur permettra ensuite de mieux s'attaquer au contenu, c'est-à-dire aux politiques communes. On retrouve là la constante que nourrit le parti socialiste depuis le début de notre étude, l'institutionnel n'est qu'un moyen pour faire aboutir les politiques. Le traité de Lisbonne ne leur convient pas totalement en matière institutionnelle, mais, selon eux, il faut l'utiliser comme tremplin pour mettre en œuvre des politiques de gauche et ne plus, en tout cas dans l'immédiat, débattre sur les moyens. Le traité de Lisbonne est un traité affaibli et va moins loin, bien sûr, que le traité constitutionnel.

> « Je pense que c'est un traité utile, un traité pour être abouti, un traité de règlement intérieur, un traité nécessaire, pas un traité excitant ou un grand traité. On a perdu beaucoup de force d'entraînement symbolique. La Charte des droits fondamentaux y a un statut plus faible et on assiste à la multiplication de dérogations. C'est un traité gruyère, très compliqué et pour le coup illisible pour le citoyen, beaucoup plus illisible que le traité constitutionnel. Ce n'est pas un grand cru mais en même temps, ça donne les outils nécessaires pour mieux faire fonctionner l'Europe. C'est un traité qu'il fallait accepter. Les institutions, c'est bien, mais les institutions ne sont rien si elles-mêmes ne sous-tendent pas un projet ou une volonté. Maintenant, il faut se saisir du traité. Pour les socialistes, le débat ne doit plus être oui ou non, c'est fini. Le traité existe. C'est qu'est-ce qu'on fait avec cette donne pour défendre notre propre vision d'une Europe qui promeut les individus, qui protège les territoires, qui répare les dégâts de la mondialisation, qui soit proche du citoyen ? Là, il faut dire maintenant ce qu'on entend par l'Europe économique et sociale, attachée au développement durable et à un grand niveau d'éducation. C'est le moment ou jamais. Le traité est un traité neutre qui permet de mener une politique ou socialiste ou libérale. »[1]

Ce traité, s'il permet aux socialistes de mener une politique sociale et socialiste européenne, suscite quelques interrogations et critiques de leur part. Ils s'interrogent notamment sur la nomination d'un président de l'Union européenne, nouvelle figure destinée à incarner les vingt-sept pays pendant deux ans et demi,

---

[1] Entretien P. Moscovici, *op.cit.*

voire cinq ans ; ce qui risque de modifier l'équilibre entre les institutions européennes et de faire de l'ombre au président de la Commission. « Que va donner la dyarchie entre le président de la Commission d'une part et le président de l'UE d'autre part, puisque l'un et l'autre vont en fait avoir cinq ans ? », s'interroge Maurice Braud. Selon, Jacques Delors le traité de Lisbonne compte « deux aberrations institutionnelles »[1] :

> « La création d'un président du Conseil européen, qui va compliquer la préparation d'une initiative, la discussion et la prise de décisions. La Commission va être réduite en nombre, mais comme chaque pays aura un droit égal, on peut avoir cinq ans avec des Commissions sans Français, sans Allemands ou sans Anglais. C'est une aberration pour toute personne de bon sens. Entre les nations, il y a des rapports de force : il y a des nations qui ont soixante millions d'habitants et d'autres qui en ont deux millions. Et bien on n'a pas tenu compte de tout cela. Quand le choix institutionnel s'éloigne trop de la réalité, les institutions ne fonctionnent pas ! Il aurait fallu créer des regroupements de pays pour les pays baltes, les pays des Balkans et ils faisaient la rotation entre eux »[2].

En outre, Pervenche Berès[3] regrette, que pour la première fois depuis le traité de Maastricht, il n'y ait pas de clause de rendez-vous inscrite dans le traité.

Le nouveau traité est signé le 13 décembre 2007 et doit être ratifié par tous les parlements d'ici le 1er janvier 2009, avant les élections européennes de juin 2009. Les gouvernements voulant à tout prix éviter les référendums, afin d'éloigner le spectre de 2005, choisissent la ratification par voie des parlements nationaux. Seule l'Irlande est tenue, par sa constitution, à organiser un référendum.

En France, les socialistes décident de ne pas empêcher la ratification du traité de Lisbonne et de ne pas laisser les querelles d'hier reprendre le dessus. Face au bilan en demi-teinte que suscite le traité de Lisbonne, ils adoptent une position qui, au premier abord, semble étonnante, mais qui, en réalité, correspond bien à leur point de vue.

Au congrès du Parlement à Versailles, le 4 février 2008, les parlementaires socialistes s'abstiennent sur le projet de loi modifiant la Constitution, préalable à la ratification du traité. Mais le 6 février, conformément à la décision nationale du parti, ils votent en faveur du traité simplifié européen. S'ils s'abstiennent le 4 février, c'est parce qu'ils sont attachés à la procédure référendaire. Ils déposent une

---

[1] Entretien J. Delors, *op.cit.*
[2] *ibid.*
[3] Entretien P. Berès, *op.cit.*

motion à l'Assemblée nationale le 6 février pour exiger le retour devant le peuple français. C'est donc un moyen pour eux de marquer leur désaccord sur la procédure d'adoption du traité de Lisbonne. Ils ne participent pas au vote du projet de loi constitutionnelle au Congrès de Versailles mais ils ne s'opposent pas non plus à la révision car cela aurait pour effet immédiat d'interrompre la procédure d'adoption du traité de Lisbonne qui est ratifié officiellement par la France le 14 février 2008.

Pour Pervenche Berès, le traité de Lisbonne est « le solde institutionnel de l'élargissement »[1] :

> « Dans l'histoire européenne, le traité de Lisbonne sera le premier traité où on ne fera que parler de la question institutionnelle. Fondamentalement, c'est normal parce qu'on était à un seuil de croissance à la fois en termes géographique et de compétences où on ne pouvait plus se contenter de bricoler la maison. Mais c'est la première fois qu'on fait ça. Dans tous les autres traités, il y a une avancée significative en termes de contenu, de définition de la préférence collective autour d'une dimension nouvelle pour la politique de l'Union qui, là, n'existe pas »[2].

Enfin, ce traité est utile mais loin de « l'esprit rêve final »[3] que représentait le traité constitutionnel. Il règle le problème des institutions et permet à l'Europe de fonctionner à vingt-sept. Par ailleurs, concernant le Parlement européen, la codécision devient la règle, mais le traité de Lisbonne ne marque pas un saut qualitatif dans le sens où il ne confère pas au Parlement le pouvoir de codécision dans des domaines majeurs, comme la fiscalité ou la politique étrangère. Il ne fait qu'institutionnaliser la pratique de nomination du président de la Commission par le Parlement européen, ce qui, même s'il renforce son rôle dans les textes, concrètement ne le change pas. Le traité de Lisbonne s'inscrit donc totalement dans le processus que connaît l'Europe depuis cinquante ans, celui des étapes et des petits pas. Selon Bernard Poignant : « Je pense que pendant un bon moment, on en restera là, car il faudrait de nouveau un traité. Si le nouveau traité est ratifié, je pense au moins qu'il durera dix-quinze ans et peut être plus. Il n'y a aucun rendez-vous fixé pour en faire un autre. Le seul moment où il pourrait y avoir une nouvelle révision des traités, c'est si la Turquie entrait dans l'Union. On peut accueillir les Balkans avec ce traité. Mais avec la Turquie, ce sera une nouvelle étape »[4].

Le 13 juin 2008, l'Irlande n'a pas ratifié, par voix référendaire, le traité de Lisbonne. Le débat est donc, de nouveau, ouvert.

---

[1] *ibid.*
[2] *ibid.*
[3] *ibid.*
[4] Entretien B. Poignant, *op.cit.*

« Le Parlement européen en permanente mutation »[1] : un véritable lieu de débat ?

Quand Pierre Moscovici arrive au Parlement européen en 1994, il en parle comme d'un « sympathique forum »[2] et en 2007, au moment où il le quitte, il estime qu'il est devenu un véritable Parlement européen. Entre 1994 et 2007, il y a eu le traité d'Amsterdam, le traité de Nice, l'euro, l'élargissement, l'émergence d'une politique étrangère et de sécurité commune, d'une politique de défense... Le Parlement européen a une plus grande marge de manœuvre et sa montée en puissance s'explique par plusieurs facteurs. D'une part, même s'il lui manque une légitimité citoyenne et que la procédure de codécision ne touche pas certains domaines importants, la combinaison de l'extension du vote à la majorité qualifiée et la généralisation de la codécision législative augmente ses pouvoirs[3]. Par exemple, le Parlement a totalement réécrit le texte de la directive Bolkestein et, « au final, la Commission a préféré prendre le texte [du Parlement] que de revenir avec son propre texte. Ça n'aurait jamais été le cas il y a dix ou quinze ans »[4]. D'autre part, le Parlement européen est, sans doute, parmi les institutions européennes, celui qui émerge, qui progresse et qui gagne en audience du fait qu'il s'est imposé par deux fois à la Commission et a mis à mal l'alliance tacite entre les deux institutions pro-européennes, que sont la Commission et le Parlement, c'est ce qu'explique Pierre Moscovici :

> « Il y a eu des bouleversements institutionnels avec un Parlement qui, par deux fois, s'impose à la Commission, en 1999 et en 2004, qui a quasiment censuré la Commission Santer et quasiment refusé l'investiture de la Commission Barroso. Donc il a pris une part sur le Conseil. Il y a eu une augmentation du nombre et des moyens et alors qu'il y a quelques années, les parlementaires étaient gentiment considérés, tant par la Commission que par le Conseil, aujourd'hui ils sont très sérieusement écoutés »[5].

Par ailleurs, l'élargissement a contribué à confirmer le Parlement européen dans son rôle de décideur. Selon Pervenche Berès, le Parlement européen est l'institution qui a été la moins affectée par l'élargissement : « Au Parlement européen, on vote un homme-une voix, c'est un mode de fonctionnement assez

---

[1] Entretien A. Rouby, *op.cit.*

[2] Entretien P. Moscovici, *op.cit.*
[3] Entretien P. Berès, *op.cit.*
[4] *ibid.*
[5] *ibid.*

mécanique qui fait qu'on continue à décider. Les phénomènes de blocage n'ont pas cours au Parlement européen »[1].

Le Parlement européen est un lieu qui a conquis des pouvoirs par les traités, certes, mais aussi par la pratique, c'est-à-dire que, lui-même, par l'exercice et en approfondissant ses possibilités institutionnelles, s'est attribué des pouvoirs. C'est d'ailleurs ce à quoi fait référence Bernard Poignant :

> « Il grappille du pouvoir. Quand la nouvelle Commission s'installe, il auditionne les commissaires, auditions publiques par écrit et par oral, trois heures chacun. La presse est présente. C'est une procédure qu'il s'est attribué seul et qui n'est pas dans les traités. Elle est inspirée de la politique américaine. Par son règlement, il a décidé l'audition et c'est comme ça, qu'en 2004, on a récusé un commissaire, un Italien, pour les propos tenus en Commission publique sur les femmes et l'homosexualité. La menace était : si le président de la Commission ne retire pas ce monsieur, on ne votera pas. C'est ce qu'on appelle conquérir un pouvoir. L'Assemblée nationale française ne le fait plus depuis cinquante ans »[2].

Le Parlement européen est « un Parlement inachevé qui cherche sans arrêt à conquérir du pouvoir »[3]. Bernard Poignant explique qu'il est inachevé parce qu'il y a des compétences propres à un parlement qu'il n'a pas, comme le droit de voter l'impôt ou encore l'initiative des lois.

Pour le décrire, Arielle Rouby utilise une périphrase différente de celle de Bernard Poignant et parle « d'une institution en permanente mutation »[4]. Selon elle, le Parlement est en devenir et est très démocratique, « beaucoup plus que certaines institutions nationales. Par exemple en France les commissions parlementaires ne sont pas ouvertes au public alors qu'ici [Bruxelles], tout est ouvert aux citoyens et à la société civile »[5]. À l'inverse, au Parlement européen, tout est ouvert aux citoyens : les séances plénières sont filmées et les textes sont en ligne.

Les socialistes français s'inscrivent, par rapport au Parlement européen, dans le schéma que l'on vient de décrire, c'est-à-dire avec le but de donner plus de pouvoirs au Parlement. Leur position est toujours d'approuver la montée en puissance du pouvoir parlementaire. Aucun socialiste ne remet en cause tout ce qui est de nature parlementaire et correspond à un gain de pouvoir pour l'institution. Cette constante du parti socialiste en faveur du Parlement européen s'explique par

---

[1] Entretien P. Berès, *op.cit.*
[2] Entretien B. Poignant, *op.cit.*
[3] *ibid.*
[4] Entretien A. Rouby, *op.cit.*
[5] *ibid.*

la culture interne du parti qui est parlementaire, où les débats et les discussions sont l'essence même du fonctionnement du parti[1].

Dans ces conditions, le Parlement européen est donc plus que jamais en puissance.

À cet égard, quels sont les lieux de débat de la question institutionnelle ? Plusieurs possibilités ont été envisagées puis vérifiées : le PS au niveau national, le PSE, le gouvernement français, le Conseil, la Commission et le Parlement européen. Comme l'explique Philip Cordery, il a lieu à tous les niveaux. Il n'y a pas un lieu de débat mais plusieurs[2]. Le débat est donc non seulement multiple dans sa forme, au sein du parti socialiste, des institutions de la Communauté ou encore du gouvernement, mais aussi sur le fond puisqu'il s'agit tant de débattre du rôle du Parlement que de ses pouvoirs, de ses représentants ou de son mode d'élection. Ce débat démultiplié et dynamique s'est accéléré et ouvert en corolle à partir de l'élection au suffrage universel et à plus forte raison, après le traité de Maastricht. Il n'a pas cessé de s'intensifier. Le débat institutionnel relatif au Parlement a aussi cours au sein même du Parlement européen à travers la commission des Affaires constitutionnelles, dite AFCO, ex-commission institutionnelle créée par Altiero Spinelli au début des années 1980.

Cette commission est compétente pour les questions ayant trait aux aspects institutionnels du processus d'intégration européenne, notamment dans le cadre de la préparation et du déroulement des conventions et conférences intergouvernementales. Elle s'attache à la mise en œuvre des traités, aux conséquences institutionnelles des négociations d'élargissement de l'Union européenne, aux relations interinstitutionnelles, à la procédure électorale uniforme, aux partis politiques à l'échelle européenne, à l'interprétation et à l'application du règlement du Parlement, ainsi qu'aux propositions de modification du règlement. La commission adopte des rapports sur le règlement intérieur, sur les pouvoirs institutionnels entre les trois institutions et travaille sur l'avancement des ratifications ou non.

La grande partie des rapports de la commission AFCO porte sur les évolutions du Parlement européen, ses lacunes aussi. Elle est censée s'intéresser à toutes les institutions européennes mais se concentre particulièrement sur le Parlement. Mais, comme l'explique Arielle Rouby, alors que son domaine de compétences est celui des institutions, la commission AFCO, donc par extension le Parlement européen, ne légifère pas dans le domaine institutionnel. Ce sont les États membres lors d'une CIG. Le Parlement donne son avis, avis qui est obligatoire pour le mandat de convocation d'une CIG, mais pas sur le traité en lui-même. Le Parlement est donc complètement écarté des Affaires constitutionnelles, puisque ce sont les États

---

[1] Entretien B. Poignant, *op.cit.*
[2] Entretien P. Cordery, *op.cit.*

membres qui rédigent les traités et les proposent à leur gouvernement et aux citoyens à l'échelle nationale. « Ce sont des rapports très importants au niveau politique, mais il n'y a aucun impact législatif avec aucun moyen pour influencer la rédaction et l'adoption des traités. »[1] La décision en matière institutionnelle revient entièrement aux États et, comme le dénonce Arielle Rouby, se fait en dehors de tout contrôle démocratique.

> « La CIG est un lieu de débat fermé au grand public et même aux journalistes qui ont juste droit aux conférences de presse. C'est un peu un lieu de « marchandage de tapis » où chacun va défendre son bout de tapis et très peu l'intérêt global où le public n'a aucun accès et les médias très peu d'accès. (…) C'est le lieu qui décide et qui a le plus de pouvoirs. Le lieu d'efficacité n'existe pas encore. »[2]

Cependant, avec le traité de Lisbonne – s'il est ratifié – une convention pourra être réunie pour les révisions majeures. Le Parlement aura donc son mot à dire. Mais tout le problème réside dans le fait que le pouvoir doit être donné au Parlement par les chefs d'État et de gouvernement puisque ce sont eux qui négocient les traités. Or, pourquoi une institution donnerait-elle du pouvoir à une autre ?

Arielle Rouby, attachée parlementaire de Richard Corbett, coordinateur britannique de la commission AFCO au moment du traité constitutionnel, fait, avec regret, écho à l'absentéisme des députés européens socialistes français :

> « Les socialistes français ont toujours été, malheureusement, trop absents de la commission des Affaires constitutionnelles alors que ce sont eux, en partie, qui avaient demandé à voter « non » au référendum. A l'heure actuelle, il y a deux Français, Catherine Boursier et Bernard Poignant. Les socialistes français étaient un peu caricaturés comme les eurosceptiques du PSE et pas pris assez au sérieux. Mais pour l'être, il faudrait, peut-être, être plus présents et actifs... Surtout quand on vote « non », on propose autre chose et on s'explique. Et ce travail n'a peut-être pas assez été fait »[3].

Il y a donc bien un lieu propre aux débats institutionnels au Parlement européen, mais les socialistes français, à en croire le témoignage d'Arielle Rouby, n'y prennent pas toute leur part et ne se manifestent pas par leur assiduité. Par ailleurs, Arielle Rouby explique que le nom même de la commission, adopté pendant la préparation du traité constitutionnel, est remis en cause par les députés eurosceptiques de cette commission qui mettent en avant le fait qu'il n'y a plus de constitution et qui s'interrogent sur le bien fondé du terme constitutionnel. « C'est

---

[1] Entretien A. Rouby, *op.cit*
[2] *ibid.*
[3] *ibid.*

pourtant un grand pas en avant car même si on n'a pas de constitution, on peut considérer les traités comme les lois constitutionnelles de l'Union européenne »[1], dit-elle.

Bernard Poignant, estimant que le traité de Lisbonne sera la base du fonctionnement de l'Union pendant dix à quinze ans, pense que le travail de la commission, après vingt ans de débat, est clos. À l'inverse, pour Arielle Rouby, le débat continue :

> « Le Parlement a déjà demandé, même s'il est devenu un peu plus timide dans ses rapports depuis le traité constitutionnel, d'avoir une constitution avec une nouvelle convention, dans l'espoir que le Parlement sera impliqué un jour dans une vraie réforme institutionnelle plus ou moins proche et certains députés défendent aussi l'idée d'une Assemblée parlementaire constituante qui pourrait être donnée lors des élections européennes »[2].

Ainsi, le Parlement européen, depuis 1992, a conquis, par les traités et par lui-même, des pouvoirs considérables. Même s'il n'est pas – encore – le lieu de décisions et de pouvoirs en matière institutionnelle, il est un lieu de débat. Si les socialistes français n'y prennent pas forcément part au sein de la commission AFCO, ils sont concernés par la question et très favorables à un accroissement des compétences du Parlement européen.

Il s'agit maintenant de nous tourner vers des questions plus transversales, sous-jacentes dans notre propos, à commencer par les rapports entre le Parlement européen et les parlements nationaux.

---

[1] *ibid.*
[2] *ibid.*

Les grands enjeux et les débats qui ont traversé l'Europe d'hier et jalonnent la pensée de l'Europe de demain

Relations Parlement européen/ parlements nationaux

> « La démocratie parlementaire est le point commun de l'ensemble de nos structures politiques européennes. Le Parlement est à la fois le rouage institutionnel et le symbole de la légitimité politique de chacun de nos États. Il doit devenir celui de l'Europe. » [1]

Jusqu'à l'élection au suffrage universel direct du Parlement européen, il y a, de fait, des liens entre le Parlement européen et les parlements nationaux puisque les députés nationaux sont les députés européens. Par la suite, il y a un effritement des liens entre les deux institutions que l'on tente de renforcer depuis le traité de Maastricht. Il est d'autant plus important que ces relations soient maintenues que les parlements nationaux sont amenés à ratifier les actes communautaires. Comme le souhaitent les socialistes depuis 1979, un contrôle démocratique de l'Europe passe par une collaboration étroite entre les parlements nationaux et le Parlement européen. C'est ce qu'explique Jean-Pierre Cot :

> « Chacun des partenaires y apporte sa part de légitimité, sa part de connaissance technique, sa part de pouvoir politique. Pourtant, c'est seulement à travers une coopération technique et politique, une multiplication des relations entre les institutions que la démocratie parlementaire européenne trouvera sa place dans le dispositif d'ensemble. Si nous ne parvenons pas à relancer cette coopération, il sera impossible de fonder la démocratie européenne sur des bases solides et d'ancrer le projet politique dans nos opinions publiques »[2].

Pour remédier à cette perte de lien originel, les parlements nationaux ont créé, en leur sein, des commissions ou des délégations chargées de la politique européenne. Les parlements nationaux les plus méfiants à l'égard de la supranationalité, tels ceux de la Grande-Bretagne et du Danemark, ont créé de véritables commissions de surveillance de la législation communautaire. Dès 1974, les Britanniques ont institué le Select Comitee en vue d'examiner le droit dérivé communautaire dès le stade de son élaboration et au Danemark, le Folketing a donné à sa commission spéciale des pouvoirs exceptionnels : le gouvernement doit obligatoirement la consulter avant de prendre une décision en Conseil des

---

[1] JP. Cot, « Dix ans après le projet Spinelli – Quel projet politique pour l'Europe ? », *op.cit.*, p.7
[2] *ibid.*

ministres. En France, c'est seulement après l'élection du Parlement au suffrage universel que les deux chambres ont créé une délégation à l'Union européenne. Sa tâche est d'informer l'ensemble des parlementaires, par des rapports semestriels, sur l'ensemble de l'activité des institutions communautaires et d'attirer l'attention des commissions sur les projets communautaires susceptibles d'avoir des incidences sur la législation nationale. Catherine Tasca, sénatrice des Yvelines, membre de la délégation à l'Union européenne, explique comment elle fonctionne :

> « Avant chaque Conseil européen, il y a un débat dans l'hémicycle[1]. Nous sommes saisis d'un certain nombre de projets de textes européens sur lesquels il faut prendre position. Cela va de la réglementation des ports maritimes aux questions de l'espace juridique et judiciaire. Tous les sujets viennent en débat au niveau de la délégation. Cette délégation est composée de membres de toutes les commissions mais il faut reconnaître que le degré d'intérêt des parlementaires pour les questions européennes est très variable selon les personnalités »[2].

En effet, les parlementaires nationaux – les socialistes ne font pas exception à la règle – ne s'intéressent pas spontanément à la question européenne. En France, il y a quelques spécialistes de l'Europe dans les délégations mais quand il y a des débats européens à l'Assemblée nationale, qui ont lieu le plus souvent à des heures tardives, très peu de députés sont présents : « On a adopté l'adhésion de la Roumanie et de la Bulgarie avec trois personnes en plénière et c'est ce que la France appelle l'engagement européen. Pareil pour le débat sur le traité de Lisbonne, il a eu lieu entre 22h et minuit. La France a ratifié haut la main mais avec quel intérêt ? »[3], questionne Arielle Rouby.

Il y a donc une réelle absence d'articulation entre l'Assemblée nationale et le Parlement européen qui s'explique sans doute par un problème plus profond, institutionnel et politique, qui fait que l'Europe n'a pas toute sa place dans la politique nationale française. Pour preuve, la délégation à l'Union européenne n'est qu'une délégation et non une commission parlementaire à part entière. Arielle Rouby explique :

> « Il n'y a donc pas d'activité législative. Les réunions, qui ont lieu en moyenne une fois par semaine, ne sont pas ouvertes (contrairement aux réunions des commissions parlementaires au Parlement européen). Normalement, il y a une trentaine de membres mais en réalité seules dix personnes sont présentes. Pour parler du PS, seules deux ou trois personnes participaient, en moyenne, à ces réunions... Certaines personnes se disent expertes de l'Union européenne au sein

---

[1] Ce débat a lieu seulement depuis deux ans.
[2] Entretien C. Tasca, *op.cit.*
[3] Entretien A. Rouby, *op.cit.*

du PS mais ne participaient jamais ou très rarement aux activités de la délégation à l'UE. Il est vrai que la délégation à l'UE n'élabore que des rapports d'informations. On peut alors se poser la légitime question à savoir si la délégation est utile… Tout passe par la commission des Affaires étrangères »[1].

Par ailleurs, cette dernière affirme que ce n'est pas le cas dans d'autres pays, comme en Allemagne où au Bundestag, il y a toujours un élément européen dans les discours. C'est seulement depuis deux ans que l'Assemblée nationale et le Sénat préparent les Conseils européens alors qu'aux parlements danois et britanniques, réputés comme les plus eurosceptiques, les premiers ministres et ministres doivent présenter en amont, devant la chambre, ce qu'ils vont dire au Conseil des ministres et revenir après pour rendre compte, va-et-vient et articulation totalement absents en France.

70 % de la législation française émane de l'Europe[2]. Les directives européennes sont retranscrites, mais aucune communication n'est faite par les députés français à cet égard. Les thématiques européennes surgissent lors de mauvaises retranscriptions ou lors de retranscriptions sur certaines directives qui ont eu des répercussions politiques sensibles au niveau national, comme la directive sur les OGM. Bref, la question européenne, au niveau législatif, se répercute très souvent de façon négative. L'Europe surgit dans le paysage national de façon épisodique, lors des élections européennes ou encore des présidences françaises – périodes clé lors desquelles un intérêt tout particulier est soudain porté à la politique européenne et des relations entretenues de façon plus soutenue entre le Parlement européen et l'Assemblée nationale.

Il semble donc que l'Assemblée nationale ne s'intéresse pas à l'activité du Parlement européen, « mais ça marche dans les deux sens », dit Arielle Rouby, « le Parlement européen devrait aussi beaucoup apprendre et s'engager davantage dans le débat et la discussion avec les parlements nationaux. Ceci est déjà en vogue depuis le « non » français avec des conférences interparlementaires où les députés nationaux et européens se rencontrent deux fois par an, mais cela n'est pas suffisant. Il faut davantage connecter les deux pôles qui sont deux bulles très fermées, par les conseillers mais aussi par le politique »[3].

Il existe donc un manque de relations et de liens entre l'Assemblée nationale et le Parlement européen, en France, ce qui est moins le cas dans d'autres pays qui, du fait de leur culture parlementaire, sont beaucoup plus portés sur l'activité du Parlement. Qu'en est-il maintenant des pouvoirs du Parlement européen à l'égard de ceux de l'Assemblée nationale française ?

---

[1] *ibid.*
[2] *ibid.*
[3] *ibid.*

Le Parlement européen a plus d'autonomie que l'Assemblée nationale. Au Parlement, les députés européens sont maîtres de leur ordre du jour et ne votent pas sur les textes du gouvernement en dernière instance. Là où la procédure de codécision est à l'œuvre, ils sont à égalité avec le Conseil, ce qui n'est jamais le cas entre l'Assemblée nationale et le gouvernement français. Pierre Moscovici estime d'ailleurs que le mandat de parlementaire européen est un mandat beaucoup plus passionnant que celui de parlementaire national quant à l'effectivité du travail et la capacité d'élaboration de textes des parlementaires.

> « Les moyens sont supérieurs, il n'y a pas de majorités préétablies, l'initiative parlementaire est beaucoup plus forte, le rôle des rapporteurs est incommensurablement plus important, la matière elle-même est extrêmement passionnante, le poids du Parlement européen sur la Commission est beaucoup plus fort que celui de l'Assemblée sur le gouvernement. Le travail est d'un très grand intérêt. »[1]

Catherine Lalumière, qui comme Pierre Moscovici, a connu les deux institutions abonde dans ce sens. Il s'agit, à l'occasion de ce constat, de souligner que le parlement national français a des pouvoirs moindres que ceux des autres pays de l'Union européenne et à cet égard, il faut se tourner vers les institutions de la Ve République et la culture politique française, qui n'est pas parlementaire. Les socialistes français, attachés au parlementarisme, demandent, à l'heure actuelle, plus de pouvoirs et de marge de manœuvre pour l'Assemblée nationale, comme ils n'ont eu cesse de le faire pour le Parlement européen. Cependant, on retrouve au niveau national la même ambiguïté que celle que l'on avait soulignée pour le transfert de pouvoirs à l'Europe. En effet, les socialistes ont été, à plusieurs reprises, à la tête du gouvernement et n'ont pas remis en cause le fonctionnement de l'institution parlementaire, car, dans ces moments-là, elle leur était favorable puisque la majorité de l'Assemblée était celle du gouvernement.

> « Par rapport au travail à l'Assemblée nationale, je trouve que le travail du Parlement européen est plus intéressant. Le Parlement s'occupe de beaucoup de choses et il est composé de gens qui viennent de pays différents. Il y a un mélange de points de vue et d'expériences et cela favorise vraiment l'ouverture d'esprit. À l'Assemblée nationale, la vision reste hexagonale et parfois limitée. En outre, au Parlement européen, sur des textes qui vont être très importants, un parlementaire qui travaille vraiment sur un sujet peut avoir une réelle influence. Aussi, quand une personne décide de quitter le Parlement pour l'Assemblée nationale, cela paraît parfois étonnant. Mais la raison est claire : c'est pour une question de carrière. Si on veut faire une carrière politique, être à Bruxelles ou à

---

[1] Entretien P. Moscovici, *op.cit.*

Strasbourg, ce n'est vraiment pas le lieu idéal. Il faut être à Paris et si possible dans le triangle Assemblée nationale, Matignon, Elysée, au cœur de la France politique. Beaucoup de personnes, surtout du sexe masculin, choisiront la politique nationale ; mais objectivement, le travail au Parlement européen est beaucoup plus intéressant pour quiconque s'intéresse à ce qui se passe au dehors de l'Hexagone. »[1]

Ainsi, le Parlement européen est un lieu d'activité politique et législative plus intéressant que l'Assemblée nationale, mais il constitue souvent, pour les députés socialistes français, un lieu de passage, de tremplin ou de clôture de carrière politique. De même, comparée à la politique nationale, l'activité du Parlement reste encore une affaire étrangère, méconnue des médias, peu suivie par eux et inconnue des citoyens. Alors que le Parlement européen a une marge de manœuvre politique considérable, son espace politique, lui est, réduit.

L'Europe fédérale : une position socialiste ?

> *« Spinelli est quelqu'un qui a dynamisé incontestablement cette première période du Parlement européen élu au suffrage universel direct. Et pour des jeunes militants de gauche, européistes, fédéralistes, il était un peu le leader, c'était quelqu'un qui avait une aura, un charisme incontestable. Affectivement, c'était quelqu'un qui a joué un grand rôle. »* [2]

La question de l'Europe fédérale traverse l'histoire de l'Union européenne et ce type de gouvernance aurait pour conséquence le renforcement du rôle du Parlement européen. Il s'agit ici de faire le point et de replacer le fédéralisme européen dans le contexte du socialisme français.

Dans l'histoire européenne socialiste, le fédéralisme européen est incarné par Altiero Spinelli, qui, au début des années 1980, théorise ses idées à travers son projet d'Union européenne. L'objectif à poursuivre était un réel partage de pouvoirs entre les institutions européennes et les États membres. Le fédéralisme européen suppose qu'une place toute particulière et privilégiée soit accordée au Parlement européen, puisque le cadre de décisions nationales serait, par conséquent, dépassé.

Mais, comme le dit Maurice Braud, secrétaire général de l'Action fédéraliste « Socialisme et Liberté » et partisan d'une Europe fédérale, le fédéralisme est minoritaire au sein du parti socialiste, « bonne preuve, l'opposition à la Constitution »[3].

---

[1] Entretien C. Lalumière, *op.cit.*
[2] Entretien M. Braud, *op.cit.*
[3] *ibid.*

Cependant, même si les socialistes français ne semblent pas majoritairement défendre l'Europe fédérale, ils souhaitent tout de même dépasser le simple cadre de l'Europe des nations et acceptent une part de supranationalité. C'est d'ailleurs ce que dit Jean-Pierre Cot :

> « L'heure n'est plus à l'utopie fédéraliste, quoi que l'on puisse en penser. (...) La supranationalité, ce n'est pas la suppression des nationalités mais la superposition au cadre national d'un cadre supranational, démocratique, d'action en commun »[1].

Dans ces conditions, entre maintien de l'identité nationale des États membres et fonctionnement supranational où un grand nombre de décisions seraient prises à la majorité, les socialistes s'accordent autour de l'idée de « fédération d'États nations » chère à Jacques Delors.

> « Je parle de fédération d'États nations parce que les États demeurent, les nations ont un avenir. Je ne suis pas partisan du fait que tout soit traité au niveau européen. Je souhaite une répartition plus claire des compétences entre les nations et l'Union européenne. C'est le principe de subsidiarité et surtout de réalité. Pourquoi fédération ? Toutes les institutions internationales qui fonctionnent sur la règle de l'unanimité n'avancent pas ! Le système fédéral permet de délibérer et de décider. Il y a deux institutions en dehors des gouvernements qui jouent leur rôle : la Commission et le Parlement et on peut voter à la majorité qualifiée. Le système fédéral c'est un système d'organisation du triangle institutionnel : Parlement, Conseil des ministres, Commission. »[2]

Les socialistes reprennent donc cette idée à leur compte : pour éviter tout ligotage de la prise de décisions, ils souhaitent renforcer le vote à la majorité qualifiée. L'intérêt commun doit être défendu tout en préservant l'identité de chacun des États membres. L'Europe doit donc être supranationale là où le simple cadre de la nation est insuffisant et respectueuse des nations là où l'Europe n'apporte rien ; c'est le principe même de la subsidiarité. Dans l'état actuel des choses, on peut dire qu'il est presque question d'une fédération d'États nations puisque certains domaines dépendent du cadre fédéral et d'autres de celui de l'État. En effet, l'Europe est gérée de façon fédérale dans certains domaines, tels la monnaie, la pêche, l'agriculture, mais d'autres domaines, qui pourraient être traités de façon plus performante au niveau supranational, dépendent encore des États, comme les transports, l'environnement ou la politique étrangère.

---

[1] JP. Cot, *op.cit.*, p. 7
[2] Entretien J. Delors, *op.cit.*

Avec l'élargissement de l'Union, la seule possibilité semble être celle de Jacques Delors puisqu'il est encore plus difficile de s'entendre à vingt-sept qu'à quinze. L'Europe fédérale est donc considérée par de nombreux témoins comme une sorte d'utopie idéaliste et irréalisable, l'objectif à poursuivre ne serait donc plus celui-là. Jean-Pierre Cot estime d'ailleurs que l'échec du traité constitutionnel et le traité de Lisbonne ont totalement changé la donne.

> « Je pense que l'Europe a basculé avec l'élargissement et le « non » à la Constitution. On est passé dans une autre construction. Il n'y a plus de perspectives fédérales en vue. On est dans un réaménagement fondamental. Je suis de ceux qui pensent que le « non » a été quelque chose d'important et que le mini-traité n'est pas une constitution bis. Il n'est plus question maintenant de perspectives fédérales, ce qui change beaucoup les choses, y compris le rôle du Parlement européen. Le fédéralisme n'est plus à l'ordre du jour pendant les trente prochaines années. On ne parle pas d'Europe fédérale, on ne parle pas de progrès vers le fédéralisme européen, on a laissé tomber l'idée d'associer les opinions publiques nationales par ces symboles de citoyenneté européenne qu'étaient le drapeau, l'hymne, la devise. Le fait de les supprimer est tout à fait significatif. On est dans une autre construction européenne. Cet autre schéma était déjà porté par l'élargissement à l'Europe de l'Est et la chute du mur de Berlin. C'est le choix de la paix, plutôt que du fédéralisme ; la paix, c'est-à-dire la grande Europe avec les contraintes que cela comporte. Plus personne, parmi les décideurs en tout cas, ne veut entendre parler de progrès institutionnels. C'est terminé. »[1]

Le problème de la légitimité du Parlement et de l'Europe des citoyens

> *« Les véritables limites [du Parlement européen] (...) résultent de son absence d'autorité politique, de l'ignorance dans laquelle l'opinion publique reste à son endroit, du fort taux d'abstention qui marque les élections européennes, en un mot de l'absence de légitimation. »* [2]

On ne peut pas parler du Parlement européen et des socialistes, qui n'ont cessé de demander une plus grande démocratisation dans le fonctionnement du Parlement, sans s'arrêter sur la légitimité démocratique de cette institution.

Alors que le Parlement européen est la tribune prédestinée des intérêts et attentes des citoyens, en quoi est-il pourtant le symbole du fossé entre l'Europe et

---

[1] Entretien JP. Cot, *op.cit.*
[2] JP. Cot, *Le Parlement européen : fausse perspective et vrai paradoxe, op.cit.*, p. 132

les citoyens ? Que proposent les socialistes français pour y remédier ? Comment renforcer le sentiment de citoyenneté européenne ?

Alors que l'Europe touche de plus en plus la vie des citoyens, il y a une absence de visibilité et un manque de responsabilité démocratique. Dans ces conditions, faute d'explication et de transparence, « elle inquiète, plus qu'elle ne rassure »[1], on l'a vu lors du référendum sur le traité constitutionnel. Ainsi, comme le dit Jean-Pierre Cot : « Ce qui manque à l'Europe, c'est ce qui manque au Parlement, c'est-à-dire une légitimité européenne. Les maux du Parlement ne sont que le reflet des maux européens venant de l'insuffisance de légitimité de l'Europe »[2].

Il y a très peu de lisibilité du travail du Parlement européen dans les pays membres, les citoyens vivent la démocratie nationale dans les élections municipales, cantonales et présidentielles mais ils ne vivent pas la démocratie européenne pendant les élections européennes, pour preuve les taux d'abstention très importants. En outre, la plupart des citoyens ne connaissent pas le nom de leur député européen.

Le Parlement européen n'a que peu d'écho en dehors de son enceinte et de « l'agora européenne »[3], dont parle Maurice Braud. La gestion quotidienne du Parlement se fait sans le contrôle des citoyens. « La faiblesse de toute cette structure est qu'elle n'a pas de prise sur les opinions publiques nationales, c'est une démocratie incomplète de ce point de vue-là, c'est une démocratie sans le peuple, donc ce n'en est pas une »[4] explique, résigné, Jean-Pierre Cot. Bref, la démocratie européenne est à construire. Elle est en chantier.

Le Parlement européen traite de thèmes complexes et les mécanismes de prise de décisions et de fonctionnement sont très difficiles à comprendre, ce qui rend, par conséquent, plus compliqué encore sa popularisation. Par ailleurs, le Parlement européen a pris une place très importante dans un système institutionnel qui n'était pas fait pour lui donner un rôle véritable[5]. Sa visibilité et sa légitimité sont donc d'autant plus à créer de toute pièce.

Suite à son élection au suffrage universel direct, le Parlement européen n'a sûrement pas fait assez pour tisser ce lien entre le citoyen de base et les institutions européennes. Jacques Delors avance une explication :

> « L'élection au suffrage universel direct est peut-être intervenue dix ans trop tôt. La démocratie telle que je l'entends, c'est le pouvoir écoutant l'opinion, décidant et fournissant les explications nécessaires. Les députés nationaux avaient un lien avec l'Europe et

---

[1] J. Delors, *Mémoires*, Plon, Paris, 2004, p. 459
[2] JP. Cot, Cité par J. Delors, *L'Unité d'un homme*, Editions Odile Jacob, 1994, p. 278
[3] Entretien M. Braud, *op.cit.*
[4] Entretien JP. Cot, *op.cit.*
[5] JP.Cot, *op.cit.*

avec les électeurs, ce qui n'est plus le cas après l'élection. Dans les autres pays européens, le régime étant parlementaire, cela a permis de rapprocher l'Europe des citoyens. À l'inverse, en France, le régime est présidentiel. On le voit bien. Les députés anglais, irlandais retournaient dans leur circonscription tous les week-ends parler de l'Europe »[1].

Or, l'absence de légitimité démocratique peut déstabiliser l'ensemble de la structure et les socialistes français semblent en avoir pris conscience après le traité de Maastricht, dans la deuxième moitié des années 1990. Nombreuses sont alors leurs interventions faisant écho à la démocratie européenne et au manque de visibilité pour les citoyens. Voilà ce qu'ils disent au congrès de l'Haÿ les Roses des 30 et 31 mars 1996 :

« Les citoyens n'acceptent plus que l'Europe se construise à leur insu. Ils veulent comprendre ce qui est aujourd'hui trop souvent obscur. Ils veulent s'exprimer sur des choix qui les engagent. C'est pourquoi le renforcement de la démocratie n'est pas un slogan ni même seulement un objectif. C'est aussi une condition pour que l'Europe ait les moyens de ses ambitions. Il est donc nécessaire de formuler des propositions concrètes qui peuvent s'articuler autour de deux idées : efficacité et transparence démocratique »[2].

De même, les socialistes français, intégrant le problème de la légitimité démocratique et de l'Europe des citoyens, estiment qu'un des moyens de rallier les citoyens à l'Europe est de lui assigner des objectifs qui touchent à leur vie quotidienne, tels que l'emploi, le pouvoir d'achat ou encore la lutte contre les inégalités. Il faut aussi, selon eux, plus de démocratie et de transparence. Les socialistes doivent donc mener une politique de fond en matière européenne, une politique de gauche, ce qui serait une façon de toucher les citoyens.

Par ailleurs, la citoyenneté européenne passe par une revitalisation du lien parlementaire. Il est essentiel que le Parlement européen s'explique et fasse comprendre à l'opinion l'importance de son rôle : « les parlementaires doivent servir de lien entre le peuple et les institutions européennes, exprimer les aspirations des citoyens vis-à-vis de l'Europe, leur expliquer la nécessité et les raisons des décisions prises »[3]. Les élus européens doivent avoir beaucoup plus de rôle à jouer au niveau de la vie politique nationale, pense Philip Cordery[4]. Aujourd'hui, les députés européens consacrent quatre semaines par an à leur

---

[1] Entretien J. Delors, *op.cit.*
[2] *Vendredi*, n°276, 8 mars 1996, p. 23
[3] J. Delors, *op.cit.*, p. 459
[4] Entretien P. Cordery, *op.cit.*

circonscription électorale[1]. C'est un début mais le travail reste à faire. Les délégations dans les deux chambres en France, participent à cette ambition et sont des maillons du renforcement des liens entre les citoyens et l'Europe. Il s'agit aussi de responsabiliser les politiques et d'intégrer l'enjeu européen dans tous les discours et à tous les niveaux. Selon Catherine Tasca, « c'est la responsabilité de chaque parlementaire d'intégrer l'Europe à son expression politique sinon ce sera toujours vécu comme un dossier technique »[2]. Pierre Moscovici abonde d'ailleurs dans ce sens.

> « Il faut faire en sorte que l'Europe pénètre dans le débat public national et qu'elle ne soit pas considérée sans arrêt comme une réalité extérieure, comme une contrainte subie, mais qu'elle soit aussi intégrée dans les projets de politiques nationales. C'est pour ça aussi que je reste profondément européen et je n'ai pas le sentiment, en tant que député français, responsable politique français, d'être moins utile à la cause européenne en étant à l'Assemblée nationale qu'au Parlement européen parce que je suis plus audible pour faire passer le message. »[3]

Le lien parlementaire doit être complété par d'autres liens tels les associations – les maisons de l'Europe en sont d'ailleurs l'expression – les organisations professionnelles et syndicales ou encore les universités et les écoles.

Un autre moyen est sûrement aussi le développement de l'Europe culturelle, au sens large, qui pourrait être mise au service de celle des citoyens. Les deux, Europe culturelle et Europe des citoyens, sont quelque part liées de façon intrinsèque car éduquer, communiquer, rendre compte aux citoyens appartiennent au domaine de la culture. C'est ce que dit Catherine Tasca, ancienne ministre de la culture du gouvernement Jospin :

> « Au fond, ce qu'on a en commun en Europe, du moins je l'espère et, de plus en plus, c'est la conviction que culture et démocratie ont partie liée et la conviction qu'il y a une responsabilité publique dans le domaine de la culture, d'où l'existence dans la plupart des pays d'Europe d'institutions culturelles soutenues par les pouvoirs publics, soit centraux, étatiques, ou territoriaux. Les politiques sont très diverses. (…) Et ça, c'est un signe assez distinctif de l'espace européen, cette conscience d'une responsabilité publique dans le soutien à la culture dans toutes ses facettes : l'attachement au

---

[1] Ces quatre semaines de circonscription sont inscrites dans le règlement du Parlement européen. Cela n'exclue pas que les parlementaires y consacrent plus de temps.
[2] Entretien C. Tasca, *op.cit.*
[3] Entretien P. Moscovici, *op.cit.*

patrimoine, l'aide à la création... Cela rapproche vraiment les européens »[1].

Il s'agit donc d'éduquer. À cet égard, Catherine Lalumière[2] avance l'idée d'instruction civique européenne à l'école et Catherine Tasca[3] celles de politique nationale de trilinguisme à l'école, de mise en réseau des universités et du renforcement de l'harmonisation des diplômes : « Cela donnerait à toute la jeunesse d'Europe, une ouverture et une capacité à échanger, à correspondre qui serait quelque chose de très important »[4].

Il s'agit aussi de communiquer : « Il y a deux angles d'attaque très concrets : tout d'abord, qu'est-ce que l'Europe vous apporte à vous ? Cela peut intéresser certaines professions, par exemple les agriculteurs. Il y a eu des formations à la FNSEA et ils en savent souvent plus que vous. Puis, il y a un autre angle d'attaque, que j'utilise de plus en plus, qui est celui qui s'intéresse au sens du projet européen. Pourquoi s'est-on lancé dans cette aventure ? Dans quels buts ? Et, à ce moment-là, vous voyez les yeux qui commencent à pétiller... »[5] met en avant Catherine Lalumière.

Au niveau artistique, Catherine Tasca propose le soutien européen à la mise en place de résidence artistique internationale dans tous les pays. L'Europe culturelle passe aussi par l'Europe des médias. De même que les médias pourraient servir le débat droite/gauche, de par l'impact qu'ils ont auprès des citoyens, ils pourraient aussi développer le sentiment de citoyenneté européenne : « Les journaux télévisés, du moins pour les chaînes publiques, pourraient se donner comme objectif d'avoir systématiquement une rubrique européenne dans l'information quotidienne »[6].

Le Parlement européen souffre donc de son manque de légitimité démocratique. Pour le renforcer mais aussi pour donner sens au projet européen, il s'agit de donner vie à l'Europe des citoyens. C'est la volonté des socialistes français. Elle passe par le renforcement du rôle du Parlement, des députés européens et de leurs électeurs, les citoyens européens.

---

[1] Entretien C. Tasca, *op.cit.*
[2] Entretien C. Lalumière, *op.cit.*
[3] Entretien C. Tasca, *op.cit.*
[4] *ibid.*
[5] Entretien C. Lalumière, *op.cit.*
[6] Entretien C. Tasca, *op.cit.*

Conclusion

Sonder l'évolution de la position des socialistes français par rapport au Parlement européen sur les cinquante dernières années a été le but premier de la recherche. C'est ainsi la substance de la relation qu'entretient un parti national à l'égard d'une institution parlementaire supranationale. Le parti socialiste, se définissant lui-même comme un parti fonctionnant sur le mode parlementaire, est un parti politique qui a aujourd'hui du mal à se définir face à l'enjeu européen. Tout l'intérêt a alors été de comprendre pourquoi et comment.

Parallèlement, le Parlement est l'institution européenne qui a le plus changé et évolué depuis la mise en œuvre du triangle institutionnel en 1952. Deux périodes doivent être distinguées : avant et après 1979, soit avant et après l'élection au suffrage universel direct. D'une Assemblée commune, il est devenu véritable Parlement. Il s'est alors agi de comprendre quelle part ont eu les socialistes dans cette évolution démocratique.

Dans cette optique, l'histoire même du parti socialiste a retenu notre attention. En effet, dans les années 1970, après l'arrivée de François Mitterrand à la tête du parti, l'objectif est d'accéder au pouvoir en France. Dans le cadre de l'union de la gauche, le PS de François Mitterrand est donc tenu de composer avec une aile gauche, le CERES, et avec le parti communiste, tous deux anti-européens. Le parti se voit dans l'obligation d'adapter ses positions à cette nouvelle donne. Ainsi, alors que pendant les années 1960, les années Guy Mollet, les socialistes sont favorables à une démocratisation du Parlement européen et se veulent des européens d'idéal, pendant les années 1970, les socialistes sont beaucoup plus pragmatiques. La formule « tout le traité, rien que le traité » résume leur position : le PS souhaite l'élection du Parlement européen, mais sans extension de ses pouvoirs. En effet, que les pouvoirs de celui-ci soient étendus pourrait priver les socialistes d'une marge de manœuvre importante s'ils accédaient au pouvoir en France.

Le Parlement européen, son organisation et son fonctionnement nous ont aussi intéressés. Les évolutions propres à la Communauté telles l'Acte unique et le traité de Maastricht ont eu une incidence sur celles du parti socialiste. Le positionnement du parti face au Parlement européen dépend donc d'une part des évolutions et contraintes internes au parti lui-même et d'autre part des débats externes au parti, comme les questions communautaires.

Puisque le Parlement européen est le lieu de la représentation populaire, il s'est alors agi de comprendre quel rôle et quelle place ont tenu les socialistes français au sein d'une telle institution et, ainsi, de voir et comparer comment ils se positionnent à Paris et à Bruxelles face au Parlement. Les députés socialistes européens dépendent-ils de Paris dans leur action au sein du Parlement ? Sont-ils plus "européens" que les socialistes à Paris ? Pour ces interrogations, les témoignages recueillis ont permis de remédier au déficit d'archives sur le sujet.

Ensuite, toujours au sein du Parlement européen, les socialistes français se regroupent à la fois dans une délégation socialiste française et dans le groupe socialiste. Ce dernier est le vrai lieu de travail et de prise de décisions. Ainsi, au Parlement, le véritable lieu de débat et d'influence pour les socialistes est le groupe. Les relations avec les autres partis socialistes européens sont donc constantes.

Enfin, la dernière échelle à prendre en compte est celle des structures de regroupement des partis socialistes européens (UPSCE et PSE). Les relations entre le groupe et l'UPSCE sont d'abord assez déséquilibrées à l'avantage du groupe, puis normalisées et plus saines avec le PSE. Le PSE devient la référence au Parlement européen et le rapport groupe/parti, à l'échelle européenne, se calque sur l'échelle nationale.

Point d'orgue de ces trois niveaux, le lien évident entre les socialistes français, les socialistes européens et le Parlement réside dans les élections européennes. Elles sont l'occasion pour les socialistes de définir leurs positions et d'exprimer leurs objectifs par rapport au Parlement. Dans cette perspective, l'étude des manifestes de l'UPSCE puis du PSE et du parti socialiste a permis de cerner l'évolution des positions des socialistes français et de les comparer à celles des socialistes européens dans leur ensemble.

Ainsi, depuis 1957, la position des socialistes français à l'égard du Parlement européen a évolué. Dans un premier temps et jusqu'en 1979, ils souhaitent globalement la mise en œuvre du traité de Rome et notamment l'élection du Parlement européen au suffrage universel direct. Une celle-ci fois obtenue, le débat se déplace et les socialistes revoient leur positionnement par rapport au Parlement. Cette redéfinition correspond aux années où les socialistes sont au pouvoir en France et où ils vont faire de la question européenne l'axe de leur gouvernement. Le couple Mitterrand/Delors joue un rôle majeur à cette période, entre l'Acte unique et le traité de Maastricht, où le Parlement acquiert la quasi-totalité de ses pouvoirs actuels. Plus le Parlement gagne en légitimité, plus le débat au sein du PS s'accélère et se dynamise et plus les prises de position des socialistes en faveur de la démocratisation et de délégations de pouvoirs s'affirment. Le débat s'ouvre en corolle. La création du PSE en 1992 est l'expression même de ce dynamisme au sein des partis socialistes européens et de la volonté de créer un véritable parti socialiste européen et donc un débat politisé droite/gauche à l'échelle européenne. Le débat autour du Parlement européen se généralise et concerne les finalités mêmes de l'Europe comme conception politique. Il impulse une nouvelle donne qui se manifeste à travers les trois dernières élections européennes de 1994-99 et 2004.

Cependant, la position du parti socialiste à l'égard du Parlement européen et, plus globalement des institutions européennes, n'est pas spécifique au parti lui-même et ne lui permet pas de se distinguer des autres partis de l'échiquier politique.

Dans cette perspective, il s'agit tout d'abord de souligner que l'évolution de sa position à l'égard du Parlement européen est, bien sûr, propre et intrinsèque à l'histoire même des socialistes français. Mais il ne semble pas que le domaine institutionnel et la volonté de démocratisation du Parlement européen soient une spécificité socialiste, dans le sens où ils lui permettraient de se distinguer des partis de droite et de faire ressortir des lignes de clivages droite/gauche. La gauche comme la droite compte d'ailleurs des fédéralistes dans leur rang.

> « Sur ce sujet-là, je ne vois pas de différences entre le PSE et PPE. Ils ne sont pas d'accord sur un certain nombre d'orientations politiques mais sur la nécessité d'augmenter les pouvoirs du Parlement, c'est un combat commun.»[1]

Ainsi, les socialistes ne se distinguent pas particulièrement par leur ambition en matière institutionnelle, par rapport aux autres partis, qui se disent, comme le parti socialiste, pro-européens, à savoir, au Parlement européen, le PPE, ou encore en Allemagne, les chrétiens-démocrates ou en France, le MODEM, ex-UDF. Il y a même eu des périodes où les chrétiens-démocrates étaient plus favorables à une augmentation des pouvoirs du Parlement européen que les socialistes, c'est le cas, comme l'explique Jean-Pierre Cot, à l'époque Mitterrand/Kohl[2].

> « [François Mitterrand] ne mettait pas l'institutionnel en tête contrairement à Kohl qui avait une conception où il fallait que le Parlement européen ait davantage de pouvoirs. C'était une vision fédéraliste et dans cette vision, les chrétiens-démocrates, le PPE, devaient jouer un rôle central d'autant plus qu'ils savaient que les socialistes étaient divisés sur le sujet. »[3]

Cependant, Philip Cordery[4] reconnaît qu'actuellement, il existe des points de désaccords entre le PSE et le PPE concernant le Parlement européen, notamment sur les sujets à traiter à la majorité qualifiée et sur la fiscalité – sujets sur lesquels les socialistes souhaitent aller plus loin que le PPE. Par ailleurs, selon lui, les socialistes se distinguent sur les questions liées au renforcement de la démocratie et au rapprochement avec le citoyen, telles les questions de transparence.

Au Parlement européen, si les socialistes ne se démarquent pas réellement de la droite au sujet de l'institution elle-même, ils mettent en avant leur spécificité sur des thématiques variées, ainsi il n'y a pas de spécificité socialiste sur la forme mais sur le contenu. Les différences droite/gauche se manifestent sur les orientations économique et sociale. C'est ce qu'explique Maurice Braud : « La revendication

---

[1] Entretien C. Lalumière, *op cit.*
[2] Helmut Kohl est chancelier allemand de 1982 à 1998
[3] Entretien JP. Cot, *op.cit.*
[4] Entretien P. Cordery, *op.cit.*

forte, c'est la raison d'être des socialistes, c'est la revendication sociale»[1]. Les socialistes, en matière européenne, font donc entendre leur voix par le biais des politiques communes et de leur ambition politique pour l'Union.

Aujourd'hui et depuis l'échec du référendum sur le traité constitutionnel, il semble que la question européenne, comme vision globale de l'Europe, demande à être repensée au sein du parti socialiste : « le parti socialiste est malade de l'Europe »[2] affirme Pierre Moscovici. Maurice Braud émet une solution pour résoudre la contradiction, au sein du PS, entre le fond et la forme, l'Europe sociale et les institutions :

> « Quelques-uns d'autres eux [les socialistes] ont tendance à dire qu'il faut des politiques sans se poser la question des instruments des politiques. C'est « et-et ». Le fédéralisme, ce n'est pas « ou-ou » mais « et-et »... Quelques uns de nos camarades sont trop obnubilés par la nécessité de faire du social et en oublient les outils nécessaires à sa mise en œuvre. C'est un lien de nécessité entre l'un et l'autre »[3].

Achevé de rédiger en juin 2008

---

[1] Entretien M. Braud, *op.cit.*

[2] Entretien P. Moscovici, *op cit.*

[3] Entretien M. Braud, *op.cit.*

Entretiens

Pervenche BERÈS

Jeudi 10 janvier 2008, bureau d'information du Parlement européen, Paris

Salomé Benhamou : Tout d'abord, j'aimerais savoir pourquoi l'Europe dans votre engagement à gauche ?

Pervenche Berès : C'est l'international qui m'a menée vers l'Europe et progressivement, au milieu des années 1970 autour de la conférence d'Helsinki, de la détente en Europe, j'ai pris conscience de ce que représentait l'Europe comme champ d'action pour l'idéal socialiste. Le grand choc, ce sont les accords d'Helsinki en 1975, puis après la deuxième étape, absolument structurante, au regard de mon type d'intervention sur le sujet européen, c'est le référendum de Maastricht. Il y a une prise de conscience européenne avec Helsinki qui est assez généraliste et qui ensuite se focalise sur l'économique et le monétaire avec le référendum de Maastricht avec l'idée que c'était là que les choses importantes allaient se jouer.

S.B. : D'accord, donc votre engagement pour le socialisme et l'Europe sont concomitants ?

P.B. : C'est inséparable.

S.B. : Et dans ce cas-là, pourquoi le Parlement européen ? Est-ce un choix ? Est-ce, selon vous, le meilleur lieu d'expression pour une socialiste européenne ? Que représente pour vous cette institution ?

P.B. : C'est le hasard et la nécessité de la vie. Professionnellement, j'ai eu la chance qu'en commençant ma carrière d'administratrice à l'Assemblée nationale, on m'ait demandé dans quel domaine je voulais travailler et j'ai dit sur la question européenne. Ensuite, j'ai été à la commission des Affaires étrangères où j'ai travaillé en très grande intelligence avec beaucoup des présidents de cette commission (quand vous êtes administrateur vous êtes neutre, vous travaillez au service de l'ensemble de la représentation populaire) jusqu'à l'arrivée de Valéry Giscard d'Estaing où là, je trouvais que les conditions étaient devenues plus difficiles. C'est le moment où j'ai cherché à échapper à la fonction d'administrateur dans laquelle je ne me sentais plus à l'aise. C'est là que je suis entrée dans le cabinet de Laurent Fabius, alors président de l'Assemblée nationale et quand vous regardez ma carrière, elle est entièrement européenne.

S.B. : Et donc dans cette droite ligne : le Parlement européen ?

P.B. : Oui, il se trouve qu'il y a eu un concours d'opportunité lorsque Michel Rocard... C'est pour ça que je dis que c'est le hasard et la nécessité, peut-être que j'étais faite pour devenir députée européenne mais... Un jour Michel Rocard a dit au congrès du Bourget, qu'il conduirait la liste européenne si elle était « chabada ». Laurent Fabius a regardé autour de lui qui il pouvait mettre dans le « ba » ou dans le « cha », je ne sais pas qui est qui là-dedans.

S.B. : Et que représente pour vous l'institution parlementaire ?

P.B. : Le Parlement européen, c'est une jolie aventure. C'est paradoxal, car en termes législatif, vous avez une liberté, une marge de manœuvre, une capacité d'initiative absolument incroyables, notamment lorsque vous comparez cette situation à celle des députés nationaux, pour plein de raisons, qui font qu'en termes de capacité d'initiative, de proposition, c'est très satisfaisant, mais en termes de surface politique, il y a un espace d'expression qui est moins grand. Je crois que c'est Marc Abelès qui décrit le Parlement européen comme un « Parlement d'expertise », il a raison, même si au bout du compte, il peut y avoir des stratégies et des approches très politiques.

S.B. : Sur le papier, le Parlement européen a plusieurs pouvoirs mais ça paraît très compliqué et quand vous dites cela, on a vraiment l'impression qu'un parlementaire a du pouvoir. Vous n'êtes pas du tout perdue dans les procédures administratives ?

P.B. : On peut s'y perdre si on veut mais si on veut faire quelque chose, on peut se débrouiller pour y arriver. Le succès n'est pas garanti à 100 %, puisqu'après, il y a des questions de majorité politique en plénière qui sont difficiles. Mais, il y a un espace de manœuvre. L'autre chose qu'il faut dire sur le Parlement européen et sur la caractéristique de cette institution, c'est que l'idée du melting-pot européen ou du mélange de culture, pour faire plaisir à Jacques Toubon, ça fonctionne vraiment là-bas. Si vous êtes à l'Assemblée nationale, si vous êtes rapporteur sur un texte, peut-être allez-vous avoir besoin en tant que socialiste de vérifier les différentes motions pour voir si ça correspond bien à un point d'équilibre au sein du parti mais ce n'est pas la même chose que d'aller discuter avec des gens qui sont aussi socialistes que vous mais avec des nationalités différentes et donc avec des points d'entrée dans la discussion historiquement, juridiquement, économiquement encore plus divergents que ceux que vous pouvez rencontrer au niveau national. En tant que socialiste française, si je veux obtenir quelque chose, ça ne sert à rien de le faire en tant que socialiste française, c'est utile, mais ce n'est pas du tout suffisant. Il faut fabriquer des majorités.

S.B. : Donc, là, vous touchez un point qui m'intéresse tout particulièrement, à savoir l'imbrication entre le PS au niveau national, la DSF (délégation socialiste française) au Parlement européen et le PSE. Comment s'orchestrent vos relations de travail par rapport à ces trois niveaux ? Comment ça se passe ? Est-ce que vous êtes dépendante de Paris, ou au contraire, êtes-vous très libre ?

P.B. : On est indépendant, sauf quand c'est grave. Quand j'ai présidé la délégation, ça m'est arrivé deux, trois fois d'interpeller Paris, mais c'est extrêmement rare, c'était sur la libération du service d'électricité, sur l'élargissement et le passage à l'euro. Ce sont les trois cas où j'ai eu à valider à Paris ce qu'on faisait à Strasbourg. Mais d'abord, les calendriers ne sont pas les mêmes, c'est une des choses dont il faut tenir compte. Il faut distinguer le débat politique général et les textes législatifs. Sur le plan législatif, lors du débat au Parlement européen, très souvent, on sait à peine au plan national ce qui est en jeu. Cela va changer avec le traité de Lisbonne puisque les parlements nationaux vont chercher à s'investir plus en amont dans le processus, ce qui est le meilleur moyen d'avoir prise sur son déroulé et son développement. Souvent, il y a une certaine autonomie. Après, en tant que présidente de la délégation, c'est quelque chose que j'avais constamment à l'esprit, on est là en tant que socialistes français pour faire valoir notre petite musique, donc il faut quand même bien qu'il y ait en permanence un espace d'autocontrôle entre les positions qu'on prend et celles du parti, même si cela dit, on n'est pas obligé de vérifier au jour le jour cette cohérence.

S.B. : En fait, moi, je pensais que c'était l'inverse, que c'était le parti qui exerçait une sorte de filtrage avec la DSF mais en fait, c'est plutôt vous qui allez vers eux ? La DSF n'est pas un moyen pour Paris de contrôler ce qui se passe au Parlement européen ?

P.B. : Très peu. Il y a eu des périodes où le secrétaire national aux questions européennes était membre de la délégation, c'était vrai avec Gérard Fuchs et c'est vrai actuellement avec Benoît Hamon, mais c'est plutôt la DSF qui va vers Paris.

S.B. : Et ensuite, comment cela se passe-t-il entre la DSF et le PSE dans vos relations de travail ? Y a-t-il ce même va-et-vient, cette même imbrication ?

P.B. : Dans le groupe socialiste – il faut distinguer le groupe socialiste et le PSE – et là je vous parle du groupe socialiste. Dans le groupe, soit c'est vous qui êtes à la manœuvre et êtes le principal rapporteur d'un projet législatif et, dans ce cas, vous essayez de ne pas être trop schizophrène et de prendre ce qui vous semble être bien en tant que socialiste européenne française, soit ce n'est pas le cas et vous cherchez à faire valoir vos points de vue. Ça peut arriver sur des sujets comme les OGM, le nucléaire, les fonds de pension. Il y a beaucoup de sujets où les socialistes français peuvent avoir une position un peu spécifique et dans ce cas, il faut essayer au maximum de convaincre dans le groupe et puis si vous n'y arrivez pas, vous élaborez vos propres listes de votes, mais si vous voulez garder de l'influence dans le groupe, il ne faut pas en abuser. À l'Assemblée nationale, il y a une discipline de vote, sauf quand Jean-Luc Mélenchon, pour ne citer qu'un exemple, est de mauvaise humeur, le groupe vote de manière cohérente. Au Parlement européen, cette discipline de vote, on essaie de la faire vivre puisque c'est elle qui vous donne un poids en tant que groupe politique, mais c'est une règle qui souffre de certaines exceptions.

S.B. : Donc, vous êtes en relation directe avec les socialistes européens ? Très concrètement, comment ça se passe ?

P.B. : C'est au jour le jour ; l'unité de base du travail, c'est le groupe socialiste et la délégation se réunit un peu en marge.

S.B. : Cela veut dire qu'il y a des traductions à chaque fois, que ce sont de grosses réunions ?

P.B. : Dans les plénières du groupe, oui. Dans les groupes de travail, il y a quatre langues et dans l'élaboration finale, généralement, ça se passe en anglais, mais cela dépend des langues des interlocuteurs.

S.B. : C'est vraiment intéressant de savoir que ce sont les socialistes européens qui se réunissent et pas que français. C'est une question que je me posais.

P.B. : En tant que socialistes français, on peut dire que l'on défend telle ou telle position, mais même si on est trente et un et donc la première délégation, cela ne va pas suffire. De temps en temps, on peut se faire plaisir, mais sur la durée il faut convaincre les autres pour être efficace.

S.B. : Et en tant que présidente de la Gauche européenne, comment ça se passe ? Peut-on dire qu'il existe un débat politique spécifiquement européen ? Si oui, dans quel cadre ? La presse, le Parlement européen, l'Assemblée nationale ou bien est-il en train d'émerger ?

P.B. : Je vais être très honnête avec vous. J'ai pris la présidence de la Gauche européenne au moment du référendum sur le traité de Maastricht alors qu'il y avait une volonté de relancer le Mouvement européen France. Mais aujourd'hui, le Mouvement européen, pour moi, pose un problème, c'est l'idée qu'on peut travailler sur les enjeux européens droite et gauche ensemble. Si on veut faire progresser la sensibilité des électeurs sur le sujet européen, leur dire droite et gauche, c'est pareil, ce n'est pas le meilleur moyen d'y parvenir. C'est ce qu'on a fait avec les plateaux communs au moment de la ratification de Maastricht avec par exemple Laurent Fabius et Simone Veil sur un même plateau. C'est utile parfois, mais fondamentalement je ne crois pas que cela serve le débat européen. Le débat européen a besoin d'être politisé. Or, le Mouvement européen contribue à le dépolitiser. En réalité, la Gauche européenne, c'était utile quand on avait besoin à l'intérieur du Mouvement européen d'organiser une expression de la gauche. Comme aujourd'hui, je considère que le Mouvement européen, ce n'est pas un lieu d'investissement prioritaire, c'est quelque chose qui est là mais qui est à la marge. Pour moi, le plus important, c'est la ligne européenne dans le Parti socialiste français. Et c'est là qu'on doit définir les bases, en tant que socialistes français, du débat à porter dans le PSE.

S.B. : Peut-on parler d'un débat européen politisé ?

P.B. : Il l'est quand même. En tout cas, au niveau du PSE, depuis qu'on a contribué à faire élire Poul Nyrup Rasmussen comme président, il y a un débat qui s'est politisé. Après le problème, c'est les échos dans les médias et la perception par l'opinion publique, c'est plus difficile. Mais qu'il y ait une réalité d'une existence du Parti socialiste européen, qu'on y mène des débats politiques, qu'il y ait une ligne de clivage par rapport à la droite, c'est une réalité !

S.B. : Donc c'est plus de l'autre côté qu'il faudrait réussir à capter l'attention, j'entends de l'opinion publique et des médias.

P.B. : Ce débat n'existe pas dans la presse. La scène européenne en tant qu'espace de débat politique n'existe pas, même si régulièrement tel ou tel journal fait un effort après Maastricht ou le dernier référendum. Mais dans les rédactions, nous, en tant que députés européens, on a parfois du mal à se faire entendre à Solférino ou à l'Assemblée nationale. C'est un peu la même chose. Ceux qui sont correspondants à Bruxelles ont du mal à faire comprendre à leur rédaction que c'est un centre de décisions majeur. Celui qui suit de très près l'actualité européenne, c'est le *Financial Times*.

S.B. : J'aimerais revenir sur les pouvoirs du Parlement européen. Est-ce que depuis 1994 avec Amsterdam et Nice, il y a une évolution dans vos pouvoirs, dans votre marge de manœuvre ? Et maintenant, avec le traité de Lisbonne, le Parlement va être co-législateur avec le Conseil. Qu'en pensez-vous ?

P.B. : Il y a une évolution qui est évidemment liée à la montée en puissance de la codécision. Le Parlement a une plus grande marge de manœuvre. Puis il y a aussi un jour où on a censuré une Commission, ça a porté ses fruits. Depuis 1994, il y a trois facteurs qui expliquent la montée en puissance du Parlement européen : l'augmentation des domaines dans lequel le Parlement est co-législateur, le fait qu'on ait renversé la Commission, cette espèce d'alliance tacite qui, parce qu'on était les deux institutions pro-européennes, mettait la Commission à l'abri de trop de critiques de la part du Parlement – c'est un tabou qui a sauté – et l'élargissement, parce que l'élargissement a plus déstabilisé la Commission et le Conseil. Au Parlement européen, on vote : un homme une voix, c'est un mode de fonctionnement assez mécanique qui fait qu'on continue à décider. Les phénomènes de blocage n'ont pas cours au Parlement européen. Les disproportions de la Commission (un commissaire par État) ont beaucoup contribué à renationaliser le comportement des commissaires. C'est un collège qui ne fonctionne pas comme collège. Au Parlement européen, avec un homme égal une voix, au-delà du débat sur le nombre de voix attribué à un pays, ça fonctionne.

S.B. : Donc au Parlement européen, l'élargissement n'a pas nui à l'approfondissement et au contraire, il l'a enrichi.

P.B. : Je le dirai plutôt de manière négative, le Parlement européen est l'institution qui a été la moins affectée par l'élargissement.

S.B. : Pour la Commission et le Conseil, on peut donc dire que ça a nui à l'approfondissement et qu'il y a un équilibre à trouver.

P.B. : Oui, absolument. Mais, sur le traité de Lisbonne, ne vous méprenez pas. Ça ne va pas changer les choses pour la Commission. On dit que l'article sur les conditions de désignation de la Commission après les élections renforcerait les pouvoirs du Parlement européen. À mon avis, ça ne va pas changer grand chose. Aujourd'hui, le président de la Commission est nommé par le Conseil européen après la consultation du Parlement européen. Je ne crois pas que cela changera grand-chose de dire qu'on tiendra compte des résultats des élections. C'est très bien mais c'est déjà le cas. Et sur l'extension de la codécision, c'est très marginal. Sur le troisième pilier, il y a quelques progrès mais… Dans la longue liste des traités européens, celui-ci n'est pas significatif pour l'augmentation du champ de la codécision, c'était l'Acte unique, Maastricht et Amsterdam, mais ça n'a pas été Nice et ce n'est pas celui-là.

S.B. : J'ai lu dans l'un de vos articles publiés sur votre site que vous souteniez le traité de Lisbonne même si vous souhaitiez un référendum et que vous ne vouliez pas que les socialistes se divisent sur la question européenne avant leur congrès. Cependant, vous parlez des faiblesses de Lisbonne, concernent-elles le domaine de la codécision, ou bien s'agit-il des politiques communes ?

P.B. : Quand j'ai fait campagne pour le « non », il y avait trois points de critique essentiels : on confondait politique et institution. Et cet aspect-là est résolu, même si c'est formel, on n'a pas une constitution qui couvre l'ensemble des politiques. Puis, il y a la question des révisions des politiques sur laquelle on n'a pas beaucoup progressé et il y a le volet qui concerne les coopérations renforcées qui reste difficile à mettre en œuvre dans le nouveau dispositif. Donc, ces deux points de faiblesses demeurent. Sur le champ de la codécision, pour l'essentiel, ce traité ne fera que mettre en œuvre ce qui était inscrit comme possible dans le domaine de l'espace de justice, de sécurité et de liberté dans le traité d'Amsterdam qui contient une « clause passerelle » permettant de décider à l'unanimité qu'à l'avenir on voterait à la majorité dans ces domaines. Mais la principale critique que je fais au traité de Lisbonne, c'est que pour la première fois depuis Maastricht, on n'a pas de clause de rendez-vous. Or, pour moi, la déconnexion qui est faite entre les institutions et les politiques dans le traité n'a de sens que si on admet qu'il ne fallait pas constitutionnaliser les politiques et qu'on a besoin de faire évoluer les politiques, de les adapter, de les changer. Idéalement, moi, ce que j'aurais aimé écrire, c'est qu'à l'occasion de la négociation sur la révision des perspectives financières, on vérifierait si les politiques de l'Union sont adaptées aux défis futurs, voilà ! Or, ça n'y est pas.

S.B. : Donc quelle est la différence par rapport au traité constitutionnel ?

P.B. : Il y a deux choses : un argument de fond et de contexte. Dans la Constitution, il y avait un côté rêve final. On mettait une espèce de chapeau sur l'ensemble des politiques et on avait parachevé l'œuvre européenne. Ici, on reconnaît que l'on est dans un processus. Petite parenthèse : il y a quelque chose qui m'amuse beaucoup aujourd'hui, je vois tous ceux qui critiquent une future présidence assez ambiguë avec un président du Conseil européen, un Haut représentant et un président de la Commission et le risque de confusion entre ces trois personnages. Je fais partie de ceux qui l'avaient dit dans la convention, mais certains s'en aperçoivent maintenant... Sur le dispositif institutionnel, on aurait pu imaginer mieux mais ça améliorera le fonctionnement des institutions, il n'y a pas de doute, donc c'est bien, prenons-le, mais on ne pouvait pas avoir les politiques de l'Union dans le même paquet. Après, il y a un argument de contexte qui est, qu'aujourd'hui, je pense que l'essentiel est la réforme des politiques, la définition de priorités communes et de préférences collectives notamment autour de ce que les chefs d'État et de gouvernement ont défini en mars dernier, autour des enjeux environnementaux et climatiques. Si aujourd'hui, on se contente de gérer ces priorités en demandant à chaque État membre comment il va contribuer à l'objectif collectif, on n'y arrivera pas, on a besoin de mobiliser les politiques communes pour les mettre en cohérence avec cet objectif collectif qui a été défini.

Ça suppose de réviser les politiques de l'Union, mais pour être entendu sur ce sujet-là, il faut d'abord résoudre la question institutionnelle, car ceux qui ne veulent pas parler des sujets qui fâchent, la réforme de la PAC, la remise en cause du chèque britannique, la réorientation des politiques de l'Union, vous disent que l'on ne peut pas avancer puisqu'on n'a pas résolu la question institutionnelle. Donc, je dis « faisons sauter le bouchon institutionnel » et maintenant attaquons-nous au vrai sujet.

S.B. : Est-ce que cela veut dire que vous mettez les institutions en retrait et favorisez les politiques communes ? Est-ce que cette position, c'est la vôtre ou celle des socialistes ?

P.B. : Historiquement, c'était la position des socialistes. Ce que c'est aujourd'hui, je ne sais pas mais normalement on a toujours dit que les institutions au niveau européen étaient au service des projets et si vous regardez le manifeste électoral de 1999 et 2004, c'est ce qu'on disait et j'espère que c'est ce qu'on continue à dire.

S.B. : Vous voulez mettre les institutions au service de vos projets. C'est bien ça ?

P.B. : Oui, plus elles sont efficaces, mieux c'est. Mais vous savez, dans l'histoire européenne, le traité de Lisbonne sera le premier traité où on ne fera que parler de la question institutionnelle. Fondamentalement, c'est normal parce qu'on était à un seuil de croissance à la fois en termes géographiques et de compétences où on ne pouvait plus se contenter de bricoler la maison, où il fallait sans doute quasiment déménager. On n'a pas déménagé, mais on a bien fait un ravalement. Mais c'est la première fois qu'on fait ça. Dans tous les autres traités, il y a une avancée significative en termes de contenu, de définition de la préférence collective autour d'une dimension nouvelle pour la politique de l'Union qui, là, n'existe pas. En fait, c'est le solde institutionnel de l'élargissement.

S.B. : Vous disiez que le Parlement européen avait, en quelque sorte, plus de pouvoirs que le Parlement national. Alors qu'on pourrait penser que c'est l'inverse, que le Parlement européen devrait avoir les mêmes prérogatives qu'un parlement national. Cela irait dans le sens d'une Europe fédérale que vous soutenez ? Mais concrètement ?

P.B. : L'Europe fédérale, c'est utopique. La montée en puissance du Parlement européen contribue à une meilleure gouvernance européenne et à une institutionnalisation du mécanisme. Mais ce n'est pas à ça que se résumerait une Europe fédérale. Ce n'est pas parce qu'on aurait un Parlement européen hyperpuissant qu'on aurait une Europe fédérale.

S.B. : Ma question était vraiment par rapport au parlement national. C'est quand même important, vous estimez avoir plus de pouvoirs qu'un parlementaire national.

P.B. : Plus d'autonomie en tout cas et à la fois plus de pouvoirs. On est maître de notre ordre du jour et on ne vote pas sur le texte du gouvernement en dernière instance. En codécision, quand on est à la fin du processus, on est à égalité. On a plus de pouvoirs là où on est en codécision, d'autant plus que l'on n'est pas dans des majorités politiques automatiques de soutien à un gouvernement.

S.B. : *Quels domaines manquent à la codécision ?*

P.B. : Pour l'essentiel, la fiscalité et le social, sur le budget c'est plus compliqué. Quant à la politique étrangère ...

S.B. : *Et par rapport à ça se pose la question de la légitimité du Parlement. Même si le Parlement européen a plein de pouvoirs, il y a un fossé entre l'Europe et l'opinion publique. Comment peut-on capter son attention et lui donner de la légitimité ? Et quand vous voulez changer son mode de scrutin, c'est dans cet objectif ?*

P.B. : La visibilité du Parlement européen, ça je ne sais pas. Je ne suis pas une experte en communication. Ce que j'ai fait de mieux, c'est mon site. Les gens qui le visitent me disent avoir l'impression d'être en prise directe avec mon activité. Mais là, dans les médias français, c'est difficile. Vu du Parlement européen, je pense être une bonne députée européenne qui fait correctement son travail, mais en termes de communication ou de présence dans les médias français, c'est sous-optimum.

S.B. : *Mais quand vous parlez avec les gens, sont-ils réceptifs ? C'est là que vous devez ressentir s'il y a un impact.*

P.B. : Quand je parle avec les gens, là comme vous, ce matin, je trouve ça plutôt intéressant, je trouve les gens passionnés.

S.B. : *Oui, mais moi je travaille dessus.*

P.B. : Même quand les gens sont là, que vous leur parlez, ils sont passionnés. Mais encore faut-il que les gens soient là et ils ont quatre cent quinze millions d'autres choses à faire et ils ont l'impression que c'est loin alors qu'on va parler du chocolat ou je ne sais pas quoi et c'est tout de suite dans leur jardin. Mais, après, quand je parle avec des journalistes, ils disent que c'est trop technique et trop compliqué, mais c'est aussi leur métier de faire en sorte que ce soit plus clair. Quand j'étais présidente de la délégation, on avait organisé un séminaire avec des journalistes sur « les médias et l'Europe », on avait dit des tas de choses très intelligentes, mais ça reste un défi qu'on doit relever et qu'on ne pourra pas relever sans la complicité de la classe politique nationale et des médias. Mais au bout du compte, c'est vrai que le processus de décision européen est long, itératif et compliqué, parce que multilatéral. Il y a eu un papier du patron d'Euronews pendant les vacances dans *Le Monde* dans les pages opinions qui dit cela très bien. Les journalistes nationaux n'aiment pas tellement parler de choses qui éloignent le centre de décision. Comme m'a dit un jour un collègue, on ne peut pas demander à la dinde de préparer le repas de Noël.

S.B. : *Et quant au mode de scrutin ?*

P.B. : C'était un débat avant la régionalisation du mode de scrutin, mais est-ce que ça a beaucoup amélioré les choses, je ne sais pas. En tant que députée d'Ile-de-France, je suis très prise à Bruxelles et je n'ai pas de mandat local, enfin si, je suis conseillère municipale sur une liste d'opposition dans une ville que je n'habite pas. J'ai des collègues qui sont meilleurs quant à la présence sur le terrain et c'est eux qu'il faut que vous alliez voir. Je ne suis pas sûre que le mandat européen suffise.

S.B. : *C'est-à-dire ? Il faudrait que vous ayez deux mandats ?*

P.B. : C'est impossible. En tant que députée européenne, peut-être faudrait-il que nous ayons un bureau au conseil régional. En Ile-de-France, on a la chance que la circonscription régionale coïncide avec la circonscription européenne, donc on devrait avoir beaucoup plus de dynamiques entre les deux. On essaye mais ce n'est pas assez.

S.B. : *Pendant les élections européennes, vous faites campagne et, dans ce cas, vous êtes présents auprès des électeurs français. Et dans ce cadre, sont-ils sensibles à la question ?*

P.B. : Pendant la campagne, on est très présents sur le terrain et de ce point de vue-là, c'est quand même mieux la régionalisation parce qu'avant, on faisait campagne dans toute la France. Il y a des questions qui restent béantes avec une impression d'éloignement qu'on arrive à déjouer quand on discute de la réalité de ce qu'on fait. Les facilités que nous offre le Parlement européen pour faire venir des visiteurs, ce n'est pas infini, mais ça contribue un peu à ouvrir les portes...

S.B. : *Et dans ce cas-là, que représentent les élections européennes pour vous ?*

P.B. : C'est très mobilisant. J'ai fait trois campagnes assez différentes. La première, j'étais jeune, douzième sur une liste nationale, j'ai fait un peu ce qu'on m'a proposé de faire. La seconde, j'étais deuxième sur une liste nationale et j'ai fait une campagne quasi nationale avec une certaine présence médiatique et la troisième, j'étais deuxième d'une liste régionale. Celle qui m'a le plus impliquée, c'est la seconde.

S.B. : *En même temps, vous êtes sûrement moins perdue au niveau de la région.*

P.B. : Absolument. Le mode de scrutin idéal, je ne le connais pas. La proportionnelle, je pense que c'est bien, en tout cas, c'est logique pour cette élection. Dans un rêve fédéraliste, j'ai toujours pensé que ce serait bien d'avoir un peu de listes européennes.

S.B. : *Mais pourquoi qu'un peu justement ?*

P.B. : Parce que c'est bien que des gens représentent l'Auvergne, la Lombardie...

Je vois parmi mes collègues qui sont élus de régions avec des identités régionales fortes, il y a une logique de programmes structurels autour de la région qu'il est bien de faire vivre.

S.B. : Pourquoi souhaitez-vous une part de liste européenne ? Pour qu'il y ait un sentiment européen plus grand ?

P.B. : Oui et pour qu'il y ait une visibilité plus grande de la réalité du fonctionnement des partis politiques européens mais je mesure les difficultés d'une telle proposition : qui conduit la liste ? Où cette personne est-elle connue ? En dehors de son pays, si c'est un petit pays... Ça pose autant de problèmes que ça en résout. Pour politiser le débat européen et donner plus de visibilité aux partis, il y a deux dynamiques : la première, ce sont les conditions d'élaboration du manifeste électoral et là-dessus, je pense que depuis les trois dernières élections, on a beaucoup progressé et la seconde, c'est la nature des listes.

S.B. : Les socialistes vous soutiennent-ils ? Pensez-vous que c'est totalement utopique ?

P.B. : Oui, c'est possible mais cela prendra du temps. Alors que la question du mode de scrutin, c'est une question dont on parlait tout le temps. Depuis que je suis élue, j'en ai entendu parler et débattre, mais pas au cours de ce mandat. Peut-être est-ce parce que l'essentiel du débat institutionnel portait sur la réforme du traité.

SB. : Referez-vous campagne en 2009 ?

P.B. : Je ne sais pas encore. Je ne peux pas vous dire si je serai candidate désignée par mon parti. C'est trop tôt.

S.B. : Donc, quand vous dites le parti, ça signifie que ça ne dépend pas de vous ?

P.B. : Ma présence sur les listes dépend du parti, ça c'est clair.

S.B. : Donc il a quand même une mainmise ?

P.B. : La mainmise sur la composition des listes et la mainmise sur la vie des socialistes une fois élus, ce n'est pas la même chose. Mais sur la mainmise sur la composition des listes, c'est certain et c'est normal.

S.B. : Mais au-delà des compétences ?

P.B. : Oui, mais il y a des tas de gens intelligents en France y compris au parti socialiste.

S.B. : Ce sont des choses qui peuvent être remises en cause au-delà de vos compétences personnelles ?

P.B. : À la fin, vous êtes représentant du Parti socialiste français au Parlement européen. C'est quand même ça votre mandat. Donc, il faut quand même avoir une certaine légitimité au regard du parti pour le représenter et c'est ça la question. Cette légitimité, elle peut s'asseoir sur des compétences, mais il y a des tas de formes de compétences. Il y a des compétences dans la capacité à tenir un réseau localement, pas que de savoir ce qu'est telle ou telle directive européenne. Donc c'est un composite.

S.B. : J'arrive à la fin de mes questions et je touche à un point sur lequel j'ai du mal à trouver des documents. Y-a-t-il des débats au Parlement européen sur le Parlement. Est-ce que vous discutez de l'institution elle-même ? Est-ce au sein des commissions, en séances plénières ?

P.B. : Si, il y a plusieurs façons d'en parler. Il y a la façon dont on pouvait en discuter par exemple avec quelqu'un comme Pascal Lamy quand il était commissaire. Il avait une grande appétence pour la réflexion sur l'évolution de l'institution. Je vous cite son exemple parce que c'est celui qui me vient à l'esprit. Cette discussion théorique on l'a quand on évoque la réforme du traité et là, on parle des pouvoirs du Parlement, etc. Et après, il y a tout le fonctionnement du Parlement et ça, au jour le jour. Beaucoup de courriers que je suis amenée à signer comme présidente d'une commission portent sur des questions de fonctionnement de l'institution, sur l'application du règlement, sur la question du temps de parole... Un groupe de travail sur la réforme interne du Parlement est aujourd'hui en place. Il fonctionne dans des conditions qui échappent parfois à mon entendement, mais il travaille beaucoup sur la réforme du Parlement, les méthodes de travail en relation avec la Commission et le Conseil, les commissions parlementaires, sur l'organisation des travaux en plénière. Il y a une introspection très grande autour de ce groupe de travail.

S.B. : Et est-ce que ce débat existe au sein du PSE et du PS national ?

P.B. : Oui, régulièrement, on va plaider pour plus de pouvoir, pour plus de codécision. La question, c'est de savoir s'il y a des spécificités socialistes.

S.B. : Oui, de savoir quelle est la position des socialistes. Si vous écrivez des notes sur le sujet ou pas ?

P.B. : Si, ça existe et c'est important. C'est à toute occasion, quand on discute avec le Conseil et la Commission, quand on fait une motion de censure... Ce sont des enjeux de débat pour l'institution, le Parlement européen, c'est très transversal, c'est quelque chose que l'on retrouve beaucoup.

Catherine LALUMIÈRE

Mercredi 23 janvier 2008, Maison de l'Europe, Paris

Salomé Benhamou : Tout d'abord, comment et pourquoi vous engagez-vous à gauche ?

Catherine Lalumière : C'est en 1973 que je prends ma carte du parti pour la première fois. Lors de la première campagne électorale de François Mitterrand, mon mari et moi le soutenons, avec l'idée que c'est la rénovation de l'ancienne SFIO qui est en jeu et qu'il faut faire quelque chose. Mais à l'époque, je suis à l'extérieur du parti et n'en suis pas membre. Suite à son échec, François Mitterrand va constituer un groupe d'experts, car, déjà à cette époque, le parti socialiste qu'il vient de créer manque de réflexion de fond. Mon mari fait partie de ce groupe d'experts et, un jour, il entend dire qu'il faudrait un expert en matière de réforme de l'administration, de l'État et de la fonction publique. Comme à l'université, je travaillais sur ces questions, mon mari avance mon nom et c'est comme cela que je rentre dans le groupe d'experts. C'est d'ailleurs à cette époque que j'ai vu combien François Mitterrand travaillait les dossiers, conscient de ses lacunes, notamment économiques. Et c'est comme cela que nous préparons aux côtés de François Mitterrand les élections présidentielles de 1974. C'est à ce moment que je prends ma carte du parti, en me disant que, tout de même, cette fois, c'était sérieux. En 1974, il y a de nouveau échec, mais un échec encourageant. On continue à préparer la prochaine échéance et entre 1974 et 1981, j'exerce un certain nombre de responsabilités à l'intérieur du parti socialiste en liaison avec « mon expertise ». François Mitterrand me désigne comme déléguée à la fonction publique. Je noue des contacts avec les syndicats de fonctionnaires et deviens assez « imbattable » sur le statut de la fonction publique. C'est comme cela, aussi, que l'on s'achemine vers les élections de 1981 et évidemment, au fur et à mesure qu'une victoire se dessine, je fais partie des personnes qui peuvent espérer avoir une responsabilité, y compris gouvernementale. C'est ce qui se passe en 1981.

S.B. : Au sein de cette carrière politique, comment l'Europe s'insère-t-elle ?

C.L : Par le plus grand des hasards. Rien dans ma formation ne me prédisposait à m'occuper de l'Europe. Au gouvernement, pour moi, le seul poste que je pouvais assumer, c'était la fonction publique. Lorsqu'en 1981, le président me propose un autre département ministériel, je lui dis que je ne suis pas prête. C'était idiot car je n'avais pas compris qu'être à la tête d'un ministère, cela ne voulait pas dire être un technicien de ce ministère. Alors, accédant à mes souhaits, dans le premier gouvernement Mauroy, François Mitterrand me nomme secrétaire d'État à la Fonction publique. Mais il ne me voyait pas du tout là-dedans. Dans le second gouvernement Mauroy, on me met à la consommation : ministre et secrétaire d'État. En vérité, ce secteur s'est révélé passionnant : toute l'économie, non pas perçue du point de vue du producteur, mais du consommateur, ce qui donne une vision très globale de l'économie. Et c'est l'époque où, sur l'impulsion de l'Allemagne, on veut accélérer la réalisation du Marché commun et ce sera une des priorités lorsque Jacques Delors arrivera à la tête de la Commission. Les Allemands obtiennent donc la création d'un Conseil des ministres nouveau, le conseil du marché intérieur, dont la tâche est notamment d'accélérer l'harmonisation des normes pour réaliser dans les plus brefs délais l'unification du marché. Les autres membres du gouvernement étant déjà trop occupés, c'est la modeste responsable de la consommation qui est désignée pour suivre les travaux de ce nouveau conseil. Et là, j'ai découvert l'Europe et ça m'a passionnée. J'ai découvert ce monde nouveau, ces relations internationales. À la fois, les questions économiques mais aussi la diplomatie : la nécessité pour avancer de constituer des majorités et c'est là que je fais mon apprentissage européen. Lorsque Claude Cheysson quitte le gouvernement fin 1984 et que Roland Dumas prend sa place aux Relations extérieures, je lui succède au secrétariat d'État aux Affaires européennes.

S.B. : Quand vous arrivez aux Affaires européennes, vous participez au sommet de Milan, comment cela se passe-t-il ? Quels souvenirs en avez-vous ?

C.L : Quand j'arrive fin 1984 ; c'est là que ce fait le passage entre Roland Dumas et moi. C'est la fin des négociations pour l'entrée de l'Espagne et du Portugal. J'y participe évidemment. Le sommet de Milan vient après, en juin 1985, et c'est là qu'on lance la procédure qui devait aboutir à l'Acte unique.

S.B. : Et justement, quels sont les débats institutionnels qui ont lieu dans cette période un peu charnière avant la rédaction de l'Acte unique ? Le Parlement européen tient-il une place majeure pour les socialistes à cette période ? Que veulent-ils ?

C.L : Je vais vous décevoir mais je ne peux vous donner que très peu de précisions. Je pense que pendant toute cette période le parti socialiste s'en remet à François Mitterrand dans le sens où la ligne politique à suivre, c'est François Mitterrand. Je ne dis pas que les socialistes soient ignorants ou indifférents totalement, mais l'engagement européen de François Mitterrand est tel que c'est lui qui indique la marche à suivre. Le compromis avec les Britanniques, c'est lui, le choix de Jacques Delors pour être président de la Commission, c'est lui, le choix monétaire de rester dans le SME et la politique de rigueur qui est menée à partir de 1983, c'est lui. Il y a des discussions, des tiraillements. Mais je me rends compte que, de mon point de vue, le seul qui me paraisse visible, c'est François Mitterrand.

S.B : Au niveau institutionnel, que voulait François Mitterrand ?

C.L : Je ne peux absolument pas prétendre donner un aperçu complet de la vision européenne de François Mitterrand en matière européenne. Je suis à des postes trop modestes et je viens trop d'un autre univers pour prétendre avoir tout connu, tout compris. Mon impression, c'est que François Mitterrand, d'un point de vue institutionnel, est partisan d'un Parlement européen assez fort, l'élection au suffrage universel lui semblant une bonne chose. J'ai quand même l'impression et je le dis avec prudence, que c'est la Commission qui l'intéresse le plus et que c'est là qu'il veut mettre des gens importants. Je ne pense pas qu'il ait négligé le potentiel du Parlement européen mais ça m'étonnerait qu'il ait considéré, qu'à cette époque-là, le Parlement européen était suffisamment mûr pour prendre un rôle très important.

Sur les priorités de François Mitterrand en 1985, dans les négociations que nous avons menées, j'ai le souvenir de deux thèmes : l'Europe sociale et l'introduction d'une base juridique pour la culture. Et pour l'Europe sociale, j'ai vraiment le souvenir du conflit avec l'Allemagne. On a fait tout ce qu'on a pu pour faire progresser l'Europe sociale et les conclusions étaient un peu maigres et portaient essentiellement sur les conditions de travail. La France de l'époque cherchait plus. Il y a donc eu un conflit politique droite/gauche, compliqué par le problème institutionnel allemand, les länder étant compétents sur les questions sociales. Au niveau culturel, on n'a pratiquement rien obtenu. C'est à Maastricht, en 1992, qu'on aura la première base juridique pour mener des actions culturelles, si ce n'est une politique culturelle. La raison profonde de cette difficulté était que tout ce qui concerne la culture et l'éducation doit rester chasse-gardée des États souverains. On ne plaisante pas avec la culture car c'est l'identité d'un peuple. En fait, la culture est toujours l'objet de réticences : d'un côté, on dit la culture, ce sont les beaux-arts, des gadgets, c'est joli mais ce n'est pas essentiel et, de l'autre côté, la culture, c'est essentiel car c'est l'identité d'un peuple et si on veut qu'une identité nationale perdure, il faut protéger cette identité et il ne faut surtout pas laisser des bureaucrates bruxellois s'en mêler.

S.B. : On dit souvent, concernant le Parlement européen, que l'Europe manque de visibilité et de légitimité aux yeux des citoyens. Y-aurait-il un rapport avec la culture au sens où on n'arriverait pas à passer le cap entre cette culture nationale et cette culture européenne ?

C.L : Bien sûr qu'il y a un lien, mais c'est complexe et difficile à analyser. En 1985, on est dans la phase qui perdure encore aujourd'hui, où l'Europe politique avec son identité, ses propres valeurs, a du mal à être acceptée. Certes, sur les questions institutionnelles, il y a eu des avancées très intéressantes dans l'Acte unique. Mais sur les fondements culturels, philosophiques du projet européen, il n'y avait guère de débat. Le parti socialiste, au niveau militant, n'avait pas vraiment de discussions là-dessus et les têtes du parti suivaient François Mitterrand qui voulait une Europe politique. Qu'il ait voulu un renforcement de la Communauté, c'est absolument sûr. Est-ce qu'il voulait abandonner l'intergouvernemental au profit du supranational ? J'en suis moins sûre. Je pense qu'en fin politique, il était très pragmatique et qu'il voyait bien que sur certains sujets très délicats, la politique étrangère par exemple, il fallait laisser le temps au temps, et d'abord pratiquer l'intergouvernemental avant de se lancer dans le supranational. Je pense qu'il voulait bien que le Parlement européen renforce ses pouvoirs mais que ça n'avait de sens que si les parlementaires avaient eux-mêmes évolué dans leur mentalité et étaient capables d'avoir des idées politiques cohérentes sur l'avenir de l'Europe. Je crois qu'il était favorable à un renforcement de la Commission à condition de bien choisir les commissaires et le président de la Commission, mais à l'intérieur du parti socialiste, je n'ai pas le souvenir qu'il y ait eu véritablement de débats argumentés, fondés. Moi, j'ai le souvenir qu'on s'en remettait à François

Mitterrand. C'est peut-être par ignorance que je dis cela, mais c'est l'impression que j'ai toujours eue à cette époque-là.

Donc, dans la période où je suis secrétaire d'État aux Affaires européennes, je ne peux pas dire que les débats du parti socialiste sur les questions européennes m'aient semblé d'une vitalité extrême. Et prenons le cas du Premier ministre, Laurent Fabius, je n'ai pas le souvenir qu'il se soit démarqué le moins du monde de François Mitterrand. En fait, la chaîne de commandement, c'était l'Elysée, Roland Dumas, moi, avec d'ailleurs des avantages collatéraux dont j'ai pris conscience après. Cela facilitait l'interministériel parce qu'il y avait une implication forte, constante, permanente de François Mitterrand sur les questions européennes. C'était son domaine et personne ne le lui discutait. Matignon n'aurait pas émis le moindre bémol. Et, il faut admettre que c'est relativement confortable de travailler dans ces conditions-là pour celui ou celle qui est au bout de la chaîne.

S.B : Si on continue dans le temps, après, vous êtes secrétaire générale du Conseil de l'Europe. Comment arrivez-vous à ce poste ?

C.L : En fait, je ne crois pas du tout que ce soit dû à la France. C'est dû à l'Allemagne. En tant que députée à l'Assemblée nationale, je suis membre de la commission des Affaires étrangères et comme je m'intéressais aux Affaires européennes, je demande à être dans la délégation qui représente la France à l'Assemblée parlementaire du Conseil de l'Europe composée de délégations de parlementaires nationaux. Et, c'est en 1987 qu'une place se libère et que j'arrive dans cette assemblée parlementaire. Et un jour, le président du groupe socialiste, un Allemand, me demande d'être le candidat socialiste au poste de secrétaire générale. Or, j'étais députée et cela m'ennuyait de démissionner. Je pars donc à la recherche d'une autre personne et chaque fois que je trouve quelqu'un, il y a des objections. Et c'est au bout d'un an que je lui donne finalement mon accord après en avoir d'abord parlé à François Mitterrand qui me dit : « Il ne faut pas que vous soyez battue ». Je lui dis que, a priori, cette élection se présente plutôt bien… Et François Mitterrand m'assure que le travail diplomatique français sera fait. Ce qui fut le cas. Le scénario se déroula comme prévu et je fus élue en mai 1989 secrétaire générale du Conseil de l'Europe.

S.B. : Dans ce cadre, en quoi consiste votre travail ?

C.L. : J'avais peur que ce soit un placard doré. Mais je prends mes fonctions en mai 1989 et la chute du mur de Berlin intervient en novembre 1989. Le Conseil de l'Europe était en première ligne et cela a été passionnant. Ce n'est quand même pas tous les jours que l'on assiste à la réunification d'un continent. Le Conseil de l'Europe a joué le rôle de sas par lequel on passe avant d'adhérer à l'Union européenne. De toute ma vie professionnelle, cela a été de loin le travail le plus intéressant. Là, c'était incroyablement varié et il y avait un enjeu historique de taille. Mon mandat s'acheva en 1994 : je suis alors élue députée du Parlement européen et j'y reste dix ans.

S.B. : Vous arrivez donc au Parlement européen (PE) après Maastricht et connaissez les évolutions d'Amsterdam et Nice ? Quelles sont leurs influences sur le travail d'un parlementaire ? Quelles sont vos marges de manœuvre ?

C.L : Depuis plusieurs années, à chaque fois que je rencontrais des parlementaires européens, ils me parlaient des pouvoirs du Parlement européen. À l'intérieur du Parlement européen, c'était une préoccupation constante et, à mon avis, presque abusive. Je me rappelle cet exemple : j'étais au Conseil de l'Europe et je suis auditionnée par le groupe socialiste du Parlement européen dont le président était Jean-Pierre Cot. J'arrive extrêmement excitée par ce qui se passe à l'Est, je veux les convaincre que l'Europe est en train de changer mais le seul sujet dont ils me parlent, c'est l'augmentation des pouvoirs du Parlement. Ils sont en fait dans la phase de préparation du traité de Maastricht et je sors de cet entretien consternée. Ils font du nombrilisme et ne s'intéressent qu'à eux… C'était très bien de plaider pour l'augmentation des pouvoirs du Parlement mais à ce point-là…

Depuis lors, j'ai toujours observé de la part du Parlement européen, dans tous les groupes, la volonté d'augmenter les pouvoirs du Parlement. C'est une constante et c'est normal. Le traité de Lisbonne donne davantage de pouvoirs et cela va continuer. Mais sur ce sujet-là, je ne vois pas de différences entre le PSE et le PPE. Ils ne sont pas d'accord sur un certain nombre d'orientations politiques mais sur la nécessité d'augmenter les pouvoirs du Parlement, c'est un combat commun. C'est normal que des socialistes qui sont des démocrates soient partisans de donner des pouvoirs importants à une structure élue au suffrage universel. Pour ma part, j'ai participé à ce combat mais toujours avec un bémol. Augmenter les pouvoirs du Parlement, c'est bon, c'est sain, à condition que les parlementaires travaillent comme de vrais professionnels, c'est-à-dire en connaissant parfaitement leurs dossiers. Ce n'est pas parce qu'on est parlementaire qu'on peut parler de tout et n'importe quoi.

En définitive, la volonté d'un Parlement européen fort, c'est la ligne poursuivie depuis le début. Et je suis pour qu'on pratique la codécision dans tous les domaines. Et, au point où on en est aujourd'hui, dire que le PE n'a pas de pouvoir, c'est faux. Il a beaucoup de pouvoirs et c'est une inexactitude de dire le contraire.

Par rapport au travail à l'Assemblée nationale, je trouve que le travail du PE est plus intéressant. Le PE s'occupe de beaucoup de choses et il est composé de gens qui viennent de pays différents. Il y a un mélange de points de vue et d'expériences et cela favorise vraiment l'ouverture d'esprit. À l'Assemblée nationale, la vision reste hexagonale et parfois limitée. En outre, au Parlement européen, sur des textes qui vont être très importants, un parlementaire qui travaille vraiment sur un sujet peut avoir une réelle influence. Aussi, quand une personne décide de quitter le PE pour l'Assemblée nationale, cela paraît parfois étonnant. Mais la raison est claire : c'est pour une question de carrière. Si on veut faire une carrière politique, être à Bruxelles ou à Strasbourg, ce n'est vraiment pas le lieu idéal. Il faut être à Paris et si possible dans le triangle Assemblée nationale, Matignon, Elysée, au cœur de la

France politique. Beaucoup de personnes, surtout du sexe masculin, choisiront la politique nationale ; mais objectivement, le travail au PE est beaucoup plus intéressant pour quiconque s'intéresse à ce qui se passe au dehors de l'hexagone.

S.B : Comment avez-vous géré les relations avec les autres députés européens et comment arrivez-vous à concilier le fait que vous êtes une socialiste, française, au PE ?

C.L : D'abord, il y a une remarque à faire. Au PE, si on veut faire passer une idée, on a besoin qu'elle soit supportée au départ par un groupe politique et si possible un des grands groupes. Ensuite, il faut avoir une majorité au sein du PE et, parfois, il faut la majorité absolue, qui ces dernières années ne pouvait être atteinte que par l'accord des deux grands groupes. Tant qu'on garde ces règles – on pourrait les changer – il faut un accord entre les deux grands groupes, donc, il faut faire des compromis. Certes, l'accord avec « l'adversaire » a quelque chose de non satisfaisant. Mais est-ce un mal ? Au lieu d'accentuer les clivages, cela adoucit les angles. Certes, il y a des cas où cela a freiné des choses auxquelles les socialistes tenaient, comme l'Europe sociale. En dehors de ces cas où il y a de vraies différences droite/gauche, je constate que dans le reste des cas, l'Europe s'accommode bien d'un certain consensus, parce que cinq cents millions de personnes, c'est grand, c'est divers et il faut avancer sans doute en tenant compte des points de vue des uns et des autres. On peut regretter, j'ai regretté parfois, cette nécessité du consensus. Mais l'art du compromis est noble quand on veut construire l'Europe.

Ceci dit, cela n'exclut pas qu'il y ait des majorités politiques à l'intérieur de l'hémicycle et quand on est socialiste, aujourd'hui force est de constater que la majorité est à droite et cela, c'est le résultat des élections. Et de fait, aujourd'hui, les thèses socialistes ont des difficultés au PE. Ce ne sont pas les institutions qui ne sont pas bonnes, mais c'est dû aux majorités issues des élections. Aujourd'hui, la droite est majoritaire dans les institutions en Europe : au Conseil des ministres, au PE et donc à la Commission. En ce qui concerne les socialistes français à l'intérieur de tout cet ensemble, y compris à l'intérieur du groupe socialiste au PE, certains me mettent en colère et c'est le cas en ce moment, car ils sont souvent absents. Certes, il y en a qui sont très présents mais d'autres très absents et les absents ont toujours tort. C'est avec la présence et l'assiduité que vous acquérez une certaine crédibilité et influence. Celui qui est rarement là est complètement éliminé du jeu et cette confiance, elle se construit pas à pas, en travaillant de façon très précise. J'ai le regret de dire que les socialistes français, les Français en général, trop souvent ne sont pas un modèle en la matière. Il faut aussi, évidemment, que ce soit des gens qui s'intéressent à l'Europe et qui soient compétents...

S.B. : Mais c'est le parti socialiste qui choisit ses candidats. Le problème vient de là.

C.L : Tout à fait. Si j'ai aujourd'hui vraiment un regret, c'est que la constitution des listes est faite en méconnaissance de l'importance du rôle du Parlement et des conditions qu'il faut pour avoir une véritable influence au sein du Parlement. De façon générale, il faut désigner des gens qui sont décidés à y travailler, à s'investir et qui, si possible, ont des compétences qui peuvent être assez variées d'ailleurs. Mais il y a vingt-sept pays. Pour avoir de l'influence, il faut être présent et pertinent. J'ai regretté une certaine légèreté de la part du parti socialiste dans ses choix, comme s'il suffisait d'être français pour être respecté par les autres.

S.B. : Donc, il y a une mainmise de Paris sur les listes. La ressentiez-vous aussi sur votre travail et vos prises de position à la commission des Affaires étrangères ?

C.L. : Non, enfin, moi-même, je suis un cas un peu atypique car je suis membre, depuis 1994, du Parti radical de gauche et, en 1999, j'ai été élue avec mon étiquette de radicale de gauche sur une liste socialiste. Mais de cœur, je suis toujours restée proche des socialistes et si je sentais ou j'étais informée que le parti souhaitait telle ou telle chose, j'essayais d'en tenir compte. C'est très rare que je n'ai pas suivi ce que voulait la rue de Solférino. Sur certains sujets, elle faisait savoir ce qu'elle voulait et la plupart du temps, j'étais d'accord. Mais je me sentais très libre en tant que radicale de gauche.

J'aurais été en désaccord à partir de 2004 mais je n'étais plus au Parlement. Au moment du traité constitutionnel, des clivages se sont faits à l'intérieur de la délégation française et la partie de la délégation qui a été partisane du « non » a porté un coup dur à l'influence des socialistes français. Cette partie-là de la délégation française a été désavouée par l'ensemble du groupe socialiste. Et ce n'est vraiment pas bon. Je ne dis pas que toutes les critiques faites au traité étaient infondées, notamment celles portant sur la « concurrence libre et non faussée » mais en conclure qu'il fallait voter non a fait des dégâts énormes.

S.B. : Et que pensez-vous de la position du parti par rapport au traité de Lisbonne ?

C.L. : C'est incohérent, mais je reste tout à fait à l'extérieur. Ça m'attriste en tant que femme de gauche, française et européenne. C'est perdant-perdant[1].

S.B. : Actuellement, vous travaillez à la Maison de l'Europe dont le but est de servir de lien entre l'Europe et les citoyens qui, souvent, ne se sentent pas concernés. Comment faire ?

C.L. : L'Europe est une entité politique qui risque d'être très fragilisée si elle n'est pas soutenue par les citoyens. Cette base citoyenne est ce qui lui donnera sa force et est absolument nécessaire. Il y a toute une panoplie de moyens pour que les citoyens jouent leur rôle : la revitalisation du lien parlementaire notamment. Le lien parlementaire reste essentiel à condition que les parlementaires jouent leur rôle. Mais il faut que ce soit complété par d'autres liens : les associations, parmi lesquelles les Maisons de l'Europe, les organisations professionnelles et syndicales, les universités et les écoles. Les enfants ne reçoivent pas d'instruction civique européenne, rendez-vous compte !

---

[1] Rappelons que cette réponse a été enregistrée en janvier 2008.

En outre pour informer et former le public, il faut choisir judicieusement les thèmes. Si vous abordez un public ordinaire en parlant des institutions européennes, vous êtes sûr d'échouer car c'est un thème très difficile à comprendre, abstrait et un peu ennuyeux. Si vous avez des étudiants en droit qui veulent apprendre le fonctionnement des structures européennes, très bien, mais lors d'une campagne grand public, c'est mortel ! En fait, il y a deux angles d'attaque très concrets : tout d'abord, qu'est-ce que l'Europe vous apporte à vous ? Cela peut intéresser certaines professions, par exemple les agriculteurs. Il y a eu des formations à la FNSEA et ils en savent souvent plus que vous. Puis, il y a un autre angle d'attaque que j'utilise de plus en plus qui est celui qui s'intéresse au sens du projet européen. Pourquoi s'est-on lancé dans cette aventure ? Dans quels buts ? Et, à ce moment-là, vous voyez les yeux qui commencent à pétiller...

S.B. : *Alors, qu'est-ce que vous leur dites ?*

C.L : Je commence au lendemain de la seconde guerre mondiale. On a atteint l'horreur de l'horreur au 20ème siècle. Cette Europe orgueilleuse et démocratique a approché la barbarie. Comment nous, Européens, avons-nous pu retourner à la barbarie et comment faire pour que cela ne recommence pas ? C'était l'enjeu au lendemain de la seconde guerre mondiale. Comment faire pour consolider la paix et ne pas revenir aux nationalismes mortifères ? C'était les questions que se posaient les pères fondateurs qui avaient une vision éminemment politique. Le premier grand texte européen, c'est la convention européenne des droits de l'homme en 1950 et ce n'est pas un hasard. Après, on va s'intéresser à l'économie avec la CECA et la CEE. L'erreur dans le parcours, c'est que cette dimension économique a tellement bien marché que l'économie est devenue la préoccupation centrale dans le projet européen. L'Europe au sens des valeurs humaines et sociales a été marginalisée. Et aujourd'hui, l'enjeu, c'est toujours de s'occuper de l'économie mais de redonner toute sa place à l'Europe des droits de l'homme, à l'Europe sociale. Je constate que ce discours passe très bien. Je crois que les élites ont une responsabilité, car elles ont négligé cette pédagogie et cette mise en perspective dans laquelle l'économie est seulement un instrument au service d'un modèle de société fondé sur des valeurs. Même les gens les plus simples ont besoin qu'on leur donne le fil conducteur qui est en même temps un mode d'emploi. Dans cette campagne de 2005, je comprends très bien que certains citoyens aient voté « non ». Pour l'avenir, je souhaiterais que la gauche en Europe et en France mette à jour ses idées européennes. Elle a besoin de redéfinir pour le 21ème siècle le sens du projet européen et la hiérarchie entre les priorités.

Maurice BRAUD

Vendredis 25 janvier et 1er février 2008 au siège du parti socialiste, rue de Solférino, Paris

Salomé Benhamou : Comment l'Europe s'insère-t-elle dans votre carrière de socialiste ?

Maurice Braud : Je suis né en 1962. Pour des raisons idéologiques et politiques, tout cela est un peu le même engagement : comme travailleur salarié, je suis militant syndical ; comme citoyen actif, je suis militant socialiste ; et comme militant internationaliste conséquent, je suis militant européen.

À la fin des années 1970, début des années 1980, avec des amis socialistes-démocrates, dont quelques-uns sont alors en rupture avec le PS, nous avons constitué un petit groupe de fédéralistes que nous avions pompeusement appelé "Action fédéraliste" et comme nous avions un petit journal qui s'appelait *Socialisme et Liberté*, nous avions accolé "Socialisme et Liberté" à Action fédéraliste, le petit groupe s'appelait donc au final Action fédéraliste "Socialisme & Liberté" (AFSL).

C'était une période où j'étais tout jeune, je suis étudiant, je fais aussi beaucoup d'autres choses, tout cela n'est qu'une activité parmi de nombreuses autres.

L'engagement syndical, compte tenu de mes options politiques et idéologiques, c'était soit à la fédération de l'Éducation nationale (FEN) pour les enseignants, soit à la CGT Force ouvrière pour un jeune salarié.

À la fin des années 1980, ayant achevé mes études, je travaille dans un centre de recherche qui s'appelle l'IRES et je suis militant au PS. Je travaille sur et avec le mouvement syndical et essayant de combiner mes divers centres d'intérêts, particulièrement sur la comparaison des syndicalismes et des relations professionnelles en Europe. Au parti, je collabore avec le secrétariat international. Connaissant mon intérêt pour le syndicalisme, l'articulation syndicats-parti et le rôle du mouvement social, Pierre Guidoni m'a demandé de m'occuper des pays et des partis nordiques et scandinaves, ce que j'ai fait bien volontiers.

Après les élections européennes de 1999, Henri Nallet devient secrétaire aux Relations internationales, Pierre Guidoni ayant été nommé délégué interministériel au Codéveloppement et aux Migrations internationales. Il me demande de travailler avec lui sur les questions européennes, mais je continue ma vie professionnelle ailleurs. Après le congrès de Dijon en 2003, Henri Nallet abandonne peu à peu ses fonctions de secrétaire national et Pierre Moscovici lui succède.

Là-dessus, nous préparons les élections européennes de 2004 et après les européennes, Pierre Moscovici me demande de rejoindre le secrétariat international et de travailler avec lui dans la perspective de préparer les étapes suivantes, avec en ligne de mire les élections présidentielles de 2007. Nous venions en effet de gagner les élections européennes, nous avions gagné quelques mois plus tôt les élections régionales, l'échéance suivante était effectivement les élections présidentielles. Je commence à travailler au siège du parti socialiste en octobre 2004.

Mais, le 14 juillet 2004, le président de la République française Jacques Chirac a indiqué qu'il soumettrait à référendum le traité constitutionnel en vue de sa ratification par les Français.

Là-dessus, nous organisons au PS un référendum interne de tous les militants socialistes en décembre 2004. Cette période fut pour moi particulièrement intéressante, mais très traumatisante, non pas tant pour l'échec et le rejet par les Français du traité constitutionnel le 29 mai 2005, que par les déchirures internes à la famille socialiste qui se sont alors durablement installées.

Cette période a aussi mis en évidence que ce que l'on pensait acquis depuis une vingtaine d'années sur le nécessaire approfondissement de la construction européenne à l'intérieur de la famille socialiste n'avait été, finalement, que de l'écume, une mince pellicule, qui n'avait pas vraiment marqué les esprits. Pour les militants fédéralistes et européens, dont j'étais, ce fut un retour au réel, brutal et difficile.

Début 2006, François Hollande m'a demandé de m'occuper de l'administration du parti socialiste, ce que j'ai accepté, tout en conservant mes fonctions européennes et internationales.

S.B. : Et là, comment se passe concrètement votre travail ? Êtes-vous en relation avec les autres partis européens et comment cela fonctionne ? Les voyez-vous souvent ? Faut-il une cohérence ?

M.B. : Si vous avez l'occasion de rencontrer Gérard Fuchs, il vous dira qu'il a connu l'Union des partis socialistes des Communautés européennes (UPSCE) et qu'il a participé à la création du PSE. Mais en dehors du changement de sigle, il n'y a pas, alors, beaucoup de changements dans les règles de fonctionnement… Il s'agit toujours d'un parti de partis.

C'est le débat du congrès d'avril 2004 à Bruxelles où il y a une bagarre interne, forte, avec deux candidatures pour la présidence du PSE, Giuliano Amato d'une part, Poul Nyrup Rasmussen de l'autre.

Les grands partis (allemand et britannique notamment) et les partis italiens soutenaient Amato. À l'inverse, d'autres partis et pays, pas nécessairement très cohérents sur le fond, parmi lesquels les partis nordiques et scandinaves, beaucoup des partis d'Europe centrale et orientale, le PS français, optaient pour Rasmussen. Rasmussen avait une vraie ligne politique claire de transformation du PSE en vrai parti européen. Il acceptait aussi le principe de la mise en place d'adhérents directs du PSE.

Donc, nous l'avons soutenu et il est devenu président du PSE et notre camarade Philip Cordery est devenu secrétaire général du PSE.

S.B. : Dans cette lignée, peut-on parler d'un véritable parti socialiste européen ?

M.B. : Le PSE existe, mais il est encore trop peu visible en tant que parti européen et les militants socialistes français et autres n'y attachent pas encore assez d'importance. Mais je pense qu'il y a là l'amorce de quelque chose de véritablement structurant pour l'avenir.

S.B. : Y-a-t-il la naissance ou bien l'existence d'un débat politique spécifiquement européen avec le PSE ?

M.B. : Il y a une action du PSE pour faire en sorte que cela soit le cas. On peut considérer que dans des enceintes plus limitées géographiquement, comme à Bruxelles, il y a un débat. En revanche, il est encore trop peu intelligible et les acteurs demeurent encore limités en nombre. En gros, ça regroupe quelques universitaires, des juristes, des économistes, quelques milieux d'affaires, quelques syndicalistes, mais peu nombreux et le petit monde à la fois des fonctionnaires et des parlementaires européens. C'est l'agora de l'instance européenne. Certes, elle est limitée. Notre travail – c'est ce qu'on va essayer de faire dans la perspective du *Manifesto* pour les élections européennes de 2009 – c'est de faire en sorte qu'au moins, pour la responsabilité qui est la nôtre en France, cette agora s'élargisse et touche des militants socialistes français. Parmi les activistes ou militants du PSE, le plus grand nombre pour l'instant est français, parce qu'on a quelques camarades efficaces mais tout cela n'a pas l'ampleur que l'on souhaiterait. On va essayer de le faire, en particulier après les municipales, en sachant qu'on a peu de temps pour le faire, mais c'est ça l'enjeu.

D'une autre manière, c'est aussi ce que l'on a essayé de faire avec les referenda interne et externe. Aujourd'hui, le fait que le traité ait été rejeté invalide l'ensemble de la séquence – à tort – mais si l'on regarde un peu ce qui s'est passé, nous sommes, nous PS, la seule formation politique qui ait mené un débat approfondi en interne sur l'Europe et les autres partis ne l'ont pas fait parce que, pour la plupart, se sachant en désaccord interne, ils n'ont pas eu le courage d'aller au fond du débat.

Nous l'avons fait. Arguments bons ou mauvais, c'est une autre histoire, mais il y a eu une appropriation des thématiques européennes par les militants du PS eux-mêmes. Bien, pas bien ; ils ont tout compris ou pas ; c'est une autre affaire. Mais il y a eu ce travail d'appropriation dont il reste malgré tout quelque chose. Et, aujourd'hui encore, c'est très intéressant, le PS reçoit beaucoup de courriers sur le traité de Lisbonne et le fait que la direction du parti, après un débat au bureau national, ait décidé d'opter pour la ratification du traité, sans pour autant approuver le mode de ratification. Le fait que nous recevions beaucoup d'interpellations là-dessus démontre bien que quelque chose s'est passé en 2004-2005. Et nous sommes, je le répète, la seule formation à l'avoir entrepris.

S.B. : Faut-il qu'il y ait une cohérence entre le PSE et le PS au niveau national ?

M.B : Les moments forts sont les campagnes européennes. Pour le reste, le PSE a essayé de développer des thématiques européennes dans lesquelles, ensuite, les partis nationaux s'agrègent s'ils le souhaitent. Ainsi, des mobilisations avec les partis nationaux ont été lancées sur les finalités de l'Union et sur les questions sociales européennes. Il y a des travaux qui en sont le fruit, mais il est vrai que ces travaux demeurent essentiellement au niveau européen. L'appropriation réelle dans les partis membres, très honnêtement, je pense qu'on peut continuer de dire qu'elle est encore faible. Mais, le souci est bien là.

Il faut le faire de manière dynamique, c'est-à-dire en créant un chantier dans lequel ensuite il est demandé aux partis membres de s'investir. Il est possible aussi de créer des réseaux soit de porte-parole, soit de ministres des partis membres en charge d'un dossier. Ce peut être sur les questions de développement durable, des femmes… et donc, sur ces thèmes-là, il est envisageable d'engager un échange au plus haut niveau entre partis, soit le niveau ministériel lorsque le parti est au gouvernement, soit au niveau de ce que l'on appelle en France un secrétaire national, en charge de tel ou tel dossier.

S.B. : Par rapport à l'Action fédéraliste « Socialisme et Liberté », toujours sur le débat politique, il appartient au Mouvement européen. À ce sujet, Pervenche Berès me disait qu'elle estimait que le Mouvement européen a tendance à dire que « la gauche et la droite en matière européenne, c'est pareil ». Et elle estime que cela est dommage parce qu'on brouille les pistes pour les citoyens. Qu'en pensez-vous ? Y-a-t-il vraiment une divergence droite/gauche en termes d'Europe ?

M.B. : L'idée européenne est, historiquement, un compromis entre trois grandes familles politiques : la famille démocrate-chrétienne, la famille sociale-démocrate et la famille libérale. Les premiers États membres avaient plus de difficultés à accepter que ce qui touche au plus près les gens, c'est-à-dire cette dimension Welfare State, cette dimension sociale, soit d'emblée mise à un échelon sur lequel ils se jugeaient parfaitement compétents et souverains. Donc le seul espace qui restait, c'était l'espace de l'économie et du marché. C'est la doctrine de Jean Monnet, avec un effet d'entraînement incontestable, faisant, de fait, naître d'autres besoins et d'autres désirs d'Europe dans d'autres domaines…

Ces trois familles politiques étant à l'origine de cette idée, elles se sont organisées dans des organisations, aujourd'hui un peu anciennes, comme le Mouvement européen. Et ce qui était un accord et un compromis évident et nécessaire – parce qu'il y avait des opposants à l'idée de construction européenne autrement plus nombreux et puissants, communistes d'un côté et gaullistes de l'autre – ne pouvait que bien fonctionner puisqu'il alliait des gens de bonne compagnie. Mais aujourd'hui, l'idée européenne étant malgré tout plus partagée qu'elle ne l'était auparavant, bien évidemment, les clivages entre nous sont apparus.

Maintenant, est-ce que ça invalide la structure, c'est ça votre question ? Je pense qu'il y aurait toujours des points d'accord et il y a maintenant, c'est vrai, plus profondément que par le passé, de vraies divergences qui s'expriment davantage. En même temps, ce genre d'association constitue dans notre pays une extension de cette agora européenne dont je parlais tout à l'heure. Il faut donc travailler avec eux, car ils sont la condition même du développement de l'agora européenne plus largement encore.

L'agora européenne ne peut se limiter à ce genre de clubs, mais ils y contribuent et donc il faut contribuer à renforcer le débat en leur sein et à l'élargir. Ils existent, il faut élargir leurs bases et les renforcer et considérer que, sur le fond et dans la durée, ils sont un des éléments de cette agora.

S.B. : Maintenant, je vais me tourner plus directement sur votre vision européenne. Frédéric Cépède m'a fait lire un petit cahier de l'OURS sur l'Europe politique paru en 1994 où vous mettiez en avant votre vision fédéraliste. J'aimerais savoir où vous vous situez par rapport à cela. Quel est votre point de vue ? Les socialistes sont-ils pour une Europe fédérale ?

M.B. : Je ne crois pas. C'est un combat, toujours. Alors le contexte… C'était à l'occasion du dixième anniversaire de Spinelli. Pour les gens de ma génération, en 1984, j'avais 22 ans… C'est le moment où on a de l'enthousiasme. Spinelli est quelqu'un qui a dynamisé incontestablement cette première période du Parlement européen élu au suffrage universel direct. Et pour des jeunes militants de gauche, européistes, fédéralistes, il était un peu le leader, c'était quelqu'un qui avait une aura, un charisme incontestable. Affectivement, c'était quelqu'un qui a joué un grand rôle. L'affirmation fédéraliste, elle était, elle est et demeure minoritaire dans la famille politique qui est la nôtre ; bonne preuve, l'opposition à la Constitution, n'en déplaise à ceux qui pensent qu'ils sont de bons européens mais elle est le fait de souverainistes de gauche.

Au sein du PS, il y a un fédéralisme un peu diffus et non théorisé, donc fragile. Chez nombre de militants du parti, est-ce la majorité ou pas, j'aurais du mal à le quantifier, mais ceux qui le font vraiment en conscience avec un corpus théorique à peu près structuré, eux, sont peu nombreux.

Pour ma part, je considère que la perspective ne peut être que celle-là, mais j'ai bien conscience qu'elle est radicale et, comme toute option radicale, sa réalisation ne peut être immédiate et ses modalités doivent éventuellement être discutées.

S.B. : Concernant le Parlement européen, vous disiez que vous vouliez que ce soit vraiment la clé de voûte de l'Union européenne et vous parliez d'une chambre bicamérale. Êtes-vous toujours de cet avis ?

M.B. : Je pense que de fait, si vous regardez, aujourd'hui, le traité de Lisbonne est en train de retenir cette idée. Le Conseil est en train de devenir une représentation des États. Dans la mesure où, maintenant, dans le nouveau traité de Lisbonne, il est entendu que les séances doivent devenir publiques et donc que la représentation des États ne se fait plus en catimini mais formellement et publiquement. De fait, vous mettez en place un système bicaméral qui n'est peut-être pas celui que j'imaginais au début des années 1990, mais entre le Parlement et le Conseil, vous mettez en place l'extension de la codécision, vous mettez en place un système bicaméral. La question qui pose problème dans le traité de Lisbonne, *quid* de la Commission ? Et *quid* dans ce cas du Conseil européen ? Et là, on a un problème. Le traité de Lisbonne, non seulement, ne tranche pas le problème mais, en plus, à mon avis, ajoute une difficulté supplémentaire, en formalisant le Conseil européen, en en faisant plus qu'une simple direction collégiale et en institutionnalisant un président de l'UE pour deux ans et demi, reconductible une fois. Ce qui était la suite logique, c'est que la Commission devienne véritablement l'exécutif de l'Union. Que devient le Conseil européen ? Et que va donner la dyarchie entre président de la Commission d'une part et président de l'UE d'autre part, puisque l'un et l'autre vont en fait avoir cinq ans ?

S.B. : Les socialistes ont-ils toujours voulu que le Parlement ait plus de pouvoirs ? Quelle place donnent-ils à l'institution ?

M.B. : Si on retient la période des années 1990- premières années 2000, je n'ai jamais vu de notes discordantes. Il y a un bémol – c'est un bémol, pas une invalidation de l'ensemble de la démarche – c'est la volonté des parlementaires nationaux d'être mieux associés sans d'ailleurs qu'ils sachent très bien comment ils veulent être mieux associés. Jusqu'ici, les parlementaires européens avaient un avantage de fait, sur les autres, c'est qu'ils connaissaient mieux que tout autre la mécanique institutionnelle européenne, avantage incontestable. Là, on entre dans autre chose avec Lisbonne, avec un contrôle de subsidiarité qui est renvoyé aux parlements nationaux et, là encore, comment cela va marcher, je ne le sais pas.

S.B. : J'ai rencontré Catherine Lalumière qui me disait, que, selon elle, François Mitterrand avait favorisé la Commission.

M.B. : Je ne suis pas sûr qu'on puisse dire ça. François Mitterrand avait compris, sans doute, que la Commission avait l'initiative et que donc, de ce point de vue, elle était la gardienne des traités et, par son pouvoir d'initiative, elle pouvait impulser des choses et il n'avait pas tort. En revanche, et cela depuis le milieu des années 1990, la Commission a plusieurs affaires. Il y a une conjonction des équipes et des circonstances qui ont fait que, depuis la fin de la présidence Delors, la Commission a plutôt eu tendance à ne pas conserver la prééminence qu'elle avait acquise, avec un certain éclat, au cours de la période Delors. Il y a eu la période un peu triste de la Commission Santer, heureusement qu'il y a eu le gong pour sonner la fin, mais de fait, on était avec une Commission qui allait être démissionnée par le Parlement européen. Ensuite, on a eu la Commission Prodi qui n'a pas donné tout ce qu'on espérait et où Prodi, autant il s'est révélé un bon président du Conseil italien jouant avec brio le jeu politique italien, autant là, il a marqué des limites incontestables, même dans le management de l'équipe de la Commission. Depuis, on a Barroso, qui est, lui, dans une optique beaucoup plus libérale, où le rôle de la Commission est beaucoup plus réduit, fort, mais réduit.

Le Parlement européen, dans la mesure où il est l'expression des peuples, continue d'avoir un rôle central et doit être en mesure de contrôler davantage l'action de l'exécutif et les décisions communautaires, donc notamment l'exercice du pouvoir par la Commission. Dans la mesure où par la suite, on donne une légitimité populaire, même indirecte, à travers le choix du président par le Parlement européen, on redonne une légitimité à la Commission et une légitimité démocratique. Mais c'est là où je vous faisais part de ma réserve, c'est qu'il me semble que maintenant la Commission est confrontée à un renforcement de fait, dans toutes les institutions communautaires, du rôle des États, principalement par le rôle nouveau et plus important maintenant dévolu au Conseil européen et à son nouveau président. Et là, à mon avis, on a un vrai problème.

S.B. : Quid du rapport entre parlements nationaux et Parlement européen ? On dit souvent que le Parlement européen a plus de pouvoirs que l'Assemblée nationale.

M.B. : Le rôle d'un député national, s'il est en France limité, cela tient aux institutions de la Ve République et cela est renforcé par la pratique, plus récemment encore par celle de Nicolas Sarkozy, mais ce n'est pas parce qu'il y a un rôle limité de l'Assemblée nationale et du Sénat qu'il faut en retirer, me semble-t-il, au Parlement européen… Je pense que l'Assemblée nationale est aujourd'hui réduite et la réforme que prépare Nicolas Sarkozy réduit encore plus le rôle des parlementaires. Nos voisins fonctionnent de ce point de vue de manière beaucoup plus démocratique… Nos institutions nationales ne sont pas adaptées. Par rapport à nos voisins, nous devrions avoir honte. La responsabilité nous revient un peu puisque l'un des nôtres a occupé la présidence de la République pendant un certain nombre d'années, la majorité parlementaire aussi, c'est vrai… Je pense – c'était du moins dans son programme – que Ségolène Royal comme candidate avait des idées en ce domaine qui pouvaient sembler positives.

S.B. : Je lisais dans ce même cahier de l'OURS que vous disiez que les socialistes, trop souvent, n'avaient pas donné assez d'importance aux institutions européennes, favorisant les politiques communes en reléguant un peu au second plan les institutions européennes. Qu'en pensez-vous ?

M.B. : On voit bien dans les manifestes, il faut mener des politiques et ensuite on créera le mécano qui convient. Je comprends cela, mais en même temps ; et là, c'est le fédéraliste qui parle, quand on limite et qu'on attend par l'opération du Saint-Esprit que les institutions se fassent d'elles-mêmes, il n'y a pas grand-chose qui se fait nécessairement et il faut bien trouver les moyens de faire les choses. Je vais vous donner un exemple, on a, lors de la présidence de 2000, arrêté une "Stratégie de Lisbonne" pour faire, en 2010, la société de la connaissance. Considérant à juste titre que l'UE n'avait pas les institutions propres pour mener les choses et que cela devait se faire en cohérence avec les moyens des

États nationaux, on a défini, à l'époque, ce qu'on a appelé la Méthode Ouverte de Coordination, la MOC. Résultat, nous sommes en 2008 et j'attire votre attention sur la puissance de l'importance des résultats et là, il y a un problème de moyens budgétaires, c'est vrai, mais pas seulement, il y a un problème d'organisation du mécano et de fait, le mécano n'a pas été pensé à l'époque. Le traité suivant ne permettait pas non plus de le résoudre. On n'a pas créé les institutions donc on a continué à bricoler sur ces secteurs. Je pense que c'est une des raisons pour lesquelles on a payé très cher l'addition en 2005... pas la seule...

S.B. : *C'est une faiblesse des socialistes. Pourquoi ? Quelle est l'idée sous-jacente ?*

M.B. : Je pense que nous avons cette difficulté. Je crains qu'il n'y ait pas d'idée. Le fait de penser le dispositif, de l'établir et donc de l'arrêter, de le décider, n'est pas quelque chose de partagé nécessairement par tous nos militants. Ensuite, en ce qui concerne nos responsables, l'enjeu européen est quand même loin pour eux. La plupart d'entre eux exerce leur mandat au niveau national, c'est ce qui pèse véritablement dans les instances du parti. Leur maîtrise de l'échelon européen est relative pour la plupart d'entre eux.

S.B. : *Et pourquoi le PS n'essaie pas de s'ouvrir ? Pourquoi n'y a-t-il pas de petites mains qui travaillent sur des choses comme cela ?*

M.B. : Vous avez raison de poser le doigt là où ça fait un peu plus mal. C'est là où je dirais que tous et toutes nous ne sommes pas nécessairement des fédéralistes et où nous n'avons pas cette perspective de moyen-long terme. Beaucoup de celles et ceux qui travaillent sur ces thèmes-là le font par intérêt pour l'objet, je ne remets pas ça en doute. Mais ils le font aussi avec ce qu'ils pensent être leur domaine de compétences, et souvent ça l'est, mais sans cadre théorique très défini. D'une certaine manière, à bien des égards, je préférerais qu'on vienne me voir en me disant je veux travailler sur les questions européennes, parce que je suis contre et, moi, je saurais où je vais, plutôt que quelqu'un qui est pour mais le fait imparfaitement.

S.B. : *Par ailleurs, le Parlement européen souffre d'un manque de légitimité démocratique. D'où vient le problème ? Que peut-on faire ?*

M.B. : Pendant longtemps, pour certains d'entre nous, nous pensions que l'éloignement – le fait qu'en France, on fonctionne avec des listes nationales et non pas avec des circonscriptions plus étroites – expliquait le manque d'intérêt de nos concitoyens.

En 2004, nous sommes passés à un scrutin plus régionalisé. La première législature va s'achever dans quelques mois et j'ai finalement une opinion assez mitigée : je ne suis pas persuadé que dans l'Est de la France, nos camarades aient bien compris que Benoît Hamon était leur parlementaire européen et dans la région PACA, que c'était Michel Rocard. Ce n'est pas mauvais, mais on ne peut pas dire que ce fut probant comme expérience. Faut-il pour autant changer à nouveau de système ? Je ne suis pas sûr, les gens y perdent déjà leur latin.

S.B. : Vous estimez donc que les socialistes, en général, même l'élite, ont encore un chemin européen à mener. N'y a-t-il pas de conscience européenne ? C'est encore très nationalisé ?

M.B. : Oui bien sûr, pas seulement au PS français. Je pense que toutes les forces politiques françaises ont ce travers, même celles qui se pensent les plus européistes et le PS est d'ailleurs parmi ceux qui se portent parmi les plus européistes. Et je pense que même le MODEM, l'ex-UDF, ne fonctionne pas beaucoup mieux. Nous avons un atout maintenant, nous avons essayé de créer un outil européen et on peut essayer de construire avec lui une dynamique pour les européennes de 2009. Encore faut-il la mettre en place. Ca va être un peu compliqué pour nous, je ne vous le cache pas. Après les municipales, nous allons avoir nos petits débats internes et je ne sais pas combien de temps cela va durer. Donc, nous aurons une période utile assez courte, mais peu importe, il faudra le faire.

S.B. : Et dans la même logique, qu'en est-il du problème de double mandat, de langues, de lieux ?

M.B. : Plus globalement, pour les Français, le syndrome de la perte de maîtrise linguistique est fondamental et, là, nous avons un vrai problème avec nos compatriotes. Incontestablement, plus l'Europe s'est élargie, plus de fait, cela a renforcé la langue anglaise, non pas en tant que langue anglaise dans sa diversité, sa richesse, mais le basique, les trois cents mots qui font que vous vous débrouillez un peu partout dans le monde et l'anglais s'est imposé un peu partout en Europe. Les Français ont beaucoup de peine à vivre cela. Et 2005, c'est aussi ce syndrome-là, c'est la perte de contrôle de la machine européenne par les Français, le sentiment de perte de contrôle et la sanction de ce sentiment de perte de contrôle. Il faut donc travailler là-dessus. Il faut que les Français entendent que, certes, leur langue est très belle, que c'est un bel instrument, mais que la langue n'est qu'un outil et maîtriser trois cents mots d'anglais ou d'allemand, ce n'est pas très grave, c'est juste un moyen d'échange. Mais là, c'est culturel.

Quand je fais le calcul, nous parlions tout à l'heure des mises en réseaux européens, il faut continuellement se poser la question : qui peut-on envoyer qui puisse parler, s'il y a traduction, qui peut avoir un aparté avec un tchèque ou une slovaque ? Et là c'est vrai que ce n'est pas simple.

S.B. : On en était resté à la légitimité du Parlement européen...

M.B. : Sa légitimité est incontestable depuis 1979. Le suffrage universel direct a quand même modifié la légitimité de cette assemblée par rapport à la situation précédente où elle était une assemblée de parlementaires émanant de parlements nationaux. La difficulté que nous avons depuis 1979 est de le rapprocher du citoyen. On a essayé de le faire, en France, à travers ce scrutin de grandes régions. Deux choses : la première c'est que ces grandes circonscriptions n'apparaissaient pas nécessairement compréhensibles pour les électeurs et deuxième chose : on ne peut pas dire que cela permettait au Parlement européen d'acquérir une stature résolument européenne. Il y avait, certes, la date qui était très rapprochée, quasiment la même dans la plupart des pays de l'UE, en revanche on a toujours cette difficulté sur la question de la loi électorale unique, c'est un vœu régulièrement avancé par les uns et les autres mais nous ne sommes jamais vraiment parvenu à le faire partager largement, en particulier au PS.

S.B. : Le PS contrôle-t-il les députés à Bruxelles ? Exerce-t-il un « filtre » sur la délégation socialiste française ? Comment cela se passe-t-il ?

M.B. : Les parlementaires sont élus normalement sur une base programmatique.

S.B. : C'est quand même le PS qui choisit ses députés ?

M.B. : C'est le PS, en sachant que jusqu'à 2004, c'était sur la base d'une liste nationale où là, effectivement, on peut considérer qu'il y avait un contrôle sur les élus plus facile parce que plus direct avec le siège. Maintenant, nous sommes dans une configuration un peu différente, certes rapprochée des citoyens, mais en revanche beaucoup plus liée aux enjeux locaux des différentes fédérations, donc moins du siège.

S.B. : C'est plutôt au niveau des régions que le choix du candidat va se faire ?

M.B. : Dans la mesure où il s'agit de grandes régions. La circonscription électorale comporte plusieurs régions administratives françaises. Notre parti est organisé par fédération départementale. Nous n'avons pas de vraies structures d'union régionale administrative pour le parti. Le PS national est une fédération de fédérations départementales. Les différentes fédérations locales – avec, bien sûr, le concours du national - définissent un certain nombre de candidats. Et donc, le contrôle direct du parti national n'est pas aussi automatique que par le passé. Nous avons changé un peu les règles et cela a des conséquences.

S.B. : Donc, vous reconnaissez qu'avant, c'était le PS qui choisissait les candidats.

M.B. : C'était le PS, la direction nationale du parti, qui choisissait les candidats, ce qui ne veut pas dire que le contrôle effectif était particulièrement fort. La mécanique dans laquelle on est entré depuis 2004 va rendre dans la durée ce contrôle encore un peu plus difficile avec une marge de manœuvre locale sans doute plus forte. En revanche, dans la mesure où la DSF est quand même un tant soit peu associée aux décisions nationales, il y a une implication de la DSF au sein de la direction nationale du parti. Est-ce que pour autant ça contraint au quotidien le parlementaire ? La réponse sera non.

S.B. : Mais est-ce que le PS essaie de le contenir ?

M.B. : Il y a eu des exemples dans le passé où la demande du parti a été respectée et prise en compte par les parlementaires. Par exemple, l'appréciation portée par la direction nationale du parti sur le projet Spinelli en 1984, où la DSF s'est abstenue à quelques rares exceptions près *versus* d'autres camarades socialistes dans d'autres pays européens qui, eux, approuvaient ce projet de traité... Et effectivement, en mai 1984, devant ce même Parlement européen, François

Mitterrand affirmait approuver l'esprit du projet Spinelli, l'esprit... Les assistants parlementaires, ceux qui représentaient le parti au sein de la DSF ont joué un rôle très coercitif, assez contraignant... C'est un exemple où la direction nationale du parti a pesé très directement sur le vote des parlementaires, j'ai peu d'autres exemples.

Ce qui est vrai, c'est que des sujets comme la directive Bolkestein, qui ont un impact dans l'opinion française, font l'objet de discussions approfondies du bureau national qui, bien évidemment, sont répercutées auprès des parlementaires nationaux. Après, la manière dont eux-mêmes se l'approprient, c'est autre chose... Il y a eu un débat à l'intérieur du groupe socialiste au Parlement européen où la DSF s'est relativement singularisée pour répondre au mieux à la demande de l'opinion française, médiatisée par le parti et la direction nationale.

S.B. : Ils ne sont donc pas totalement libres ?

M.B. : Je ne pense pas qu'il faille raisonner en termes de liberté. Il y a une connexion et c'est normal ; entre eux d'une part, et la direction nationale du parti d'autre part, et principalement sur la base d'un débat approfondi qu'on peut avoir.

S.B. : Dans le choix des candidats, parfois ce ne sont pas des candidats « européens », comment cela fonctionne ?

M.B. : Si on regarde la période depuis le suffrage universel direct, soit depuis 1979, il y a eu, effectivement, sans doute, des mises à l'écart ou à l'inverse des promotions qui ont pu sembler bizarre. Le caractère d'être européen ou de ne pas l'être, c'est très discutable. Lorsque vous élisez un député, vous ne l'élisez pas parce que c'est un bon Français.

S. B. : Je pensais en termes de compétences.

M.B. : Même en termes de compétences, cela veut dire quoi ? Le champ d'intervention du Parlement européen est excessivement large. En revanche, ce qui est vrai, c'est qu'en 1984, nous avons des camarades qui étaient au sein du groupe socialiste et qui n'ont pas été reconduits dans la liste suivante ou qui l'ont été mais à un niveau où il n'était plus éligible. Je pense notamment à Jacques Moreau. C'est un des rares socialistes français à avoir voté le projet Spinelli en 1984 et donc Moreau *exit* du Parlement européen. On a là un profil de syndicaliste, militant politique convaincu, au sens où vous l'entendez « bon européen » et, là, il faudrait en parler avec lui mais on peut considérer qu'il y a sans doute eu quelque chose qui ressemble un peu à une forme de mise à l'écart politique. Il y a toujours beaucoup de candidatures, enfin, il y en avait toujours beaucoup, jusqu'à 1999 inclus. Et la direction du parti devait essayer de concilier à la fois l'ancrage territorial, l'expérience dans le parti, le type d'expérience politique autre, toute une série de critères pour avoir une liste à la fois diversifiée en termes de territoires, d'âges, de sexes...

S.B. : Il y a eu Olivier Duhamel et Georges Spénale...

M.B. : Oui. Gérard Fuchs qui voulait être candidat en 1994 n'a pas pu l'être, Henri Nallet et Pierre Guidoni qui voulaient l'être en 1999 n'ont pas pu l'être…Charles Fiterman, ancien ministre communiste, souhaitait être candidat en 1999 et il n'a pas pu être en position éligible. Effectivement, il y a des personnalités qui ne parviennent pas à être candidates alors qu'elles l'ont peut-être été à d'autres moments et elles en conçoivent un peu d'amertume.

S.B. : Quand j'ai interrogé Pervenche Berès sur 2009, elle m'a répondu d'emblée que cela dépendait du parti. Sa réélection ne dépend absolument pas d'elle au-delà de ce qu'elle a pu faire au Parlement…

M.B. : C'est vrai !

S.B. : Elle a travaillé dans un domaine dans lequel elle est compétente, on pourrait imaginer que cela suffise à…

M.B. : Non, il n'y a pas d'automaticité et il est normal qu'il n'y en ait pas, c'est même souhaitable… Entendez-moi bien, on n'assure pas des carrières et ce n'est pas le rôle d'un parti que de le faire. On doit essayer de veiller à avoir des profils relativement diversifiés, riches d'expériences multiples qui puissent, à un moment ou un autre, incarner et prendre des responsabilités pour le parti socialiste dans une enceinte, qui dans ce cas précis, est le Parlement européen. Alors, qu'individuellement, tel ou tel d'entre nous considère, cela peut être moi le premier, qu'il en a les compétences et le talent, mais il n'est pas seul juge de cela !

S.B. : Parfois, on retrouve des candidats qui ne sont pas forcément très compétents et on peut s'étonner quand on connaît le vivier intellectuel…

M.B. : Mais entre nous, même cela est très discutable. Cela a toujours été un élément dans l'histoire du mouvement ouvrier socialiste. En gros, ces « bouseux de paysans », de travailleurs, de toute façon, ils n'ont pas les compétences pour être parlementaires. Mais sur le fond, les gens acquièrent leurs compétences sur le terrain et dans le champ en question. En même temps, qu'ils aient un faible niveau de formation initiale ou qu'ils s'expriment mal ou qu'ils maîtrisent mal une autre langue que le français ou que sais-je encore n'est pas le seul critère à prendre en compte. Alors, c'est toujours pareil, l'apprentissage et l'acceptation de la diversité dans les catégories, en particulier sociales et culturelles qui sont des élites, c'est toujours difficile, mais justement ! C'est pourquoi, les milieux européens que nous connaissons, se vivent eux mêmes comme des happy few et aiment à penser que, eux, sont des bons européens et que les autres n'y comprennent décidément rien. Sans doute, encore faut-il réellement, dans un parti comme le nôtre, qui a pour vocation d'embrasser toute la société, accepter la confrontation avec d'autres profils. Le Parlement doit aussi être le lieu de cela.

S.B. : Est-il facile de faire passer vos idées européennes à travers la presse ? Quels relais trouvez-vous à vos idées européennes ?

M.B. : Les parlementaires européens disposent, de ce point de vue, de moyens que bien des parlementaires nationaux n'ont pas. Ils ont des moyens de reprographie, d'éditer des lettres, d'informations, après ils les utilisent bien ou non, c'est une autre affaire, mais il y a du budget pour ça. D'autre part, le Parlement européen a des bureaux d'informations dans la plupart des pays de l'UE, en particulier ici à Paris et le rôle de ces bureaux d'informations, c'est justement de justifier et amplifier ce que réalisent les parlementaires européens. Ce qui est singulier, c'est le faible impact que ça peut avoir au final alors qu'il y a des moyens quand même conséquents. Moi, j'ai toujours pensé qu'on devait rapprocher les circonscriptions avec la presse régionale et qu'il y avait là des partenariats à trouver. Ça tient beaucoup au travail des parlementaires. Nos parlementaires nationaux, quand ils sont au Parlement européen, ont finalement peu de notoriété et la réalité de leur travail apparaît peu tangible pour nos concitoyens.

Alors, en ce qui concerne le PS français, la DSF avait une newsletter qui pendant longtemps paraissait une ou deux fois par an et qui était envoyée en même temps que notre *Hebdo*. Plus récemment, il nous est apparu que cette publication, pour des raisons liées directement au PE, ne pouvait pas être envoyée en même temps que notre hebdomadaire. Par conséquent, la DSF a créé un support qu'elle réalise et qu'elle diffuse auprès de nos lecteurs. C'est tiré à deux cent soixante mille exemplaires, en revanche l'appropriation qu'ils en font est plus relative et largement discutable. Cela ne remet pas en cause la qualité du produit.

S.B. : Mais au-delà de la presse socialiste ?

M.B. : C'est là où chaque parlementaire a un peu de moyens pour son propre outil de communication. C'est là où il y a un travail à faire avec la presse quotidienne régionale. On a des camarades parlementaires européens qui soumettent sous forme de tribune mais c'est très limité. Cela concerne des sujets très particuliers.

S.B. : Il n'y a pas de débats continuels sur la question ?

M.B.: Certainement pas. Je conçois que le parlementaire européen se sente un peu déphasé vis-à-vis des débats nationaux. Prenons un exemple, il y a la question de la Société générale, cette somme colossale de perdue. On parlait de Pervenche Berès qui travaille sur les marchés financiers avec talent et compétences et est parfaitement reconnue sur ces sujets au niveau européen. Mais ce qui est intéressant, c'est qu'à aucun moment la presse française n'a cherché à sortir de son petit champ limité... Tiens, cette question n'est pas que française, est-ce que des politiques à d'autres moments s'en saisissent ou non et comment ? Et vous n'avez absolument pas eu d'européanisation du débat. C'est symptomatique. Et on sent bien que les rédactions ne se sont pas posé la question et Pervenche Berès, à ma connaissance, n'a pas été particulièrement sollicitée. C'est singulier. En dehors de cette posture récurrente « la BCE nous contraint », « l'euro est trop cher », il n'y a pas de véritables analyses et, là, je considère que les médias ont une responsabilité colossale, mais que puis-je faire pour modifier cela ? De manière générale, les médias ont une approche très superficielle des débats et, à mon avis, ils ne remplissent pas leur devoir envers leurs concitoyens.

S.B. : Y-a-t-il un débat au sein du PS et du PSE sur l'Europe et les institutions européennes ?

M.B. : Nous nous sommes trouvés dans la période du traité constitutionnel où c'était devenu un point de clivage entre les uns et les autres. La question est de savoir comment nous pouvons reprendre maintenant ce débat. Il y a eu quelques réunions européennes au sein du PSE. J'ai ainsi le souvenir d'être allé en Irlande pour de telles discussions, mais je n'ai pas le sentiment que ce soit allé bien loin. Je pense, personnellement, que le traité de Lisbonne est un outil dont il faut se saisir mais qui ne permet pas de répondre aux défis qui sont les nôtres, en termes institutionnel, pour mener des politiques. L'ambiguïté de sa construction est réelle et il faut reprendre le débat institutionnel entre nous, notamment au sein du PSE. Il ne faut pas l'avoir, me semble-t-il, à un niveau franco-français, seuls, car on va se reperdre à nouveau dans nos divisions du passé. Et donc, le seul niveau pertinent, c'est le niveau européen. Mais, ensuite, si tant est que l'on parvienne à aboutir à une esquisse qui serait un tant soit peu commune, il y a la question de savoir si vraiment nous souhaitons que ce soit un texte qui ait valeur un peu constitutionnelle ou pas. Je suis de ceux qui pense que la démarche qu'on a initié, presque par hasard, à la fin des années 1990, et qui a abouti au traité constitutionnel, est une démarche qu'il conviendra de reprendre parce qu'il faut réellement faire des peuples et des citoyens de chacun de nos États des citoyens européens ; et la démarche constitutionnelle est essentielle pour ça. Mais cette opinion, qui est la mienne, je ne pense pas qu'elle soit dominante, ni en France, ni en Europe, et pas seulement chez les socialistes, mais chez beaucoup de gens qui font de la realpolitik, qui considèrent qu'il faut reprendre la logique des traités. Mais si on avait un peu de mémoire, on se souviendrait que cette logique de traités était une impasse. Les raisons pour lesquelles on n'est pas parvenu depuis le début des années 1990 à approfondir les institutions communautaires sont que justement le mode de discussions par CIG aboutissant à des traités ne fonctionnait plus. C'est cette mécanique-là qu'on a mise en cause et qu'on est parvenu à évacuer en utilisant quelque chose qui n'avait pas trop mal fonctionné pour la Charte des droits fondamentaux, l'enceinte d'une convention, et ça a marché. Cette limite qui a duré plus de dix ans, on va la retrouver à nouveau. Donc le problème se pose, car nous avons eu cet échec devant les peuples et il faudra donc le traiter. Et le traiter, c'est reprendre le combat pour des gens comme vous et moi. Cette conscience-là, à ma connaissance, elle n'est pas partagée.

S.B. : Donc, ce débat existe. Est-ce qu'il existait avant ?

M.B. : Je pense que ceux qui sont habités par cette dialectique européenne finissent toujours par se retrouver. Par exemple, pour préparer, il y a quelques mois, l'appréciation que les socialistes portaient sur le traité de Lisbonne, avant même que Lisbonne soit complètement achevé, au sein même du PSE, on avait créé un groupe de travail à ce propos. Pour la France, le membre officiel c'était Pierre Moscovici et comme il n'était pas toujours disponible, j'y suis allé à plusieurs reprises mais les amis et camarades en face de moi étaient pour la plupart des soldats de combats fédéralistes et européens antérieurs. Donc, ce n'était pas représentatif de la réalité des débats dans chacun de nos partis. Je pense que ces débats-là, nous devrions essayer de les élargir à l'intérieur des partis européens. C'est ce qu'essaie de faire le PSE avec son manifeste, ses sites et ce n'est pas si mal. Cette approche institutionnelle est limitée aux seules institutions, c'est peut-être ce qui nous a plombés en 2005. En nous focalisant sur une approche très institutionnelle – et nous-mêmes un peu impatients de cela – on a perdu de vue les attentes ou inquiétudes réelles.

S.B. : Est-ce que le PSE influence le PS au niveau institutionnel ?

M.B. : Je pense que oui, je l'ai même entendu un peu théorisé dans la bouche de certains dirigeants, en particulier au moment de Lisbonne. Cette idée selon laquelle on ne peut rejeter un traité qui est partagé et défendu par la plupart des membres de la famille en Europe a été évoquée par des personnalités comme Bertrand Delanoë ou Ségolène Royal. C'est relativement nouveau. Ils ont intégré cette dimension et c'est plutôt pas mal. Le rejet du traité constitutionnel en France et le positionnement de quelques-uns de nos camarades français a, pour le moins, heurté le Parti socialiste européen dans son ensemble. Et donc, de ce point de vue, il pèse directement sur notre vie nationale, et cela, c'est un élément nouveau.

S.B. : Cela montre peut-être la montée en puissance de ce parti européen ?

M.B. : Le PSE avait approuvé le traité constitutionnel et tout ce qui, de près ou loin, se rapprochait ou intégrait les éléments novateurs du traité constitutionnel dans un nouveau traité. Après mai 2005, nous avons eu une réunion intéressante du PSE, un Conseil du PSE avec une délégation importante de chacun des partis, à Vienne. Les socialistes français, et en particulier François Hollande, et les socialistes néerlandais avec leur leader ont dû expliquer leurs situations nationales et c'est vrai que la frange du parti français qui avait voté « non » n'était pas très à l'aise dans cette enceinte. Nos amis néerlandais et nous-mêmes, nous nous sommes trouvés un peu sommés d'arranger tout cela. Et les responsables nationaux l'ont intégré. Par exemple, Ségolène Royal, quand elle a été investie en novembre 2006 par les militants socialistes, au début du mois de décembre 2006, a été au congrès du PSE à Porto où elle a d'ailleurs été ovationnée. Je pense qu'elle en a été elle-même très touchée. Maintenant, je pense qu'elle mesure davantage ce qu'est le PSE, ce que sont ses camarades européens.

S.B. : Y-a-t-il une spécificité socialiste en matière européenne, par rapport à d'autres partis ?

M.B. : Le clivage droite/gauche est réel. Nous n'avons pas la religion de « l'institution pour l'institution ». S'il faut se définir par rapport à l'UDF, enfin au MODEM, qui lui aussi a un schéma pro-européen dans la tête, ils ont une revendication institutionnelle forte, mais pas en termes de politiques communes.

La revendication forte, c'est la raison d'être des socialistes, c'est la revendication sociale. Et donc l'idée, c'est qu'il faut des institutions pour mener ces politiques sociales que nous appelons de nos vœux. Les institutions en elles-mêmes n'ont pas d'intérêt. C'est aussi la culture de la paix. C'est donc une Union européenne qui puisse intervenir dans les affaires du monde pour un message de réconciliation, dont elle est, elle-même, l'expression et elle-même promotrice de la paix dans le monde.

S.B. : Donc, vous vous détachez, par rapport à l'UDF, de sa volonté institutionnelle d'Europe fédérale, par justement ce que vous voulez en faire.

M.B. : Oui, tout à fait, et particulièrement dans le domaine social. La raison pour laquelle on a construit l'Europe, fondamentalement, c'est la paix, il faut le rappeler. C'est donc un message que nous avons vocation à aider et à diffuser dans le monde. L'action de l'UE, trop financière, n'est pas assez politique en Israël-Palestine par exemple ou dans d'autres régions du monde, le rôle de la gauche et du PS, c'est non seulement de soutenir, mais aussi d'être promoteur de cela. Alors, on a essayé de le faire avec d'autres outils, notamment par l'Internationale socialiste. On voit régulièrement ces partis, notamment lorsqu'ils sont de passage à Paris. On a cette fonction de culture de la paix, elle ne se fait pas toujours dans le cadre du PSE, même si nous essayons toujours. En particulier, nous avons ainsi co-organisé avec le PSE ,en 2005 à Toulouse, une rencontre avec le PS, les partis du PSE qui le voulaient bien et tous nos contacts sur le pourtour de la Méditerranée, pour à la fois évaluer ce que nous jugeons positif ou négatif dans le processus de Barcelone et au-delà, pour penser à la question Israël-Palestine.

S.B. : Et par rapport au Parlement, l'UDF et vous, c'est pareil ?

M.B. : Non, la différence se fait sur des sujets. Et dans cette idée de fond, les institutions ne se suffisent pas à elles-mêmes, elles doivent être le vecteur de politiques.

S.B. : Je vous pose une question pour ma compréhension personnelle : la dernière fois, vous disiez que les socialistes ne s'intéressaient pas assez aux institutions.

M.B. : Justement, quelques uns d'autres eux ont tendance à dire qu'il faut des politiques sans se poser la question des instruments des politiques. C'est « et-et ». Le fédéralisme, ce n'est pas « ou-ou » mais « et-et »... Quelques-uns de nos camarades sont trop obnubilés par la nécessité de faire du social et en oublient les outils nécessaires à sa mise en oeuvre. C'est un lien de nécessité entre l'un et l'autre.

Jean-Pierre COT

Mardi 4 février 2008, Paris

Salomé Benhamou : Tout d'abord, j'aimerais savoir pourquoi l'Europe dans votre engagement à gauche.

Jean-Pierre Cot : Vous savez que j'ai siégé au Parlement européen avant l'élection au suffrage universel et après pendant quinze ans. Pourquoi me suis-je engagé au niveau européen ? Je n'étais pas porté à cela. Je suis d'une génération, et Jospin en est assez bien l'illustration, qui était plus internationaliste qu'européenne. Nous étions passionnés par les problèmes internationaux, onusiens, mendésistes. Vis-à-vis de l'Europe, l'engagement n'était pas acquis. J'ajoute qu'au sein même du parti socialiste, de la SFIO d'abord, l'engagement européen était plutôt porté par la droite du parti.

S.B. : Quand adhérez-vous ?

JP.C. : Je me suis engagé au Nouveau parti socialiste avec Savary. C'est là où j'ai commencé à avoir un engagement politique. Mais l'engagement européen au sens institutionnel du terme, l'Union des partis socialistes, la Communauté européenne, c'était Pontillon, une certaine tradition atlantiste de la SFIO Ceux qui ont adhéré comme moi au parti à partir de 1969 n'étaient en général pas spontanément européens. L'Europe était incarnée par Robert Pontillon qui était le secrétaire international. La délégation socialiste française au Parlement européen était plutôt marquée par la tradition atlantiste et fédérale de la SFIO. Pour nous, l'engagement dans les Communautés européennes n'allait pas de soi. J'ajoute qu'un de nos premiers combats au Nouveau parti socialiste a été de nous battre courageusement (sic) pour l'abstention au référendum sur l'entrée de la Grande-Bretagne en Europe.

C'est après 1973, quand je deviens délégué à l'Europe et avec François Mitterrand que je me suis engagé davantage sur les affaires européennes et, que l'affaire étant redevenue politique, nous avons décidé de prendre position pour l'engagement européen. En particulier au congrès de Bagnolet où il y a eu une bataille assez dure entre les pros et les anti-européens.

S.B. : Concrètement, quelles étaient vos motivations ?

JP.C. : Les motivations étaient de plusieurs ordres. Nos préoccupations étaient européennes, mais aussi de politiques étrangère et internationale. Européens, nous entendions pour notre part nous engager dans la construction européenne parce que c'était la dimension nécessaire pour un combat pour le socialisme. C'est à cette période que nous avons lancé la formule : « L'Europe sera socialiste ou ne sera pas ». Car nous étions persuadés que l'Europe devait aller vers le socialisme et devait renforcer le socialisme dans les pays concernés, que c'était lié et que sans cela, la construction européenne allait s'embourber dans des contradictions dont elle ne sortirait pas. Le second aspect était un aspect de politique internationale. Il y avait un désaccord avec les communistes sur la construction européenne. Le problème de la solidarité avec les socialistes européens se posait de manière aiguë, notamment lors de la Révolution des œillets au Portugal. Le PS lui-même était divisé. L'aile gauche du PS, avec le CERES, soutenait les communistes au Portugal. L'autre aile, européenne, soutenait Mario Soares. La convention de Bagnolet, qui a arrêté la position du PS sur l'Europe, s'est jouée sur cette toile de fond.

S.B. : Quelle était votre vision du Parlement européen et de son élection au suffrage universel ?

JP. C. : Le suffrage universel n'était pas le problème principal pour nous. Notre vision n'était pas une vision institutionnelle de l'Europe, mais une vision politique. C'était la dimension d'un combat politique et social qui nous intéressait. L'élection au suffrage universel, nous y étions naturellement favorables mais sans plus. Le combat pour l'Europe était un combat à l'intérieur du parti socialiste avec sa dimension de solidarité internationale. La démocratisation des institutions nous paraissait être un élément important mais pas fondamental. Ce n'était pas notre combat principal. J'ajoute que c'est une dimension qui a été très rapidement reprise et portée par Giscard ; nous n'étions pas particulièrement giscardiens et, de ce point de vue-là, nous étions dans une position difficile. Nous étions en faveur de l'élection du Parlement au suffrage universel, c'était une ratification parlementaire et nous étions, à ce moment-là, en faveur de la réforme. Mais notre combat principal, c'était celui d'une Europe sociale. L'aile fédéraliste autour de Pontillon était très engagée sur les débats institutionnels, sur l'augmentation des pouvoirs du Parlement européen dans une perspective fédéraliste. Mais ce n'était pas la position centrale du PS. Délégué à l'Europe, j'exprimais la position centrale, celle de François Mitterrand sur une Europe sociale.

S.B. : Vous arrivez au Parlement européen en 1978-79 et vous revenez en 1984. Il y a donc l'élection européenne qui intervient entre les deux. Est-ce que cela change quelque chose dans votre pratique de parlementaire d'être élu au suffrage universel ?

JP.C. : Ça a tout changé, ça n'avait plus rien à voir. Le Parlement européen d'avant 1979 était quelque part « une aimable plaisanterie ». C'était un petit quart de temps dans l'activité des parlementaires que nous étions. Nous venions de temps en temps à Strasbourg ou à Luxembourg. Les restaurants étaient bons, l'ambiance était sympathique, on rencontrait des gens, on intervenait sur des rapports intéressants. Mais comme le Parlement avait essentiellement un pouvoir consultatif, les enjeux politiques n'étaient pas évidents. Pour le jeune parlementaire que j'étais, c'était quelque part une perte de temps politique par rapport à la circonscription nationale qui était très prenante, par rapport au travail que je faisais à l'Assemblée nationale où je m'étais beaucoup investi et par rapport au travail au parti socialiste lui-même, au côté de Mitterrand d'abord, de Rocard ensuite. Le Parlement européen était une activité très annexe pour nous, pour cette cuvée de 1978 qui comprenait un Pierre Joxe ou un Raymond Forni.

Certains prenaient leur travail au sérieux, en particulier Georges Spénale et Francis Vals, des vieux combattants de la construction européenne, représentants de l'aile SFIO du parti et de cette vision fédéraliste de l'Europe. Vals et Spénale ont joué un rôle important dans l'augmentation des pouvoirs du Parlement européen dans les années 1970. Rétrospectivement, je reconnais avoir sous-estimé leur contribution à la construction européenne.

Pour nous, le Parlement européen était donc une activité annexe par rapport au combat qui était le nôtre et qui était le combat national. En revanche, à partir du moment où il y a eu l'élection au suffrage universel direct – dont je n'ai pas connu la première mandature 1979-84 –, tout a changé. C'était à plein temps, il fallait s'en occuper. Il y a eu mutation de l'institution. Quand vous avez des parlementaires compétents qui n'ont rien d'autre à faire que du travail politique, ça change du tout au tout. À partir du moment où les parlementaires se sont installés avec un mandat à plein temps, ils ont voulu se mettre quelque chose sous la dent. Cela voulait dire que vous aviez quatre cents parlementaires qui traversaient la rue pour aller à la Commission, pour poser des questions, pour suivre des dossiers, pour consulter des fonctionnaires, pour prendre contact avec des groupes de pression ou des organisations non gouvernementales… Tout ce que nous, à l'époque, nous n'avions pas le temps de faire. Il n'était pas question pour nous de faire ce travail de harcèlement de l'exécutif qui est le vrai travail parlementaire. Nous le faisions sur le plan national mais pas du tout sur le plan européen, à l'exception d'un Vals ou d'un Spénale. À partir de 1979, les parlementaires européens se sont mis à travailler, ce qui a changé du tout au tout. Car l'efficacité d'un parlement ne se résume pas à ses pouvoirs formels.

S.B. : Peut-on dire que cette élection a légitimé cette institution ?

JP.C. : Oui, beaucoup… Au niveau européen, elle l'a beaucoup légitimée, mais non au niveau national. À partir de ce moment-là, la Commission s'est retrouvée face à un Parlement exigeant, présent, demandant des comptes, interpellant systématiquement, posant des questions, ce que la Commission n'appréciait pas toujours. Jacques Delors en particulier avait un rapport ambigu avec un parlement qu'il aimait, mais qui l'agaçait. Cela a changé la relation entre le Parlement et la Commission, plus qu'entre le Parlement et le Conseil, puisque le Parlement n'avait pas ce même type de relation et cette même capacité d'opposition qu'avec la Commission.

S.B. : Pourrait-on dire que l'on est passé d'un « Parlement de figuration » à un « Parlement d'action » ?

JP.C. : Oui, c'est un peu cela.

S.B. : *En 1984, il y a le projet Spinelli et puis concrètement après, il y a l'Acte unique, les traités de Maastricht et d'Amsterdam, etc. Comment les socialistes français conçoivent ces évolutions pour le Parlement européen ?*

JP.C. : Les socialistes français au Parlement européen sont européens. Nous étions tous mitterrandistes. Nous étions pour le renforcement des pouvoirs de la démocratie européenne et donc du Parlement européen. Quand on est dans une institution, on veut l'augmentation de ses pouvoirs. Il y a un réflexe. Par exemple, sur le projet Spinelli et l'Acte unique, je me souviens du désaccord avec Spinelli et de sa cruelle déception parce qu'il pensait que nous étions des enthousiastes de son projet à tel point que nous devions rejeter l'Acte unique. Spinelli a voté contre alors que nous, nous estimions que l'Acte unique était un progrès important et c'a été ensuite vérifié avec toute une série de directives prises en application de l'Acte unique et du grand marché qui n'a pas été seulement un approfondissement de la construction européenne mais un formidable accélérateur de la démocratie européenne. Notre position était un peu en avance de celle de Mitterrand et très en avance de celle du gouvernement français qui était plutôt en arrière de la main, dans la tradition gaulliste du Quai d'Orsay. En revanche, François Mitterrand était très engagé dans la construction européenne. Nous étions plus fédéralistes que lui, mais nous n'étions pas les fédéralistes du Parlement européen. Spinelli et les spinellistes étaient un peu déçus par notre position. Spinelli était très enthousiaste en nous voyant débarquer. Je me souviens être allé voir Mitterrand avec lui à l'Elysée plaider pour son projet. Il comptait beaucoup sur notre soutien. Il n'a pas compris notre vote en faveur de l'Acte unique européen, très en retrait de son projet de constitution fédérale et a perçu notre vote favorable comme une trahison de son idéal.

Pour autant, nous n'étions pas d'accord avec nos camarades britanniques, très anti-européens à l'époque, la délégation britannique étant en majorité sur les positions de l'Old Labour.

S.B. : *Et quelle était la position des Français vis-à-vis de l'Acte unique ?*

JP.C. : Nous trouvions que c'était un pas important dans la construction européenne, qu'il fallait le franchir, donc qu'il fallait soutenir Delors. Nous avons eu la chance pendant cette période d'avoir à la fois François Mitterrand et Jacques Delors, Mitterrand à Paris, Delors à Bruxelles, qui ont été deux grands animateurs de la construction européenne Nous soutenions à fond Mitterrand et Delors, notamment sur l'Acte unique européen. Sur Maastricht, c'était une autre affaire…

S.B. : *Donc, justement, par rapport à Maastricht ?*

JP.C. : Sur Maastricht, c'était une autre affaire. Entre temps, les choses avaient changé, l'Acte unique avait épuisé ses effets et surtout il y a eu la chute du mur de Berlin qui nous a beaucoup occupés. Le Parlement européen a été très actif pendant toute cette période. Mitterrand a lancé Maastricht alors que Delors avait déjà lancé le projet de l'Union économique et monétaire. Delors voulait absolument « son bébé » de l'Union économique et monétaire et la monnaie unique. Il était furieux contre Mitterrand qui risquait de faire dérailler le tout avec son histoire de politique étrangère, de PESC et de troisième pilier. Il y avait une divergence sérieuse entre Mitterrand et Delors. Et nous, nous étions assez mitterrandiens, nous avions une vision politique de l'effondrement du mur, nous avions vécu au plus près l'événement, nous avions été à Berlin avec le bureau du groupe sitôt après la chute du mur. Nous avions reçu des acteurs, notamment de l'Europe de l'Est au Parlement. Au groupe socialiste, nous avons été actifs dans la mise en place de la construction ou de la reconstruction des partis socialistes dans les anciennes démocraties populaires. Tout ça nous avait beaucoup engagés et nous étions plus mitterrandiens que doriens sur ce coup-là.

S.B. : Quel était votre point de vue quant à la codécision ?

JP.C. : Par rapport à la codécision… Les questions institutionnelles allaient quelque part de soi, c'est-à-dire qu'il fallait développer la codécision. Nous étions très décidés sur le sujet. Cela ne posait pas beaucoup de problèmes entre nous. Ce n'était pas vraiment une affaire. Évidemment, il y avait une fraction autour de Chevènement et des souverainistes qui étaient hostiles mais qui étaient minoritaires. Au sein du Parlement européen et avec les socialistes européens, ils étaient très minoritaires. Ceux qui faisaient problème, c'étaient les Britanniques, non les souverainistes français, qui ne pesaient guère.

S.B. : Donc, vous souhaitiez que l'Europe avance au niveau institutionnel ?

JP.C. : Il y avait des membres du groupe, pas tellement de Français d'ailleurs, qui étaient très engagés sur la construction institutionnelle dans une vision fédérale. Ça n'a jamais été notre vision principale, qui était beaucoup plus celle d'une construction politique de l'Europe, l'institutionnel devant allait de soi. Nous étions pour l'expansion de la codécision, pour le développement des pouvoirs du Parlement. C'étaient les instruments pour un objectif politique, ce n'était pas une fin en soi. Le fédéralisme européen n'était pas une fin en soi. Et moi, je ne me suis jamais senti fédéraliste en ce sens-là ; mais il y avait quand même une forte tendance fédéraliste chez les Italiens et les Allemands.

S.B. : Vous touchez à des choses que j'ai lues particulièrement dans votre note Le Parlement européen : fausse perspective, vrai paradoxe. *Vous disiez que le but d'une Europe fédérale n'était pas le combat premier mais qu'en même temps, c'était le seul moyen de capter l'attention des citoyens. Il y avait une sorte de paradoxe…*

JP.C. : Oui, sûrement, il y avait un paradoxe et comme je l'ai peut-être écrit, sauf erreur, l'idée qu'il fallait engager davantage les citoyens sur la construction européenne faisait partie de cet ensemble. La campagne de Maastricht, que j'ai faite assez vigoureusement pour ma part et dans laquelle nous étions engagés, était une campagne qui montrait la nécessité d'un travail politique interne pour que les citoyens portent la construction européenne. Nous avons reçu une « douche froide » avec les résultats qui n'étaient pas brillants.

Pour nous, le fédéralisme était un moyen pour arriver à la fin de la construction politique européenne plus qu'une fin en soi. Le fédéralisme était un moyen pour le renforcement de l'Europe et de la construction européenne, la démocratie européenne en étant un élément important... Mais c'est vrai aussi que ma propre position a évolué, ma pratique concrète du Parlement européen m'a fait davantage prendre conscience du fait que s'il n'y a pas un développement de la démocratie européenne et notamment de la codécision on n'arrive pas à faire passer les réformes politiques. C'est seulement à travers ce développement de la démocratie européenne et un lien avec la politique de base, au niveau national, qu'on arrive à faire passer les réformes indispensables : les avancées en termes d'Europe sociale, d'Europe de l'environnement, etc.

S.B. : Quelle est cette évolution ?

JP.C. : Je ne m'étais pas rendu compte auparavant de l'importance de la construction institutionnelle et du développement de la démocratie européenne pour arriver à mettre en œuvre cette Europe socialiste que je préconisais. J'en prends conscience au long de ma propre pratique. L'idée que le progrès dans la démocratie était nécessaire pour arriver à un progrès sur d'autres objectifs était devenue une idée qui m'était très ancrée et chevillée au corps.

S.B. : Vous compariez le Parlement européen et l'Assemblée nationale et vous disiez que le Parlement européen, finalement, avait déjà pas mal de pouvoirs et de marges de manœuvre et qu'il avait l'avantage par rapport à l'Assemblée.

JP.C. : Ce qui me frappe à l'époque, c'est surtout que le Parlement européen a beaucoup de pouvoirs théoriques qu'il n'utilise pas, qu'il n'a pas la volonté politique d'utiliser, comme la liaison entre le pouvoir budgétaire et le pouvoir politique qui est le BAba de tout pouvoir parlementaire. Il manque une volonté politique de mettre en œuvre les pouvoirs qui existent déjà. Avec l'Acte unique, le Parlement européen acquiert des pouvoirs considérables. En vérité, si l'on veut bien y réfléchir, entre les pouvoirs de codécision et les pouvoirs budgétaires, le Parlement a une panoplie considérable de pouvoirs à sa disposition à ce moment-là. Pour moi, il est plus urgent que le Parlement ait la volonté politique de mettre en œuvre ces pouvoirs que d'obtenir des pouvoirs nouveaux qu'il n'utilisera pas davantage. Il faut donc que le Parlement mette en application, utilise pleinement ses pouvoirs démocratiques qui lui sont reconnus pour faire avancer les objectifs politiques, qui sont les nôtres, d'une Europe sociale, des consommateurs... Ceci ne passe pas nécessairement par l'augmentation des pouvoirs institutionnels du Parlement...

S.B. : Cela pourrait-il se faire en renforçant les liens avec les parlements nationaux ?

JP.C. : Je n'y ai pas du tout cru. Je pensais, comme la plupart des membres du groupe socialiste, que l'augmentation des pouvoirs des parlements nationaux était une renationalisation de la politique européenne et non une association des peuples d'Europe à la construction européenne. Et nous avions un exemple : le rôle de la commission danoise dans le fonctionnement de l'ensemble. Les Danois avaient impliqué leur parlement et notamment leur commission spéciale du Folketing, de manière tout à fait précise, dans l'ensemble des prises de position du gouvernement danois. La commission du Folketing freinait la construction européenne. Pour nous, les revendications des parlements nationaux d'être davantage associés à la prise de décision, c'était plutôt de la renationalisation de la politique européenne que de la démocratisation de la politique européenne.

S.B. : D'accord, pourtant c'est Maastricht qui met ça en place, donc vous étiez plutôt contre ?

JP.C. : Sur ce point, nous n'étions pas très chauds. Au demeurant, ce n'était pas une question centrale du traité. Il y a une déclaration à Maastricht, mais pas plus que ça. Sur la mise en place de la mécanique des parlements nationaux, voire d'un organisme représentatif des parlements nationaux, l'idée d'une seconde chambre, nous étions très réticents. À partir du moment où c'était une représentation spécifiquement nationale des parlements nationaux. Ceux d'entre nous qui avaient vécu la période d'avant 1979 savaient très bien que ce serait un gadget, une manière pour les gouvernements nationaux de reprendre la main.

S.B. : À la même période, vous dites que le Parlement européen n'a pas été conçu pour prendre la place qu'il a aujourd'hui dans le système institutionnel européen…

JP.C. : C'était plutôt une considération historique. Le Parlement européen n'était pas la priorité de Jean Monnet Il a été installé en raccroc par rapport à la construction européenne technocratique qu'avait été celle de Jean Monnet. Le Parlement européen a passé son temps à essayer de rattraper le coup, si je puis dire, et de trouver sa place, mais il n'a pas été intégré au départ dans la construction européenne. Ce n'était pas le problème de Monnet et des pères fondateurs que de faire une place véritable au Parlement européen. D'ailleurs c'était une assemblée consultative. Dans la vision de Monnet, ce n'était pas l'essentiel.

S.B. : Il n'y avait pas une vision fédéraliste chez Monnet ?

JP.C. : Je ne crois pas. Le Parlement européen, dans le traité de Paris – c'est le traité de Paris qui est important – n'existe pas ou presque pas. C'est une Assemblée commune qui n'a aucun pouvoir de décision et de codécision, au niveau budgétaire, ce n'est pas grand-chose. C'est un peu le décalque de l'Assemblée du Conseil de l'Europe. Il faut bien une représentation parlementaire, puisque c'est dans l'air du temps. Ce sera donc l'Assemblée commune. Pour Monnet, l'important, c'était la Haute Autorité, une commission indépendante et puissante, ayant, elle, le pouvoir de décision. Depuis cinquante ans, on tente de combler ce défaut initial de légitimité démocratique.

S.B. : Aujourd'hui, ce défaut démocratique est-il rattrapé par rapport à l'institution, même s'il ne l'est pas au niveau des citoyens ?

JP.C. : En effet, les progrès institutionnels n'ont pas été accompagnés d'un renforcement de la légitimité du Parlement et donc de l'Union européenne aux yeux des citoyens. Le déficit démocratique n'a pas été comblé à cet égard.

S.B. : *La limite est là. Que peut-on faire pour que les citoyens se sentent concernés ?*

JP.C. : Je pense que l'Europe a basculé avec l'élargissement et le « non » à la Constitution. On est passé dans une autre construction. Il n'y a plus de perspectives fédérales en vue. On est dans un réaménagement fondamental. Je suis de ceux qui pensent que le « non » a été quelque chose d'important et que le mini-traité n'est pas une constitution bis. Il n'est plus question maintenant de perspectives fédérales, ce qui change beaucoup les choses, y compris le rôle du Parlement européen. Le fédéralisme n'est plus à l'ordre du jour pendant les trente prochaines années. On ne parle pas d'Europe fédérale, on ne parle pas de progrès vers le fédéralisme européen, on a laissé tomber l'idée d'associer les opinions publiques nationales par ces symboles de citoyenneté européenne qu'étaient le drapeau, l'hymne, la devise. Le fait de les supprimer est tout à fait significatif. On est dans une autre construction européenne. Cet autre schéma était déjà porté par l'élargissement à l'Europe de l'Est et la chute du mur de Berlin. C'est le choix de la paix, plutôt que du fédéralisme ; la paix, c'est-à-dire la grande Europe avec les contraintes que cela comporte. Plus personne, parmi les décideurs en tout cas, ne veut entendre parler de progrès institutionnels. C'est terminé. Le mini-traité, c'est la fin du bricolage institutionnel, de la réforme constitutionnelle, moyennant quoi l'Europe continuera sur les politiques et sur le fond.

Je trouve que c'est très bien. Contrairement à ce qu'on avait prévu, l'Europe à vingt-sept n'est pas paralysée, on continue à prendre des décisions et à progresser sur les politiques de fond.

S.B. : *Donc, ce n'est pas très grave de laisser les citoyens sur le côté ?*

JP.C. : Je ne dis pas que ce n'est pas très grave, je dis que c'est fait. On a pris la décision implicite après le « non » au référendum de laisser les citoyens de côté.

S.B. : *Le seul moyen de capter leur attention, c'était d'aller vers une Europe fédérale, non ?*

JP.C. : Non, je ne crois pas. Je crois que les citoyens ne comprennent pas l'Europe, ne s'intéressent pas à la construction européenne et qu'ils ont quelques raisons de ne pas comprendre l'Europe et donc de ne pas s'y intéresser. C'est une des faiblesses de l'Europe, du schéma institutionnel en particulier. On revient à l'idée de base de Jean Monnet qui était de ne pas consulter les citoyens et de mettre d'accord les élites et les décideurs. L'idée de Jean Monnet, ce n'était pas l'Europe citoyenne. Son problème n'était pas la démocratie. Son problème était d'empêcher la guerre et d'avancer concrètement.

S.B. : *Et quelle est votre position sur ce point ? Et celle des socialistes ?*

JP.C. : Les socialistes ne pensent rien. En ce moment sur l'Europe, c'est affreux.

S.B. : Il n'y a pas d'idée ?

J.P.C. : Ou il y en a trop, peu importe, cela revient au-même.

S.B. : Condamnez-vous cette évolution ?

JP.C. : Je ne la condamne pas. Ce n'est pas dans ma nature. C'est plutôt de prendre acte et de voir à partir de là ce qu'on fait. On peut regretter, bien sûr, et j'ai regretté que la Constitution ne passe pas. Mais maintenant il faut prendre la mesure du « non » et elle est beaucoup plus considérable que certains ne le disent ou ne l'espèrent. À partir de là, il s'agit de se mettre dans la tête que c'est une autre Europe que celle que nous avons voulue pendant quarante ans.

S.B. : Maintenant, j'aimerais passer à un autre volet : la vie du parlementaire. Et j'aimerais comprendre les relations qui s'exercent entre le PS au niveau national, la DSF et le groupe socialiste. Marc Abelès, dans son livre La vie quotidienne au Parlement européen, *vous cite et vous dites que votre avenir au Parlement européen dépend de votre formation politique et qu'il faut rester en lien étroit avec Paris. Pensez-vous que Paris se sert de la DSF comme filtre ?*

JP.C. : C'est assez caractéristique. Le Parlement européen est en situation d'intermédiaire, de médiation entre Paris et Bruxelles, mais pas seulement, aussi entre le gouvernement français, le parti socialiste au niveau national, le groupe socialiste au niveau européen et un petit peu l'ensemble du Parti socialiste européen. Mais c'est difficile d'arriver à cerner le lieu du pouvoir et de la décision dans tout ça parce que ça se balade et donc ce n'est pas aussi simple que ça. Ce qui est vrai, c'est que nous sommes désignés par les partis nationaux, élus par scrutin national sur des listes politiques nationales et que de ce point de vue-là, notre première allégeance est pour les partis nationaux. Ce qui est vrai aussi, c'est que les partis nationaux ne s'intéressent pas à l'Europe, ne suivent pas les affaires européennes et ne s'y intéressent tout d'un coup, que quand il y a des crises… Mais au jour le jour, un parti socialiste national n'a pas d'idée sur ce qu'il faut faire. Au niveau national, les débats sont récurrents et un parti socialiste ou non, au niveau national, a des idées sur les enjeux quotidiens. Pour autant, au niveau européen, ce n'est pas le cas. Comme il n'y a pas de parti européen, comme il n'y a pas de parti socialiste européen, de ce point de vue, les parlementaires se trouvent en suspens politiquement. Ils n'ont pas de comptes à rendre. Ils ont à gérer une situation au niveau du quotidien européen qu'ils travaillent et qu'ils connaissent. Ils sont à plein temps, ils sont là-dedans, ils prennent les avis des uns et des autres. Les partis nationaux interviennent uniquement quand il y a des grandes décisions à prendre, ce qui est tout de même assez rare. Pour le reste, la liberté des parlementaires européens est un état agréable pour le parlementaire en question mais un peu malsain au point de vue démocratique car cela implique une absence de contrôle. Cela donne beaucoup de libertés aux parlementaires européens eux-mêmes mais c'est en même temps une déconnexion entre le travail politique au niveau européen par le Parlement européen et les opinions publiques nationales. Il n'y a pas d'articulation. C'est aussi vrai des relations avec les parlements nationaux dont on parlait tout à l'heure. Les parlements nationaux ne connaissent rien à l'Europe et n'en ont rien à faire. Il y a quelques spécialistes dans les délégations de parlements nationaux pour l'Europe qui sont très sérieux et qui parlent au nom de la souveraineté nationale. Mais quand il y a un débat européen à l'Assemblée nationale, il n'y a personne en séance et personne ne s'y intéresse. C'est à partir de cela qu'il faut envisager le problème des relations entre parti national, parlementaires européens, gouvernements nationaux. Tout ça fonctionne de manière un peu bricolée mais surtout avec une grande autonomie des différents partenaires les uns par rapport aux autres.

S.B. : C'est paradoxal cette grande liberté par rapport à votre mandature qui dépend totalement du parti.

JP.C. : Oui, c'est assez curieux et c'est aggravé dans le cas français, car contrairement aux Anglais et aux Allemands qui ont des stratégies nationales par rapport au Parlement européen, avec une permanence dans la présence et l'investissement, les Français n'ont pas du tout cette stratégie-là et d'une élection à l'autre, ils changent d'équipage. Il y a peu de volonté de permanence dans la présence française au Parlement européen, tout parti confondu, ce qui affaiblit beaucoup notre présence. Les affaires européennes sont très compliquées : on passe une année ou deux à savoir ce qui se passe, à s'établir un réseau de contacts et à s'investir dans des dossiers. Tout cela prend beaucoup de temps et si au bout de cinq ans, il faut tout recommencer… C'est une des faiblesses de la présence française au Parlement européen qui est la rotation du personnel politique avec l'incapacité de faire un investissement politique important. Ceci nous affaiblit très sérieusement y compris dans la distribution des postes principaux au Parlement européen, qui sont les postes de coordonnateurs dans les commissions où les Français sont très minoritaires. Le coordonnateur, c'est celui qui sait, qui est compétent. Et les Français sont très rarement coordonnateurs parce qu'ils ne savent pas, alors que le type qui est là depuis vingt ans et qui connaît tout le monde est nécessairement désigné comme coordonnateur. Les coordonnateurs sont désignés par leurs pairs au niveau de chaque commission parlementaire, donc ce sont les socialistes de la commission des Relations extérieures qui vont choisir le coordonnateur des Relations extérieures. Ce n'est pas une désignation politique, ce n'est pas le groupe, donc le choix des coordonnateurs ne fait pas partie des négociations au sein du groupe. Dans les négociations au sein du groupe, les Français se débrouillent très bien. C'est une question de proportionnalité et de bagout : là, ça va. Mais les coordonnateurs sont le pouvoir véritable au Parlement européen, ils sont les interlocuteurs essentiels au sein du Parlement européen et, là, les Français sont nuls parce que nous ne sommes pas capables d'investir sur la durée dans la présence parlementaire au Parlement européen.

S.B. : L'élite du parti n'en prend-elle pas conscience, même si les gens qui le vivent de l'intérieur le lui font remarquer ?

JP.C. : On peut raconter ce qu'on veut, ça n'a aucune importance. Les élections européennes sont des élections nationales avec des enjeux nationaux. Les listes ne sont pas établies en fonction des positions prises au niveau européen et pas du tout en fonction du travail qui a été fait au niveau européen.

S.B. : Si cela nuit à la voix française en Europe, c'est embêtant ?

JP.C : Oui, bien sûr, c'est embêtant. Pour les partis politiques français, les élections européennes sont un enjeu national, à la fois en termes de campagne électorale et de position sur la liste. Cela fait partie d'une stratégie nationale et non européenne. Ce n'est pas du tout articulé à une stratégie européenne et encore moins à un investissement européen. C'est une donnée de fait avec ses conséquences au Parlement européen, avec les avantages correspondants en termes de fonctionnement au niveau des partis politiques nationaux. Ça fait partie de l'ensemble des politiques nationales. Et quelque part, la représentation française au Parlement européen a souvent été plus brillante que les autres représentations ; c'est-à-dire que nous avons envoyé au Parlement européen, un peu comme les Italiens, des personnalités politiques moins ternes que les Britanniques et les Allemands. Donc politiquement c'est plus intéressant, mais d'un autre côté envoyer un Fabius ou un Jospin pour les socialistes, au niveau de l'influence au Parlement européen, zéro. C'est un choix politique.

S.B. : Concernant le groupe socialiste européen : de 1989 à 1994, c'est la période où vous êtes président du groupe et le parti socialiste est le premier groupe au Parlement européen. Le rôle du président du premier groupe est essentiel. Quel était votre rôle ? Comment cela se passait-il concrètement ?

JP.C. : Le rôle du président du groupe principal est un rôle essentiel dans le fonctionnement interne et quotidien du Parlement européen puisque le groupe principal fixe l'ordre du jour. C'est lui qui préside toutes les réunions internes au Parlement européen, qui fait les propositions et qui a l'initiative politique. C'est effectivement une position qui est politiquement importante. Cela ne veut pas dire qu'il y a un pouvoir de décision pour autant puisqu'avec les règles de vote, il faut une majorité qualifiée pour tout ce qui est sérieux, donc il faut l'accord entre les deux grands groupes. L'avantage d'être président du groupe principal est que c'est vous qui menez la danse. Ce n'est pas vous qui êtes le danseur, mais c'est vous qui la menez et l'organisez. Le président du groupe donne le « la » en ce qui concerne la nature du débat politique au Parlement européen, sur l'ajustement du débat politique, sur l'affrontement droite/gauche, sur la manière de gérer la nécessaire majorité qualifiée à la sortie tout en préservant le débat. C'est le président du groupe qui a une responsabilité imminente sur ces questions, qu'il exerce ou qu'il n'exerce pas. Certains présidents de groupe n'ont jamais abordé ces questions, pourtant passionnantes et importantes.

Enfin, un groupe, c'est cent cinquante fonctionnaires, c'est une force de frappe politique considérable. Les groupes politiques du Parlement européen sont de loin les machines politiques les plus importantes au niveau mondial. Il n'y a rien qui soit comparable, en termes de capacités d'analyses, de propositions et de concentration de ressources, à ce qu'ont les groupes politiques du Parlement européen. Si je prends la relation entre le groupe socialiste et le PSE qui, à l'époque, était l'Union des partis socialistes, c'est pot de terre et pot de fer. C'est nous qui avions l'argent, c'est nous qui mettions à la disposition du parti socialiste un peu de personnel, plutôt les éléments moins brillants, parce que ce n'était pas notre priorité. C'est nous qui prenions les initiatives en termes de présence internationale socialiste à travers le monde. De ce point de vue-là, le Parlement européen a été l'embryon de véritables machines politiques aux niveaux européen et international tout à fait intéressantes.

S.B. : Vous touchez à quelque chose qui m'intéresse tout particulièrement : le rapport entre le PSE et l'UPSCE. Y-a-t-il eu un changement, en volonté et en pratique, entre ces deux structures européennes ?

JP.C. : Il y a eu une volonté de différence mais elle ne s'est pas beaucoup concrétisée. En passant de l'UPSCE au PSE, il y a eu une volonté de donner un développement important à la notion de parti politique européen. Mais il y a eu des réticences très fortes au niveau des partis nationaux composant l'Union des partis qui ne voulaient pas de cette évolution. Les présidents successifs n'étaient pas très enthousiastes. C'est Willy Claes qui a franchi le pas, qui, lui s'est engagé avec le passage au Parti socialiste européen avec, à partir de ce moment-là, une unification du logo et des symboles et la volonté d'aller de l'avant, avec éventuellement un passage au vote majoritaire parce que tout se réglait par consensus, c'est-à-dire à l'unanimité. Ça ne s'est pas concrétisé ensuite parce que Claes a dû quitter la présidence et que les deux présidents successifs étaient contre cette idée. Rudolf Scharping et Robin Cook ont été des catastrophes, ils n'ont pas assuré le développement du Parti socialiste européen. La présidence britannique du groupe socialiste qui a succédé à ma présidence n'a pas davantage pressé le mouvement. C'est ainsi que la perspective d'un vrai parti socialiste européen est restée lettre morte.

Ça n'a pas empêché les choses d'avancer au niveau institutionnel sur les partis politiques européens. Je ne suis pas très au courant mais je vois que les possibilités de financement se sont développées. Nous avons maintenant un excellent président du Parti socialiste européen avec Rasmussen, mais on a perdu vingt ans.

S.B. : En pratique, y a-t-il eu des changements avec l'UPSCE : plus de rencontres, de débats ?

JP.C. : Non, il n'y a pas eu de changement. Cela dit, il ne faut pas sous-estimer l'importance, déjà, de l'Union des partis qui, en soi, est un phénomène tout à fait intéressant et important. Les leaders des partis politiques se rassemblent quatre à cinq fois par an pour discuter et pour poser des problèmes. C'est un lieu de rencontres et d'échanges fondamental. Cette pratique était déjà acquise du temps de l'Union des partis. Il n'y a pas eu de rupture entre les deux. Maintenant avec Rasmussen, ça a pris, sans doute, davantage d'extension et il y a une réflexion politique plus importante qu'avant, mais il n'y a pas eu de saut qualitatif dans le passage d'une structure à l'autre.

S.B. : Et au sein du groupe socialiste, comment s'organisent vos relations de travail avec les autres socialistes européens, comment cela s'orchestre-t-il ?

JP.C. : Les parlementaires européens sont en état d'apesanteur politique dans la gestion quotidienne. Donc les débats politiques se font au niveau du groupe. Il y a un vrai débat chaque mois lors de la réunion de groupe. C'est là que les décisions principales se prennent, que l'orientation du groupe est donnée, que les délégations nationales s'expriment, discutent, changent de position et donnent ensuite leurs indications de vote à leur député qui sont suivies ou non. Chaque député jouit d'une indépendance tout à fait bizarre au regard du fonctionnement des parlements nationaux. Le groupe politique est le lieu du débat politique et les parlementaires français sont partie prenante de ce débat politique. C'est quelque chose qui fonctionne assez bien dans l'indifférence totale des partis nationaux. Cela n'empêche pas que sur les enjeux quotidiens il y ait des clivages nationaux. La délégation socialiste française aura spontanément tendance à prendre position pour les intérêts de la France et du gouvernement français, même s'il n'est pas socialiste mais UMP. C'est vrai pour toutes les délégations qui sont partagées entre une allégeance socialiste européenne et un gros ancrage national et dans la balance, c'est l'ancrage national qui est important. Tout ça se malaxe. À travers le débat politique et l'échange d'informations, on finit par arriver à des décisions qui sont des décisions majoritaires du groupe et qui influent de manière décisive sur les décisions du Parlement. Il peut y avoir des Français qui votent contre un article. Cela n'empêche pas l'article d'être approuvé par le Parlement dans son ensemble car le groupe socialiste comme le PPE ont décidé de voter pour. C'est le groupe, plus que la délégation, qui est le lieu de la décision politique. Les délégations nationales sont des instances nationales, pas plus que cela. Un autre lieu important de décision sont les commissions, d'où le rôle éminent du coordonnateur qui est le personnage clé dans le fonctionnement législatif du Parlement européen.

S.B. : Je voudrais revenir un peu sur PSE. Existe-il un débat politisé en termes d'Europe et pensez-vous qu'il y a une différence entre la gauche et la droite en matière européenne ?

JP.C. : Cela dépend beaucoup du président de groupe, car le président donne un style différent à la relation et vous avez des traditions différentes selon les pays. Il y a des pays à tradition de coalition, qui, spontanément, évitent le clash et puis des pays à tradition majoritaire où l'on cherche le débat politique. Cela dépend du rapport de force et des traditions nationales. Le Parlement européen a longtemps été dominé et le reste encore par les Allemands et l'accord entre CDU et SPD qui cherchent à dépolitiser la gestion de l'institution. Cela se politise sur les débats d'urgence mais pour l'essentiel, c'est la coalition SPD/CDU qui pèse dans le fonctionnement. J'avais, pour ma part, essayé de politiser le débat tout en gérant le nécessaire accord. Mon prédécesseur, c'était tout à fait l'inverse, il étouffait le débat.

S.B. : Ce débat sort-il ou pas du Parlement européen ?

JP.C. : Non, il ne sort pas. C'est la faiblesse du Parlement européen qui n'a que peu d'écho à l'extérieur. La gestion quotidienne n'intéresse pas. Il faut une grande crise comme la Constitution européenne. Là oui, cela devient un objet de débat et un débat incompétent d'ailleurs parce que les gens qui en parlent ne savent pas de quoi il s'agit. C'est la faiblesse de toute cette structure, elle n'a pas de prise sur les opinions publiques nationales. C'est une démocratie incomplète, c'est une démocratie sans le peuple, donc ce n'en est pas une.

S.B. : Pensez-vous qu'il y a une spécificité, une singularité socialiste en matière européenne et par rapport au Parlement européen ?

JP.C. : Je crois qu'il y a eu une spécificité socialiste à un moment et qui a été largement marquée par l'époque Mitterrand/Delors. La conjonction Mitterrand/Delors a été importante pour les socialistes français et au-delà pour les Européens. Il y a eu un moment où il y avait une vision socialiste de l'Europe assez forte, les Britanniques étant mis à part. Aujourd'hui, ça me paraît beaucoup moins évident, en tout cas au niveau français Le vote socialiste à Versailles l'a bien montré. Il n'y a pas de vision socialiste sur l'Europe. L'Europe étant l'expression la plus aiguë de l'absence de position caractéristique du PS. Au niveau européen, je crois qu'il y a moins de vision socialiste de l'Europe qu'il n'y en avait il y a vingt ans. Pour des raisons objectives : l'élargissement a profondément transformé l'Europe, non seulement en termes institutionnel et consultatif, mais en termes culturel et on assiste à une montée de l'anti-européanisme dans les opinions publiques dont les partis socialistes ont été largement le relais, en particulier quand ils étaient dans l'opposition.

S.B. : Concernant la période Mitterrand/Delors, qu'est-ce qui la caractérisait par rapport à l'UDF qui était aussi un parti pro-européen ?

JP.C. : Il y avait d'une part un accord fondamental entre Mitterrand et Kohl sur la construction européenne, Kohl était plus démocrate-européen que Mitterrand, il était davantage pour le Parlement européen. Kohl avait une vision du renforcement de la démocratie européenne, il mettait le Parlement européen au centre de la démocratie européenne. Mitterrand n'a jamais eu cette vision-là de l'Europe. Pour lui, l'Europe devait être intergouvernementale, une confédération de démocraties. Mitterrand représentait assez bien la vision socialiste européenne car les partis socialistes européens, pour l'essentiel, partageaient cette vision. Au sein même du Parlement européen, les partisans du fédéralisme européen à la Kohl étaient beaucoup plus importants mais ils n'étaient pas représentatifs des partis nationaux qui étaient beaucoup plus en retrait.

S.B. : Sur quel axe se dessinait la vision de Mitterrand ? A-t-il alors tout misé sur la Commission ?

JP.C. : Non, il était assez pragmatique du point de vue institutionnel. Ce qui lui importait, c'est que l'Europe développe sa présence dans le monde, ses pouvoirs et ses politiques communes. Il ne mettait pas l'institutionnel en tête contrairement à

Kohl qui avait une conception où il fallait que le Parlement européen ait davantage de pouvoirs. C'était une vision fédéraliste et dans cette vision, les chrétiens-démocrates, le PPE, devaient jouer un rôle central d'autant plus qu'ils savaient que les socialistes étaient divisés sur le sujet.

André CHANDERNAGOR

Mercredi 13 février, Paris

Salomé Benhamou : Pourquoi vous êtes-vous engagé à gauche ?

André Chandernagor : Je me suis engagé à gauche progressivement. Issu d'un milieu de droite, je suis né sous la IIIe République, en pleine instabilité ministérielle et à la veille d'une crise économique mondiale. J'ai connu la montée des périls extérieurs… 1936 est une date majeure pour mon engagement : j'avais un cousin germain, ouvrier-artisan chez mon père, qui bénéficiait des congés payés, il venait de se marier et il m'emmène avec son beau-frère, lui-même ouvrier à Paris, en Bretagne. Je vis donc les congés payés et je rencontre des gens heureux, un vrai bonheur ! Et je me dis que ce qu'a fait là Léon Blum, ce n'est pas si mal…

Fin 1940, j'arrive à Paris, interne au lycée Henri IV. L'internat ne me convenant pas, je prends pension dans un foyer ouvrier du 15ème arrondissement, créé par le catholicisme social du 19ème siècle et tenu par les pères de Saint Vincent de Paul. Et cet hiver-là, je vois mourir quatre jeunes pensionnaires ouvriers de tuberculose. Le dimanche matin, nous rendons visite à des familles pauvres du voisinage pour les secourir de quelque charité. Cela les gênait autant que moi-même. La solidarité doit, autant que faire se peut, être anonyme et collective : elle exige l'intervention de l'État. Ainsi me suis-je senti de plus en plus orienté vers la gauche. En 1946, je m'engage.

S.B. : Par la suite, comment entrez-vous en politique active ?

A.C. : Reçu à l'ENA, j'entre au Conseil d'État en 1951 et je décide de faire mes premiers pas de politique active dans la Creuse, dans une commune que je connaissais à peine et dont mon beau-père était originaire. Élu maire en 1953, je tente le conseil général deux ans après, sans succès, mais je fais un bon score. Nommé dans le cadre de mes fonctions professionnelles conseiller technique du président du Conseil (socialiste) en 1956 et militant activement au niveau de la fédération socialiste de la Creuse, je suis élu député de ce département en 1958.

S.B : Et que représente l'Europe pour vous à cette époque-là, dans les années 1950 ?

A.C. : L'Europe, c'est la grande espérance. Vous n'imaginez pas ce que fut pour un garçon de mon âge d'avoir connu la défaite, l'armée en déroute, un spectacle lamentable. Alors que nous avions été formés dans la gloire des anciens combattants de 1914-18, dans l'illusion que la France qui avait gagné la « Grande Guerre » était la première nation du monde ! Et voici que nous étions vaincus, occupés : l'humiliation quotidienne. Par miracle, la victoire américaine nous a sauvés mais dans quel état ! À la sortie de la guerre, l'Europe est en ruine. Il y a deux grandes nations : les États-Unis et la Russie. Si l'on veut qu'elle compte de nouveau sur la scène mondiale, son union s'impose comme une évidence : l'avenir est aux grands ensembles. On prend l'exacte dimension de ce que nous sommes. Mais comment parvenir à cette union si nécessaire de l'Europe ? La Communauté charbon-acier est un pas important mais j'assiste, impuissant, à l'échec de la CED. Le parti socialiste y a sa part de responsabilité car, pour la première fois, il renonce à imposer à ses parlementaires la discipline de vote. Il commettra la même faute cinquante ans plus tard lors du référendum sur la Constitution européenne.

En 1956, je rencontre Jean Monnet et il m'explique que comme on n'a pas pu faire l'Europe par le haut, par les institutions, on allait tenter l'approche par la mise en commun progressive de réalités économiques diverses : l'agriculture, les transports,...

S.B. : À l'époque de Guy Mollet, quelle perception les socialistes avaient-ils de l'Europe ? Avaient-ils des ambitions pour les institutions européennes ?

A.C. : La majorité des socialistes était pour une Europe à institutions fédérales. Je suis moi-même partisan d'une telle Europe, d'une Europe-puissance, sans laquelle tout finira par se disloquer. Tel n'est pas, on le sait, le point de vue de la Grande-Bretagne, qui se satisfait d'un grand marché européen ouvert sur lui-même et à l'extérieur.

Guy Mollet était un parlementaire de conviction et d'expérience et l'Europe, pour lui, c'était d'abord un Parlement. Professeur d'anglais, il était plein d'admiration pour le régime parlementaire anglais. Son idée était que plus tôt on ferait entrer l'Angleterre, plus on consoliderait la démocratie en Europe, et d'abord en Allemagne, où il fallait en ancrer la durabilité. L'ennui, c'est que les Anglais ne nous ont jamais caché qu'ils ne voulaient pas la même Europe que la nôtre et qu'ils ont dans l'esprit et dans leur pratique, plus de constance et d'efficacité que nous. Un exemple ? Les Anglais envoient au Parlement européen des représentants très actifs. Les Français envoient des apprentis du suffrage universel ou des retraités de ce suffrage. Faut-il s'en étonner dès lors que nos concitoyens ne se sentent guère européens et que nos hommes politiques nationaux n'ont que trop tendance à rendre l'Europe responsable de leurs carences ou de leurs erreurs ? Ce ne sont pas des courageux. La politique est devenue, hélas, un métier, totalement un métier...

Avec le traité de Lisbonne, la Commission va devenir réellement responsable devant le Parlement. Là, on va rentrer dans un système très sérieux. Alors, peut-être, va-t-on se mettre à envoyer des gens sérieux. Pour l'instant, on connaît des députés européens ceux qui ont déjà fait une carrière nationale ou locale, sinon, qui les connaît ? Ils n'ont pas de contact et les médias ne s'intéressent guère à leurs travaux ; la plupart des Français non plus, malheureusement.

Une chose est sûre, il ne faut jamais interroger les Français sur la politique étrangère. La preuve ? Le dernier référendum européen. Ils n'y connaissent rien. Regardez l'histoire, ce n'est pas nouveau.

À l'Assemblée nationale, j'ai toujours défendu l'Europe. J'étais à la commission des Affaires étrangères, j'avais une activité internationale. Une Europe qui ne sera pas capable d'avoir un jour une politique étrangère commune et une défense commune n'existera pas et pour y parvenir, il faut une Europe fédérale. Le Parlement européen est la garantie démocratique de l'Europe. La conférence des chefs d'État et de gouvernement est l'expression des États : il faut équilibrer l'un par l'autre. On a perdu beaucoup de temps avec le traité de Nice. Si le traité de Lisbonne est ratifié, on va tenter une expérience. Depuis Maastricht on n'a pas bougé. Là, on a une chance, allons-y et voyons comment ça fonctionne et si ces institutions nouvelles permettent à l'Europe d'opérer des choix clairs, sur l'avenir des relations avec la Turquie par exemple.

S.B. : Et que pensez-vous de l'Europe de Pompidou ?

A.C. : L'Europe de Pompidou, c'était l'Europe à l'anglaise avec les Anglais, c'est-à-dire l'Europe des affaires. L'Europe de de Gaulle, c'était l'Europe à l'anglaise sans les Anglais mais aussi avec un complément d'entente politique, de confédération entre États souverains. Pompidou même pas. De Gaulle avait en horreur le fédéralisme. Il détestait les parlementaires, des bavards ! La seule fois où il est venu au parlement français, c'était pour se faire donner les pleins pouvoirs. Alors que la Constitution de 1958, dans son texte initial, instaurait un régime parlementaire rationalisé, il en a fait, par les pratiques et par la révision de 1962, un système de concentration des pouvoirs à la présidence de la République.

S.B. : Et quelles étaient les différences en matière européenne entre Guy Mollet et François Mitterrand ?

A.C. : Du point de vue des convictions européennes, c'est pareil. Ce sont des gens de la même génération. Pour G. Mollet, ça a toujours été très clair, il voulait une Europe fédérale et adhérant pleinement aux institutions communautaires, telles qu'elles résultaient du traité du Marché commun, en grande partie son œuvre.

F. Mitterrand savait qu'il fallait progresser en direction de l'Europe fédérale mais il aura un temps d'hésitation entre 1981 et 1983, au moment où je suis aux affaires européennes. Je suis profondément européen, il le sait et je rassure. Je négocie l'entrée de l'Espagne et du Portugal, un peu seul et il m'arrive de me demander ce que veut réellement Mitterrand car c'est l'époque où il paraît caresser le rêve de la révolution dans un seul pays. Est-ce pour endormir les communistes ou y croit-il vraiment ? Chevènement, qui lui n'est pas du tout européen, est ministre de l'Industrie, il multiplie les contentieux avec la Communauté européenne et cherche visiblement la rupture. Comme Joxe d'ailleurs qui préside alors le groupe socialiste à l'Assemblée nationale où les marxo-gaullistes sont nombreux. Finalement, Mitterrand va retirer à Chevènement le portefeuille de l'Industrie.

Pendant la période 1981-1983, je négocie au mieux l'élargissement. Pour le reste, on ne pouvait avancer car Mme Thatcher bloquait toute initiative. Les communistes ne m'ont jamais gêné, à ma grande surprise. Après le tournant de 1983 et le refus de sortir le franc du système monétaire européen, le progrès de la construction européenne devenait pour Mitterrand une priorité. Cela nous conduit à l'Union européenne et à l'euro, grâce à une concertation très étroite avec l'Allemagne et une compensation financière onéreuse à la Grande-Bretagne.

S.B. : Quelles distinctions faites-vous entre l'Assemblée nationale et le Parlement européen ?

A.C. : L'Assemblée nationale cherche encore sa place dans la Constitution actuelle. Le Parlement est malheureux et pas seulement la minorité, la majorité aussi. Sur le plan européen, c'est différent, d'abord, j'ai mis du temps à l'appeler Parlement. Je l'appelais ostensiblement « Assemblée de Strasbourg », parce que ce n'était pas encore un vrai Parlement. Maintenant, c'est bon, je veux bien l'appeler Parlement. Un parlement sert à définir un gouvernement majoritaire, à voter les lois et à contrôler la gestion du gouvernement. On est encore loin de cela en Europe. Le Parlement européen serait un vrai parlement à l'anglaise si la Commission était issue de la majorité électorale mais en l'espèce, la majorité est bien difficile à établir. Il faudra sans doute longtemps se satisfaire de majorités diverses selon les sujets.

S.B. : Est-ce que les Français acceptent bien la délégation de pouvoirs à Bruxelles et y-a-t-il une réelle différence droite-gauche en matière d'Europe ?

A.C. : En 1981, déjà, 40 % de la réglementation en vigueur en France était due à l'Europe et je crois qu'on en est aujourd'hui à plus de 50 %. Quand elle est acceptée, on l'attribue volontiers aux institutions de son propre pays. Si elle pose problème, on a que trop tendance – politiques et médias mêlés – à en rejeter la responsabilité sur l'Europe. C'est pourquoi un grand effort d'information du citoyen est nécessaire, aussi bien à gauche qu'à droite, car le clivage essentiel entre pro et anti-européens est partout. Et la mondialisation accentue la coupure, entre les protectionnistes, partisans de repli sur soi, à l'abri des frontières nationales, et les internationalistes, pour lesquels la régulation nécessaire du marché se situe désormais à l'échelle du monde et d'abord de l'Europe.

Internationalisme, défense et promotion des droits de l'homme, suppression des monopoles et des privilèges et notamment des paradis fiscaux, régulation du capitalisme financier, que de luttes à mener pour la gauche dans la fidélité aux origines du socialisme et à la mission si souvent célébrée par ses chants : « l'Internationale sera le genre humain. » !

Philip CORDERY

Vendredi 22 février 2008, PSE, Bruxelles

Salomé Benhamou : Tout d'abord, pourquoi vous êtes-vous engagé à gauche et à quoi correspond l'Europe dans cet engagement ?

Philip Cordery : Mon engagement à gauche est très ancien et naturel. J'ai eu la volonté, très jeune, de combattre les injustices, volonté qui s'est concrétisée en 1985 lorsque j'ai adhéré au PS et au MJS. Très vite, étant donné mon environnement familial (mon père est anglais et ma mère est française), l'Europe s'est imposée d'elle-même. Au MJS, j'ai tout de suite été actif dans les affaires internationales et européennes. Je suis devenu ensuite secrétaire international du MJS.

S.B. : Qu'est-ce qui vous pousse à fonder ECOSY (structure des jeunes du Parti socialiste européen) ?

P.C. : Au moment où j'étais secrétaire international du MJS, cela faisait quelques temps qu'il y avait des discussions sur le bien fondé ou non d'avoir une structure communautaire de la jeunesse. Tout se dessina en 1991. Le but était à la fois d'influer, au niveau de la politique socialiste jeune, sur les décisions de l'Union européenne et de faire autre chose que la IUSY qui était un forum de discussions internationales : de faire une organisation politique européenne. On a profité de la refondation des partis au sein du PSE pour fonder ECOSY mais les deux structures sont totalement indépendantes. ECOSY est reconnue comme l'organisation de jeunesse socialiste européenne.

En tant que secrétaire général, il a fallu tout créer puisque rien n'existait. Nous étions en lien avec le groupe socialiste au Parlement européen et le PSE qui, à l'époque, était au Parlement. Les partis étaient des annexes des groupes parlementaires ; ils nous ont aidés à trouver des fonds et à monter une structure.

Ensuite, nous avons fait un travail de fond de mise en commun des positions des différentes organisations socialistes de jeunesse avec des séminaires, des réunions de directions de différentes organisations pour élaborer une plateforme commune et organiser des activités militantes : échanges pour créer des liens et un sentiment d'appartenance commun à l'Union européenne,... Le MJS, présidé par Benoît Hamon, était très engagé.

S.B. : Après vous êtes à Solférino...

P.C. : Après ECOSY, j'ai travaillé un an au PSE et j'ai ensuite été appelé à Solférino pour diriger le département international où j'ai travaillé successivement avec Pierre Guidoni, Henri Nallet et Pierre Moscovici. Là, je m'occupais aussi bien de l'Europe que de l'international et de la mondialisation.

S.B. : Le PS français à Paris est-il en relation directe avec les socialistes européens ?

P.C. : Oui, d'abord à travers le travail commun au sein du PSE, que ce soit dans les groupes de travail thématique et les réunions de leaders. Puis à travers les relations bilatérales, avec certains partis privilégiés, tel que le SPD allemand… Le département international est en relation permanente avec les autres partis pour échanger des informations et des bonnes pratiques.

S.B. : Après vous arrivez au PSE en 2004 et vous êtes élu secrétaire général .Quels sont les rôles et buts du PSE ?

P.C. : Le rôle du PSE a beaucoup changé ces dernières années. D'abord au niveau administratif, puisqu'il était une succursale du groupe parlementaire. Avant que les traités ne reconnaissent les partis, ils n'avaient pas de financement ni de structure autonomes.

En 2004, il y a eu un congrès très important du PSE, où Poul Nyrup Rasmussen, l'actuel président du PSE, ancien Premier ministre danois, a été confronté à l'Italien Giuliano Amato. Il a gagné sur une ligne qui avait pour but de transformer le PSE en vrai parti socialiste européen. Ce fut donc à la fois un changement administratif et un changement politique. Beaucoup de temps s'est écoulé entre la reconnaissance dans les traités et l'adoption par le Conseil de la réglementation sur les partis politiques européens en 2004.

En 1992, le changement était purement symbolique. C'est vraiment en 2004 que nous avons organisé les choses différemment, que nous avons eu un siège autonome et un financement public et surtout une véritable volonté politique. Le PSE devient alors un véritable acteur de la vie politique européenne. Nous avons notre propre direction qui est formée par les différents responsables des partis nationaux. Aujourd'hui, le parti est beaucoup plus respecté. En 1992, le seul changement fut le sigle, nous étions dans le domaine du symbolique. Le congrès de 2004 n'aurait pas été possible sans les changements intervenus en 1992 et sans la prise de conscience naissante qu'il fallait un parti tel qu'on les connaît au niveau national.

Même ceux qui hésitaient en 2004 défendent aujourd'hui la nécessité d'avoir un PSE fort et présent sur la scène politique européenne.

La direction du PSE est composée de dirigeants des partis nationaux ; c'est là que sont prises les décisions. Le président est très actif pour impulser des initiatives. Au final, ce sont tous les partis qui décideront au sein de la présidence, qui se réunit cinq fois par an. En ce qui concerne le PS français, c'est Alain Richard qui le représente. La réunion des leaders, quant à elle, a lieu trois fois par an avec les responsables des partis et les premiers ministres si les socialistes sont au pouvoir. Les leaders donnent les grandes orientations.

S.B. : Y a-t-il des thèmes abordés spécifiquement ?

P.C. : À chaque réunion de la présidence, il y a des débats sur les sujets d'actualité et nous y adoptons les positions communes du PSE, nous les affirmons et les déterminons. Il y a parfois des résolutions thématiques. La présidence peut aussi entériner un travail fait par un groupe de travail, une commission qui présente son rapport. Mais pour les grandes décisions, les grands rapports, ce sont les leaders qui décident.

S.B. : Pensez-vous que les Français ont pris la mesure du PSE aujourd'hui alors qu'avant ils étaient un petit peu en retrait ?

P.C. : Les socialistes français sont très actifs et très intégrés. Il y a un mythe, que la presse française relaie beaucoup, selon lequel les socialistes français seraient isolés au sein du PSE, mais en le vivant au quotidien, honnêtement, ce n'est pas vrai.

Aucun parti en Europe n'a eu un tel débat interne à celui du PS français sur les questions européennes parce qu'il y a eu le référendum national et le référendum interne. L'Europe est un sujet en débat dans le parti. Je pense que c'est l'un des partis dans lequel il existe un véritable débat européen. Sur de nombreux sujets et notamment sur l'Europe sociale, les socialistes français jouent un rôle très important au sein du PSE.

S.B. : Et au PSE, quel est votre travail ?

P.C. : Nous organisons les discussions de fond, sur les grands sujets politiques. Nous organisons des rencontres entre ministres avant les Conseils européens. Nous avons fait un gros travail sur l'international. Nous avons fait beaucoup de réunions sur le changement climatique et aussi un travail sur la crise financière.

Le premier gros pilier est donc de mettre en œuvre des projets de rapports qui sont soumis à discussion puis à adoption. Deuxièmement, c'est un travail d'influence auprès des institutions européennes. Une fois que nous avons une ligne politique, il faut pouvoir agir avec les décideurs. Il faut donc rencontrer les commissaires socialistes, les ministres pour le Conseil et les parlementaires pour essayer d'harmoniser les positions qui sont prises par le parti dans les différentes institutions européennes. Troisièmement, il faut se rendre visible, donc il faut faire des campagnes et un travail de communication interne. Notre parti européen est assez méconnu. Il faut donc montrer aux militants de nos partis qu'il existe un Parti socialiste européen et c'est pour cela que nous avons créé, depuis 2005, la possibilité pour les membres de nos partis de devenir militants du PSE.

S.B. : Par rapport à cela, peut-on dire que le Parti socialiste européen existe ?

P.C. : Il existe, oui, mais il est encore dans un processus de maturation. Ce n'est pas l'acteur principal de la politique européenne mais c'est en train de devenir l'acteur commun des partis nationaux pour la stratégie européenne. Il n'a plus uniquement une fonction de coordination. Il peut agir au nom de chaque parti auprès des institutions européennes ; mais pour que le Parti socialiste européen existe vraiment complètement, il faut qu'il y ait une vraie vie politique européenne, ce qui n'est pas le cas aujourd'hui. Il faut qu'il y ait des médias, un électorat. C'est ça qui fait vivre un parti. Les élections européennes ne sont pas de vraies élections européennes, ce sont des élections nationales ajoutées les unes aux autres. Il n'y a pas d'électorat puisqu'il n'y a pas de vrai média européen, donc, il y a, de toute façon, un rôle prépondérant des partis nationaux aujourd'hui ; mais il y a une volonté commune d'agir ensemble au sein du PSE.

S.B. : Dans la lignée, existe-t-il un débat européen politisé droite/gauche ?

P.C. : Le débat européen n'existe pas assez mais c'est exactement ce qu'on essaie de créer et les élections européennes vont être un premier test avec des confrontations PSE/ PPE, avec des débats qui transcendent les nationalités et qui sont vraiment des débats droite/gauche.

Il y a toujours eu un programme commun mais jamais une campagne européenne droite/gauche. Il n'y a jamais eu un vrai projet de gauche soutenu par tous les partis dans leur campagne nationale et un vrai projet de droite soutenu par tous les partis dans leur campagne nationale. Le manifeste européen, que ce soit en 1994, 1999, même 2004, était un programme que tous les partis ont adopté mais après, il se terminait au pire à la poubelle, au mieux dans un tiroir. Il n'est pas utilisé par les partis comme un élément de campagne.

Pour 2009, nous nous y sommes pris beaucoup plus à l'avance, car lors des élections précédentes le manifeste arrivait aux partis trois semaines avant. Pour 2009, nous avons commencé un an et demi avant. D'abord, nous avons mis en place une période de consultation où nous avons interrogé les militants et aussi, au dehors, les syndicats, les ONG qui sont proches de nous, pour savoir ce que notre électorat attendait des socialistes européens pendant la campagne. Après, nous aurons la phase d'élaboration du programme où les partis vont aussi faire des contributions. L'objectif, c'est d'avoir un programme commun. Nous savons aussi qu'il y aura des éléments de campagne nationale – c'est inévitable – parce que chaque pays a son environnement électoral qui lui est propre. Mais les partis veulent faire campagne en s'appuyant sur une plateforme commune... Nous avons l'ambition de faire cinq, six, sept propositions communes qui soient les fers de lance de tous les partis pendant les campagnes ; chacun pourra ensuite y ajouter ses éléments nationaux. Mais au moins la base sera la même et nous pourrons dire : « si les socialistes européens ont la majorité au Parlement européen, voilà ce que nous ferons ».

S.B. : Quel est l'intérêt d'un manifeste commun ?

P.C. : Si nous sommes majoritaires, le programme doit déterminer ce que nous ferons. Alors que si chacun a son propre programme, le groupe socialiste sera majoritaire mais chaque délégation aura son propre programme et pas forcément le même ordre du jour. C'est essentiel de nous mettre d'accord avant et d'être honnêtes avec notre électorat.

S.B. : Cela permet aussi d'être plus lisible par les citoyens.

P.C. : Oui, absolument. Nous devons politiser la campagne. Si nous avançons des projets vraiment contradictoires droite/gauche avec des lignes claires, cela simplifiera les choses aux yeux des citoyens. Les citoyens, pendant longtemps, ont été assez perplexes face à la construction européenne parce qu'ils avaient l'impression, souvent à juste titre, que la droite et la gauche étaient toujours d'accord, ils ne voyaient pas les lignes de clivage. Nous devons les dégager et les mettre en valeur. La politique qu'a mise en place la Commission ces cinq dernières années, c'est une politique de droite et non pas une politique européenne. C'est une politique avec une majorité de gouvernements de droite, avec une Commission dirigée par quelqu'un de droite, et sur la législation, il n'y a rien de social ; sur l'environnemental, ça reste des ambitions, mais il n'y a pas d'objectifs concrets. Il y a vraiment une autre Europe qui est possible et c'est ça que l'on va essayer de démontrer pendant les élections européennes.

S.B. : Que penseriez-vous d'une élection européenne sur le même mode électoral, le même jour, à la même heure ?

P.C. : C'est un débat au sein du PSE qui n'a pas vraiment eu lieu. Le débat porte plus sur la question de savoir si on veut des listes plus européennes ou si on garde des listes nationales.

Les élections ont lieu le même jour sauf dans deux ou trois pays qui ne votent pas le dimanche. Maintenant la question est : est-ce que la circonscription doit être européenne ou nationale ?

Je pense qu'on pourrait arriver à une circonscription européenne. À titre personnel, je ne suis pas partisan de listes européennes car il y aurait une grande proportionnelle au niveau de toute l'Union européenne et les gens ne connaîtraient pas du tout leurs députés.

Les listes régionales ont quand même pour incidence de rapprocher les citoyens de leurs députés. Maintenant, ce qui peut se faire, c'est l'obligation d'appartenir à un parti européen. Sur le bulletin de vote de la liste Grand Sud Ouest par exemple, il y a le Poing et la Rose mais il n'y a aucune obligation de voir inscrit PSE. Comme ce sont des élections nationales, ce sont des partis nationaux qui composent l'élection.

S.B. : Je voulais revenir sur ce que vous disiez tout à l'heure. La France envoie des têtes d'affiche au Parlement européen mais en même temps les parlementaires ne sont pas forcément présents...

P.C. : C'est très important qu'il y ait des dirigeants du parti qui soient membres du Parlement européen et je pense qu'aujourd'hui nous avons trouvé un bon équilibre. Cela crée un lien entre les prises de positions du parti et ce que disent les parlementaires au Parlement. Et on le voit dans les délégations où il y a très peu de dirigeants nationaux, les parlementaires européens ont leur propre ligne qui peut être en décalage avec la ligne nationale. Le grand risque de la politique européenne, c'est d'être complètement déconnectée des citoyens et si les députés européens deviennent tellement professionnels qu'ils ne sont plus en phase avec ce que les citoyens disent chez eux, il y a un problème. Ce décalage existe déjà au niveau des fonctionnaires européens puisqu'il n'y a pas de mécanisme qui leur permette de revenir au niveau national mais on ne peut pas l'avoir au niveau des élus.

S.B. : Est-ce que l'existence du groupe PSE permet des points d'accord plus faciles et plus visibles ?

P.C. : Le Parlement européen fonctionne un peu comme un parlement national, même si les majorités sont moins claires puisqu'il n'y a pas de vrai gouvernement européen. Il faudra voir après les élections de 2009, avec l'élection du président de la Commission, parce que là, forcément une majorité va se dégager. J'espère qu'il y aura au moins deux candidats. Les socialistes français ont toujours été très favorables à cette possibilité d'avoir des majorités plus politiques et non d'avoir cet accord technique PPE/PSE qui fait que tout est décidé par deux groupes politiques.

Tout le monde n'a pas la même conception. Il ne faut pas oublier qu'en Allemagne, il y a une grande coalition entre la droite et la gauche, qu'en Autriche aussi… Au sein du groupe, il y a donc ce type de débat, à savoir est-ce qu'il vaut mieux un vrai clivage avec la droite quitte à être minoritaire ou est-ce qu'il vaut mieux avoir des compromis avec le PPE et pouvoir accroître son influence. C'est un débat éternel. Je pense que pour la clarification de l'Union européenne, il faut beaucoup plus de clivages droite/gauche. C'est le seul moyen pour que les citoyens se sentent impliqués, qu'ils voient que les mêmes clivages qu'ils ont au niveau national et au niveau local existent aussi au niveau européen et que l'Europe n'est pas qu'une affaire de compromis entre élites mais qu'il peut y avoir deux projets clairement distincts : soit on veut avancer vers une Europe véritablement sociale, soit on veut une Europe uniquement de libre échange. Il y a deux voies possibles et il faut que ce soit plus clair pour le citoyen.

S.B. : Quels sont les liens entre le groupe et le parti PSE ?

P.C. : Notre président est membre de la direction du groupe et le président du groupe est membre de la direction du parti. Donc, il y a une interaction complète et il y a un nombre important de députés européens qui représentent leur parti dans la direction du PSE. On travaille de manière très étroite.

S.B. : Que représente pour vous le Parlement européen ? Quelle place lui conférez-vous ?

P.C. : C'est un acteur important de la vie politique européenne, c'est la seule structure élue, c'est un endroit de la vie démocratique. Il n'a sans doute pas assez de considération au niveau national et c'est un travail qui reste à faire. Les élus européens doivent avoir beaucoup plus de rôle à jouer au niveau de la vie politique nationale. Et puis je pense qu'on peut avoir un pouvoir législatif plus important. Nous verrons déjà après 2009. L'heure n'est pas à rouvrir un grand débat institutionnel. Le Parlement européen a le pouvoir de faire beaucoup de choses. Il faut qu'il agisse. Plus le Parlement européen deviendra un acteur politique de la construction européenne, plus il y aura une obligation pour les députés d'être plus en phase avec leurs citoyens.

Je pense qu'il faut faire une pause au niveau institutionnel. Il faut d'abord que nous parlions des politiques et que nous voyions ce que nous avons à proposer aux citoyens dans le cadre institutionnel qui existe.

S.B. : Le Parlement européen, les institutions plus généralement, font-ils l'objet de débat au sein du PSE ?

P.C. : Savoir quelles perspectives institutionnelles nous voulons pour l'Union européenne est un débat qui a été très présent ces dernières années pendant la préparation de la Constitution et même après : savoir ce que nous voulions garder ou pas, s'il fallait aller plus loin... C'est important mais je pense que nous n'utilisons pas assez les potentialités de ce qui est existant, donc il faut vraiment faire une pause sur ce débat. Il n'est pas au cœur des préoccupations des citoyens, donc si nous voulons donner un peu de crédibilité à cette construction européenne, il faut parler de ce qui les intéresse, c'est-à-dire des politiques.

S.B. : Vous faites donc passer les politiques communes avant les institutions...

P.C. : Oui, sans doute, car si on veut clarifier l'Europe, il faut mettre en avant tout ce qui nous distingue de la droite et ce qui nous distingue, c'est l'orientation économique et sociale. L'institutionnel n'est qu'un moyen pour faire aboutir les politiques. Ce n'est pas encore suffisant, mais faisons avec ce que nous avons et ne perdons pas trop de temps à débattre des moyens.

S.B. : Est-ce que pour vous l'objectif est l'Europe fédérale ?

P.C. : Je pense qu'il faut construire l'Europe mais l'Europe fédérale n'est pas un but en soi. Le fait de pouvoir avancer dans plus de domaines au niveau européen est un moyen pour mettre en œuvre ce qu'on veut au niveau social.

S.B. : Et le PPE a-t-il un programme au moment des élections ?

P.C. : Oui, depuis très longtemps, comme le PSE. Mais aujourd'hui, la question est : est-ce que ce programme a un intérêt pour les partis membres qui font campagne ? Est-ce que c'est un programme dont les partis se servent, avec des débats, avec un membre du PSE et du PPE ? Eux comme nous y avons intérêt, mais nous sommes confrontés à un gros problème, c'est qu'il n'y a pas de média européen qui puisse organiser cette vie démocratique. Donc la campagne se fera au niveau national mais il faut que les médias aient l'intelligence d'inviter des Européens pour européaniser le débat.

Arielle ROUBY

Lundi 10 mars 2008, Parlement européen, Strasbourg

Salomé Benhamou : Pour commencer, j'aimerais en savoir plus sur votre carrière et vos engagements socialiste et européen…

Arielle Rouby : Je suis franco-allemande (de mère allemande et de père français) et j'ai grandi à Strasbourg qui est le symbole de la réconciliation franco-allemande. J'ai ainsi grandi dans deux cultures à la maison et baigné dans la culture européenne dès mon plus jeune âge en allant à l'école puis collège et lycée international de Strasbourg. La chute du mur de Berlin et Maastricht m'ont beaucoup marquée alors que je n'avais même pas dix ans. En tant que jeune adulte, je me suis engagée auprès des Jeunes européens fédéralistes (JEF) en France. Donc, européenne de cœur et venant d'un milieu de gauche, j'ai adhéré au parti socialiste après le « non » au référendum à la Constitution européenne.

Mon premier poste (2004-06) après mes études a été de travailler en tant qu'attachée parlementaire auprès de Richard Corbett, député britannique (1996-2009) et coordonnateur PSE pour la commission parlementaire des Affaires constitutionnelles. Puis j'ai travaillé sept mois à l'Assemblée nationale auprès du groupe socialiste au tant que conseillère Europe avec Jean-Marc Ayrault, président du groupe socialiste, Jean Louis Bianco et les députés membres de la délégation à l'Union européenne. C'est là que j'ai appris, par la pratique, comment le PS français réagit ou plutôt ne réagit pas après le « non » français, quelle est son attitude ou sa non attitude vis-à-vis de l'Europe, l'absence d'Europe, le manque de relations avec Bruxelles et les autres partis et membres du PSE. Les députés à l'Assemblée nationale sont très isolés vis-à-vis de leurs collègues européens, cela m'a donc donné un tout autre point de vue de l'UE que celui que j'avais à Bruxelles. Je n'ai pas regretté mon expérience à Paris, au contraire, j'ai beaucoup appris. Depuis fin 2006, je travaille pour le groupe PSE, d'abord pour la commission parlementaire des Affaires constitutionnelles et depuis fin 2007, pour la commission parlementaire du Commerce international. Mais, j'admets que les affaires et questions constitutionnelles restent ma passion…

S.B. : Je voudrais en savoir plus sur l'association JEF. Peut-on dire que le fédéralisme est une valeur de droite comme de gauche, puisque c'est une association trans-partisane ?

A.R : Le mouvement fédéraliste européen est issu de la résistance et a été créé à l'aube de la seconde guerre mondiale (1947). Les JEF se sont créés dans les années 1970. On s'inspire beaucoup du Manifesto d'Altiero Spinelli qui parlait d'une fédération, déjà, pendant son exil sur une île italienne, pendant la seconde guerre mondiale. Beaucoup de nos idées sont inspirées de son manifeste et il reste un exemple car il était le premier à proposer une constitution européenne dans les années 1980 au Parlement européen. C'est un personnage qui est représentatif pour les gens de gauche comme de droite. L'association m'a beaucoup appris sur les questions institutionnelles et m'a donné cette passion pour le fédéralisme.

L'association qui regroupe plus de vingt-cinq mille membres dans trente pays européens n'est pas politique dans le sens partisan du terme. Notre objectif ultime est de créer une fédération européenne Qu'on soit de gauche ou de droite, on peut partager les mêmes visions pour l'Europe et en particulier les mêmes points de vue sur les questions institutionnelles. Par ailleurs, une organisation trans-partisane permet aux jeunes mais aussi aux moins jeunes de faire émerger et progresser l'idée fédéraliste au sein des partis politiques. Une organisation trans-partisane permet à ses membres d'avoir un débat plus riche et européen.

S.B. : Qu'entendez-vous par fédéralisme ? Tous les partis entendent-ils la même chose par fédéralisme ?

A.R : Non, je pense que chaque personne comprend quelque chose de différent sous le mot « fédéralisme ». Venant d'une culture française ou britannique, le mot fait plus peur qu'autre chose, alors que venant d'une culture allemande le mot évoque quelque chose de très positif. Au niveau européen, on n'a pas vraiment de modèle fédéraliste, on a l'Allemagne, la Belgique qui n'est peut-être pas le meilleur exemple, et les États-Unis, mais on ne veut pas non plus créer l'Europe en copiant simplement le modèle américain. Ce qu'on veut, c'est développer notre propre modèle européen. Le fondement du fédéralisme, et là nous sommes tous d'accord, est de diviser clairement les compétences entre les États membres et l'Union. Nous pensons que le niveau européen devrait avoir des compétences pour la politique étrangère, l'environnement, les transports etc., alors que le niveau national ou régional devrait garder l'éducation et la police. Idéalement, on voudrait une constitution européenne qui définisse clairement ces compétences.

Au cœur de notre projet fédéraliste il y a le citoyen. Afin que le projet fonctionne, il faudrait intégrer davantage le citoyen. Ainsi, le Parlement européen, la seule institution directement élue par les citoyens européens, devrait avoir un vrai rôle de co-législateur. En outre, le citoyen, en élisant ses représentants élirait indirectement un « gouvernement européen ». Ce « gouvernement » qui pourrait être la Commission européenne devrait émaner de la majorité du Parlement et la Commission définirait les politiques à partir des compétences qui lui ont été données dans la Constitution. Enfin, il faudrait demander à chaque parti de présenter un candidat pour être président de la Commission européenne. Mais pour qu'il y ait un vrai projet européen, il faudrait qu'il y ait de vrais partis européens avec un candidat par parti pour que l'électeur sache que s'il élit tel et tel parti, il aura tel et tel projet au niveau européen avec tel et tel candidat. Donc le but est de rendre l'Europe palpable pour le citoyen avec un vrai projet politique pour tous les citoyens et pas juste un projet politique valable pour un pays…

Il faut essayer d'impliquer tous les citoyens dans le projet. Pendant la campagne du référendum, avec les Jeunes Européens, on a fait campagne avec des jeunes d'autres pays européens afin d'essayer de montrer que le référendum était européen et non pas national et qu' un « oui » ou un « non » français aller avoir des effets pour les vingt-quatre autres États membres de l'Union. Nous avons essayé de montrer que ce n'était pas juste un « oui » ou un « non » à un projet franco-français, mais on n'a pas réussi car on est une petite association avec peu de ressources… Malgré le « non », nous continuons à croire et organiser nos actions transnationales pour montrer qu'on est uni et que le projet européen continue....

S.B. : Qu'en est-il de l'Assemblée nationale ? Pourquoi dites-vous que les socialistes français ne se sentent pas réellement concernés par l'Europe ?

A.R. : Je suis sûrement une fanatique de l'Europe et j'ai toujours eu la chance d'être entourée par l'Europe des Européens convaincus. À l'Assemblée nationale, j'étais la seule conseillère Europe. Ce poste unique impliquait théoriquement le suivi de l'Union européenne, mais aussi du travail du Conseil de l'Europe, de la Cour européenne des droits de l'homme et l'activité législative de vingt-sept pays…Tout cela pour une personne, alors venant d'un milieu où chacun était responsable d'une partie d'une commission parlementaire, ça me semblait infaisable. Et en théorie, je devais conseiller une centaine de députés et en particulier les membres de la délégation à l'Union européenne. Donc l'Europe, à mon sens, n'est pas encore perçue par le PS français, à Paris, comme faisant partie de notre quotidien alors que 70 % de la législation française vient de l'Europe. L'Europe est encore vue comme une partie des relations extérieures/internationales de la France. Par ailleurs, à l'époque où j'y étais, personne ne travaillait au parti. Là aussi, l'importance accordée au(x) poste(s) Europe montre bien que l'Europe n'est pas la priorité pour le PS français. C'est peut-être une des priorités, mais ce n'est pas la priorité.

À l'Assemblée nationale, l'Europe n'est pas non plus une priorité. La délégation à l'Union européenne n'est qu'une délégation et non une commission parlementaire. Il n'y a donc pas d'activité législative.

Les réunions, qui ont lieu en moyenne une fois par semaine, ne sont pas ouvertes (contrairement aux réunions des commissions parlementaires au Parlement européen). Normalement, il y a une trentaine de membres mais en réalité seules dix personnes sont présentes. Pour parler du PS, seules deux ou trois personnes participaient, en moyenne, à ces réunions… Certaines personnes se disent expertes de l'Union européenne au sein du PS mais ne participaient jamais ou très rarement aux activités de la délégation à l'Union européenne (DUE). Il est vrai que la DUE n'élabore que des rapports d'informations. On peut alors se poser la légitime question à savoir si la délégation est utile… Tout passe par la commission des Affaires étrangères. Le fait de ne pas avoir créé de commission européenne parlementaire, d'un point de vue purement institutionnel, suscite mon interrogation. Puis les débats à l'Assemblée nationale sur l'Europe se font à des heures très tardives. On a adopté l'adhésion de la Roumanie et de la Bulgarie avec trois personnes en plénière et c'est ce que la France appelle l'engagement européen. Pareil pour le débat sur le traité de Lisbonne, il a eu lieu entre 22h et minuit. La France a ratifié haut la main mais avec quel intérêt ? Et c'est plutôt au niveau trans-partisan qu'on devrait se poser la question, ce n'est pas juste un problème socialiste. Il y a un problème plus profond, institutionnel et politique et je pense que l'Europe n'est pas assez prise au sérieux dans la politique nationale. Dans d'autres pays, on peut comparer les discours que ce soit de ministres ou de députés, notamment au Bundestag, il y a toujours un élément européen dans les discours tandis qu'en France, quand on parle d'Europe, il n'y a personne dans l'hémicycle. Il est plein uniquement pour les questions au gouvernement le mardi après-midi. L'Europe est un détail. Ce n'est que depuis quelques années qu'à l'Assemblée nationale on prépare les Conseils européens alors qu'aux parlements danois et britanniques, qu'on dit toujours être les plus eurosceptiques, les premiers ministres et ministres doivent présenter devant la chambre ce qu'ils vont dire au Conseil des ministres ou au Conseil européen et doivent revenir après pour rendre compte de ce qui s'est passé. Pourquoi ne le fait-on pas en France ? Et après on parle de technocrates et on se demande pourquoi les Français ne se sentent pas concernés par l'Europe, pourquoi ils ont voté « non », mais il y a une responsabilité politique et institutionnelle de tous les partis qui n'est pas en voie d'être changée et qui est loin d'être uniquement la faute de l'Europe. Je ne dis pas que l'Europe est parfaite mais on ne peut pas rapprocher le citoyen si déjà au niveau de la politique nationale on s'intéresse peu à la question.

S.B. : Dans les autres pays, les partis socialistes ont-ils la même attitude ?

A.R. : J'ai travaillé en Grande-Bretagne auprès du Labour et à Bruxelles, de Richard Corbett. Le parti travailliste, qui est vu comme « l'ennemi n°1 » par tous les Français, me semble être plus européen qu'on ne le pense... La Grande-Bretagne a une culture parlementaire, ainsi elle a débattu vingt-cinq jours sur le traité de Lisbonne alors que nous en avons débattu seulement deux. Quand j'étais la seule conseillère socialiste à l'Assemblée nationale, les Britanniques avaient plusieurs personnes à Westminster, ils avaient même une personne qui faisait le relais entre les députés européens et le Premier ministre (inexistant en France). Les Allemands ont dix, vingt personnes qui travaillent sur les questions européennes, juste pour le SPD. Ils ont un vrai bureau à Bruxelles qui fait également le lien. En France, il y a, à ma connaissance, un fonctionnaire de l'Assemblée nationale et du Sénat à Bruxelles, mais pas de personnes politiques. Quant à la Norvège qui ne fait pas partie de l'Union européenne : le PS norvégien veut avoir des liens avec Bruxelles et ils sont en train de créer des postes à Bruxelles pour suivre l'activité socialiste et législative du Parlement européen, ce que ne fait pas la France, qui est pourtant un pays fondateur. Donc dire qu'on est proche de l'Europe dépend des perspectives que l'on a. Il y a 1h20 en Thalys entre Paris et Bruxelles et j'ai dû me battre pour aller à deux réunions du PSE et convaincre des députés français à y participer. Bruxelles n'intéresse pas les députés français. J'avais le soutien du président du groupe mais si on ne voit pas l'Europe de façon globale, ça ne peut pas marcher. Les députés s'intéressent uniquement à leur circonscription, car comme ils me le disaient souvent ils ne sont pas élus par les Lettons ou les Suédois... Ca m'a beaucoup choquée et l'Europe n'intervient qu'au sujet de la transposition à savoir si elle est bonne ou mauvaise et je faisais des fiches quand il me semblait qu'elle était mauvaise mais à moi seule contre un ministère…Utiliser l'Europe comme instrument pour attaquer le gouvernement, je ne trouvais pas que c'était très valorisant.

S.B. : Du coup, on peut comprendre que les citoyens ne se sentent pas concernés par l'Europe. Qu'en est-il dans les autres pays où la culture politique et institutionnelle est différente ?

A.R : En France, je pense qu'on pourrait améliorer, par les institutions, déjà, le contact des citoyens à l'Europe, mais aussi par le politique et revenons-en au PS, s'il y avait un leadership européen au PS et si la tête du parti mettait l'Europe en avant dans tous ses discours et pas juste pendant les campagnes référendaires ou lors des campagnes européennes. Si la tête du parti était foncièrement européenne avec des institutions françaises qui le permettaient, les députés seraient peut-être plus intéressés par l'Europe et transmettraient cet intérêt à leurs électeurs. Aujourd'hui, il y a encore malheureusement une grande méconnaissance de l'Europe parmi les élus. Mais alors comment peut faire le citoyen ? Je n'accuserai pas le citoyen de base. Si son élu n'a pas envie ou pas accès à l'Europe, je ne vois pas comment le citoyen peut l'être et donc par repli national, il vote « non » au référendum. Et c'est le problème, la France est perçue comme se repliant sur elle-même au niveau européen et au sein du PSE. Le PS français est perçu (après le « non » au référendum) comme devenant de plus en plus national et de moins en moins européen. Depuis récemment, le groupe socialiste européen organise des réunions avec tous les présidents des groupes socialistes nationaux. Jean-Marc Ayrault et deux, trois autres députés participent mais c'est encore en gestation. Quand j'étais à l'Assemblée nationale, Jean-Marc Ayrault avait organisé cette réunion chez lui, à Nantes, pour créer un lien avec les différents groupes socialistes d'Europe. Donc, c'est vrai que des efforts sont faits mais c'est tellement le jour et la nuit entre l'activité bruxelloise et parisienne. Vous pouvez aussi regarder le nombre de mandats qu'ont les députés français en parallèle de leur mandat européen, leur présence, leur prise en charge de dossiers, le nombre de rapports…Quel apprentissage de l'Europe ont fait les anciens députés européens et qu'en ont-ils fait au niveau national ?

S.B. : Tout à l'heure, vous disiez qu'il fallait créer un vrai parti socialiste européen. On est pourtant sur la bonne voie avec le PSE…

A.R. : Je suis moi-même une PSE activiste à Bruxelles et je rêverai que le PSE existe de façon politique lors des campagnes européennes. Maintenant les partis européens ont un financement et peuvent exister en tant que tels mais politiquement existent-ils *de facto* ? Demandez à un membre lambda du parti socialiste s'il sait ce qu'est le PSE. Quel sera l'impact du manifeste de 2009 ? Sera-t-il repris par les partis nationaux? Le PSE existe mais il n'a pas d'impact sur les partis nationaux. Un exemple ? J'étais l'an dernier à l'université d'été du PS et je n'ai pas voulu participer à l'atelier Europe car je savais que ça allait plus me froisser qu'autre chose mais on y est allé à deux ou trois à la fin. Les membres du PS nous ont agressés et nous ont demandé pourquoi on ne faisait pas une motion Europe pour le prochain congrès. Ils ne veulent pas que le PSE leur dicte leurs positions. Mais qui a parlé de « Diktat » ? Nous voulions simplement parler du travail du PSE...

S.B. : Et sinon, que représente pour vous le Parlement européen ? Quel rôle, quelle place lui donnez-vous au sein de la structure européenne ?

A.R. : L'endroit où il faut être, c'est au Parlement européen puisque c'est là que les citoyens sont représentés. Le but est de créer un projet et une ligne PSE, ce qui n'est pas toujours évident puisqu'il y a des partis plus ou moins à gauche, plus au centre et qui ont une histoire différente de la nôtre. Aller en plénière ou en commission parlementaire et avec les autres groupes politiques essayer de faire passer des législations qui soient applicables dans vingt-sept pays, à des citoyens qui ont une histoire complètement différente est extrêmement enrichissant. J'en apprends tous les jours sur les autres partis socialistes européens et comment concilier le tout pour créer un projet PSE au sein d'un Parlement où on n'est pas majoritaire. C'est une institution en permanente mutation qui, si on adopte le traité de Lisbonne, pourra élire le président de la Commission et donc deviendrait de plus en plus politique, qui est capable de renverser la Commission européenne, qui est capable de renvoyer un texte législatif s'il ne lui convient pas. Le Parlement est en devenir et est une institution très démocratique, beaucoup plus que certaines institutions nationales. Par exemple en France, les commissions parlementaires ne sont pas ouvertes au public alors qu'ici tout est ouvert aux citoyens et à la société civile. Les séances plénières sont toujours filmées et transmises sur Internet, tous les textes sont accessibles en ligne. C'est le lieu de la démocratie européenne, c'est le lieu d'action et c'est là qu'on peut contrebalancer ce qui vient de l'exécutif européen et du Conseil, que j'aime appeler la chambre des États. Et je suis contente que le Conseil ait, depuis la présidence britannique, la plupart de ses réunions ouvertes. On oublie beaucoup trop souvent que cette chambre des États légifère et que nos ministres y légifèrent. Légiférer derrière des portes closes n'est pas très démocratique.

S.B. : Et que pensez-vous des compétences du Parlement européen ? Sont-elles suffisantes ?

A.R. : En tant que fédéraliste, je ne pense pas que le traité de Lisbonne suffise, d'ailleurs rien n'a été changé pour rapport aux compétences octroyées dans le traité constitutionnel au Parlement qui deviendra co-législateur dans la plupart des domaines et pourra contrôler le budget européen. Malgré tout, c'est un grand pas en avant... Je vous donnerai un exemple. Actuellement je travaille dans la politique commerciale, c'est le Conseil, donc les États membres, qui donnent un mandat à la Commission pour aller négocier avec le reste du monde des accords de libre échange et le Parlement n'a pas de rôle à jouer... Avec le traité de Lisbonne, le Parlement devra, avant ratification de cet accord de libre échange, donner son avis et s'il dit non, l'accord ne pourra pas être signé. En revanche, il n'a aucun impact sur le mandat donné à la Commission pour le négocier et durant la négociation, la Commission aura seulement l'obligation d'informer le Parlement européen. Donc il ne sera pas impliqué de A à Z. Durant les négociations, pourquoi informe-t-on juste le Parlement ? Pourquoi n'aurait-il pas le pouvoir d'influencer les négociations ? Le traité de Lisbonne donne donc plus de pouvoirs mais le Parlement n'est pas complètement co-législateur... Mais si on le compare à un État fédéral comme l'Allemagne ou les États-Unis, le congrès a quand même beaucoup plus de pouvoirs que le Parlement européen. Les pouvoirs du Parlement européen sont définis par les traités européens, qui eux, sont établis par les chefs d'État et de gouvernement. Pourquoi les États membres donneraient du pouvoir au Parlement européen ? Malgré tout, le Parlement européen et les trois institutions, en tant qu'organisation internationale, est l'organisation la plus démocratique et la plus ouverte qui existe. On ne peut pas comparer l'UE avec d'autres organisations internationales comme l'ONU ou l'OMC...

S.B. : Et quels domaines échappent complètement au Parlement européen ?

A.R. : La commission des Affaires étrangères ou des Affaires constitutionnelles sont des commissions qui ne gagneront pas de compétences supplémentaires avec le traité de Lisbonne. Le Parlement n'est pas directement (d'un point de vue législatif) impliqué dans ces domaines et ne donne donc que son avis. Ce sont encore les chefs d'État, qui ont souvent du mal à se mettre d'accord entre eux, qui gèrent ces politiques. Je suis convaincue que l'Union européenne gagnerait en termes démocratique et en efficacité si le Parlement européen avait plus de pouvoir dans le domaine de la politique étrangère et la rédaction des nouveaux traités.

S.B. : J'ai lu un de vos articles dans Le Taurillon[1] *où vous critiquez le chemin qu'emprunte Lisbonne, pourquoi ?*

A.R. : Comme disait Churchill sur la démocratie « La démocratie est le pire des régimes à l'exception de tous les autres », le traité de Lisbonne, «est le pire des traités à l'exception de tous les autres ». Le traité a été négocié et ratifié derrière des portes closes sans implication du citoyen et ce n'est pas du tout ce que je souhaite en tant que fédéraliste socialiste européenne. Et la façon dont il est ratifié dans les États membres et communiqué n'est pas la meilleure. Ce n'est pas seulement la Commission qui devrait communiquer sur le traité mais aussi les États et les partis devraient faire de même.

Ce n'est pas un traité fédéraliste car nous n'avons pas encore de véritable gouvernement européen ni un vrai co-législateur (Parlement européen). Il y a encore plein d'éléments qui manquent et quant à la révision des traités à l'heure actuelle, on pense garder une méthode de la convention mais ce n'est pas non plus la meilleure solution. Beaucoup de personnes pensaient à une vraie constituante européenne avec des personnes élues avec un mandat qui rédigeraient un traité avec, à la fin, un référendum paneuropéen sur le mandat négocié. Si on veut

---

[1] Le Taurillon est un magazine dit eurocitoyen, disponible sur *www.letaurillon.org*.

impliquer le citoyen, il faut l'impliquer dès le début du projet. Le fédéralisme fait peur. Le traité de Lisbonne ne marquera pas les livres d'histoire parce qu'il ne sera pas un immense pas en avant. Il fera marcher les institutions à vingt-sept mais ne permettra pas de créer une vraie démocratie européenne, participative, transparente et politique. Donc, c'est un petit pas, nécessaire, mais ce n'est pas le grand pas qu'on peut espérer en tant que fédéralistes européens.

S.B. : Et si j'en viens à la commission des Affaires constitutionnelles, pouvez-vous me dire à quoi cela correspond exactement puisqu'elle a été créée au moment du projet Spinelli ?

A.R. : Elle s'appelait commission institutionnelle lors de sa création dans les années 1980 et s'appelle aujourd'hui commission des Affaires constitutionnelles. Ce nom est souvent remis en cause par les eurosceptiques qui sont dans cette commission et qui disent qu'il n'y a plus de constitution et donc plus aucune justification de l'appeler ainsi. C'est pourtant un grand pas en avant car même si on n'a pas de constitution, on peut considérer les traités comme les lois constitutionnelles de l'Union européenne. La commission des Affaires constitutionnelles est une petite commission, en termes de membres et de pouvoirs. Ce n'est pas le Parlement européen qui légifère dans ce domaine, ce sont les États membres quand il y a une CIG donc le Parlement peut juste donner son avis, un avis qui est obligatoire pour le mandat de convocation d'une CIG, mais son avis n'est pas obligatoire sur le traité en lui-même. Il l'a donné sur le traité de Lisbonne et la Constitution. C'est un avis politiquement important mais pas majeur puisque le Parlement européen n'est pas obligé de ratifier le traité, ce sont toujours les États membres qui ratifient. Le Parlement est donc pour le moment encore écarté de la rédaction des traités, puisque ce sont les États membres qui le rédigent. La seule exception était la convention où il y avait des membres du Parlement européen qui ont beaucoup influencé l'avant projet de la Constitution européenne… Notons que ce n'était pas le texte final, il a été renégocié par une CIG et après a été ratifié, ou pas, par les États membres. C'est une commission, dite AFCO, intéressante parce qu'il y a beaucoup de députés spécialistes de cette question. Ce sont des rapports très importants au niveau politique, mais il n'y a aucun impact législatif avec aucun moyen pour influencer la rédaction et l'adoption des traités. Néanmoins, avec Lisbonne, il y aura en cas de révision majeure la possibilité de convoquer une convention. Mais de façon générale, c'est une commission qui malheureusement ne va pas gagner de compétences avec le traité de Lisbonne.

S.B. : Le Parlement fait-il l'objet de débat au sein de cette commission ?

A.R. : Il y a trois volets dans le travail de la commission AFCO. Un premier qui porte sur les questions institutionnelles au sein du Parlement européen, et plus particulièrement le règlement du Parlement européen. Ce règlement définit les règles telles que le vote en plénière ou en commission, le fonctionnement des commissions parlementaires ou encore le fonctionnement de la conférence des présidents… Puis, il y a une deuxième partie du travail qui porte sur l'accompagnement du processus institutionnel de l'Union européenne, sur la période de réflexion. C'est par exemple une résolution sur les demandes du Parlement au Conseil européen, ou l'opinion du Parlement sur les traités qui sont adoptés, ou encore l'avis conforme et obligatoire du Parlement pour toute ouverture de CIG. Et enfin, il y a un petit volet interinstitutionnel sur les accords entre les trois institutions.

AFCO met beaucoup le Parlement en avant mais la commission s'intéresse à toutes les institutions. En toute logique, on défend d'abord sa propre chapelle. Maintenant, la commission parlementaire travaille beaucoup sur toutes les implications politiques et institutionnelles du traité de Lisbonne. Mais le débat sur l'avenir de l'Europe va continuer. En effet, le Parlement a déjà demandé, même s'il est devenu un peu plus timide dans ses rapports depuis le traité constitutionnel, d'avoir une constitution avec une nouvelle convention, dans l'espoir que le Parlement sera impliqué, un jour, dans une vraie réforme institutionnelle plus ou moins proche et certains députés défendent aussi l'idée d'une Assemblée parlementaire constituante qui pourrait être donnée lors des élections européennes.

S.B. : Au sein de cette commission, quelle est la position des socialistes français par rapport au Parlement européen ? Se détachent-ils des autres socialistes ?

A.R : En ce qui concerne les socialistes, il y a sept membres titulaires et sept suppléants. Les socialistes français ont toujours été malheureusement trop absents de la commission des Affaires constitutionnelles alors que ce sont eux, en partie, qui avaient demandé à voter « non » au référendum. À l'heure actuelle, il y a deux Français, Catherine Boursier et Bernard Poignant. Les socialistes français étaient un peu caricaturés comme les eurosceptiques du PSE et pas pris assez au sérieux. Mais pour l'être il faudrait peut-être être plus présents et actifs… Surtout quand on vote « non », on propose autre chose et on s'explique. Et ce travail n'a peut-être pas assez été fait.

La différence au niveau institutionnel n'est pas forcément visible dans un clivage gauche/droite mais plutôt entre les pros et anti-européens et souvent après le « non » à la Constitution, le PS français a été mis dans la case anti. Les socialistes sont globalement pour la démocratisation des institutions, ce ne sont pas les seuls, mais eux le sont particulièrement.

S.B. : Et quels sont les autres lieux de débat au sujet institutionnel ?

A.R. : Moi, j'aurais aimé que le PS ait eu un vrai débat après le « non », mais c'était impossible … et le "momentum" est malheureusement maintenant passé. Sur l'Europe, il y a très peu de débats au PS.

La CIG est un lieu de débat fermé au grand public et même aux journalistes qui ont juste droit aux conférences de presse. C'est un peu un lieu de « marchandage de tapis » où chacun va défendre son bout de tapis et très peu l'intérêt global, où le public n'a aucun accès et les médias très peu d'accès. Peut-être que les débats sont pertinents mais… comme ce n'est pas ouvert… C'est le lieu qui décide et qui a le plus de pouvoirs et le lieu d'efficacité n'existe pas encore. Avec Lisbonne, pour les révisions majeures, on aura la possibilité de réunir une convention où le Parlement aura son mot à dire. À suivre …

S.B. : Comment s'organisent les relations avec les socialistes européens ?

A.R. : C'est seulement avec un vrai parti socialiste européen et un projet socialiste européen qu'on peut faire avancer l'Europe et avoir des propositions vis-à-vis des autres partis politiques. C'est bien beau d'avoir un projet PS mais il faut qu'on ait un projet avec les vingt-six autres partis. Un programme PS et une campagne PS ne servent à rien s'ils ne sont pas avant mis en accord avec les autres partis du PSE et les majorités au Conseil. Ça commence avec la campagne des élections européennes et se poursuit après les élections. La promesse en 1999 de créer une Europe sociale alors que la majorité au Parlement et au Conseil est de droite est une fausse promesse qui ne peut que décevoir les électeurs. C'est en communiquant la vraie Europe, c'est-à-dire comment elle fonctionne, qu'elle soit compliquée ou pas, qu'on peut construire une Europe socialiste, européenne socialiste.

S.B. : Quels sont les objectifs, dans un futur proche, pour le Parlement européen ?

A.R. : J'ai été très critique vis-à-vis de l'attitude des socialistes et des députés à l'Assemblée nationale à l'égard du Parlement européen, mais ça marche dans les deux sens et je pense que le Parlement européen devrait aussi beaucoup apprendre et s'engager davantage dans le débat et la discussion avec les parlements nationaux. Ceci est déjà en vogue depuis le « non » français avec des conférences interparlementaires où les députés nationaux et européens se rencontrent deux fois par an, mais cela n'est pas suffisant. Il faut davantage connecter les deux pôles qui sont deux bulles très fermées, par les conseillers mais aussi par le politique. Sans leadership européen dans les capitales européennes, dans les partis européens et les partis nationaux, on n'arrivera pas à un vrai projet européen. On n'arrive pas encore à avoir un intérêt européen. Il faut peut-être communiquer davantage sur la politique européenne mais surtout il faudrait un vrai leadership européen et pro-européen à tous les niveaux. N'oublions pas que 70 à 80 % de la législation nationale dépend de la politique européenne.

Je pense que les liens entre le parti et le groupe doivent être travaillés. Il y a un vrai problème de connexion. On doit progresser encore mais il reste du chemin à parcourir. Ce n'est pas en partageant qu'on va perde notre âme de socialiste français.

Bernard POIGNANT

Mardi 1er avril 2008, rue de Solférino, Paris

Salomé Benhamou : À quoi correspond l'Europe dans votre engagement de socialiste ?

Bernard Poignant : Pour moi, c'est un engagement initial. Quand j'ai adhéré au parti socialiste en 1974, cela faisait partie du paquet. Mon engagement est intervenu à la fois sur la stratégie d'Épinay, puis sur l'engagement européen de François Mitterrand, de Michel Rocard, de Jacques Delors. C'est constitutif pour moi de mon adhésion. Je ne vais pas dire que je suis seulement européen, mais je suis assez impressionné par cette aventure unique dans l'histoire. Même ses défauts ne m'ont pas écarté d'elle. Je vais cesser d'être parlementaire puisque je ne cumulerai pas avec mon mandat de maire mais cela ne changera rien à mes engagements européens.

S.B. : Que représente pour vous le Parlement européen ?

B.P. : D'abord, dans la vie politique et électorale, c'est le lieu de débat démocratique. Vous avez d'autres lieux élus au suffrage universel, comme le Comité des régions ou le Comité économique et social. Dans la compétition politique et la confrontation électorale, c'est le Parlement. J'ai été candidat en 1999. Un peu avant d'ailleurs, en 1994, mais j'étais un peu plus loin sur la liste et j'ai conduit la liste en 2004 pour la partie Ouest. À l'époque, en 1999, j'étais maire et j'ai fait le chemin inverse de maintenant. J'ai cessé d'être maire. Je crois qu'on ne peut pas cumuler. Il y a des opportunités dans la vie. Ce n'était pas programmé à l'avance ; ces opportunités se sont présentées à moi, je les ai saisies. Je les voulais.

Je me suis engagé petit à petit dans le Parlement ; quand on arrive, c'est un monde difficile à saisir. Les procédures sont compliquées. Il faut sentir les lieux d'influence. On ne les découvre pas comme cela du jour au lendemain. Quand vous arrivez, vous avez d'abord les anciens qui sont présents dans les mandatures précédentes, qui sont là et qui connaissent. D'abord, on observe puis peu à peu, on fait sa place. Par exemple, je me suis particulièrement investi comme président de délégation car, vous êtes alors très présent dans le groupe politique de votre appartenance. Un Parlement a de multiples responsabilités. Personne ne s'occupe de tout, mais il y a des responsabilités extrêmement réparties entre les bureaux du Parlement, les vingt commissions – il n'y en a que six à l'Assemblée nationale. Cela multiplie les présidences, les vice-présidences. Les rapports sont répartis entre les différents groupes. À l'Assemblée nationale, la majorité prend tout ou presque. Vous avez une répartition des fonctions et des rapports sur les directives, notamment sur les directives importantes, voire sensibles. C'est un travail qui n'a rien à voir avec celui de l'Assemblée où, finalement, la majorité est contrainte par le gouvernement et où l'opposition exerce le ministère de la parole. À Bruxelles, c'est impossible. Il faut faire sa place différemment, dans une commission par exemple, ce que j'ai fait pendant mon premier mandat sur la sécurité maritime, un peu par circonstance, parce qu'il y a eu des catastrophes en Bretagne et puis depuis 2004, en tant que président de ma délégation. C'est une vraie fonction, surtout quand la délégation est nombreuse.

S.B. : Et quel est votre rôle ? Est-ce que vous faites le relais avec Paris ?

B.P. : Oui. D'abord quand vous êtes dans la majorité et dans la minorité dans votre pays, ce n'est pas pareil. Le président de la délégation française a des relations avec le ministère des Affaires européennes, avec la représentation permanente française, c'est-à-dire notre ambassade. Les différents parlementaires ont des relations avec les diplomates et les fonctionnaires détachés à Bruxelles qui s'occupent de tel ou tel sujet.

Par ailleurs, le président de la délégation est membre du bureau national du parti socialiste et puis vous avez certains d'entre nous qui sont membres du secrétariat national. Les liens s'opèrent de cette façon là. Puis nous avons des relations avec les deux groupes parlementaires, Sénat et Assemblée nationale. Le mois prochain, seront invités à Bruxelles les socialistes membres des deux délégations de l'Union, ainsi qu'un certain nombre de nos amis qui s'occupent de l'Europe dans les fédérations. Nous leur présenterons les lieux, les institutions, la réunion du groupe.

Nous essayons d'être en relation même si dans le débat national, les parlementaires nationaux ne sont pas spontanément branchés sur la question européenne. Là, il y a une montée en puissance qui s'opère avec la présidence française. De même cette mandature a été intense autour du traité constitutionnel, d'abord pour le référendum interne puisqu'il a brisé l'unité des socialistes et pour le référendum national, sans compter la ratification du traité de Lisbonne.

Puis, il y a certaines directives qui ont une répercussion politique sensible, dont la plus importante a été la directive Bolkestein qu'il a fallu alimenter et expliquer. En 2001, nous avons débattu sur la directive des OGM en Europe. Là, il a fallu s'impliquer avec nos groupes. Une fois que c'est voté, c'est terminé. La transposition, c'est plus tard, parfois, sept ans après. On fonctionne en deux temps en réalité : le temps de la directive européenne et le temps de la transposition. Je pense que la directive Bolkestein sera transposée avant le 31 décembre 2009. C'est le délai prévu.

La vie politique vous amène à être extrêmement alimenté par l'actualité, par les événements. Ce n'est pas une science la politique, c'est éventuellement un art qu'on peut exercer avec compétences et professionnalisme, mais ce n'est pas un métier donc il faut gérer les passions, les peurs…

La présidence française va nous amener à être plus présents auprès de nos instances nationales, groupes et partis, et je pense que l'élection européenne de juin 2009 aussi, d'autant que c'est un rendez-vous qui va être difficile pour les socialistes parce qu'on peut, peut-être, à ce moment là, faire les frais des divisions de 2004 jusqu'en 2008. Ça va être difficile. Et là, il y aura des liens, forcément étroits, entre la délégation française, les deux groupes parlementaires et le parti socialiste.

S.B. : Et êtes-vous en lien avec les socialistes européens ?

B.P. : Oui. Le PSE a son président à l'intérieur du groupe. J'ai connu d'autres situations auparavant. Dans les moments décisifs et importants, la position du PSE est exprimée par lui. Donc, vous avez une sorte d'articulation qui s'opère parce que le président du PSE est dans le Parlement. Le jour où il ne le sera plus, ce sera différent. Le président du groupe et le président du PSE sont à côté dans l'hémicycle, à Bruxelles comme à Strasbourg, donc forcément cela facilite les contacts. C'est une règle pour avoir des échanges directs et réactifs. Autrement, le PSE a sa propre vie avec ses délégués nationaux et pour nous, c'est Alain Richard, vice-président du PSE.

La vraie vie des socialistes européens est dans le groupe parce qu'il se réunit régulièrement. Il a sa réunion hebdomadaire. Les députés socialistes se réunissent dans les commissions à Bruxelles et Strasbourg… Quand il a une directive sur la table, il faut la traiter ; décider des amendements, du vote sur les amendements, du vote final. Il faut faire les lectures, les conciliations, suivre toutes les procédures. Les socialistes le font ensemble.

Nous sommes deux cent quinze avec vingt-sept partis et il y en a qui en ont deux comme les Belges avec des histoires et des situations différentes. Certaines sont dans l'opposition, d'autres au gouvernement, d'autres en coalition. Un socialiste français n'est pas un socialiste polonais et les intérêts nationaux traversent chacun d'entre nous. La guerre en Irak nous a beaucoup divisés même s'il n'y avait pas d'incidence législative.

Même sur la directive Bolkestein, ce n'était pas facile de s'entendre. Les Français avaient telle position, les autres, telle autre. C'est pour cela que dans le groupe parlementaire, vous n'avez pas de discipline de vote au sens national du terme. Vous trouverez des votes unanimes de temps à autre et vous trouverez, assez fréquemment, des délégations entières qui ne voteront pas de la même façon, soit sur des amendements, soit sur le vote final. On considère d'ailleurs que quand 75 % des députés ont voté conformément à la décision du groupe – parce qu'il y en a quand même une– et que les 25 autres s'abstiennent, c'est bien. Mais ce n'est pas toujours le cas. Les 25 %, parfois, ne s'abstiennent pas mais votent contre. C'est arrivé plus d'une fois. Vous pouvez être très indiscipliné dans le groupe socialiste européen. Il n'y a pas de sanction. D'abord, vous êtes élu dans votre pays. Vous êtes légitimé non par les européens en général mais par les électeurs de votre pays. La légitimité en matière politique est fondamentale. Tout cela donne une vraie vie parlementaire. Et au sein de la délégation, sur certains sujets, il y a eu des votes différents et sans sanction. C'était net sur le traité constitutionnel. J'en avais pris mon parti. Je n'avais aucun moyen pour contraindre.

S.B. : Quand vous parlez de légitimité démocratique, c'est quand même difficile, parce que le Parlement européen souffre du manque de cette légitimité justement.

B.P. : Bien sûr. D'abord, le mode de scrutin est un mode de scrutin proportionnel. La tradition française est plutôt au scrutin uninominal majoritaire. En France, vous êtes très reconnu quand vous êtes élu sur votre nom. Donc, soit vous conduisez la liste, soit vous êtes candidat au Conseil général, etc. Le mode de scrutin pour les élections européennes est moins motivant et en plus il se déroule auprès d'une population et d'un territoire très vastes, même si cela a été modifié. Il ne faut pas condamner le mode de scrutin actuel sur un seul vote. Il se juge sur plusieurs votes. Il a obligé les formations politiques à sélectionner les candidats plutôt dans les régions parce qu'avant c'était très francilien. Ça le reste encore : il y a eu quelques parachutes ici ou là.

Si je prends ma région, nous sommes cinq élus et nous sommes tous de notre région, idem pour la région Sud-Ouest. Dans la région Sud-Est, il y a eu Michel Rocard ; mais au total, il y a eu un effort, en plus, ça nous permet, de nous répartir. Moi, j'exerce mon mandat régionalement dans la Bretagne ; si j'ai des sollicitations dans le Poitou-Charente, j'oriente vers d'autres. Vous avez une sorte d'auto-régionalisation. J'exerce mon mandat auprès des électeurs dans ma région et maintenant, nous sommes deux en Bretagne ; une députée sur Rennes, moi-même sur Quimper. Si j'ai des choses sur l'Ile et Vilaine, j'oriente vers elle. Cela dit, la visibilité d'un député européen est faible. J'ai pu, un peu, me faire repérer en Bretagne parce que j'y ai exercé d'autres mandats. En fait, j'ai surfé sur mes autres mandats pour en faire bénéficier mon mandat européen. Donc, j'ai réussi un peu, mais je suis persuadé que si on faisait un sondage en Bretagne, je serai connu comme maire de Quimper et moins comme député européen.

On est soixante-dix-huit en France alors qu'il y a avec les sénateurs, plus de neuf cents parlementaires. C'est donc plus difficile d'être repéré. On nous dit qu'il faut être présent mais matériellement, c'est très difficile.

S.B. : Sur votre site, vous défendiez plutôt la région. Mais comment peut-on se sentir breton, français, européen ?

B.P. : Quand j'ai à parler de ce sujet, je défendais la multi-appartenance. Je me méfie des appartenances uniques car elles peuvent devenir intolérantes. Et si je dois mettre une hiérarchie dans mes appartenances, je commence par la France, poursuis par la Bretagne et finis par l'Europe. L'homme politique a pour vocation d'aider les citoyens à se situer dans le monde.

S.B. : Maintenant, j'aimerais revenir sur les pouvoirs du Parlement européen. Vous arrivez en 1999 à un moment où le Parlement a quasiment acquis la totalité des compétences qu'il a aujourd'hui. Quels domaines de compétences lui manquent-ils encore selon vous ?

B.P. : Il pourrait avoir plus de pouvoirs sur l'énergie, sur l'immigration. Il a conquis des pouvoirs de codécision sur le droit d'asile mais il n'en a pas sur les cartes de séjour, les cartes de travail, sur l'harmonisation de l'immigration régulière. C'est un pouvoir qu'on pourrait lui donner en codécision. Sur l'énergie, c'est délicat parce que ça porterait atteinte à la souveraineté des États, c'est-à-dire la négociation des contrats d'approvisionnement, voire le choix des sources d'énergie. La France veut du nucléaire, personne ne l'en empêchera et elle veut signer ses contrats. Il pourrait y avoir une formule où la négociation des contrats serait faite plus puissamment au niveau de l'Europe, mais je n'y crois pas trop. Dans les domaines de l'environnement et de la santé publique, on peut sans doute aller plus loin. On pourrait faire sauter les procédures d'unanimité sur la fiscalité. Je pense qu'on peut progresser sur la voie d'une politique étrangère commune, mais je crois que cela restera quand même de la compétence des États, de même que la défense. Je suis un euro-réaliste, donc peut-être un jour... Mais, il faudra des années et des années...

S.B. : Sur votre site, vous dites que les socialistes ont soutenu le traité de Lisbonne sans être totalement satisfaits. Dans quel sens ?

B.P. : C'est la même chose depuis le traité de Rome. Le traité de Lisbonne reprend assez largement les nouveautés qui figuraient dans le traité constitutionnel. Il a simplement évacué les symboles et a permis quelques exemptions aux Britanniques.

Il y a des thèmes qui vont rentrer en codécision, comme l'agriculture et la pêche, les quelques points évoqués tout à l'heure sur l'immigration. La règle devient la codécision et la majorité qualifiée et quand c'est à l'unanimité, c'est précisé. Tout est maintenant en codécision ou le sera sauf quand c'est signalé, comme la fiscalité. Je pense que pendant un bon moment, on en restera là, car il faudrait de nouveau un traité. Si le nouveau traité est ratifié, je pense au moins qu'il durera dix-quinze ans et peut-être plus. Il n'y a aucun rendez-vous fixé pour en faire un autre. Le seul moment où il pourrait y avoir une nouvelle révision des traités, c'est si la Turquie entrait dans l'Union. On peut accueillir les Balkans avec ce traité. Mais avec la Turquie, ce sera une nouvelle étape.

S.B. : En parlant d'étapes justement, l'histoire revient souvent dans vos prises de positions... Pourquoi ?

B.P. : Dans mes interventions au Parlement européen, je fais souvent allusion à l'histoire, parce que je crois beaucoup que la construction européenne ne peut pas être une construction froide. Elle est pétrie d'histoire, de souffrances, de douleurs. Il faut donc les connaître, les situer et il faut situer le moment d'un traité dans le grand champ de l'histoire européenne, y compris revenir sur les guerres. Rien n'est né au hasard. À chaque fois je le dis et je le fais par des clins d'œil, en passant souvent par l'histoire des autres. Je pense qu'être européen, c'est connaître les autres, ce n'est pas s'imposer aux autres ; et connaître les autres, c'est forcément connaître leur histoire. Il faut que le Parlement soit une caisse de connaissances.

C'est un exercice qui vous permet d'être écouté. Le temps de parole est court entre deux et cinq minutes. Il faut donc capter l'intérêt pour faire passer tel ou tel message et l'histoire est pratique. Quand je défendais le traité constitutionnel, je le situais d'abord dans l'histoire et je parlais d'abord des années 1950 qui suivent la guerre et puis des années 1990 qui suivent la réunification du continent. L'Europe vit dans un temps long.

S.B. : Et au moment du référendum, quelle était l'ambiance au sein du parti socialiste ?

B.P. : C'était tendu. Chacun était dans son coin. Maintenant c'est fait, mais il ne faut pas réveiller les tensions donc on fait un effort. On ne va plus parler du débat constitutionnel mais du contenu.

On était tous à peu près d'accord sur les institutions en elles-mêmes, mais on était divisé sur le contenu, sur le libéralisme en Europe. Certains disaient « on est pour l'Europe sociale à condition que ce soit l'Europe des socialistes français qui s'impose à tout le monde », mais c'est clairement impossible. D'autres et moi-même acceptions le compromis, d'autres pas. Si on attend que l'Europe soit celle que nous voulons, ça ne marchera pas.

S.B. : Comment les socialistes ont-ils considéré, depuis les années 1970, le Parlement européen ?

B.P. : Le Parlement européen a quelques originalités. Il y a une rupture en 1979. Il y a avant cette élection et après cette élection. Dès lors qu'il est élu, son histoire change. C'est encore un Parlement inachevé qui cherche sans arrêt à conquérir du pouvoir, soit de lui-même, soit dans les traités. Il est inachevé parce qu'il y a des tas de choses qu'il n'a pas le droit de faire : il ne vote pas d'impôts, n'a pas l'initiative des lois et a un champ de compétences limité par les traités. Mais il grappille du pouvoir. Quand la nouvelle Commission s'installe, il auditionne les commissaires, auditions publiques par écrit et par oral, trois heures chacun. La presse est présente. C'est une procédure qu'il s'est attribué seul et qui n'est pas dans les traités. Elle est inspirée de la politique américaine. Par son règlement, il a décidé l'audition et c'est comme ça, qu'en 2004, on a récusé un commissaire, un Italien, pour les propos tenus en commission publique sur les femmes et l'homosexualité. La menace était : si le président de la Commission ne retire pas ce monsieur, on ne votera pas. C'est ce qu'on appelle conquérir un pouvoir. L'Assemblée nationale française ne le fait plus depuis cinquante ans. Donc, c'est un Parlement inachevé mais qui tente de conquérir des pouvoirs. Sur les services portuaires, la Commission a voulu nous faire avaler une directive qui était déjà rejetée, le Parlement l'a repoussée. Il a totalement modifié la directive Bolkestein. Il va continuer comme ça et le traité de Lisbonne est une étape puisque tout est en codécision. Il a même conquis le pouvoir de proposer qu'un traité soit modifié.

Par rapport à cela, les socialistes travaillent dans ce schéma. La position est toujours d'approuver la montée en puissance du pouvoir parlementaire. Personne ne remettait en cause tout ce qui était de nature parlementaire, tout ce qui était gain de pouvoir parlementaire, personne ne le contestait. Ceux qui contestaient, c'est parce qu'ils trouvaient qu'il n'y en avait pas assez. La culture interne du parti socialiste est parlementaire : débattre sans arrêt, discuter sans arrêt.

S.B. : Et, pensez-vous que le chemin à poursuivre soit l'Europe fédérale ?

B.P. : Non, ça marchera toujours sur deux pieds : fédéral et confédéral. Il y a des choses qui fonctionnent en fédération : la monnaie, l'agriculture, la pêche, mais il y a des domaines qui relèvent des États. Je pense que l'Europe fédérale à vingt-sept n'est pas pour demain. C'est plus dur de s'entendre.

S.B. : Est-ce que vous pensez que le PSE est un véritable parti socialiste européen ?

B.P. : Non, pas encore, c'est une confédération de partis. Il en serait un si ses congrès étaient organisés par l'ensemble des adhérents du parti socialiste. Ce sont seulement les directions qui gèrent. Au sein du PSE, il n'y a pas que les pays de l'Union, mais il y a aussi les Suisses, des gens des Balkans… Puis, il y a des socialistes qui dirigent et qui ne dirigent pas… Et tous les socialistes européens n'ont pas la même vision de la gauche.

S.B. : Vous appartenez à la commission des Affaires constitutionnelles, comment ça se passe ?

B.P. : J'y suis allé pendant la négociation du traité de Lisbonne, maintenant, c'est clos. L'intérêt de la commission, ce sont les institutions. D'ailleurs, je ne sais pas ce qu'elle va faire dans les années à venir. Les commissions n'ont pas un travail régulier. Ses membres ont beaucoup débattu sur le statut des partis européens et le statut des députés. Ils ont eu beaucoup de travail depuis vingt ans. Dans cette mandature, sa vraie vie, c'était la Constitution et le traité de Lisbonne.

Catherine TASCA

Mardi 4 avril 2008, au Sénat, Paris

Salomé Benhamou : Tout d'abord, j'aurais voulu savoir pourquoi vous vous êtes engagée à gauche. Et est-ce que, pour vous, la gauche et la culture, c'est un seul et même engagement ?

Catherine Tasca : Oui, d'ailleurs j'ai été professionnelle dans le domaine culturel avant d'adhérer au parti socialiste. C'est ma vie professionnelle à Grenoble qui m'a amenée à m'engager en politique. Pour moi, il y a un lien très fort, pour résumer, qui est d'ailleurs le sous-titre de l'unique livre que j'ai publié, *Culture et démocratie ont en partie liée*, c'est-à-dire qu'il me paraît essentiel, pour qu'il y ait une vie démocratique active avec des citoyens responsables maîtrisant leur choix et n'étant pas manipulables, qu'ils reçoivent l'instruction et qu'ils soient cultivés au sens très large du terme car c'est ce qui leur donne une autonomie du choix.

S.B. : Au sein de cet engagement, que représente l'Europe pour vous ?

C.T. : C'est un projet auquel je suis très attachée, depuis très longtemps, parce que je ne crois pas à la capacité du cadre national à apporter des réponses efficaces et justes à tous les problèmes auxquels la société contemporaine est confrontée. Il y a une tradition socialiste internationaliste et le premier cercle de cet internationalisme, c'est l'Europe. C'est un espace où les Européens peuvent, ensemble, chercher les réponses aux questions institutionnelles, économiques et sociales mais je pense aussi que c'est, et que ça doit être, un espace culturel commun. Il ne faut pas se tromper, pour moi, il n'y a pas une culture européenne, il y a des cultures européennes mais tous les citoyens ont intérêt à soutenir et enrichir la diversité culturelle de l'Europe, à la faire vivre, à avoir des initiatives communes pour fortifier les politiques culturelles. Certains pays sont, sur ce plan, moins engagés que d'autres. Je pense que le cadre européen doit permettre de travailler là-dessus. Je pense que si on veut intéresser, en particulier les jeunes citoyens à cette construction européenne, la culture peut être une motivation très puissante.

S.B. : Donc vous pensez qu'il n'y a pas de socle commun qui pourrait permettre de se sentir citoyen européen ?

C.T. : Non, il y a une histoire de l'Europe et donc il y a des éléments de culture commune mais ce sont plutôt des cultures croisées qu'une culture commune. Je crois que l'histoire de l'Europe, c'est plutôt les enrichissements réciproques entre des cultures différentes, des apports différents plus qu'un socle commun ou une culture commune en perspective. Au fond, ce qu'on a en commun en Europe, du moins je l'espère, et de plus en plus, c'est la conviction que culture et démocratie ont partie liée et la conviction qu'il y a une responsabilité publique dans le domaine de la culture, d'où l'existence dans la plupart des pays d'Europe d'institutions culturelles soutenues par les pouvoirs publics, centraux, étatiques ou territoriaux. Les politiques sont très diverses. En Allemagne, les Länder ont une politique culturelle très active. Ils soutiennent des orchestres, des opéras, des théâtres... Et ça, c'est un signe assez distinctif de l'espace européen, cette conscience d'une responsabilité publique dans le soutien à la culture sous toutes ses facettes : l'attachement au patrimoine, l'aide à la création. Donc, ça rapproche vraiment les Européens.

S.B. : J'ai le sentiment que pour donner vie à l'Europe des citoyens, il faudrait faire l'Europe culturelle ? Quelle différence faites-vous entre ces deux notions ?

C.T. : L'Europe des citoyens, c'est d'abord la revendication démocratique en Europe avec l'idée de faire progresser la démocratie dans l'ensemble des États membres car ils n'en sont pas au même stade historique. Puis, il faut faire progresser la démocratie dans les institutions européennes et, là aussi, c'est une longue marche car le Parlement européen, qui incarne cette ambition démocratique, n'est pas encore, dans le dispositif institutionnel, la clé de voûte du système. Le poids a d'abord été mis sur la Commission et, à mon avis, le mode d'élection des parlementaires européens est encore très insatisfaisant.

S.B. : À quel type d'élections pensez-vous ?

C.T. : D'abord, aujourd'hui, les circonscriptions font qu'ils ne sont reconnus ni comme des députés nationaux ni comme représentants d'un territoire. C'est un débat ouvert qui n'est pas tranché. Il faut y réfléchir de manière à ce que les députés envoyés au Parlement soient identifiés par les électeurs comme leurs représentants. En même temps, c'est là qu'est la difficulté, il faut que ce soit des gens porteurs du projet européen et pas seulement des intérêts nationaux. Ce sera, à mon avis, une longue marche. J'espère que les élections de 2009 vont amener des profils différents. On pourrait aussi penser que ce serait intéressant d'avoir des listes internationales, justement pour ne pas voir l'Europe comme la juxtaposition des intérêts nationaux, d'essayer d'avoir, au moins en partie, sur les listes de nos représentants, des étrangers. Les Européens circulent de plus en plus dans l'espace européen et il faudrait le traduire dans la démocratie européenne et trouver le moyen de faire place à ces citoyens de l'Europe sur les listes dans cette élection. Pour le moment, c'est très embryonnaire. Il y a les groupes politiques au Parlement qui permettent de rassembler des parlementaires de nationalités différentes. C'est intéressant, ça permet de confronter les points de vue. C'est un bon début.

S.B. : Cela donnerait-il une plus grande lisibilité aux citoyens ?

C.T. : Je crois, qu'objectivement, aujourd'hui, il y a très peu de lisibilité du travail du Parlement européen dans les pays membres et les citoyens vivent la démocratie nationale dans les élections municipales, cantonales et présidentielles. On ne peut pas dire qu'ils vivent les élections européennes. Et une fois passées les élections, beaucoup de gens sont incapables de vous dire qui les représente au Parlement européen. Il y a des choses à faire pour bâtir un peu plus ce lien : c'est fortifier un peu plus les liens entre les parlements nationaux, le Parlement européen et la Commission européenne. Il y a une délégation dans les deux chambres et nous travaillons beaucoup à renforcer les liens et à fortifier les procédures pour qu'il y ait beaucoup de textes qui soient envoyés aux parlements nationaux pour que ceux-ci puissent formuler un avis motivé sur les textes européens. Je pense que c'est ce lien qui sera la première étape du lien avec les citoyens. Dans ma circonscription, je parle de l'Europe. C'est quelque chose qui est en marche. Il faut intégrer l'enjeu européen dans toutes les discussions. Cela se fait à l'occasion des élections européennes, ça se fait un peu à l'occasion des élections présidentielles et législatives où le thème européen est un peu présent. Ça se fait beaucoup moins au niveau local, c'est vrai. C'est la responsabilité de chaque parlementaire, à mon avis, d'intégrer l'Europe à son expression politique, sinon ce sera toujours vécu comme un dossier technique.

S.B. : Au sein de la délégation de l'Union européenne, quels sont les sujets de discussion ?

C.T. : C'est l'ensemble de la construction européenne. Avant chaque Conseil européen, il y a un débat dans l'hémicycle à ce sujet et nous sommes saisis d'un certain nombre de projets de textes européens sur lesquels il faut prendre position, ça va de la réglementation des ports maritimes aux questions de l'espace juridique et judiciaire. Tous les sujets viennent en débat au niveau de la délégation. Cette délégation est composée de membres de toutes les commissions, mais il faut reconnaître que le degré d'intérêt des parlementaires pour les questions européennes est très variable selon les personnalités. Les travaux des parlementaires font l'objet de publication donc, au Sénat, tout sénateur peut être informé de ce qui se passe dans la délégation pour peu qu'il se donne le mal de lire nos travaux. À l'intérieur même du parti socialiste, on côtoie les députés européens. À la délégation, j'avais travaillé sur la directive Bolkestein et j'ai pris contact avec les députés de la Délégation socialiste française et une députée socialiste allemande en charge du dossier. Le lien avec les parlementaires se fait très facilement.

S.B. : Quelle place, selon vous, avaient l'Europe et le Parlement européen dans les années 1990 sous la présidence de François Mitterrand ?

C.T. : Le Conseil et la Commission ont joué un très grand rôle dans les quarante premières années. Il y a un rééquilibrage qui est en train de se faire. J'attends de voir fonctionner les institutions avec le traité de Lisbonne.

Depuis les années 1990, l'Europe fait intégralement partie du projet politique de la gauche. Par exemple, pendant le second semestre 2000, la France a eu la présidence. Chaque ministre était très engagé dans les travaux à Bruxelles. Chaque ministre présidait le Conseil des ministres dans sa discipline. Ça faisait partie de la mission de chaque membre du gouvernement. Il y avait un ministre chargé des Affaires européennes mais en fonction de l'ordre du jour des conseils, chaque ministre était amené à travailler sur les questions européennes. C'est entré dans la pratique.

François Mitterrand était un président très convaincu de la construction européenne.

S.B. : Pour revenir sur ce que nous disions tout à l'heure, l'Europe culturelle est-elle un moyen de faire vivre l'Europe des citoyens ?

C.T. : Oui, bien sûr. Tout dépend de ce que fait l'Europe dans ce domaine. Elle fait beaucoup de choses : culture, média... Mais ça reste un peu trop timide et classique comme mode d'intervention et je crois que c'est essentiel pour que les futures générations qui n'ont pas senti la nécessité de l'Europe comme ma génération.

Les nouvelles générations en perçoivent l'espace économique, le fait de pouvoir trouver un emploi sur l'ensemble du territoire, mais sur le plan des idées, d'un idéal, ça manque un peu de moteur et les échanges culturels peuvent créer ce sentiment d'appartenance. Si l'Europe soutenait la mise en place de résidences artistiques internationales dans tous les pays de l'Union, ce serait formidable ; la mise en réseau des universités est aussi essentielle, l'harmonisation des diplômes est commencée, entamée, mais pas suffisamment encore. Sur le plan de la culture au sens large, ça pourrait être un moteur pour que les citoyens se sentent concernés et soient partie prenante de ce projet. Je pense aussi qu'il y a un combat linguistique à mener en Europe pour maintenir la diversité des langues et là, l'Europe a un beau chantier. Si dans chaque pays membre, il y avait des politiques nationales de trilinguisme à l'école, avec la langue nationale plus deux langues au choix, qui varieraient selon les espaces géographiques, ça donnerait à toute la jeunesse d'Europe, une ouverture et une capacité à échanger, à correspondre qui serait quelque chose de très important. Il y a des pays qui pratiquent le trilinguisme indépendamment de l'Europe sans difficulté.

S.B. : Tout cela est-il en chantier ?

C.T. : Il y a beaucoup de choses qui sont faites au niveau culturel : le plan média, le plan culture... Mais il y en a d'autres à inventer, à démarrer. Le plan média est très important car il soutient la production cinématographique et audiovisuelle en Europe mais c'est vrai que ça ne circule pas suffisamment. Là, on pourrait imaginer un festival européen tournant. Au FIPA, à Biarritz, il y a plein de films étrangers, comme aux festivals de Cannes et Berlin, mais ce n'est pas assez systématique et ancré dans la pratique. C'est clair que ce serait un élément de prise de conscience de la citoyenneté européenne.

S.B. : Et quels autres moyens pourraient être mis en œuvre pour renforcer l'Europe des citoyens ?

C.T : Je pense que l'harmonisation des conditions sociales du travail serait un élément très fort pour rassurer les Européens qui redoutent beaucoup le *dumping* social et pour leur donner conscience qu'ils appartiennent à un même espace. Si, par exemple, on arrivait à instituer dans chaque pays un SMIC, ça donnerait aux salariés d'Europe une plus grande visibilité qu'aujourd'hui. L'harmonisation fiscale pourrait aussi accroître ce sentiment de citoyenneté. On pourrait imaginer la création d'un impôt européen pour servir telle ou telle cause et à ce moment-là, les citoyens sentiraient qu'ils appartiennent à une Communauté.

S.B. : Et faire vivre un débat européen, qui serait politisé, pourrait-il aussi jouer un rôle ?

C.T. : Il y a eu des petites tentatives, comme « France-Europe Express » de Christine Ockrent. Plus qu'on ne le dit, il y a quand même des émissions où il y est systématiquement parlé d'Europe, sur Arte et sur la chaîne parlementaire, il y a grand nombre de débats où on intègre la dimension européenne ; c'est sûr qu'il faudrait que ce soit plus développé. Les journaux télévisés, du moins pour les chaînes publiques, pourraient se donner comme objectif d'avoir systématiquement une rubrique européenne dans l'information quotidienne. Il faudrait aussi créer plus de lieux de débat. Les universités doivent être des lieux où la question européenne doit être traitée puisque c'est là que se forment la conscience politique et l'engagement. C'est clair qu'il faut sortir la question européenne des bureaux, des spécialistes…

S.B. : Ce débat doit-il être politisé ?

C.T. : Il l'est forcément. Le débat politique est très limité à certains moments de la vie nationale. Il n'est pas toujours citoyen. Actuellement, la politique n'est pas bien vue. On oppose souvent aujourd'hui la vie des gens et la vie politique. Et on considère que la politique, ce n'est pas bien, qu'elle est trop partisane et trop professionnelle. Et il y aurait, de l'autre côté, un espace collectif, la vie des gens, mais je pense que c'est une très mauvaise façon de voir les choses. L'ensemble de l'espace collectif est un espace politique, évidemment, dans lequel il faut avoir une parole partisane même si, sur certains sujets, les familles politiques peuvent se rejoindre et avoir des points de vue partagés sur telle ou telle question. Le poids pris par la question environnementale déborde les clivages politiques parce que personne n'a de grandes réponses. Le débat européen doit être politisé, mais dans le bon sens du terme. Les grands partis politiques doivent avoir des points de vue sur les questions européennes, sur les frontières, sur l'harmonisation sociale, sur les droits des travailleurs dans l'espace européen, sur la culture en Europe… Tout ça demande à tous ceux qui font de la politique, d'avoir un point de vue politique.

S.B. : La culture est-elle une spécificité de gauche ou est-ce quelque chose de consensuel ?

C.T. : D'abord, les expériences nationales sont très différentes. Un pays très centralisé comme le nôtre a mis le paquet sur les politiques culturelles. Les collectivités territoriales ont très largement pris le relais et il faut dire que ce sont souvent les villes de gauche qui sont très actives dans ce domaine, telles Grenoble et Nantes… De même au niveau national, ce sont les gouvernements de gauche qui se sont le plus engagés dans ce domaine et on voit qu'avec l'actuelle majorité, d'ailleurs depuis 2002, les moyens financiers et les ambitions culturelles ont beaucoup baissé. La culture est un marqueur de gauche.

Pierre MOSCOVICI

Jeudi 17 avril 2008, siège du parti socialiste, rue de Solférino, Paris

Salomé Benhamou : Pourquoi l'Europe tient-elle une place majeure dans votre engagement à gauche ? À quoi cela correspond-il ?

Pierre Moscovici : D'abord, c'est un engagement presque natif, je suis né en 1957, au moment du traité de Rome. Mes parents étaient d'origine étrangère, roumaine pour mon père, polonaise pour ma mère et honnêtement, j'ai toujours eu une vision assez globale, mondialiste, européenne – j'ai beaucoup vécu à l'étranger – et il m'a toujours semblé que l'Europe était le moyen de dépasser les séquelles et les blessures historiques. Je dirais donc que d'une certaine façon, l'Europe, c'est comme l'air que je respire, je ne me suis jamais posé la question de savoir si je devais être européen ou pas, même si cet engagement s'est renforcé après la chute du mur de Berlin et la dislocation du monde soviétique. J'ai toujours pensé, un peu seul parfois, que l'élargissement à l'Est était une bonne solution. Donc, dans le parti socialiste, l'Europe fait partie de mes constantes. J'ai toujours cru qu'il fallait adapter notre politique à l'Union européenne sans pour autant s'y soumettre totalement, sans être un européiste, sans être un béni oui-oui, sans penser toujours que l'Europe est parfaite. Je sais qu'elle est trop libérale, trop technocratique, coupée des citoyens. Je milite pour qu'on l'améliore, je suis favorable à l'Europe sociale. Mais européen et socialiste, ça m'a toujours paru indissociable. Je pense qu'un socialiste qui ne serait pas européen redevient une sorte de souverainiste impuissant. Ce n'est pas du tout comme ça que j'ai envie de me définir. Après, sur un plan plus opérationnel, c'est à la fois la rencontre de ce militantisme européen ancien, d'une carrière professionnelle qui m'a mis au contact de l'Europe et du hasard qui a fait qu'en 1994, Lionel Jospin m'a cédé sa place sur les listes européennes et que je suis devenu député européen, puis ministre des Affaires européennes, puis membre de la convention européenne, puis de nouveau député européen et encore aujourd'hui député et vice-président de la délégation à l'Union européenne. Mais pour être très honnête, ça aurait pu être autre chose. Si j'avais été député en 1993, je n'aurais pas été député européen et peut-être les choses n'auraient pas pris cette tournure là. C'est comme toujours en politique. Il faut une foi, une conviction, mais aussi des rencontres et des hasards. Les deux ont fait que je suis devenu un des européens du parti socialiste.

S.B. : Le Parlement européen était-il quand même un choix ou non ?

P.M. : Oui et non. C'était une volonté et une opportunité. Ma première élection pour un poste de parlementaire a été celle des législatives de 1993 qui ont été les plus mauvaises de notre histoire. On a eu 50 élus, je n'ai pas eu la chance d'être dedans. Je me suis présenté pour la première fois, j'ai fait 47 %. J'étais un jeune dirigeant du parti socialiste, secrétaire national du parti socialiste. Je faisais partie des gens qui pouvaient prétendre à un mandat parlementaire. Il se trouvait que les élections suivantes étaient en 1994 et que c'était les élections européennes.

Évidemment, ça m'intéressait mais ne soyons pas hypocrites. Elles m'intéressaient parce qu'il était question que je fasse de l'Europe ma passion mais aussi de la politique mon métier.

S.B. : Et dans ce cas, que représentait pour vous l'institution parlementaire ?

PM. : Je la connaissais un peu. J'avais eu à travailler avec les institutions européennes. J'étais curieux de savoir ce qu'était le Parlement européen, mais non, je n'avais pas vocation à être parlementaire européen. Pour être très honnête, j'ai été élu deux fois, en 1994 et 2004 et je l'ai quitté deux fois, en 1997 et 2007. C'est dire que j'en mesure le charme – j'adore ce Parlement – je trouve que c'est un mandat magnifique, mais aussi ses limites dès lors qu'on a aussi des envies dans la politique nationale. Je ne fais pas partie de quelques rares personnalités politiques qui estiment que le Parlement européen est au-dessus de tout et qui y consacrent leur vie.

S.B. : Pourtant, il y a plus de marges de manœuvre pour un parlementaire à Bruxelles qu'à Paris.

P. M. : C'est certain que le mandat de parlementaire européen est un mandat beaucoup plus passionnant quand on regarde l'effectivité du travail, la capacité d'élaboration des parlementaires que le mandat de député national. Les moyens sont supérieurs, il n'y a pas de majorités préétablies ; l'initiative parlementaire est beaucoup plus forte, le rôle des rapporteurs est incommensurablement plus important, la matière elle-même est extrêmement passionnante, le poids du Parlement européen sur la Commission est beaucoup plus fort que celui de l'Assemblée sur le gouvernement. Le travail est d'un très grand intérêt. Donc, c'est un mandat magnifique mais qui reste encore, par rapport à la politique nationale, à un parti politique, encore une affaire étrangère, méconnue des médias, peu suivie par eux, inconnue des citoyens, ce qui est une des causes de la désaffection dans les votes, les élections européennes restent celles qui mobilisent le moins les citoyens.

S.B. : C'est le constat global, mais comment faire pour que cela change ?

P. M. : Il faut donner des enjeux aux élections européennes et c'est sans doute ce qui manque. Peut-être que certains facteurs institutionnels, comme la désignation du président de la Commission après les élections européennes et surtout des sujets européens peuvent régler ça. Mais la responsabilité est aussi largement nationale. Il faut faire en sorte que l'Europe pénètre dans le débat public national et qu'elle ne soit pas considérée sans arrêt comme une réalité extérieure, comme une contrainte subie mais qu'elle soit aussi intégrée dans les projets de politiques nationales. C'est pour ça aussi que je reste profondément européen et je n'ai pas le sentiment, en tant que député français, responsable politique français, d'être moins utile à la cause européenne en étant à l'Assemblée nationale qu'au Parlement européen parce que je suis plus audible pour faire passer le message.

S.B. : Et concrètement, comment se manifeste un débat public européen ?

P. M. : Ce sont deux choses, d'une part, une campagne européenne menée par des vrais partis européens, une meilleure structuration du groupe, une plateforme plus importante et d'autre part, faire en sorte que l'Europe soit constamment présente dans le débat public national, ce qui n'est pas du tout le cas aujourd'hui.

S.B. : Et est-ce que le changement du mode de scrutin en 2004 a changé quelque chose ?

P.M. : Je pense que c'est un progrès parce que le scrutin national était absurde. C'était vraiment la règle des partis mais c'est un progrès tout de même très limité parce que la taille des circonscriptions est encore trop importante. Moi, quand j'étais député européen, j'étais tête de liste de la région Grand Est : dix-huit départements, huit millions d'habitants. Comment prétendre les représenter correctement ? J'ai fait campagne dans les dix-huit départements, mais un bref passage. C'est vraiment trop vaste. La bonne échelle, c'est sûrement la région en elle-même. Je retournais souvent dans ma circonscription. Mais si ma circonscription, ce sont dix-huit départements, ce n'est pas possible : on n'a pas les moyens physiques. Je me suis concentré pour l'essentiel sur ce qu'était ma vraie circonscription, ma vraie région, la Franche-Comté, même si j'ai été à Dijon… Mais c'est trop vaste. Si on veut rapprocher l'Europe des citoyens, il faut un mode de scrutin qui soit au plus près. La circonscription doit être identifiable.

S.B. : Et il n'y a pas de projet ?

P. M. : Il y en a eu un qui, à l'époque, posait des problèmes institutionnels car dans le cadre des régions françaises qui sont trop petites – c'est là peut-être qu'il faut trouver une côte un peu plus détaillée – parce qu'il y avait des régions où le pluralisme n'était pas respecté, comme en Corse. Et dans ma région, il y aurait eu deux députés qui auraient pu être deux députés de droite.

S.B. : Quand vous arrivez au Parlement européen en 1994, vous en parlez comme d'un « sympathique forum » et aujourd'hui, vous estimez que c'est devenu un véritable Parlement européen. Est-ce dû aux changements institutionnels ou est-ce le Parlement européen qui a su conquérir lui-même ses pouvoirs ?

P.M. : Les deux à la fois. Entre 1994 et 2007, il y a eu le traité d'Amsterdam, le traité de Nice, l'euro, l'élargissement, l'émergence d'une politique étrangère et de sécurité commune, d'une politique de défense. Il y a eu des bouleversements institutionnels avec un Parlement qui, par deux fois, s'impose à la Commission, en 1999 et en 2004, qui a quasi-censuré la Commission Santer, quasi-refusé l'investiture de la Commission Barroso, donc qui a pris une part sur le Conseil. Il y a eu une augmentation du nombre et des moyens et alors qu'il y a quelques années, les parlementaires étaient gentiment considérés, tant par la Commission que par le Conseil, aujourd'hui ils sont très sérieusement écoutés. Le dernier exemple, c'est la directive Bolkestein où le Parlement a vraiment réécrit le texte et au final, la Commission a préféré prendre le texte du Parlement plutôt que de revenir avec son propre texte. Cela n'aurait jamais été le cas il y a dix ou quinze ans. Donc, oui, il est sans doute, parmi les institutions européennes, celui qui émerge, qui progresse, celui qui compte, celui qui gagne en audience même s'il lui manque toujours cette légitimité citoyenne et s'il n'intervient pas dans certains domaines, par exemple en matière de politique étrangère et de sécurité commune, dans les domaines économiques et de l'emploi. Le Parlement est peu effectif. Le grand domaine où le Parlement européen pèse, c'est dans le domaine législatif, car ce qui accroît progressivement ses puissances, c'est la combinaison de l'extension du vote à la majorité qualifiée et la généralisation de la codécision législative.

La construction est technocratique mais elle peut difficilement être autre chose. Comment peut-on articuler vingt-sept États membres avec des cultures différentes et des États qu'il faut respecter et des parlements nationaux à associer ? Ça paraît difficile. Le Parlement européen est un Parlement plus simple qu'on ne le dit.

S.B. : Et quand vous participez à la convention sur l'avenir de l'Europe, en tant que représentant du gouvernement, quel est votre objectif ?

P.M. : J'appartiens au collège du Conseil et je n'y suis pas forcément en tant que socialiste. D'ailleurs, je le quitte quelques mois après parce que je ne suis plus membre du gouvernement. J'ai adhéré très tôt à l'idée d'une constitution européenne. Je faisais partie de ceux qui pensaient qu'il fallait élever le niveau d'exigence, qu'on pouvait aller vers l'élection du président de la Commission en fonction des résultats des élections européennes, qu'il fallait renforcer le rôle du Parlement européen, accroître le rôle de la Commission pour aller vers un système parlementaire, ce qui ne m'a pas empêché d'être favorable à la nomination d'un président stable et d'un ministre des Affaires étrangères de l'Union européenne. Enfin, j'étais très attaché à l'intégration de la Charte des droits fondamentaux. Dernière chose, j'étais pour une Europe plus forte dans les domaines économique et social. J'ai eu à la fois raison en tant que socialiste et tort en tant que conventionnel parce que, finalement, ça a amené cette troisième partie intégrée dans le traité et les éléments libéraux qui y sont présents ont été rejetés par les citoyens. Je crois qu'une constitution strictement institutionnelle aurait été plus efficace.

S.B. : Pour vous, cette Constitution avait-elle pour but l'Europe fédérale ?

P.M. : Je suis fédéraliste. Je soutiens une Europe avec un système parlementaire, avec un vrai Parlement qui contrôlerait le gouvernement, sachant qu'aujourd'hui, c'est devenu un peu douteux, être fédéraliste à vingt-sept, c'est extrêmement compliqué. Ça ne peut être qu'un fédéralisme d'États nationaux.

S.B. : La Constitution s'est transformée en guerre interne au sein du parti socialiste et j'ai sentiment que cela l'a discrédité sur les questions européennes.

P.M. : Il est certain que pour nous c'est un grand traumatisme puisque c'est la question sur laquelle le parti s'est divisé deux fois, à l'intérieur avec un référendum qui est un gros succès 59 %- 41 % – mais nous n'avons jamais eu une si grande minorité – et puis devant les électeurs. Cette division est restée très profonde et a créé une sorte d'impensée ou de tabou, c'est-à-dire qu'on parle très peu de l'Europe au parti socialiste. On en parle de manière extrêmement primaire et on a retrouvé cette division mais on n'a pas voulu l'exprimer au moment du traité de Lisbonne, donc le parti socialiste est malade de l'Europe. Au fond, derrière la querelle de l'Union, il y a une vraie division sur ce que veut dire le socialisme. Je ne suis pas choqué qu'on vote « non ». La question est quel est le cheminement intellectuel qui amène à voter « non ». C'est un cheminement qui, à mon sens, est statique avec l'idée que c'était mieux avant quand les États avaient plus de pouvoirs. C'est l'Europe comme menace, comme contrainte, c'est l'Europe comme cheval de Troie des propositions libérales, c'est-à-dire que l'Europe, au fond, est plus une source d'embarras qu'une capacité à proposer des issues.

L'alternative, le traité de Lisbonne, en réalité c'est le système existant, l'intergouvernemental, c'est même la nostalgie de l'époque où les États pouvaient encore plus qu'aujourd'hui. Pour certains, derrière tout ça, il y a une erreur pour les socialistes, c'est d'avoir fait la politique de rigueur en 1983, donc je pense que c'est un clivage qui dépasse la cause du « oui » ou du « non », qui a trait à notre rapport à l'étranger, aux autres, à notre ouverture au monde et l'Union européenne.

S.B. : En ce qui concerne le traité de Lisbonne, peut-on parler d'un aboutissement institutionnel pour fonctionner à vingt-sept ?

P.M. : Oui, je pense que c'est un traité utile, un traité abouti, un traité de règlement intérieur, un traité nécessaire, pas un traité excitant ou un grand traité. On a perdu beaucoup de force d'entraînement symbolique. La Charte des droits fondamentaux y a un statut plus faible et on assiste à la multiplication de dérogations. C'est un traité gruyère, très compliqué et pour le coup illisible pour le citoyen, beaucoup plus illisible que le traité constitutionnel. Ce n'est pas un grand cru mais en même temps, ça donne les outils nécessaires pour mieux faire fonctionner l'Europe. C'est un traité qu'il fallait accepter.

Les institutions, c'est bien, mais les institutions ne sont rien si elles-mêmes ne sous-tendent pas un projet ou une volonté. Maintenant, il faut se saisir du traité. Pour les socialistes, le débat ne doit plus être « oui » ou « non », c'est fini. Le traité existe. Qu'est-ce qu'on fait avec cette donne pour défendre notre propre vision d'une Europe qui promeut les individus, qui protège les territoires, qui répare les dégâts de la mondialisation, qui est proche du citoyen ? Là, il faut dire maintenant ce qu'on entend par l'Europe économique et sociale, attachée au développement durable et à un grand niveau d'éducation. C'est le moment ou jamais. Le traité est un traité neutre qui permet de mener une politique ou socialiste ou libérale.

S.B. : Au moment du traité de Nice, vous dites vous être rendu compte de la difficulté à négocier un traité. Dans quel sens ?

P.M. : Je pense que la convention était un système très supérieur au système intergouvernemental où on est dans la négociation diplomatique, où chacun arrive avec ses lignes rouges, ses interdits et du coup, arriver à impulser, dans ce contexte, des volontés ou autre chose qu'un compromis qui est réduit au maximum, c'est très difficile. La convention avait au moins un avantage, c'est qu'elle permettait qu'il y ait un esprit. Elle créait du consensus, en plus, elle était ouverte à l'extérieur, soumise à la pression de l'opinion, les documents étaient consultables en ligne, bref, c'était une démarche beaucoup plus ouverte. Il y a eu un élan et un esprit qui ne peut y avoir dans une conférence intergouvernementale. Contrairement à ce qu'on pense, les diplomates ne sont pas là pour négocier mais pour faire valoir les intérêts nationaux.

S.B. : Maintenant, j'aimerais bien comprendre quels sont les liens entre le parti socialiste, la DSF (délégation socialiste française) et le groupe. C'est le parti qui établit les listes. Est-ce qu'après, Paris exerce une mainmise sur la délégation socialiste ?

P.M. : C'est un lien assez lâche. Il n'y a pas de contrôle du parti sur la DSF, mais sur certains grands dossiers, par exemple sur la directive Bolkestein, les négociations d'élargissement, les questions institutionnelles, le paquet financier, la politique agricole commune, il est de coutume que le bureau national délibère, propose des textes, parfois même prenne des décisions. Sur ces grands sujets, les députés ont un mandat et ont une orientation politique délibérée par le parti, mais au quotidien sur les milliers de textes qui passent au Parlement européen, non, très peu, voire pas du tout. Bernard Poignant, l'actuel président de la délégation socialiste française, participe au bureau national et il se trouve que dans l'actuelle DSF, il y a beaucoup de députés qui sont membres de la direction nationale et qui y participent aussi. Mais on ne peut pas dire qu'il y ait un contrôle très fort. La DSF a une autonomie assez large par rapport au parti, peut-être davantage parce que ce sont des matières plus lointaines. En général, quand elle a des instructions, la DSF est assez disciplinée, peut-être pour une raison organique qui est que c'est le parti qui tient les listes.

S.B. : Et comment la DSF s'inscrit-elle dans le groupe ? Comment les relations s'organisent-elles avec les autres socialistes européens ?

P.M. : Dans le groupe, il y a plusieurs organes qui sont des organes de discussions : il y a un bureau du Parlement européen du groupe dans lequel figure un membre de la DSF, qui est Harlem Désir ; il y a des réunions des chefs de délégations et il y a aussi des réunions de groupe qui sont fréquentes, soit en dehors des sessions, soit pendant les sessions, donc la coopération est permanente.

S.B. : Quel était votre rôle en tant que vice-président du Parlement européen ?

P.M. : Le vice-président joue un rôle dans le cadre du bureau du Parlement européen, donc il a un rôle essentiellement technique. Il a une fonction dominante qui lui assure une visibilité.

S.B. : Peut-on dire qu'il existe un véritable parti socialiste européen aujourd'hui ?

P.M. : Non, mais c'est en progrès. Je pense que Poul Nyrup Rasmussen fait un travail d'homogénéisation idéologique fort, de rapprochement des positions important. Aujourd'hui, le parti se tient beaucoup plus au courant qu'avant de ce que dit le PSE, notamment à l'occasion des prises de position sur le référendum. Le fait d'être dans le PSE a beaucoup pesé sur le fait que nous ayons finalement choisi le « oui ». Nous sommes beaucoup plus intégrés dans le PSE comme direction de parti que nous l'étions auparavant. Nous avons notamment participé au choix de Rasmussen à la tête du PSE, mais nous sommes aussi considérés comme arrogants, isolationnistes, comme des « nonistes » rampants indisciplinés. Nous n'avons pas une bonne image dans le PSE, ni dans le groupe PSE. Nous sommes à la fois la plus importante délégation et la plus marginale puisque c'est celle qui, sur un certain nombre de sujets, se situe en dehors du *mainstream* : débats sur le référendum, débats sur la directive Bolkestein – nous avons été presque les seuls à voter contre – donc ça ne nous rend pas populaires.

La délégation travailliste anglaise est, à l'opposé, beaucoup plus libérale que nous, mais elle a constitué beaucoup plus d'alliances que nous au sein du PSE et, à un moment donné, a même été dominante, ce qui n'est pas notre cas.

Nous sommes isolés. Les parlementaires européens français, s'ils étaient vraiment autonomes, seraient plus européistes qu'ils ne le sont mais là, le poids du parti joue. Les parlementaires européens français, s'ils avaient eu l'occasion de s'exprimer librement, auraient laissé passer la directive Bolkestein.

S.B. : Le PS français peut-il avoir une influence sur le PSE ?

P.M. : Il est écouté parce que c'est un grand parti. C'est lui qui a le plus grand nombre de députés européens, donc il a une dominance. Il est craint parce qu'il exprime souvent des positions iconoclastes ; il n'est pas méprisé mais il agace. C'est un parti qui a des adversaires.

S.B. : Est-ce qu'il y a un débat gauche/droite qui existe ou se met en place ?

P.M. : Les différences entre le PSE et le PPE sont fortes et par rapport à 1994, la discipline de groupe est beaucoup plus marquante qu'elle ne l'était à l'époque. Mais il y a trop peu de débats sur l'Europe au niveau national.

S.B. : Justement, de 2005 à 2006, vous êtes président du Mouvement européen France. Quel était votre but ? Y-a-t-il politisation du débat ?

P.M. : Si, il y en a eu une puisque j'ai été le premier président socialiste du Mouvement européen depuis sa création. C'est un mouvement dont l'élite est socialiste et chrétienne-démocrate. Ils sont liés par l'univers fédéraliste. Anne-Marie Idrac était présidente et a décidé de jouer l'alternance. Je suis élu président mais ce n'est pas un hasard si je l'ai quitté au bout de deux ans en ayant été battu à une élection par quelqu'un de droite, justement parce que cela était intolérable pour ce mouvement d'avoir un président de gauche qui proposait certaines inflexions en matière sociale ou institutionnelle. Donc, pour un socialiste, je suis un européiste insupportable, mais pour le Mouvement européen, je suis encore trop socialiste. J'essayais de faire réfléchir de manière un peu neuve sur des sujets comme les frontières, comme les finances de l'Europe, le modèle social européen pour en faire un mouvement qui soit beaucoup plus un mouvement de débat que le porteur des vieilles idées fédéralistes des années 1960.

Au final, j'ai échoué à créer un consensus dès lors que certaines idées de gauche étaient mises an avant. Je pense que le mouvement européen est plutôt de droite. Dès que les socialistes s'y affirment, c'est stoppé.

S.B. : Vous avez appartenu à la commission des Affaires institutionnelles. Y-a-t-il un débat qui est mené sur le Parlement, en tant qu'institution ?

P.M. : Oui, mais avec ce que j'ai appelé le narcissisme du Parlement qui dans les négociations institutionnelles cherche toujours à renforcer son propre pouvoir. C'est utile, mais il ferait bien aussi d'avoir une vision plus large.

Jacques DELORS

Vendredi 11 avril 2008, CERC, Paris (entretien mené avec Mathieu Monot)

La présidence de la Commission

Salomé Benhamou & Mathieu Monot : Pour entrer dans le vif du sujet, vous arrivez à la Commission en 1985 avec comme objectifs la relance de l'Europe et sa réforme institutionnelle. Quelle place conefériez-vous alors aux différentes institutions ? Et quel rôle pour la Commission, à laquelle, en vous en nommant le président, François Mitterrand, voulait donner un rôle majeur au sein des institutions ?

Jacques Delors : J'ai été nommé par le Conseil européen, c'est-à-dire l'ensemble des chefs d'État et de gouvernement.

Cette nomination est intervenue en juillet 1984. Avant de connaître cette décision, mon intention était de quitter le gouvernement pour remplir mes obligations de maire de Clichy et retrouver mon poste de professeur à l'Université Dauphine. J'étais en désaccord avec la manière dont les membres du secrétariat de la présidence intervenaient dans les affaires de chaque ministère. La présidence de la Commission devait normalement revenir à l'Allemagne, mais le Chancelier Kohl trouvait plus opportun qu'elle soit, dans les circonstances de l'époque, confiée à un Français. C'est donc ainsi que j'arrive à la tête de la Commission. François Mitterrand avait fait un travail formidable au premier semestre 1984. Il y avait donc une base solide quand, de juillet à novembre 1984, j'ai fait le tour des capitales européennes avant de prendre mon poste en janvier 1985.

S.B. & M.M. : Quelles étaient, dans ce cadre, vos relations avec la France ? Avec François Mitterrand ? Avec la tête dirigeante du PS ?

J.D. : Si j'ai pu faire avancer certaines choses, c'est parce que j'étais au carrefour des sociaux-démocrates et des démocrates-chrétiens. Au Parlement européen, lorsque j'étais président de la commission économique et monétaire (1979-81), j'avais formé un groupe de travail informel avec des sociaux-démocrates italiens, allemands et français. Cela s'est révélé utile pour la suite.

Quand j'étais ministre des Finances, surtout après le tournant de la rigueur de 1983, je rencontrais le président de la République chaque semaine. Quand j'étais président de la Commission, le président de la République française me recevait autant que nécessaire pour évoquer les problèmes européens.

J'avais des relations avec le Parti socialiste français. Mes fonctions de président de la Commission exigeaient que j'aie des relations suivies avec les chefs de gouvernement des autres pays européens.

S.B. & M.M. : Savez-vous comment vos décisions étaient perçues par les socialistes ? Les socialistes les appuyaient-elles systématiquement ? Peut-on vous considérer comme un président socialiste de la Commission ?

J.D. : Il n'y a pas eu de politisation de la Commission sous ma présidence. Pour moi, ce qui comptait c'était le collège des commissaires, leurs délibérations, la recherche de l'intérêt commun. Il ne fallait pas présidentialiser mon rôle. Il fallait que toute la stratégie de la Commission soit prise en charge par le collège des commissaires, quelles que soient leurs orientations. Bien sûr il y avait des débats où apparaissait la couleur politique du commissaire, mais c'est normal.

Deux principes simples me guidaient : 1) rendre service aux gouvernements et plus je leur rendais service, plus on m'écoutait et 2) faire vivre le collège, faire vivre la Commission comme un collège.

S.B. & M.M. : Quelles relations entreteniez-vous avec les socialistes européens ? Aviez-vous des liens privilégiés et réguliers ?

J.D. : J'avais effectivement des relations avec les socialistes au Parlement européen, mais j'allais aussi rendre visite aux démocrates-chrétiens du PPE, aux libéraux, aux verts, aux communistes. J'avais mes idées, elles étaient combattues ; souvent, on les considérait comme valables.

Je ne passais jamais par des chaînes nationales pour parler au groupe socialiste. J'avais des bonnes relations avec tout le monde. Tel est le devoir du président de la Commission. C'est un homme qui écoute, qui a des idées, qui essaie de rapprocher des points de vue, qui, lorsqu'un pays est en difficulté, essaie de voir comment on peut l'aider dans le cadre des règles européennes.

S.B. & M.M. : D'un point de vue plus institutionnel : avant l'Acte unique, il y a le projet Spinelli, dont vous dites dans L'Unité d'un homme *qu'il vous a beaucoup influencé. Dans quel sens ?*

J.D. : Quand je suis arrivé au Parlement européen, celui-ci n'avait pas le pouvoir qu'il a aujourd'hui. Et par conséquent, je me souciais de l'écart existant entre ce qui se faisait au niveau européen et les citoyens. Il y a aussi l'équilibre des institutions. Mon travail était d'assurer la promotion de l'ensemble institutionnel d'un côté et de l'autre, des partenaires sociaux puisqu'il n'y avait plus de dialogue organisé entre les institutions communautaires et les partenaires sociaux (patronat et syndicats) depuis 1977. L'une de mes premières initiatives a été de donner rendez-vous, en janvier 1985, à Val Duchesse, au patronat et aux syndicats pour essayer de les écouter et de les embarquer dans la relance européenne. Si vous aviez été étudiants à l'époque, vous auriez consulté des gens qui vous auraient dit « on ne met pas un euro sur les chances de Delors ». La relance du dialogue social était essentielle pour moi car je savais qu'en facilitant l'intégration européenne, on redonnerait un certain dynamisme à l'économie européenne et aux relations sociales. C'est ce qui s'est passé. L'Objectif 92 – accepté par les pays membres – doit réaliser un grand marché, donc plus de compétition et d'efficacité économique. Mais pour moi, c'était acceptable uniquement s'il y avait deux contreparties : plus de coopération entre les politiques nationales et plus de solidarité et des partenaires sociaux pleinement participants : trois conditions pour rééquilibrer le marché intérieur qui était en osmose avec les débuts de la mondialisation.

Mon souci, c'était qu'il y ait un équilibre entre le marché et les nécessaires régulations, entre le capital et le travail.

S.B & M.M. : Ensuite, vous arrivez à la Commission où vous impulsez la relance de l'Europe avec l'Acte unique puis le traité de Maastricht. L'Acte unique institue une procédure de coopération et Maastricht donne au Parlement le pouvoir de co-législation dans différents domaines. Pourquoi avez-vous agi dans ce sens d'une augmentation des compétences du Parlement ? Que pensez-vous de ces évolutions effectives ?

J.D. : J'avais siégé au Parlement. J'avais vu qu'il n'avait pas beaucoup de pouvoirs. Cela choquait encore plus les autres pays européens que la France, puisque notre pays a un régime présidentiel, une sorte de monarchie constitutionnelle. La plupart des autres pays voulait davantage de pouvoirs pour le Parlement européen. Il fallait y aller progressivement. Il y avait deux possibilités : la réforme institutionnelle et l'accord entre les trois institutions pour la programmation budgétaire pluriannuelle. Si le Parlement avait peu de pouvoirs, il en avait malgré tout un : s'il ne signait pas le budget, c'était le système détestable des douzièmes provisoires. Cela donnait une image déplorable de l'Europe. C'est pour ça que mon triptyque était :

- Objectif 1992, déjà mentionné

- Acte unique, avec plus de coopération et de solidarité accompagnant la libération des échanges

- Réaliser l'Acte unique en se dotant des moyens financiers nécessaires : c'est ce qu'on a appelé le Paquet Delors I.

Dans l'Acte unique je voulais introduire des pouvoirs supplémentaires pour le Parlement. Dans le paquet Delors I, on devait davantage associer le Parlement au moyen d'un accord budgétaire pluriannuel entre les trois institutions : le Conseil - le Parlement - la Commission. Il fallait partir de la seule idée qui faisait consensus, l'équilibre dans l'Acte unique par les solidarités (les politiques de cohésion économique et sociale), par la coopération (les ouvertures possibles sur l'environnement, sur les réseaux de transports européens) et un minimum de législation sociale (dans l'Acte unique, la Communauté devenait compétente sur les conditions de travail, d'hygiène et de sécurité sur le lieu de travail). Le dialogue social était reconnu comme élément essentiel de la construction européenne. Sur ces bases, il a été possible d'obtenir une majorité au Conseil européen pour la Charte des droits des travailleurs (décembre 1989).

S.B. & M.M : *Si nous nous tournons du côté des grandes questions communautaires telle la réunification de l'Allemagne : certaines sources semblent présenter François Mitterrand comme le dernier grand Bainvillien[1].*

J.D. : C'est faux. François Mitterrand a pris son temps, demandé des précautions. Celle qui était vraiment réservée, c'était Madame Thatcher. Mais là, j'ai quand même joué un rôle important, certes discret. J'ai relu le traité de Rome et j'y ai trouvé un texte qui disait que si un jour l'Allemagne de l'Est était libérée, elle aurait vocation à faire partie de la Communauté européenne. Je me suis inspiré de ce texte et dès novembre 1989, lendemain de la chute du mur de Berlin, j'ai frappé fort là-dessus. J'ai joué mon rôle. D'ailleurs, j'ai été le seul invité à la cérémonie de la réunification de l'Allemagne avec le président du Parlement européen. J'ai agi, dans la limite et au maximum des mes prérogatives.

S.B. & M.M. : *Que pensez-vous de la thèse faisant du traité de Maastricht une volonté française pour « ligoter l'Allemagne »[2] ?*

J.D. : François Mitterrand n'a jamais pensé à cela. C'était quand même un génie politique. Il a pris son temps. Il y a plusieurs explications, il y a plusieurs livres sur cette phase qui a débuté après la chute du mur de Berlin et qui dure jusqu'en 1990, plusieurs interprétations pas toujours agréables pour François Mitterrand. Moi, je crois sincèrement qu'il a pris son temps, il a voulu se renseigner et obtenir des garanties. En même temps, il ne voulait pas rompre avec l'Allemagne, puisque le couple Kohl-Mitterrand est l'un de ceux qui a le mieux marché avec Giscard-Schmidt et de Gaulle-Adenauer (on n'a jamais retrouvé ce climat depuis !). Il n'avait pas du tout envie de ligoter l'Allemagne, pour parler simplement en termes de realpolitik : faire accepter une monnaie autre que le Deutschemark en Allemagne c'était quelque chose de formidablement difficile. Je me rappelle que les sondages en Allemagne étaient négatifs. Les Allemands ont fait un gros effort. C'est pour ça que la banque centrale est à Francfort (en contrepartie). Eux aussi ont fait un gros effort. François Mitterrand leur a fait comprendre que s'ils ne voulaient pas de monnaie unique, il n'y aurait pas d'autres avancées. François Mitterrand, qui était déjà là au congrès de La Haye de 1948, était pro-européen. Il a toujours été européen et a décidé de grands choix européens toute sa vie : en 1983, 1984, 1989, 1991,...

Dans les conseils européens, il m'a toujours soutenu, y compris lorsque j'étais critiqué par d'autres qui disaient que j'étais trop social.

À la Commission, je m'intéressais à tous les problèmes européens sans exception. C'était ça mon but. Mais en 1994, je n'avais pas de lien particulier avec

---

[1] On pense ici à J. Attali, *Verbatim* ou E. Husson *Une autre Allemagne*, Gallimard, Paris, 2005, p. 53
[2] E. Husson « L'aventure de Maastricht fut lancée dans l'espoir secret de ligoter l'Allemagne », *Une autre Allemagne*, Gallimard, Paris, 2005, p. 53

le PS français. Il y a une contradiction entre les socialistes français et européens. La France souffre de beaucoup de mensonges accumulés. Par exemple, en 1983, certains socialistes présentent la politique de rigueur comme une parenthèse. Or, la rigueur est une exigence pour tout gouvernement. C'est pourquoi, je n'ai pas été candidat aux élections présidentielles de 1995 : trop de différences importantes entre mes positions et celles, à l'époque, du parti socialiste.

Les élections européennes

S.B. & M.M. : Vous êtes élu député européen en 1979, lors des premières élections européennes au suffrage universel. Que représentait alors pour vous le Parlement européen ? Qu'est-ce que l'élection du Parlement européen a changé pour l'institution en elle-même ? En 1979, il n'y a pas d'augmentation de pouvoirs, cependant est-ce que l'élection participe à lui donner une certaine légitimité ?

J.D. : L'élection au suffrage universel direct est peut-être intervenue dix ans trop tôt. La démocratie telle que je l'entends, c'est le pouvoir écoutant l'opinion, décidant et fournissant les explications nécessaires. Les députés nationaux avaient un lien avec l'Europe et avec les électeurs, ce qui n'est plus le cas après l'élection. Dans les autres pays européens, le régime étant parlementaire, cela a permis de rapprocher l'Europe des citoyens. À l'inverse, en France, le régime est présidentiel. On le voit bien. Les députés anglais, irlandais retournaient dans leur circonscription tous les week-ends parler de l'Europe. Le Parlement européen, c'était pour moi la possibilité de militer comme je le faisais depuis les années 1950. C'est aussi un endroit où j'ai beaucoup appris, c'est un centre de documentation exceptionnel, lorsqu'on est bien évidemment assidu ! Le Parlement élu au suffrage universel a, depuis, considérablement élargi son influence. C'est le rapport Spinelli dont je me suis beaucoup inspiré sur le plan institutionnel. Mais Spinelli a été contre l'Acte unique qu'il trouvait trop modeste, trop pragmatique. On a souvent parlé ensemble. J'ai eu souvent la chance de rencontrer Monsieur Spinelli durant les années 1970 alors qu'il était membre de la Commission européenne. Il est une des grandes références de l'aventure européenne.

S.B. & M.M. : La présence sur une liste répondait-elle véritablement à un profond engagement européen ? On considère souvent les élections européennes comme un « tremplin » ou comme un « placard » (notamment pour les femmes dans la période qui nous intéresse). Choisissait-on avant tout les candidats pour leur « savoir-faire européen » ou pour une complète représentation des courants ? Connaissez-vous les critères de sélection des candidats au sein des partis socialistes européens ?

J.D. : Dans les élections européennes, il y a toujours un peu de repêchage, c'est-à-dire des gens qui n'ont pas réussi à être élus chez eux… Mais pour le reste, il y a la volonté, le goût des intéressés de participer à l'aventure européenne, de mieux comprendre des réalités politiques et humaines de cette Europe si diverse.

S.B. & M.M. : Concernant les structures de regroupement des socialistes, vous avez connu le regroupement des socialistes européens à travers l'UPSCE et le PSE. Y avez-vous vu un changement notoire dans la volonté et la pratique (en termes de rencontre, de débat) ? Peut-on aujourd'hui parler d'un véritable parti socialiste européen ?

J.D. : Entre 1979 et 2004, dans les relations qu'entretiennent les partis socialistes européens, dans l'organisation des campagnes, il y a eu du progrès. J'assistais à ces réunions où participaient les militants nationaux (du pays organisateur) et les représentants des autres partis socialistes. Les grands progrès se font aujourd'hui avec Poul Nyrup Rasmussen, le président actuel du PSE. Au niveau du PSE, il y a une vie politique plus intense. Des avancées ont été faites. Des convergences ont été réalisées, notamment à propos du rapport Rasmussen-Delors sur l'Europe sociale. Année après année, il y a plus de relations et d'intensité. C'est indiscutable. Mais il reste des intérêts contradictoires à surmonter, selon que l'on est au gouvernement ou dans l'opposition.

L'évolution idéologique du socialisme européen

S.B. & M.M. : Peut-on parler d'une évolution idéologique des socialistes européens dans les années 1980 ? La véritable évolution idéologique du socialisme européen ne serait-elle pas le passage de l'idée d' « Europe des travailleurs » à celle d' « Europe sociale » ?

J.D. : Il y a des points communs à tous les partis socialistes et sociaux-démocrates, mais en réalité, il y a ceux qui ont fait leur Bad Godesberg et ceux qui ne l'ont pas fait ! Par conséquent, il y avait d'un côté le SPD et les partis qui étaient dans ce même esprit (les Suédois, les Finlandais, les Danois, les Hollandais) et puis il y a ceux qui n'ont pas fait leur Bad Godesberg et qui sont marqués davantage par une mentalité révolutionnaire. Mais dans ces pays, le paysage bouge.

S.B. & M.M. : Et 1983, n'est-ce pas le Bad Godesberg du PS français ?

J.D. : Non, c'est le Bad Godesberg de l'équipe gouvernementale mais pas du parti.

Les partis socialistes européens ont évolué et, contrairement à ce que l'on dit, en France, leur engagement et leurs valeurs fondamentales sont demeurés les mêmes. Sauf peut-être pour la troisième voie anglaise qui est plus « libertarienne ».

S.B. & M.M.: À la tête de la Commission, pensez-vous avoir fait évoluer certaines positions socialistes sur l'Europe et vice et versa ?

J.D. : Le PSE s'est beaucoup durci surtout depuis l'époque où je ne suis plus à la Commission parce qu'il a l'impression que la dialectique entre capital et travail et l'équilibre entre marché et régulation n'existent plus. On peut dire que c'est l'une des limites de mon action. Ils ont l'impression que cet équilibre est rompu. Mais il ne faut jamais oublier une chose : fonctionnellement, le Parti socialiste européen se réunit avant chaque Conseil européen. Mais après la réunion du PSE, ceux qui sont chefs de gouvernement discutent entre eux ! Telles sont la pesanteur et les contraintes de toute action gouvernementale. Au sein du Parti populaire européen, c'est pareil ! La tension quasi-réelle est entre ceux qui exercent le pouvoir et ceux qui sont dans l'opposition ! Globalement, le PSE s'est montré plus vigilant comme il l'a fait à l'occasion de la directive Bolkestein : je vous rappelle que c'est une socialiste allemande qui a réussi à l'amender sérieusement et positivement : une victoire pour la démocratie parlementaire et pour les socialistes européens.

S.B. & M.M. : Nous aimerions savoir si le Parlement européen lui-même a été/ou fait l'objet de débat ou de discussion au sein même du Parlement européen et des autres institutions européennes ? Et qu'en est-il au sein du Parti socialiste français ? À quelles occasions (nouvelles négociations de traités, commissions) ? Est-il majeur ? Et dans ce cas, cela concerne-t-il ses pouvoirs, sa place, son rôle au sein de l'Europe ?

J.D. : Il y avait un certain enthousiasme militant chez tous les gens qui ont été élus pour la première fois au suffrage universel ! C'était une assemblée neuve, les membres de la Commission, le président Thorn en tête, y accordaient beaucoup d'importance... Il y avait là le début d'un Parlement qui présentement joue un rôle très important sur les décisions. Aujourd'hui, ce sont des parlementaires qui ont des pouvoirs dans beaucoup de domaines, donnent des avis et exercent une influence sur les opinions publiques. C'est un Parlement qui joue un nouveau rôle : un rôle normatif et législatif (de co-législateur qu'il est) certes, mais aussi une fonction d'influence sur les débats d'idées.

S.B. & M.M. : Quelle question communautaire a entraîné le plus vif débat entre socialistes européens au cours des vingt dernières années ? Qu'est-ce qui les divise sur le plan institutionnel ?

J.D. : Tout ce que j'ai proposé pendant les dix ans avait le soutien implicite, puis de plus en plus enthousiaste des socialistes européens.

Lorsque j'ai proposé, en décembre 1993, le livre blanc sur « croissance, compétitivité et emploi », j'ai reçu l'appui militant de tous les socialistes européens. Ils y font toujours référence, lorsqu'il s'agit du développement économique, écologique et social de l'Union européenne.

S.B. & M.M. : On a par ailleurs l'impression que le discours européen des socialistes dépend du contexte socio-économico politique. Selon vous, le discours socialiste sur l'Europe est-il en perpétuel mouvement face à la conjoncture ?

J.D. : Non. Mais le grand élargissement que j'ai toujours soutenu, a tout compliqué. L'élargissement n'a pas été bien expliqué, si bien que dans certains pays, il y a une sorte de retrait. Je pense au Danemark et aux Pays-Bas. Autant au Danemark, c'est une tradition, aux Pays-Bas, c'est plutôt une surprise ! Pour le politologue ou l'historien, le « non » hollandais a été un choc autant que le « non » français. Et pourtant, ce grand élargissement est la réponse positive et historique de l'Union européenne aux défis de l'Histoire. Mais il aurait fallu, non seulement l'expliquer, mais aussi y adapter nos modes de décision et d'action. C'est ce que j'avais proposé, en préface aux décisions d'élargissement, au Conseil européen de Lisbonne en 1992, mais je n'ai pas été suivi.

En guise de conclusion

S.B. & M.M. : Si on se tourne vers les dix dernières années : beaucoup regrettent la non-entente entre gouvernements sociaux-démocrates pour lancer des initiatives politiques sur l'Europe (en particulier au milieu des années 1990), comment l'expliquez-vous ?

J.D. : Cette non-entente entre socialistes et sociaux démocrates est liée à des différences idéologiques. On peut évoquer une grille de lecture en trois points : le Bad Godesberg réel ou nominal, le réalisme de partis socialistes notamment du Nord qui s'adaptent aux nouveaux paramètres de la mondialisation et l'orientation idéologique de la troisième voie.

S.B. & M.M. : Ces dix dernières années, l'Union a connu de nombreux traités : Amsterdam, Nice, le traité constitutionnel européen et Lisbonne… Que pensez-vous de ces derniers traités, de leur rôle dans la réforme institutionnelle de l'Europe et dans son adaptation à l'élargissement ? Ils n'ont, à première vue, pas réellement d'influence quant au Parlement européen.

J.D. : Le traité de Nice est un mauvais traité. Le traité d'Amsterdam a eu des vertus, des petits pas en avant. Quant au traité de Lisbonne, il est très compliqué et, à mon avis, il comporte deux aberrations institutionnelles. D'une part, la création d'un président permanent du Conseil européen qui va compliquer la préparation d'une initiative, la discussion et la prise de décision et entraîner des tensions négatives entre les institutions. D'autre part, la Commission va être réduite en nombre, mais comme chaque pays aura un droit égal, on peut avoir pendant une période de cinq ans, une Commission sans Français, sans Allemands ou sans Anglais. C'est une absence totale de bon sens et de réalisme.

Quand le meccano institutionnel s'éloigne trop de la réalité, les institutions ne fonctionnent pas !

S.B. & M.M. : Qu'entendez-vous par « fédération d'États nations » ?

J.D. : Je parle de fédération d'États nations parce que les États demeurent, les nations ont un avenir. Je ne suis pas partisan du fait que tout soit traité au niveau européen. Je souhaite une répartition plus claire des compétences entre les nations et l'Union européenne. C'est le principe de subsidiarité et surtout de réalité. Pourquoi fédération ? Toutes les institutions internationales qui fonctionnent sur la règle de l'unanimité n'avancent pas ! Le système fédéral permet de délibérer et de décider. Il y a deux institutions en dehors des gouvernements qui jouent leur rôle : la Commission et le Parlement et on peut voter à la majorité qualifiée. Le système fédéral, c'est un système d'organisation du triangle institutionnel : Parlement, Conseil des ministres, Commission.

Sources

Sources imprimées

- BERÈS, Pervenche, *Progresser en 2008 : propositions pour l'Europe - De Rome à Lisbonne, l'Europe et la planète ne sont pas à vendre*, 2007, 33 p.
- DUHAMEL, Olivier, *Nouveau petit guide de l'Europe : l'Europe telle qu'elle est et telle qu'elle devrait être,* Les cahiers Formation, n° 5, Solfé Communications, 1999, 75 p.
- GAZIER, Antoine, JACQUET Gérard et PINEAU Christian, *Les socialistes et l'Europe*, 1962, parti socialiste SFIO, 64 p.
- JACQUET Gérard et MARTIN Pierre, « La relance de la Communauté et la marche vers l'Union européenne », « Vers l'Union Européenne », *Quel choix décisif pour l'Europe ?,* Organisation française de la gauche européenne, 1985, n. p.
- MOLLET, Guy, et MITTERAND, François, *Faire avancer l'idée européenne,* Cahier de l'OURS, n° 26, mars 2004, 111 p.
- *Programme de gouvernement du parti socialiste : Changer la vie*, Flammarion, Paris, 1972, 249 p.
- *Mémorandum du gouvernement français sur l'Europe*, octobre 1981, 21 p.

Témoignages oraux

- BERÈS, Pervenche, députée européenne depuis 1994, 10 janvier 2008, Représentation du Parlement européen, Paris.
- BRAUD, Maurice, secrétaire général de l'Action fédéraliste « Socialisme et Liberté », secrétaire général au PS en charge des Affaires européennes, 25 janvier et 1er février 2008, Siège du parti socialiste, Paris.
- CHANDERNAGOR, André, ministre délégué aux Affaires européennes de 1981 à 1983, 13 février 2008, Paris.
- CORDERY, Philip, secrétaire général du PSE depuis 2004, 22 février 2008, Siège du PSE, Bruxelles.
- COT, Jean-Pierre, député européen de 1978 à 1979 puis de 1984 à 1999, 4 février 2008, Paris.
- DELORS, Jacques, député européen élu en 1979, président de la Commission européenne de 1985 à 1994, 11 avril 2008, CERC, Paris.

- LALUMIÈRE, Catherine, secrétaire d'État aux Affaires européennes de 1984 à 1986, secrétaire générale du Conseil de l'Europe de 1989 à 1994, députée européenne de 1994 à 2004, présidente de la Maison de l'Europe à Paris, 23 janvier 2008, Maison de l'Europe, Paris.

- MOSCOVICI, Pierre, député européen de 1994 à 1997 puis de 2004 à 2007, ministre délégué aux Affaires européennes de 1997 à 2002,17 avril 2008, Siège du parti socialiste, Paris.

- POIGNANT, Bernard, député européen depuis 1999, 1er avril 2008, Paris.

- ROUBY, Arielle, conseillère politique auprès du groupe socialiste au Parlement européen, 10 mars 2008, Parlement européen, Strasbourg.

- TASCA, Catherine, sénatrice membre de la délégation à l'Union européenne, 4 avril 2008, Sénat, Paris.

Textes institutionnels et traités

- *Le traité de Rome*, signé le 25 mars 1957, disponible sur http://www.ena.lu.

- *Le Rapport Tindemans,* rendu public le 29 décembre 1975, disponible sur http://www.franceeurope.org/pdf/rapport_tindemans.pdf, 15 p.

- *Projet de traité instituant l'Union européenne*, dit « Rapport Spinelli », disponible sur http://www.ena.lu, *Le Bulletin des Communautés européennes*, n° 2, février 1984, p. 8-26.

- *L'Acte unique*, signé le 17 février 1986, disponible sur http://www.ena.lu.

- *Le traité de l'Union européenne,* signé le 7 février 1992, disponible sur http://www.ena.lu.

- *Le traité d'Amsterdam,* signé le 2 octobre 1997, disponible sur http://www.ena.lu.

- *Le traité de Nice*, signé le 26 février 2001, disponible sur http://www.ena.lu.

- *Le traité constitutionnel,* signé le 29 octobre 2004, disponible sur http://www.ena.lu.

- *Le traité de Lisbonne,* signé le 13 décembre 2007, disponible sur http://www.ena.lu.

Bulletins socialistes

- *Bulletin intérieur du parti socialiste SFIO* (mensuel de 1945 à 1969 : presse intérieure du PS) :
    - N° 90, mai 1957, 191 p. (rapport du 49ème congrès)
    - N° 110, mai 1959, 196 p. (rapport du 51ème congrès)
    - N° 112, juin 1959, 32 p.
    - N° 113, septembre 1959, 30 p.
    - N° 115, mai 1960, 230 p. (rapport du 52ème congrès)
    - N° 116, juin 1960, 31 p.
    - N° 117, juillet 1960, 31 p.
    - N° 121, avril 1961, 31 p.
    - N° 122, juin 1961, 23 p.
    - N° 125, juin 1962, 31 p.
    - N° 127, mai 1963, 283 p. (Rapport du 53ème congrès du parti socialiste SFIO du 30 mai au 2 juin 1963)
    - N° 130, juillet 1963, 14 p.
    - N° 132 février 1964, 21 p.
    - N° 141, octobre 1965, 21 p.
    - N° 142, février 1966, 21 p.
    - N° 152, septembre 1967, 16 p.
    - N° 158, octobre 1968, 19 p.
    - N° 166, janvier 1969, 19 p.
    - Rapport du 55ème congrès national 1965, 3-6 juin 1965, Clichy, 125 p.
    - Rapport du 56ème congrès national 1967, 29 juin-2 juillet 1967, 111 p.
    - N° 6, mars 1972, 17 p.
- *Bulletin socialiste* (organe d'information du parti socialiste) :
    - N° de janvier 1972, 80 p. : *Projet du programme Changer la vie.*
    - Supplément, n° d'avril 1972, 32 p. : *Programme Changer la vie.*

- Supplément, n° de juin 1972, 15 p. : *Programme commun de gouvernement* (parti socialiste-parti communiste).
- *Le Poing et la Rose* (mensuel du PS de 1969 à 1972, succède au Bulletin intérieur) :
  - Supplément n° 2 novembre 1972, 4 p.
  - N° 15, mai 1973, 40 p.
  - N° 20, octobre 1973, 12 p.
  - N° 22, novembre 1973, 24 p.
  - N° 23, décembre 1973, 12 p.
  - N° 28, 1er mai 1974, 12 p.
  - N° 30, juin 1974, 12 p.
  - N° 34, décembre 1974, 32 p.
  - Supplément, n° 35, décembre 1975, 24 p.
  - N° 36, janvier 1975, 35 p.
  - N° 38, février 1975, 16 p.
  - N° 48, mars 1976, 24 p.
  - N° 60, avril 1977, 55 p.
  - N° 62, juin 1977, 31 p.
  - N° 70, avril-mai 1978, 16 p.
  - N° 72, juillet 1978, 16 p.
  - N° 76, novembre 1978, 16 p.
  - Supplément, n°77, décembre 1978, 8 p.
  - N° 79, janvier 1979, 92 p.
  - N° 81, mai 1979, 23 p.
  - N° 82, juin 1979, 12 p.
  - N° 83, juillet-août 1979, 16 p.
  - N° 85, novembre-décembre 1979, 96 p.
  - N° 91, février 1981, 15 p.
  - N° 94, septembre 1981, 48 p.
  - N° 101, juin 1983, 88 p.

- N° 103, juin 1983, 63 p.
- N° 108, 1ᵉʳ juin 1984, 8 p.
- N° 112, mai 1985, 96 p.
- N° 113, septembre 1985, 32 p.
- N° 114, septembre 1985, 48 p.
- N° 115, novembre 1985, 48 p.
- N° 116, janvier 1987, 112 p.
- N° 120, septembre 1987, 96 p.
- N° 125, octobre 1989, 112 p.
- N° 126, octobre 1989, 88 p.
- N° 127, octobre 1989, 96 p.
- N° 129, décembre 1989, 52 p.
- N° 130, janvier 1990, 175 p.
- N° 132, mars 1990, 49 p.
- N° 135, janvier 1992, 111 p.

– *L'Unité* (hebdomadaire du parti socialiste du n° 1 (29 janvier 1972) au n° 672 (19 décembre 1986), non paginé, disponible sur http://fondatn7.alias.domicile.fr :

- N° 8, 17 mars 1972.
- N° 30, 15 septembre 1972.
- N° 66, 25 mai 1973.
- N° 87, décembre 1973.
- N° 184, 19 décembre 1975.
- N° 189, 23 janvier 1976.
- N° 191, 6 février 1976.
- N° 228, 3 décembre 1976.
- N° 246, 15 avril 1977.
- N° 247, 22 avril 1977.
- N° 254, 10 juin 1977.
- N° 303, 7 juillet 1978.

- N° 323, 19 janvier 1979.
- N° 343, 8 juin 1979.
- N° 344, 15 juin 1979.
- N° 350, 21 septembre 1979.
- N° 405, 9 janvier 1981.
- N° 410, 13 février 1981.
- N° 531, 28 octobre 1983.
- N° 628, 20 décembre 1985.

- *Vendredi* (hebdomadaire du PS de 1990 à 1996, succède au Poing et la rose) :
  - Supplément, n°107, 28 juin 1991, 15 p.
  - N°145, jeudi 28 mai 1992, 55 p.
  - Supplément, n° 148, 12 juin 1992, « Oui à l'Union Européenne », 20 p.
  - N° 196, 1er septembre 1993, 63 p.
  - N° 212, 17 décembre 1993, 48 p.
  - N° spécial, 11 mars 1994, 15 p.
  - Supplément, n° 238, 7 octobre 1994, 32 p.
  - N° 241, 17 mars 1995, 15 p.
  - N° 254, 16 juin 1995, 13 p.
  - N° 255, 23 juin 1995, 15 p.
  - N° 256, 30 juin 1995, 15 p.
  - N° 273, 16 février 1996, 15 p.
  - N° 274, 23 février 1996, 15 p.
  - N°275, 1er mars 1996, 15 p.
  - N° 276, 8 mars 1996, 31 p.

- *L'Hebdo des socialistes* (hebdomadaire du PS, de 1996 à nos jours, succède à *Vendredi*) :
  - N° 24, 13 juin 1997, 7 p.
  - N° 25, 20 juin 1997, 7 p.
  - N° 31, 8 septembre 1997, 191 p.

- N° 34, octobre 1997, 31 p.
- N° 45, 19 décembre 1997, 16 p.
- N° 58, 3 avril 1998, 16 p.
- N° 62, 8 mai 1998, 24 p.
- N° 66, 12 juin 1998, 31 p.
- N° 69, 3 juillet 1998, 13 p.
- N° 70, 10 juillet 98, 15 p.
- N° 85, 18 décembre 1998, 24 p.
- N° 87, 15 janvier 1999, 16 p.
- N° 88, 22 janvier 1999, 16 p.
- N° 93, 26 février 1999, 24 p.
- N° 94, 5 mars 1999, 24 p.
- N° 104, 14 mai 1999, 15 p.
- N° 109, 18 juin 1999, 15 p.
- N° 128, 17 décembre 1999, 16 p.
- N° 146, 12 mai 2000, 16 p.
- N° 154, 7 juillet 2000, 15 p.
- N° 167, 17 novembre 2000, 56 p.
- N° 182, 16 mars 2001, 16 p.
- N° 188, 4 mai 2001, 16 p.
- N° 189, 11 mai 2001, 16 p.
- N° 192, 2 juin 2001, 16 p.
- N° 199, 8 septembre 2001, 32 p.
- N° 243, 14 septembre 2002, 16 p.
- N° 247, 12 octobre 2002, 16 p.
- Supplément, n° 284, juillet 2003, 4 p.
- N° 289, 4 octobre 2003, 16 p.
- Supplément, n° 293, 1er novembre 2003, 4 p.
- N° 299, 13 décembre 2003, 16 p.
- N° 300, 20 décembre 2003, 16 p.

- o   Supplément, n° 286, 22 mars 2003, 15 p.
- o   N° 316, 24 avril 2004, 23 p.
- o   N° 317, 1ᵉʳ mai 2004, 16 p.
- o   N° 334, 16 octobre 2004, 16 p.
- o   Supplément, n° 335, 23 octobre 2004, 15 p.
- o   N° 358, 16 avril 2005, numéro spécial constitution européenne, 15 p.
- o   N° 384, 3 décembre 2005, 31 p.

- *Construisons notre Europe* (lettre de la délégation socialiste française au Parlement européen) :
  - o   Novembre 2000, n°2.
  - o   Juillet 2001, n° 4.
  - o   Juillet 2002, n°6.
  - o   Avril 2003, n°7, 15 p.

Brochures du Parlement européen

Les Députés socialistes français au parlement européen, délégation socialiste française (DSF), janvier 1987, 48 p.

Les Députés socialistes français au Parlement européen, délégation socialiste française (DSF), septembre 1984, 25 p.

Le Parlement européen, réalisée par la direction générale de l'Information et des relations publiques du Parlement européen, février 1993.

Manifestes des élections européennes

- Manifeste de l'UPSCE du 9 mars 1984, 31 p.
- « Pour une Europe unie, prospère et solidaire », manifeste de l'UPSCE du 10 février 1989, Bruxelles, 48 p.
- Manifeste du PSE pour les élections européennes au Parlement européen de juin 1994, adopté par le congrès du PSE le 6 novembre 1993, 17 p.
- « 21 engagements pour le 21ème siècle », manifeste du PSE pour les élections européennes de juin 1999, adopté par le congrès du PSE tenu à Milan les 1ᵉʳ et 2 mars 1999, 33 p.

- « Devenir plus forts ensemble », manifeste du PSE pour les élections européennes de juin 2004 adopté par le congrès du PSE tenu à Bruxelles le 24 avril 2004, 10 p.

Bibliographie

Ouvrages généraux

- AGULHON, Maurice, *La République II, 1932 à nos jours*, Hachette, 1990, 564 p.

- BECKER, Jean-Jacques, CANDAR, Gilles, *Histoire des gauches en France*, volume 2, Éditions La Découverte, 2005, 776 p.

- BERGOUNIOUX, Alain, GRUNBERG, Gérard, *Les socialistes français et le pouvoir, L'ambition et le remords*, Fayard, 2005, 658 p.

- BITSCH, Marie-Thérèse, *Histoire de la construction européenne*, Éditions Complexe, Paris, 2006, 400 p.

- DEFRASNE, Jean, *La gauche en France de 1789 à nos jours*, Presses Universitaires de France, collection Que sais-je ?, Paris, 1975, 127 p.

- PORTELLI Hugues, *Le parti socialiste*, Montchrestien, Paris, 1998, 153 p.

Ouvrages spécialisés

- ABELÈS, Marc, *La vie quotidienne au Parlement européen*, Hachette, Paris, 1992, 437 p.

- BITSCH, Marie-Thérèse, *La construction européenne. Enjeux politiques et choix institutionnels*, PIE-Peter Lang, Euroclio, Bruxelles, 2007, 326 p.

- BURBAN, Jean-Louis, *Le Parlement européen*, Presses Universitaires de France, collection Que sais-je ?, Paris, 1998, 127 p.

- CHAUVIN, Luc, *L'idée européenne chez François Mitterrand de chef de parti à chef de l'État (1971-1988)*, mémoire de DEA sous la dir. de P. Milza, Institut d'Études Politiques, Paris, 1989

- COT, Jean-Pierre, *Le Parlement européen : fausse perspective et vrai paradoxe, Humanité et droit international*, Mélanges René-Jean Dupuy, Éditions A. Pedone, Paris, 1991, p. 121-132

- COUNIL, Christophe, *Les socialistes face à la construction européenne, du congrès d'Epinay à la ratification de l'Acte unique 1971-1986*, mémoire de Maîtrise sous la dir. d'Elisabeth du Réau, Le Mans, 1994, 216 p.

- DEVIN, Guillaume, *L'Union des partis socialistes de la Communauté européenne : le socialisme communautaire en quête d'identité*, Socialismo Storia, 2, Milan, 1989, p.265-290.

- DREYFUS, Michel, *L'Europe des socialistes,* Éditions Complexe, 1991, 350 p.

- GIRAUDET, C., *La construction européenne et le Parti socialiste français à travers deux de ses courants : le CERES et AGIRS, 1967-1992,* mémoire sous la dir. de M. Bussière, Paris IV, 2004-2005, 144 p.

- GOBBI, Gérard, *Les élections européennes : l'exemple des socialistes français,* mémoire sous la dir. de P. Levillain et E. Duhamel, Paris X-Nanterre, 1999, 146 p.

- GRUNBERG, Gérard, *Vers un socialisme européen ?,* Hachette, Paris, 1997, 157 p.

- JALABERT Laurent, « Le parti socialiste et l'Europe, le congrès extraordinaire de Bagnolet (décembre 1973) », *Les socialistes français et l'Europe 1945-2005, Documents et analyses,* sous la dir. de Thierry Hohl, Universitaires de Dijon, mai 2008, p. 83-102

- LAZAR, Marc, sous la dir. de, *La gauche en Europe depuis 1945 - Invariants et mutations du socialisme européen,* Presses Universitaires de France, 1996, 704 p.

- LE DEROFF, Joël, *La dynamique à l'œuvre au sein du Parti socialiste européen. Quelles structurations pour les partis politiques européens ?,* mémoire de Master 2, sous la dir. de B. Giblin, Institut français de géopolitique, 2006-2007, 307 p.

- LEMAIRE-PROSCHE, Geneviève, *Le PS et l'Europe,* Éditions universitaires, Paris, 1990, 237 p.

- LERMINIAUX, Frédérick, *Pour une étude comparée des Europes mitterrandistes et chevènementistes ou de la difficulté d'être socialiste et européen en France,* mémoire DEA, sous la dir. d'Etienne Criqui, Strasbourg, 1993, 130 p.

- MARTIN, Pierre, COT, Jean-Pierre, BOSSUAT Gérard, « et. al. », note n°39 de la Fondation J. Jaurès, *Les socialistes et les élections européennes 1979-2004,* juin 2004, 140 p.

- MOREAU-DESFARGES, Philippe, *Les institutions européennes,* Armand Colin, 2005, 247 p.

- PINTO LYRA, Rubens, *La gauche en France et la construction européenne,* Éditions Furne, 1978, 372 p.

- POIRMEUR, Yves, *Le PS entre la France et l'Europe,* Presses Universitaires de France, 1980, 187 p.

- SAINT OUEN DE, François, *Les partis politiques et l'Europe,* Presses Universitaires de France, 1990, 221 p.
- ZARKA, Jean-Claude, *Les députés européens, Élections-Mandat-Rôle, Le Parlement européen et ses pouvoirs,* Les Carrés Sup., Gualino Éditeur, Paris, 1999, 108 p.

Revues

- BRAUD, Maurice, COT, Jean-Pierre, FUCHS, Gérard, « et.al. », « Dix ans après le projet Spinelli – Quel projet pour l'Europe ? », *Cahier et revue de l'OURS*, n° 3 et 4, 1994, 127 p.
- HUCHET, Jean-François, « Espoir et volonté d'une génération », interview Gérard Jacquet, 8 juin 2004, disponible sur *www.mitterrand.org*
- MOREAU-DESFRAGES, Philippe, « Mitterrand et l'Europe », *Politique étrangère, 1981-1985 : Un premier bilan de la politique étrangère de la France,* n° 2, été 1985, Institut français des relations internationales, 75 p.
- « Pour l'Europe (I), Points de vue et documents », *Cahier et revue de l'OURS*, n° 95, décembre 1978, 65 p.
- « Pour l'Europe (II), Points de vue et documents (suite) », *Cahier et revue de l'OURS*, n° 96, janvier 1979, 60 p.
- « Guy Mollet et l'Europe », *Cahier et revue de l'OURS*, n° 98, mars 1979, conférence-débat sur l'Europe, Arras, 1er octobre 1977, 60 p.

Témoignages et mémoires

- ATTALI, Jacques, *Europe(s),* Fayard, Paris, 1994, 205 p.
- DELORS, Jacques, *La France par l'Europe,* Grasset, Paris, 1988, 273 p.
- DELORS, Jacques, *Le nouveau concert européen,* Éditions Odile Jacob, Paris, 1992, 349 p.
- DELORS, Jacques, *L'unité d'un homme,* Éditions Odile Jacob, Paris, 1994, 396 p.
- DELORS, Jacques, *Mémoires,* Plon, Paris, 2004, 511 p.
- MITTERAND, François, *Réflexion sur la politique extérieure de la France. Introduction à 25 discours (1981-1985),* Fayard, Paris, 1986, 441 p.
- MOSCOVICI, Pierre, *L'Europe est morte, vive l'Europe !* Perrin, Paris, 2006, 197 p.

- VÉDRINE, Hubert, *Les mondes de François Mitterrand à l'Elysée, 1981-1995*, Fayard, Paris, 1996, 784 p.

Sites Internet

- http://www.ena.lu : bibliothèque numérique sur l'histoire de l'Europe
- http://www.europarl.europa.eu
- http://www.europinion.org
- http://fondatn7.alias.domicile.fr
- http://www.franceeurope.org
- http://hebdo.parti-socialiste.fr
- http://www.mitterrand.org
- http://www.pes.org
- http://www.psinfo.net
- http://www.touteleurope.fr

Table des matières

Remerciements _____ 11

Sommaire _____ 13

Liste des sigles _____ 15

Préface _____ 17

Préambule _____ 19

Introduction _____ 21

De 1957 à 1979 : les socialistes et l'élection du Parlement européen au suffrage universel _____ 27

De 1957 à 1969 : du traité de Rome au nouveau parti socialiste _____ 27
Le traité de Rome et le fonctionnement des institutions : un potentiel démocratique. L'héritage de Guy Mollet _____ 27
De 1957 à 1969 : les socialistes et le renforcement de l'Assemblée parlementaire _____ 29
Les socialistes et l'Europe du général de Gaulle _____ 33

De 1969 à 1979 : l'idéologie socialiste face au Parlement européen __ 37
De 1969 à 1973 : l'idéologie européenne et la création du nouveau PS ___ 37
De 1974 à 1979 : un engagement constant pour l'élection du Parlement __ 46

De 1979 à 1992 : les socialistes et les pouvoirs croissants de l'institution parlementaire _____ 61

Les élections européennes _____ 61
L'UPSCE _____ 61
1979 : les premières élections européennes _____ 67
Les élections européennes de 1984 et 1989 _____ 71

L'évolution des socialistes au pouvoir en faveur de l'Europe dans les années 1980 _____ 75
1981-1983 : des élections présidentielles au choix de l'Europe. Une politique européenne en retrait : les socialistes sont toujours pour « tout le traité, rien que le traité » _____ 75
De 1984 à 1987 : un engagement européen affirmé _____ 78

Les évolutions institutionnelles _____ 81
Le projet Spinelli et son influence _____ 82
Autour de l'Acte unique _____ 86
Autour du traité de Maastricht _____ 94

De 1992 à 2008 : les socialistes face à de nouveaux enjeux institutionnels — 101

La mise en place du Parti socialiste européen — 102
- 1992 : La création du PSE — 102
- La nécessité d'un débat politique spécifiquement européen — 109

Les dernières élections européennes — 114
- Les élections européennes de 1994 et 1999 — 114
- Les élections européennes de 2004 — 118
- Six élections européennes : le bilan — 124

Les socialistes au sein du Parlement européen — 126
- Le statut du parlementaire — 127
- Les imbrications parti/délégation/groupe — 129

De 1992 à 2008: les évolutions institutionnelles — 140
- De 1992 à 1997 : en route vers la révision institutionnelle — 140
- De 1997 à 2008 : une évolution institutionnelle, du traité de Nice au traité de Lisbonne — 145

Les grands enjeux et les débats qui ont traversé l'Europe d'hier et jalonnent la pensée de l'Europe de demain — 171
- Relations Parlement européen/ parlements nationaux — 171
- L'Europe fédérale : une position socialiste ? — 175
- Le problème de la légitimité du Parlement et de l'Europe des citoyens — 177

Conclusion — 183

Entretiens — 187

- Pervenche BERÈS — 187
- Catherine LALUMIÈRE — 199
- Maurice BRAUD — 207
- Jean-Pierre COT — 223
- André CHANDERNAGOR — 239
- Philip CORDERY — 243
- Arielle ROUBY — 251
- Bernard POIGNANT — 261
- Catherine TASCA — 269
- Pierre MOSCOVICI — 275

Jacques DELORS _____ **283**
    La présidence de la Commission _____ 283
    Les élections européennes _____ 287
    L'évolution idéologique du socialisme européen_____ 288
    En guise de conclusion _____ 290

Sources _____ *291*

    Sources imprimées _____ 291

    Témoignages oraux _____ 291

    Textes institutionnels et traités _____ 292

    Bulletins socialistes _____ 293

    Brochures du Parlement européen _____ 298

    Manifestes des élections européennes _____ 298

Bibliographie _____ *301*

    Ouvrages généraux _____ 301

    Ouvrages spécialisés _____ 301

    Revues _____ 303

    Témoignages et mémoires _____ 303

    Sites Internet _____ 304

Table des matières _____ *305*

L'HARMATTAN, ITALIA
Via Degli Artisti 15 ; 10124 Torino

L'HARMATTAN HONGRIE
Könyvesbolt ; Kossuth L. u. 14-16
1053 Budapest

L'HARMATTAN BURKINA FASO
Rue 15.167 Route du Pô Patte d'oie
12 BP 226
Ouagadougou 12
(00226) 76 59 79 86

ESPACE L'HARMATTAN KINSHASA
Faculté des Sciences Sociales,
Politiques et Administratives
BP243, KIN XI ; Université de Kinshasa

L'HARMATTAN GUINÉE
Almamya Rue KA 028
En face du restaurant le cèdre
OKB agency BP 3470 Conakry
(00224) 60 20 85 08
harmattanguinee@yahoo.fr

L'HARMATTAN CÔTE D'IVOIRE
M. Etien N'dah Ahmon
Résidence Karl / cité des arts
Abidjan-Cocody 03 BP 1588 Abidjan 03
(00225) 05 77 87 31

L'HARMATTAN MAURITANIE
Espace El Kettab du livre francophone
N° 472 avenue Palais des Congrès
BP 316 Nouakchott
(00222) 63 25 980

L'HARMATTAN CAMEROUN
BP 11486
Yaoundé
(00237) 458 67 00
(00237) 976 61 66
harmattancam@yahoo.fr

625673 - Octobre 2015
Achevé d'imprimer par